Henry Benrath:
Der Kaiser Otto III.

Deutscher
Taschenbuch
Verlag

dtv

Von Henry Benrath
sind im Deutschen Taschenbuch Verlag erschienen:
Die Kaiserin Galla Placidia (1322)
Die Kaiserin Theophano (1368)
Die Kaiserin Konstanze (1415)

Ungekürzte Ausgabe
April 1982
Deutscher Taschenbuch Verlag GmbH & Co. KG,
München

Umschlaggestaltung: Celestino Piatti
Umschlagbild: Kaiserbild aus dem Evangeliar Ottos III.
Gesamtherstellung: C. H. Beck'sche Buchdruckerei,
Nördlingen
Printed in Germany · ISBN 3-423-01771-6

VORWORT DES VERFASSERS

Es ist mir Sache des Herzens, drei Geschichtsforschern der heutigen Zeit meinen besonderen Dank abzustatten für die Anregungen und Kenntnisse, welche mir ihre Werke vermittelt haben, auch da, wo ich ihren Auffassungen nicht folgen konnte.

An erster Stelle: Universitätsprofessor Dr. PERCY ERNST SCHRAMM, über dessen außerordentliche Verdienste um die Erforschung der ottonischen Zeit kein Wort mehr zu verlieren ist. Sodann: Dr. MENNO TER BRAAK, dessen Amsterdamer Dissertation „Kaiser Otto III." sehr bedeutsame Einblicke und Ausblicke gewährt. Und schließlich: Universitätsprofessor Dr. MATHILDE UHLIRZ, welche mir in uneigennützigster Weise einige Vorstudien zu ihrem geplanten Buche über Otto III. zur Verfügung gestellt hat.

Die Hervorhebung dieser drei Namen bedeutet nicht eine Zurücksetzung anderer, welche das gleiche Niveau verkörpern, Dank gebührt allen, welche wußten, was sie dem Stoffe, um den sie sich bemühten, an menschlicher Ehrfurcht schuldig waren.

Schon die Form, in der sich das Buch „Der Kaiser Otto III." darbietet, zeigt, daß es mit den Kaiserinnenbüchern „GALLA PLACIDIA", „THEOPHANO", „KONSTANZE" nicht verglichen, noch an ihnen gemessen werden kann. Es ist nicht, wie diese, die Darstellung politischer Ereignisse, welche um eine außergewöhnliche Person kreisen, sondern die geistig-seelische VISION eines jugendlichen Herrscherlebens, das den großartigsten Gedanken des frühen Mittelalters schöpferisch verkörpert.

Die Ereignisse haben also nur insofern Bedeutung, als sie

den Hintergrund enthüllen, auf dem sich das BILDNIS des Kaisers Otto III. abhebt.

Jedermann jedoch weiß, daß Bildnis und Hintergrund eine innere Einheit bilden. Und niemand weiß es besser als der Künstler. Gestalt wächst für ihn aus dem ununterbrochenen Ineinanderspielen aller Hellen, aller Dunkelheiten, aller Zwischenschattierungen, welche Wesen und Umriß fühlbar machen. Aus diesem Wissen werden die intuitiven Kräfte geboren, welche ihm den unfehlbaren – von Fall zu Fall verschiedenen – Weg in die Form weisen, das heißt: den noch ungestalten Stoff bis zur Durchsichtigkeit ausglühen und kristallisieren.

Mögen alle Leser, welchen frühmittelalterliches Denken nicht unbedingt vertraut ist, über der geistigen Grundlage des vorliegenden Werkes niemals vergessen, daß sie es mit einer KÜNSTLERISCHEN Darstellung zu tun haben. Die Gliederung des überreichen Stoffes ist durch die Macht unverrückbarer Leitmotive bedingt worden: nicht im Sinne einhämmernder Wiederholung, sondern nach den Gesetzen der thematischen Variation. Selbstverständlich hat diese Methode der Gestaltung nicht von einer Rücksicht auf den Leser ihren Ausgang genommen. Eine solche Rücksichtnahme wäre eine unverzeihliche Versündigung an der schöpferischen Autonomie gewesen. Es war der Stoff selbst, der von seinem Gestalter diese Art der Durchdringung, Klärung und Formung verlangte.

Die ursprüngliche Niederschrift des Textes war umfangreicher als die endgültige. Erst die Überarbeitung, welche diesmal durchaus einer künstlerischen Neufassung gleichkam, brachte jene Schärfe der Konturen zustande, welche oft an Härte grenzt. Schon die Kaiserinnenbücher kannten weder Schmuck noch Schilderung. In diesem Buche aber ist häufig sogar darauf verzichtet worden, „Umstände" auch nur anzudeuten, welche dem Geiste ein Ausruhen erlaubt hätten. Die

Darstellungsweise folgt genau dem Rhythmus, in dem sich das politisch-geistige Handeln des Kaisers vollzog, und dehnt sich erst ein wenig in dem allerletzten Kapitel, welches das NATÜRLICHE „retardierende Moment" vor dem irdischen Auslöschen eines täterischen und zugleich meditativen Charakters genialer Anlage bildet. Die dichterische Vision des kaiserlichen Bildnisses wäre verfälscht worden, wenn sie sich aus anderem als dem Einfühlungsvermögen des Künstlers in die leidenschaftlichen Spannungen eines Herrscherbewußtseins erhoben hätte. So also mögen die Akzente der Darstellung selbst einem jeden, der dem Werke zu folgen bereit ist, die zuverlässigsten Helfer im plastischen Erkennen jener einmaligen menschlichen Erscheinung werden, welche als der letzte Kaiser der sächsisch-ottonischen Dynastie noch heute eine europäische Gegenwärtigkeit ist.

Es wird niemals möglich sein, eine „Biographie" Ottos III. zu schreiben, solange nicht neue und ernstzunehmende Dokumente der ottonischen Epoche zum Vorschein kommen. Daß dies bis zum heutigen Tag nicht geschehen ist, bedeutete für den Verfasser so gut wie gar nichts. In „DARBIETUNG" und „VORSPIEL" ist gesagt, aus welchen seelischen Ursprüngen die künstlerische Formung fließt. Die heute noch vorhandenen zeitgenössischen Quellen genügten als Helferinnen für diese Arbeit. Sie sind gesichtet und aneinander abgewogen worden. Selbstverständlich ist mit den Geschichtswerken der letzten hundert Jahre, welche sich um Otto III. bemühen, das gleiche geschehen.

Für die letzten Entscheidungen bei der psychologischen Prägung des Bildes hatten Erkenntnisse, welche der Komplexlehre angehören, ein besonderes Gewicht. Sie konnten in einer künstlerischen Gestaltung natürlich nicht erwähnt werden. Nur ihr Ergebnis ist in dem Werke spürbar. Es ist nicht die Aufgabe des KÜNSTLERS, die Wege des schöpferischen Vorgeländes sichtbar zu machen. Wesentlich ist, daß man spüre, wie er selbst diese Wege immer und immer wieder durchmessen habe, um aus dem Urwald der „Phainómena" den Pfad in eine Lichtung zu entdecken.

Wer an irgendein IRDISCHES Absolutum glaubt, wird einer Erscheinung wie derjenigen Ottos III. nicht nahekommen. Er wird einreihen und deuten wollen, wo ein Uneinreihbares nur „geahnt" werden kann. Dieses „Ahnen" jedoch – „animo percipere" – hat zur Voraussetzung die genaueste Kenntnis der Quellen und die oftmals quälende vergleichende Kritik an ihrem Stoffe.

Dies gilt in dem vorliegenden Werke vor allem für die Erschließung der ZEITATMOSPHÄRE, welche ganz etwas anderes ist als ein ideologisch nach rückwärts konstruierter „Zeitgeist" von allgemeiner Gültigkeit. Ein solcher käme einer Art von Tyrannis gleich, welche es für einen Genius niemals gegeben hat oder gibt. Jene aber ist die Luft, in welcher der Genius geatmet hat wie alle seine Zeitgenossen, ohne daß sie ihm verwehrt hätte, die tiefsten Atemzüge aus der BESONDEREN Luft zu heben, die sein ICH umlagerte.

Damit ist der Ort genannt, an dem sich die innerlichste, die geheimste Beziehung zwischen dem Kaiser aus der Wende des zehnten – elften Jahrhunderts und dem Künstler aus der ersten Hälfte des zwanzigsten vollziehen konnte. Das WARUM jedoch bleibt auch hier – wie jedes menschliche WARUM – unergründbar. Und in erster Linie für den Schöpfer selbst. Es ist dem Verfasser dieses Buches nicht eine Sekunde lang in den Sinn gekommen, darüber nachzugrübeln, warum seit seiner Knabenzeit das Bildnis des Kaisers Otto III. eine MACHT in ihm war und warum niemals ein anderes Herrscherbild irgendeiner anderen Epoche. Er hat sich damit begnügt, zu fühlen, daß das Vorhandensein dieser Macht für ihn zu einem Glücke wurde. Und er begnügt sich heute damit, diesem Glücke das künstlerische Siegel zu setzen.

Onno-Vasséna, 29. April 1946.

Majestät,

Sie sind mit fünfzehn Jahren Kaiser geworden und in der Mitte Ihres zweiundzwanzigsten Jahres gestorben. In sechs Jahren einer Regierung, welche nicht eine einzige tote Stunde kannte, haben Sie ein politisch-geistiges Werk errichtet, das nach Ihrem frühen – nicht vorzeitigen – Tode auch Ihre Gegner in das Urteil Ihrer Freunde über Sie zwang: „MIRABILIA MUNDI“: „WUNDER DER WELT“.

Nicht dieses Wort jedoch ist das Tor gewesen, durch das ich die Straße Ihres Lebens betrat. Denn es schließt eine zeitgenössische Bewertung ein, welche einem mißtrauischen Geiste wie dem meinen niemals zu einem Wegweiser werden kann.

Was mich zwang, Ihrem Wesen und Ihren Taten nachzusinnen, ist jener über ein Jahrtausend hinscheinende Halbdämmer, der Sie umlagert wie der nachgedunkelte Goldgrund die Gestalt einer byzantischen Ikone. Ich habe mich niemals unterfangen, Sie „ergründen“ zu wollen. Mein Geist macht vor jeder Unmöglichkeit halt. Er hat sehr früh begreifen gelernt, daß es nur Annäherungswerte gibt. Leben ist mir Bescheidung, nicht aber Übersteigerung. Und Glück ist mir, daß mich ein Ungewöhnliches in seiner Schönheit versinken lasse.

So also ist der Dank, den ich in diesen Aufzeichnungen abstatte, die aus mir selbst geborene Liebe zu der inneren Schönheit Ihres Seins. Diese innere Schönheit entspringt dem Walten einer von Gott verliehenen Gesetzmäßigkeit, wie sie vielleicht nur die Seele des Künstlers über ein Jahrtausend hin nachzuwittern vermag.

Alle Menschen kommen aus den Bedingungen ihrer eigenen

Zeit, aber jeder außergewöhnliche Mensch durchbricht diese Bedingungen. Er überschreitet – sehr oft, ohne es zu wissen – Grenzen, welche seine Zeitgenossen nicht einmal wahrnehmen. Und nirgends wird er so sehr als „Gestalt", als „Ich" fühlbar wie in diesem Überschreiten.

Ihre Grenzüberschreitung, Majestät, und welche, war ein genialer Gedanke, der als Flamme in Ihnen brannte. Sie wollten, daß das deutsch-italische Westimperium wieder auf der Stadt Rom, auf der „URBS REGIA, CAPUT MUNDI" ruhen und als Ursprungsmacht erneuert werden sollte. Sie wollten, daß das erneuerte als ebenbürtige Ergänzung dem seit Konstantin dem Großen auf der Stadt Byzanz, „ΝΈΑ ΡΩΜΑ", „NOVA ROMA", ruhenden Ostimperium an die Seite gestellt würde. Sie wollten außerdem dieser theokratisch-föderativ gedachten westeuropäischen Erneuerung – „RENOVATIO IMPERII ROMANORUM" – die gereinigte Kirche – „REFORMATIO SACERDOTII" – als GLEICHGEORDNETE HELFERIN dienstbar machen, indem Sie ihr den selbstverständlichen Gegendienst des WESTIMPERIALEN SCHUTZES zusicherten.

Dieser Plan, der – in unbestimmten Umrissen – schon seit dem Jahre 992 in Ihnen lebte, der im Jahre 997 diplomatisch vorbereitet und im Jahre 998 politisch in Angriff genommen wurde, ließ die von Ihrem Großvater Otto I. und von Ihrem Vater Otto II. verfolgte Politik ein beträchtliches Stück hinter sich.

Um die Dimension Ihres Ichs zu ahnen, muß man sich auf die Dimension Ihres Gedankens der RENOVATIO-REFORMATIO beziehen. Die Fragen der Durchführung sind nicht unwichtiger als der Gedanke selbst, aber sie stehen als Wertmesser erst an zweiter Stelle.

Majestät: ich lehne es leidenschaftlich ab, Ihren Gedanken „romantisch" zu nennen. Dieses von den Deutschen so sehr geliebte, unselige Wort, das, wo immer es leichtfertig gebraucht wird, Verwirrung anrichtet, ist die Waffe Ihrer verständnislosesten Gegner: jener Geschichtsschreiber, welche Ihre Kaiserliche Erscheinung aus verschieden abgestuften „nationalen“ oder „vaterländischen“ Denkweisen des 19. und 20. Jahrhunderts bewerten, zurechtweisen und abtun wollen: als ob es zu Ihrer Zeit die Begriffe „national“ und „vaterländisch“ überhaupt gegeben hätte!

Ein ganzes Leben lang, Majestät, habe ich mit Ihnen gesprochen. Ein ganzes Leben lang habe ich Ihr Bild GESUCHT. Unzählige Male haben sich seine Schattierungen in mir abgewandelt. Ich dürfte zu Ihnen sagen, das berühmte Wort des „dunklen“ Heraklit auf Sie überschreibend: *›ἐδιζησάμην σεαυτόν‹*. Aber eine solche Überschreibung entspräche nicht ganz der Wechselwirkung, welche sich in jenem heraklitischen „Ihnen Nachgehen“ vollzog. Ich könnte dies nur andeuten, indem ich das überschriebene und das ursprüngliche Wort ursächlich miteinander verbände:

Διζησάμενος σεαυτόν, ἐδιζησάμην ἐμεαυτόν

„Indem ich Ihnen nachging, bin ich mir selber nachgegangen.“ An dieser Entsprechung bin ich gewachsen, und aus diesem Wachsen an Ihnen bin ich schließlich in die Stunde hineingereift, in der ich es wagen durfte, nicht mehr MIT Ihnen, sondern ZU Ihnen zu sprechen.

Die ordnende Mitte in Ihnen, die ordnende Mitte in mir, hieß immer nur: „NÓMOΣ“: „GESETZ DES WESENS“. Dieses Gesetz ist der Schutz, es ist die Macht, es ist das Geheimnis.

Onno-Vasséna, 29. April 1946.

DER KAISER OTTO III.
980—1002

»WARUM WOLLEN WIR MEHR ALS DEN FURCHENZUG UNSERER TRÄUME HINTER UNS LASSEN?«

ERSTES BUCH

GENESIS

ERSTER TEIL

DEUTSCHLAND
991—994

VORSPIEL

Majestät,

Wir wissen so gut wie nichts über Ihr Leben zwischen den Jahren 991 und 995.

Ihre Mutter, welche acht Jahre lang für Sie die Regentschaft geführt hatte, starb unerwartet nach einer kurzen Erkrankung am 15. Juni 991 in der Kaiserlichen Pfalz von Nymwegen. Das Geheimnis, das dieses Sterben umlagert, ist niemals enthüllt worden. Es kann nun vermutet werden, daß ein so plötzlicher Tod in Zusammenhang stehe mit der Abwehrpolitik des Königs Hugo Kapet gegen jenen Krieg, den die karolingisch gesinnte Gruppe am deutsch-römischen Kaiserhofe soeben im kapetingischen Frankreich zu entfesseln bereit war.

Sie waren ein Knabe von elf Jahren, als Ihrer Jugend die Umhüllung genommen wurde. Nur für Sie hatte Ihre Mutter mit der ihr eingeborenen Gabe des Herrschens, welche ihrer byzantinischen Herkunft entsprach, gelebt und gehandelt. Sie war die Tochter des Fürsten Konstantin Skleros und der Prinzessin Sofia Phokas. Sie war die Nichte des Kaisers Tsimiskes und die Großnichte des Kaisers Nikephoros Phokas II. Sie hatte die strenge Erziehung der byzantinischen Palastschule erhalten. Die Höhe ihrer Bildung ließ weit hinter sich zurück, was man gegen Ende des zehnten Jahrhunderts im Abendland mit dem Begriffe Bildung zu bezeichnen pflegte. Nicht eine einzige Frau am deutschen Kaiserhofe, nicht eine einzige aus dem hohen deutschen, französischen oder italienischen

Adel hätte es wagen dürfen, sich mit ihr zu messen, auch nicht die Kaiserinwitwe Adelheid, die Mutter Ihres Vaters.

Das Herz Ihrer Mutter gehörte Ihnen, dem Erben des Westimperiums. Sie war eine politische Frau von männlicher Willenskraft. Aber sie war Mutter genug, um dem einzigen Sohne jenes mindeste Maß von Zartheit zu schenken, ohne welches die Seele eines Kindes sich nicht entfalten kann. Sie war streng. Sie ließ Ihnen eine vollendete Erziehung geben. Sie verlangte sehr viel von Ihnen, aber sie verstand es, Ihnen begreiflich zu machen, daß der Erbe eines Imperiums kein verwöhnter Muttersohn sein kann. Ihnen selbst war der Sinn für „MAJESTÄT" als mütterliches Erbteil eingeboren worden, nicht als Erbteil eines „ritterlichen" und gebildeten Vaters, den Sie nur vom Hörensagen gekannt haben. Sie hatten früh geahnt, daß schon bald nach Ihrer Geburt zwischen Ihren Eltern kein gutes Einvernehmen mehr bestand. Es sind Ihnen, wie dies an allen Höfen geschieht, viel ungereimte Dinge über vergangene Geschehnisse zugetragen worden. Ich glaube nicht, daß Sie sich sehr viel um diese Redereien gekümmert haben. Für Sie zählte die Gegenwart. Diese Gegenwart aber war Ihre Mutter. In allem. Auch in jenen vielen unscheinbaren und doch so wichtigen Dingen, welche das fürstliche Ambiente um eine Frau schaffen helfen. Sie lernten an Ihrer Mutter begreifen, welche Kluft Feudalität von Kaiserlichkeit scheidet, Anspruch von Herrschertum.

Die Kaiserinwitwe Adelheid, welche es immer verstanden hatte, den von ihr gewünschten Nimbus um sich zu verbreiten, war Ihnen fremd. Sie verspürten an ihr nicht den gleichen Schimmer von Majestät, welcher Ihre Mutter für Sie zu einer beherrschenden Erscheinung machte. Knaben Ihrer Artung haben ein außergewöhnliches Witterungsvermögen für solche Unterschiede menschlicher Strahlungen.

Sie sahen die Kaiserin Adelheid, welche als Reichsverweserin in Pavia residierte, bis zu Ihrem elften Jahre wahrscheinlich überhaupt niemals. Was Sie aus dem Munde der Mutter über die Großmutter hörten, mußte Abneigung erwecken, denn man schilderte Ihnen diese nur als die Gegenspielerin der mütterlichen Politik. Der Erzkanzler Willigis hingegen und Adelheids Tochter aus der Ehe mit dem Kaiser Otto I., die Prinzessin Mathilde, Äbtissin von Gandersheim, brachten dieser Politik Verständnis entgegen. Auch der seit dem Jahre 987 zum kronprinzlichen Erzieher bestellte Bernward von Hildesheim stand auf seiten Ihrer Mutter, mit der ihn eine niemals getrübte Freundschaft verband. So also ist es für jedes Herz, das sich nicht den natürlichen Regungen des Gefühles verschließt, selbstverständlich, daß das plötzliche Verschwinden des mütterlichen Bildes zum ENTSCHEIDENDEN Ereignis Ihrer Knabenjahre werden mußte.

Es warf unverwischbare Schatten in Ihr Wesen und stellte Sie in eine innere Einsamkeit, deren Wirkung nicht zu errechnen war. Nicht nur die Umhüllung war Ihnen genommen worden, sondern auch Byzanz, die andere Hälfte Ihres Wesens. Byzanz mußte nun in Ihnen zu einer Macht der Sehnsucht werden: in seelisch-geistigem, nicht in politischem Sinn. Ich kann mir denken, daß Sie sich manchmal in griechischen Dichtern verloren, um sich in das Bild der Toten zu flüchten, deren erloschenes Herz in St. Pantaleon in Köln bestattet lag.

Byzanz und diese große Tote waren fortan ein Eines in Ihnen: die geheime Nahrung Ihres jugendlichen Lebens. Aber sie waren auch die Schranke, an der sich fremde, Ihrem Wesen ungemäße Wünsche brachen. Sie waren das Unerreichbare, das Undurchdringliche. Nirgends, Majestät, fühlt sich das ungewöhnliche Ich mächtiger, als wenn es das Zurückweichen des unerbetenen Du vor einer solchen Grenze spürt, welche es ihm erspart, sich mit dem Gleichgültigen oder „Beliebigen“ einzulassen.

Es war ein großes Glück für Sie, daß Sie als ein so Gerüsteter den Jahren entgegengehen konnten, die nun für Sie heraufzogen. Sie wußten natürlich nicht – damals, im Jahre 991 – wie sehr Sie gerüstet waren. Sie brauchten es noch nicht zu wissen. Sie konnten warten, daß das Erkennen die Schwelle der Bewußtheit zu seiner Zeit überschritte.

Der Tod Ihrer Mutter hatte eine zweite, überpersönliche Bedeutung für Sie: er befreite Sie von der Politik Ihrer Mutter. Er lenkte – durch lange Strecken seelischer und geistiger Einsamkeit – Ihre Kräfte bis an jene Stelle, wo sie in überraschender Plötzlichkeit als ein POLITISCHER PLAN sichtbar wurden, der den Absichten Ihrer Mutter nicht nur nicht entsprach, sondern entgegenstand. Aber nicht nur dies: der Tod Ihrer Mutter zwang Sie – den ungewöhnlich früh seiner Besonderheit bewußt gewordenen Knaben –, sich gegen alle Bevormundungen zur Wehr zu setzen, wie sie von dem Regentschaftsrat ohne Zweifel versucht worden sind.

Dieser Regentschaftsrat setzte sich zusammen aus der Kaiserinwitwe Adelheid, dem Erzkanzler Willigis und dem deutschen Kanzler Hildibald. Ihre Abwehr, Majestät, blieb heimlich. Aber sie war um so hartnäckiger, je steiler und sicherer sich die Entfaltung Ihres Ichs vollzog. Sie reiften an geheimen Widerständen. Sie bewiesen sich selbst durch diese Art des Reifens die Maße Ihres Wollens und wuchsen ohne Umwege in die unverfälschbaren Konturen Ihres Bildes.

Sie fragen mich vielleicht, woher ich dies weiß, obwohl nur spärliche Nachrichten über die entscheidenden Jahre Ihrer Vorentfaltung vorliegen? Ich weiß es, weil ich vom Später auf das Früher schließe – und weil ich jahrelang über ein psychologisches Rätsel der Geschichtsschreibung nachgesonnen habe.

Eine REVOLUTIONÄRE Entscheidung, die Sie unmittelbar nach Ihrer römischen Kaiserkrönung – 21. Mai 996 – gefällt haben, ist als eine Selbstverständlichkeit verzeichnet worden, während sie in Wirklichkeit eines jener unergründlichen Geheimnisse ist, aus denen die politisch SCHÖPFERISCHE Seele in die fernsten Zeiten wirkt, ohne es selbst auch nur zu ahnen:

Sie haben, Majestät, gegen den Brauch der Jahrhunderte, der Kurie – also dem Papste, der Sie gekrönt hatte – die bis auf Pippin zurückzuführenden und nicht nur von allen karolingischen Kaisern, sondern auch von Ihrem Großvater Otto I. und Ihrem Vater, Otto II. bestätigten „PACTA", die PAKTE, das heißt die LANDSCHENKUNGEN an die Kurie – Patrimonium Petri, Pentápolis, Gebiet um Ravenna – NICHT bestätigt. Sie haben, eine Forderung des Papstes beiseite schiebend, die Frage der Pacta „in der Schwebe" gelassen. Sie, der kaum sechzehnjährige Kaiser, der, nach fünf Jahren gewissenhaftester Vorbereitung auf sein zukünftiges Herrscheramt, in Italien erschien, haben mit einer solchen Nichtgewährung eines immer Gewährten die Weltpolitik aus ihren Angeln gehoben. Und nicht ein einziger Geschichtsforscher hat auch nur versucht, den seelischen Ursprüngen eines solchen Wagnisses nachzugehen: ja nicht einmal die Frage aufgeworfen, ob es politische oder persönliche Gründe gibt, welche Sie schon in den Jahren Ihrer Vorbereitung – 991 bis 996 – den Entschluß fassen ließen, die abendländische Welt durch eine solche Tat zu überraschen.

Es ist unmöglich, daß eine Entscheidung von derartiger Tragweite von heute auf morgen gefällt werde. Es ist noch unmöglicher, daß man sie als Improvisation eines jugendlich-eigensinnigen Temperamentes deute und bewerte. Es ist nur möglich, daß man in ihr die Frucht langer und vielleicht quälender Erwägungen erblicke. Wann, wie und warum also ist sie ausgereift?

Für mich, Majestät, besteht HEUTE – nach allem Abwägen, nach allem Ja und Nein und Vielleicht und Doch – kein Zweifel mehr. Weder Willigis von Mainz, noch Hildibald von Worms, noch Bernward von Hildesheim, noch der italienische Kanzler Heribert von Köln – von der Kaiserinwitwe Adelheid und Odilo von Cluny natürlich ganz zu schweigen – konnten Sie auf den Weg dieses Wagnisses gewiesen haben.

Sie allein, Sie ganz allein haben es in sich „ausgetragen“, Sie ganz allein haben es gewagt, weil der Gedanke, von dem Ihr Sein durchdrungen war, der Gedanke der Erneuerung des römischen Imperiums – „RENOVATIO IMPERII ROMANORUM“ – Ihnen BEFAHL, es zu wagen.

Seit frühester Jugend lehnte sich Ihr politisches Fühlen an die Erscheinung Karls des Großen. Sie wollten nicht „nachahmen“: Sie wollten von GRUND aus wiederherstellen: RESTITUERE.

Deshalb, sagten Sie sich, mußten Sie von GRUND aus beseitigen, was einer RESTITUTIO – wie Sie sie anstrebten – im Wege war. Und eben dieses waren die „PACTA“ in ihrer seitherigen, in ihrer unzulänglichen und anfechtbaren Form. Daß Sie sie nicht bestätigten, bedeutete die ABSAGE AN DEN KOMPROMISS. Es bedeutete keineswegs die Absage an die Kurie! Im Gegenteil: da Karl der Große die beseelende Kraft Ihres Kaisertumes war, mußte dieses Kaisertum den geistlich-geistigen Mächten, welche die Kurie verkörpert, zum Förderer werden. Die Nichtbestätigung der Pacta in ihrer seitherigen Form ist also schon Ihr Bekenntnis zur REFORMATIO.

So weit sollte ein junger Mensch Ihrer Art nicht denken, fühlen, planen, sich vorwagen können?

Unnütze Frage! Nur ein junger Mensch denkt, fühlt, plant, wagt auf eine solche Weise, wenn die Flamme des Genies in ihm brennt. Im Scheine dieser Flamme hatten sich die seelischen Voraussetzungen für Ihr Wagnis während der Vorbereitungsjahre 991–996 geformt: sehr langsam, sehr folgerichtig, sehr richtig. Als Sie eben die Krone um Ihre Stirne fühlten, taten Sie die erste Tat dieser Krone. Sie legten sich fest als der große Gläubige, als der von seiner BERUFUNG Erfüllte, der Sie waren.

Erlauben Sie mir nun, Majestät, die Wahrscheinlichkeitsrechnung anzustellen, welche die Jahre Ihrer Entwicklung vom Tode Ihrer Mutter an bis zu Ihrer Mündigkeitserklärung umspannt.

„Entwicklung“ geschieht, indem durch „Reiz“ oder „Anregung“ schlummernde Kräfte des uns aus allen Atavismen aller unserer Ahnen eingeborenen „Stoffes“ in den Zustand der Bewußtheit erhoben und in ein unendliches Spiel von Wechselwirkungen getrieben werden. Stoffliches Außen kann niemals stoffliches Innen werden. Es kann immer nur Reizung sein, welche in Bewegung bringt und befruchtet. So auch erklärt sich die Befruchtung durch das Gegensätzliche. Vermischung gegensätzlichen – feindlichen – Stoffes jedoch müßte Verminderung des eingeborenen Stoffes bedeuten.

Sie sind ein Mensch des zehnten Jahrhunderts und wollen als solcher verstanden werden. Aber das Wesenhafte in Ihnen ist – wie alles Wesenhafte – überzeitlich, weil es die göttlich-immanenten Kräfte unmittelbar spiegelt. Wenige Herrscher sind so sehr Sinnbilder des spürbaren Wirkens dieser Kräfte im Menschen wie Sie. Dies ist der geheimste Grund, warum der KÜNSTLER IHREN Wegen nachgegangen ist.

Jene ILLUSION, welche in dem mehr als unzulänglichen Begriff ,,Geschichte“ das Ordnungs- und Sichtungsbedürfnis der Menschen durch die Jahrhunderte begleitet, ist mir gleichgültig geworden, weil ich ihr ein Leben lang als Liebender nachgelaufen bin. Sie selbst, Majestät, bedeuten mir die Überwindung der „Geschichte“ durch alle Mühen der Forschung, welche mir die AHNUNG Ihres BILDNISSES geschenkt haben. Ich sage mehr: ich nehme in Ihrem Bilde Abschied von allem Auf und Nieder, von allem Werden und Gewordenwähnen meines eigenen Lebens.

ERSTES KAPITEL

Die Vormundschaftsregierung, Majestät, folgte der durch Otto I. geschaffenen politischen Tradition. Sie trug also konservativen Charakter.

Es mag Ihrer Großmutter Adelheid nicht leicht gefallen sein, den italienischen Statthaltersitz Pavia noch einmal zu verlassen und die Leitung einer Politik zu übernehmen, welche sich unter der achtjährigen Regentschaft Ihrer Mutter auf nicht ungefährlichen Bahnen bewegt hatte.

Aber nicht nur die Ablehnung dieser Politik, sondern auch sehr persönliche Gründe hatten die leidenschaftliche Frau schon im Jahre 978 in Gegensatz zu Sohn und Schwiegertochter gebracht. Sie war nicht nur die Mutter des deutschen Kaisers, sondern auch der französischen Königin Emma, der Gemahlin des Karolingers Lothar. Sie wollte unter keinen Umständen, daß sich die Kluft zwischen der sächsisch-deutschen und der karolingisch-französischen Dynastie erweitere, da sie in einer beständigen Furcht für ihre Tochter aus erster Ehe lebte. Sie übersah jedoch über ihrer persönlichen Befangenheit die agressive Haltung des französischen Königs. Sie begriff nicht, wie sehr sich die Zeiten mit dem Tode Ottos I. verändert hatten. Mit Otto I. war die einzige Autorität verschwunden, welche durch ihr einfaches Dasein französische Ansprüche auf Lothringen niedergehalten hatte. Das Imperium, Majestät, verkörpert in Ihrem Vater Otto und Ihrer Mutter Theophano, konnte es sich nicht erlauben, eine Vogelstraußpolitik zu treiben. Es mußte auf seiner Hut sein und zuschlagen, nachdem es im Jahre 977 durch Lothars hinterlistigen Angriff auf Aachen herausgefordert worden war. Dies hatte niemand besser begriffen als Ihre Mutter. Sie hatte sich auch nach dem Tode Ihres Vaters keinen Sand in die Augen streuen lassen und der gefühlsmäßigen Sippenpolitik Ihrer Großmutter die eiskalte Realpolitik der unbeteiligten Byzantinerin entgegengesetzt. Sie hat Frankreich gegenüber eine aktive Politik getrieben. Es kann keinem Zweifel unterliegen, daß es ihr gelungen wäre, die Suprematie über Frankreich zu erreichen – karolingisch gesprochen: wieder zu erreichen – wenn sie nicht in eben dem Augenblick gestorben wäre, als sie zum Kriege gegen Hugo Kapet bereit war. Die Kapetinger waren von Deutschland niemals „de jure" in ihren Thronrechten bestätigt worden. Man hatte zwar der „Proklamation" Hugo Kapets zum französischen König im Jahre 987 zugestimmt, weil er auf Lothringen verzichtet hatte, aber eine kapetingische DYNASTIE niemals anerkannt. Für das Imperium war und blieb die kapetingische Proklamation ein „Provisorium", das in dem Augenblicke zu verschwinden hatte, in dem sich das Imperium stark genug fühlte, die französische und die deutsche Krone – genau wie die italische – in den Händen des deutsch-römischen Kaisers zu vereinigen. Dieser Kaiser, Majestät, wären Sie gewesen. Für SIE hat Ihre Mutter diesen mehr geheimen als offenen Kampf mit allen Schlichen einer an byzantinischer Staatskunst geschulten Politik geführt, indem sie Karolinger und Kapetinger gegeneinander ausspielte. Das Ende der Karolinger hat sie noch erlebt. Den letzten Karolinger, der ihr hätte gefährlich werden können, den mit dem deutschen Herzogtum Niederlothringen belehnten französischen Königssohn Karl, hatte ihr Hugo Kapet im März 991 gefangen. Die Reihe war nun an diesem selbst. Sie wären wahrscheinlich schon im Herbst 991 französischer König gewesen, wenn das Schicksal durch den Tod Ihrer Mutter – am 15. Juni 991 – nicht sein NEIN gesprochen hätte.

Mit diesem Tode war die Seele des großen Planes erloschen. Französische Parteigänger der Politik Ihrer Mutter versuchten zwar noch einmal – von Metz aus – im Jahre 992 Ihre Inthronisierung auf dem französischen Königsthron. Aber der Plan mißlang, weil die deutsche Hilfe fehlte. Die deutsche Vormundschaftsregierung unterstützte ihn nicht. Von der sechzigjährigen Kaiserin Adelheid war eine aktive Politik im Westen nicht mehr zu erwarten. Sie lebte im Schatten der Cluny'schen Reformbewegung. Es hieße ihrem Alter und ihrem an Schmerzen reichen Leben Unrecht tun, wenn man ihr das Recht absprechen wollte, da zu verharren, wo sie sich von Gott hingeführt fühlte. Sie hatte sich, als die Umstände sie noch einmal in eine Regentschaft riefen, ihrer Pflicht nicht entzogen. Dies wäre gegen den Geist Clunys gewesen. Aber sie hätte es von sich gewiesen, als „Pflicht" zu bezeichnen, was ihr Gewissen nicht verantworten konnte. Es ist unmöglich, an den guten Absichten der Kaiserin Adelheid zu zweifeln. Es ist erlaubt, zu fragen, ob an ihrer Stelle nicht besser die Äbtissin Mathilde von Quedlinburg, Ihre Tante, Majestät, in den Regentschaftsrat berufen worden wäre.

Auch der Erzkanzler Willigis hatte die französischen Pläne Ihrer Mutter niemals gutgeheißen. Er stand 991 in seinem einundfünfzigsten Jahre, also auf der Höhe seines Manneslebens. Politische Phantasie war ihm fremd. Er wollte nichts von Machterweiterungen wissen, welche ihm als Machtzersplitterungen erschienen. Er wußte, daß ein Weniger ein Mehr sein kann. Seine Stärke war Maßhalten. Es war seine besondere Begabung, durch gewissenhaftes Wirken im Nächsten das Nächstweitere zu erreichen. Er war die Seele des Kampfes gegen den rebellierenden Herzog Heinrich II. von Bayern – den „Zänker" – gewesen. Seinem Eintreten für die Legitimität verdankten Sie Ihre Krone, vielleicht Ihr Leben. Er war kein Mensch großer „Programme". Er handelte von

Fall zu Fall aus einem sicheren Gefühl für das Rechte, das Notwendige, das Angebrachte. Er war ein nicht minder überzeugter Diener des sacerdotium als des regnum. Immer galt ihm der Leitsatz, daß das Hemd dem Leibe näher ist als der Rock. Er war kein Mann, zu dem sich Jugend „hingezogen" fühlte. Er hatte weder Strahlung noch Charme. Dies ist, was ihn von Bernward von Hildesheim unterschied. Dies auch ist, was eine enge Beziehung zwischen Ihnen und ihm unmöglich machte. Sie wußten, Majestät, was Sie ihm zu danken hatten, und Sie dankten es ihm. Aber Sie haben ihn niemals geliebt. Der Lehrer, den Ihnen Ihre Mutter bestellt hatte, war Bernward von Hildesheim. Diesen liebten Sie.

Bischof Hildibald von Worms – der deutsche Kanzler – war Ihr Lehrer für deutsches Recht. Auch mit der Arbeitsweise der Kanzlei hat er Sie vertraut gemacht. Sie haben sich in diese Gebiete mit Leichtigkeit eingearbeitet. Ein Knabe, welcher seit seinem vierten Lebensjahr der gekrönte deutsche König ist und als Elfjähriger weiß, daß er schon in fünf Jahren – nach seiner Mündigkeitserklärung – die deutsch-römische Kaiserkrone tragen wird, hört, sofern er über Ihre Anlagen verfügt, mit besonderem Ohr.

Sie waren nicht, was man „einen guten Kameraden" nennt. Unebenbürtiges Wesen war Ihnen Luft. Kameradschaft aber setzt – zum mindesten dem Scheine nach – Gleichordnung mit dem Unebenbürtigen voraus. Sie kann Ausdruck der Selbstbeherrschung sein. Dann stellt sie einen Wert dar. Ist sie jedoch nur das stumpfe Nebeneinander unbeteiligter Seelen und Körper, so muß sie von jedem edleren Geist als Vergewaltigung empfunden werden. Sie führt zum Ekel des Menschen vor dem Menschen und zum unausrottbaren Haß gegen den Vergewaltiger. Jeder selbstbewußte Knabe weiß seinen Umgang nach den Gesetzen der Wahlverwandtschaft zu wählen. Er ist immer ein guter Freund, und immer ein schlechter Kamerad. Er kennt keine Beziehungen zu dem Beliebigen.

Wir würden nur wenig Aufschlüsse erhalten, Majestät, wenn wir wüßten, mit wem Sie erzogen wurden. Wir wissen, wie niedrig manchmal „blaues Blut" ist. Wir wissen auch, daß es „la fine fleur de la substance humaine" sein kann.

Es werden in den Jahren, als Sie schon die Kaiserkrone trugen, eine Reihe von Namen junger Menschen genannt, welche hohe Stellungen in Ihren Kanzleien bekleideten. Von vielen wird behauptet, sie hätten Ihnen „besonders nahe gestanden". Ich habe manchmal lächeln müssen, wenn ich diesen Zusatz las. Nein, Majestät, diese jungen beamteten Herren aus Ihrer Umgebung, deren einige wahrscheinlich eine geraume Zeit von den gleichen Lehrern erzogen worden sind wie Sie selbst, haben Ihnen gar nicht „nahe" gestanden. Sie sind freundlich von Ihnen behandelt worden und haben sich in der Strahlung „kaiserlichen Wohlwollens" gesonnt. Das ist alles. Wenn die Chronisten von „amatissimus", „dilectissimus", ja „dulcissimus" sprechen, so wissen wir sehr genau, wie wenig diese Worte in Wirklichkeit bedeuten. Die Romantiker sind glücklich über jedes Wort, das ihnen „gefühlvoll" erscheint. Aber sie verwechseln leicht das „doux parler des chroniqueurs", welches eine Stilart oder eine Stilunart ist, mit Wirklichkeiten, deren Tönung sehr viel gedämpfter und voll von Vorbehalten war.

Das Bedürfnis nach seelischem Austausch war schon in dem Kinde, in dem Knaben, in dem „juvenis" vorhanden. Auf welches Gegenbedürfnis es gestoßen sei, wissen wir nicht. Erst im ersten Jahre Ihres Kaisertums – 996 – taucht der Name auf, der das Geheimnis Ihres Wesens enthüllt und uns – da wir nur werden können, was wir sind – zu sagen erlaubt: verwirklicht oder nicht verwirklicht: diese Macht der Seele muß immer wirksam gewesen sein: je nach der Reife des Blutes. Denn Seele und Herz sind Blut, sind Wurzel.

Als Sie nach dem Tode Ihrer Mutter aus dem DU, das Ihnen die Antworten der Frühe gegeben hatte, ganz in Ihr Ich zurücksanken, war die Dynamis Ihres Blutes die gleiche wie fünf Jahre später, nach Ihrer Erweckung. Der Grad, in dem sie sich äußerte, war natürlich dem Grade unterworfen, in dem Ihr Knabenkörper an seinen Hormonen reifte. Vom Später auf das Früher schließend, muß ich sagen: und wären schon um den kaiserlichen Knaben jene „amatissimi", „dilectissimi", „dulcissimi" der Chronisten gewesen: es wäre gar nichts dagewesen außer seiner unentäußerten Einsamkeit, gleichgültig, ob er sie als solche empfand oder nicht. Denn nicht, daß wir diese oder jene Knaben-Neigung in diesem oder jenem Grade verspüren, enthebt uns aus unserem Unverbundensein: Sondern, daß in uns niederfahre – eines nie zu errechnenden Tages – der Blitz, „*ὁ Κεραυνός*" und uns erkennen lasse, wohin uns die Bestimmung unseres WESENS treibt.

Da wir den Namen wissen – auch das Jahr, den Monat, den Ort – aus dem dieser Blitz in Ihr Wesen fuhr, da wir über tausend Jahre hin nachspüren, was das Aufflammen dieses Wesens war, und an der Flamme die Entzündbarkeit des Stoffes selbst erkennen: welchen Sinn hätte es, ausfindig zu machen, mit welchen Junkern Sie „erzogen" wurden? Und wären es deren dreißig gewesen: Ihre Formung, Majestät, geschah aus Ihren eignen Kräften und weit über das „angestrebte" Ziel der „Vorbereitung auf ein Kaisertum" hinaus.

So also spreche ich Ihnen nur noch von den helfenden „Reizen" – „stimuli" – der Formung und setze gleich menschliche und sachliche Reizungen als KRÄFTE, welche im Jahre 991 die Arbeit am Stoffe Ihres Ichs begannen.

Die Nachricht vom Tode Ihrer Mutter, Majestät, konnte vor Mitte Juli nicht in Pavia sein, wo die Kaiserinwitwe Adelheid Hof hielt. Vielleicht hat sie der Markgraf Hugo von Tuskien, welcher der Beisetzung seiner Herrin in der Kölner St. Pantaleonskirche noch beiwohnte, auf seiner Rückreise überbracht. Er war der zuverlässigste italische Parteigänger des deutschen Kaiserhauses und der geeignete Mann, die Rückkehr der Kaiserin nach Deutschland vorzubereiten.

Würde sie das große Opfer bringen? Auch Sie begriffen, Majestät, daß es sich um ein Opfer handelte. Dieses Begreifen verpflichtete Sie zu einer freundlichen Haltung.

Vor Ende September oder Anfang Oktober war mit ihrer Ankunft in einer der deutschen Pfalzen nicht zu rechnen. Wo würden Sie selbst bis zu diesem Zeitpunkt leben? Zwei Möglichkeiten scheinen mir vor anderen den Vorrang zu haben: in Hildesheim, bei Ihrem Lehrer Bernward, oder in Quedlinburg, bei der Äbtissin Mathilde, Ihrer Tante, welche auch in freundlichen Beziehungen zu Ihrer Mutter gestanden hatte. Ihr Schmerz, Majestät, bedurfte eines Schutzes, wie ihn nur das Herz einer Frau zu geben vermag. Ich glaube nicht, daß es der Erzbischof Willigis gewagt haben würde, gegen einen Aufenthalt in Quedlinburg Einspruch zu erheben. Da er in Ihrem Lehrer Bernward einen Gegenspieler hatte, mußte er darauf bedacht sein, Sie diesem Einfluß durch eine eigensinnige Handlung nicht noch mehr auszusetzen. Er war weder der Bildung noch dem persönlichen Adel dieses Aristokraten gewachsen. Seine Klugheit verbot ihm, Mächte der inneren Wahlverwandtschaft zu unterschätzen. So also konnte es ihm nur recht sein, Sie bei Mathilde in Quedlinburg zu wissen, welche eine zuverlässige Stütze seiner klaren und nüchternen Politik war. Die politischen Fähigkeiten des großen Vaters – Ottos I. – traten in ihr als Erbgut in Erscheinung. Sie hatte nichts von der Reizbarkeit und Sprunghaftigkeit Ottos II., des einzigen frühgestorbenen Bruders. Auch das Pathos ihrer Mutter Adelheid war ihr niemals gefährlich geworden. Einer so gearteten Frau nun, Majestät, konnten

Sie sich anvertrauen. Auf sie konnten Sie hören: gewiß, daß sie nicht versuchen würde, einen Zwang auf Sie auszuüben. Ein solcher Versuch wäre gescheitert und hätte zu einer Entfremdung geführt. Denn es lebte in Ihnen – trotz Ihrer großen Jugend – schon ein sehr waches Bewußtsein Ihres Ranges und der Rücksichten, die auch der nächste Angehörige diesem Range schuldete.

Sie haben sich Freunde nach Quedlinburg mitgenommen: den siebzehnjährigen Grafen Tammo, den sechzehnjährigen Herzog Otto von Niederlothringen, und den Grafen Hoiko, dem Ihre militärische und körperliche Erziehung anvertraut war. Ihm galt in jenen Jahren Ihre Zuneigung. Alle Knaben geistiger Prägung lieben Menschen, die ihnen den Adel des Körpers erschließen. Verachtung des Leibes ist immer unadelig. Gebe einer hundertmal dem Geiste die Suprematie: warum sollte er nicht ein ausgezeichneter Reiter oder Fechter sein? Warum sollte er nicht Herr der Muskeln sein und dem Fleische die Grenzen ziehen? Denn der Leib ist nicht das Fleisch, sondern der Muskel. Und der Muskel: das ist die Beherrschung. Ihr späteres Leben hat gezeigt, was Sie dem Muskel zumuten durften. Auch Ihre Mutter hat um diese Gesetze gewußt. Man hat Sie, Majestät, den sechsjährigen Knaben, schon mit den Heerführern auf einen Slawenfeldzug geschickt. Mag dies Prestigepolitik gewesen sein, wie sie die Zeiten des Rittertumes verlangten: es war dennoch mehr. Das königliche Kind sollte aus eigenem Erleben wissen, was das Kämpfen der Soldaten für seine Sache sei. Auch in diesem Jahre 991 sind Sie während eines neuen Kampfes gegen die Slawen im Feldlager des Polenherzogs Miesko I. zu finden. Sie wurden natürlich keinen Gefahren ausgesetzt, aber Sie hatten Strapazen auszuhalten und sich der militärischen Zucht unterzuordnen, ehe Sie wieder in die geistigen Studien und politischen Gespräche Ihrer Quedlinburger Residenz zurückkehren konnten.

Es hat viele solcher Gespräche gegeben. An nahem und nächstem Stoffe hat es nicht gefehlt. Vielleicht sind die langen Unterhaltungen, die Sie unter vier Augen mit der Äbtissin Mathilde führen konnten, die Quelle des Vertrauens geworden, das Sie ihr bis in die Stunde ihres Todes bewahrt haben·

Sie hatten als politisches Vermächtnis von Ihrer Mutter den Leitsatz mitbekommen, daß es keine fruchtbare Politik des Westimperiums geben könne, ohne daß alle Vorgänge im byzantinischen Reich, Tag um Tag, in Rechnung gestellt würden. Dies hieß, daß es niemals zu kriegerischen Verwicklungen zwischen diesen beiden Imperien kommen dürfe, sondern daß alle auftauchenden Gegensätze diplomatisch auszugleichen seien. Aus diesem Gesichtswinkel heraus sahen Sie schon als Knabe die europäischen Vorgänge. Der Erzkanzler Willigis, der Kanzler Hildibald, Ihr Lehrer Bernward von Hildesheim, Ihre Tante Mathilde und ganz bestimmt auch der Markgraf Hugo von Tuskien haben sich von der gleichen politischen Erkenntnis leiten lassen. Gerade dieser hatte im Jahre 982 – wie Ihre Mutter – das süditalische Unternehmen Ihres Vaters verurteilt. Er hatte nicht einmal die wenigen zur Verfügung gestellten Truppen persönlich geführt. Byzanz hätte einen deutschen Sieg niemals hingenommen: und wenn es Jahre lang auf die Revanche hätte warten müssen. Die vernichtende Niederlage von Cotrone am 15. Juli 982 hat die deutschen Ansprüche auf zwei Jahrhunderte lahmgelegt, aber dem Westimperium auch die Kriegserklärung Ostroms erspart.

Einen Begriff der „Italia tota" – „Großitalien" – gab es nicht mehr in Ihrem Denken. Ihre Mutter hatte dafür gesorgt, daß dieses Phantom, dem die Katastrophe von Cotrone zu verdanken war, in Ihnen nicht umgehen konnte.

Der Kaiser Basileios II. aus der Makedonendynastie hatte soeben einen fünfzehnjährigen Krieg gegen die rebellierenden Feudalfamilien der Phokas und Skleros mit einem Siege seiner Dynastie beendet und ohne Zaudern die Kämpfe gegen den

Bulgarenzaren Symeon wieder aufgenommen. Jeder wußte, daß sie Byzanz wieder bis an die Adria führen würden. Dann war Ostrom so stark, daß niemand mehr wagen konnte, es anzugreifen: am wenigsten das Westimperium, das erst seit dreißig Jahren wieder bestand und einer inneren Festigung bedurfte, wenn es erhalten bleiben sollte. Hatte nicht Ihre Mutter in ihren Kämpfen gegen den Usurpator Heinrich II. von Bayern, gegen die französischen Karolinger, gegen Hugo Kapet erfahren, was Sicherung eines Rechtes und eines Imperiums heißt?

Im Jahre 991 also hatte das Westimperium nichts anderes zu tun als abzuwarten, wie sich der Krieg zwischen Basileios II. und Symeon entwickeln würde.

In Deutschland herrschte bei vielen Großen Befriedigung darüber, daß Willigis nach dem Tode Ihrer Mutter den Plan eines militärischen Eingreifens in Frankreich aufgab. Er gab die politischen Gedankengänge Ihres Großvaters wieder, als er zu Ihnen sagte:

– Wenn Otto I. auf die Angliederung Frankreichs verzichtete, so wußte er, warum. Er hatte sich in seinem eignen Lande nur mit größter Mühe der herzoglichen Stammesgewalten entledigen können, indem er sie in Reichsämter verwandelte. Aber es wäre ihm unmöglich gewesen, der westfränkischen Herzöge Herr zu werden. Hätte er diesen ihre vom Königtum verbürgten Erbrechte belassen, so wäre in Deutschland die feudale Revolution ausgebrochen. Man hätte gesagt: „Was den französischen Herzögen recht ist, ist den deutschen billig" – und wahrscheinlich mit den westlichen „Kollegen" gemeinsame Sache gegen das Königtum-Kaisertum gemacht. Das Chaos wäre ausgebrochen und Europa vielleicht einem neuen sarazenischen Überfall von Spanien her ausgesetzt gewesen wie im Jahr 732. Es kam dem Kaiser Otto nur darauf an, Frankreich in einer Art Oberaufsicht zu halten und das Königtum nicht stärker werden zu lassen, als es die Sicherheit der deutschen Westgrenzen verlangte. Ich glaube, daß wir uns darauf beschränken müssen, das gleiche zu tun, zumal wir eine ausgezeichnete Karte im Spiele haben. Hat nicht die Kurie, deren Oberhaupt, Papst Johann XV., auf Gedeih und Verderb an die deutsche Politik gebunden ist, eben eine gefährliche Waffe gegen den französischen König in die Hand bekommen? Gegen alles kanonische Recht hat Hugo Kapet den Erzbischof Arnulf von Reims gefangen genommen, unter Ausschluß aller päpstlichen Instanzen in St. Basle einem französischen Gerichtshof zur Aburteilung „wegen Landesverrats" unterstellt, für abgesetzt erklärt und zu zehn Jahren Gefängnis verurteilt. Ihre Mutter wollte daraus den ihr erwünschten „casus belli" machen und losschlagen. Ich will auf andere Weise allmählich zu meinem Ziele kommen.

Dieses Konzil von St. Basle, Majestät, das zwei Tage nach dem Tode Ihrer Mutter, am 17. Juni 991, eröffnet worden war, beherrschte für Jahre Ihr Nachdenken. Es war die Flamme, an der sich Ihr geheimes Planen entzündete. Es hat alle jene Erwägungen in Fluß gebracht, welche schließlich zu Ihrer RENOVATIO IMPERII ROMANORUM und Ihrer REFORMATIO SACERDOTII führten. Ende Juli 991 mochte das Protokoll des Prozesses, das von Gerbert von Aurillac im Auftrage der Synode und des Königs Hugo Kapet verfaßt worden war, zur Kenntnis der aufhorchenden europäischen Welt gelangt sein.

Es ist nicht schwer, Majestät, sich vorzustellen, mit welcher Leidenschaft dieses Protokoll in Ihrem Kreise durchgesprochen wurde.

Ankläger war der Bischof Arnulf von Orléans.

Als ein Priester, der die kanonischen Rechte der Kurie gewahrt sehen wollte, beantragte, den Erzbischof Arnulf von Reims der Gerichtsbarkeit des Papstes zu unterstellen, brach der Bischof von Orleans in die Worte aus:

„Armes Rom! Ohne viel Aufhebens zu machen, hast du unseren Vorfahren die Weisheit der Kirchenväter vermittelt, die Gegenwart aber hast du mit solcher Finsternis überzogen, daß es für lange nicht mehr tagen wird. Es gab die Zeiten der großen Leones und Gregorii. Und mit welcher Verehrung erst hat man von Gelasius und Innocentius zu sprechen, deren Weisheit und Kunst, das Wort zu handhaben, die Philosophen aller Zeiten hinter sich läßt! Was aber müssen wir heute erleben? Einen Johannes XII.-Oktavian, der uns die Schaustellung seiner niedrigsten Sinnlichkeit darbietet und an dem Kaiser Otto, den er soeben erst gekrönt hat, zum Verräter wird! Otto verjagte ihn und machte den Neophyten Leo zum Papst. Aber Oktavian kehrte nach Rom zurück, setzte den Papst Leo ab, ließ den Kardinaldiakon an der Nase, an den Fingern der rechten Hand und an der Zunge verstümmeln und in einer Art von Blutrausch viele Adlige der Stadt ermorden. Schon bald darauf starb Oktavian. Nun erhoben die Römer Benedikt auf den Stuhl Petri. Gegen diesen wiederum nahm Leo, gestützt auf den Kaiser, den Kampf auf, belagerte ihn in Rom, bemächtigte sich seiner, und ließ ihn auf Lebensdauer nach Deutschland verbannen. Nach dem Kaiser Otto nahm dessen Sohn Otto die Regierung, der militärisch, politisch und an Bildung hervorragendste Herrscher unserer Zeit. In Rom aber wurde Bonifazius Papst, nachdem er seinen Vorgänger hatte ermorden lassen: ein wahres Ungeheuer, das an Ruchlosigkeit alles übertraf, was sich ein Mensch vorstellen kann. Obwohl fortgejagt und von einer großen Synode mit dem Bannfluch belegt, kehrte er nach dem Tode des zweiten Otto nach Rom zurück, stürzte den Papst Petrus, einen hervorragenden Mann, der zuvor Erzbischof von Como gewesen war, und ließ ihn nach grauenvoller Einkerkerung um die Ecke bringen. Wo in aller Welt nun steht geschrieben, daß solchen Scheusalen von Päpsten, welche jeder Ehrfurcht vor Gott und den Menschen bar sind, die unzähligen Priester auf der Erde, welche dem Geiste und den Gesetzen der Sittlichkeit dienen, Gehorsam leisten sollen? –

Ich frage alle hier anwesenden Bischöfe: wie soll man denn einen Papst nennen, der im gold- und purpurstrotzenden Gewand auf dem erhabensten Throne sitzt? – Nun: wenn er sich selbst aus jeder Übung der christlichen Liebe enthoben hat, wenn er sich nur bläht in der Schaustellung eines trügerischen Wissens, so ist er der Antichrist in Person, der da in der heiligen Wohnung Gottes haust und sich vor der Menge gebärdet, als ob er Gott selbst wäre! Wenn ihm aber diese christliche Liebe und die Bildung zugleich abgehen, so ist er im Tempel Gottes nichts anderes als ein erstarrtes Götzenbild, von dem man nicht mehr an göttlicher Offenbarung erwarten darf als von einem leblosen Steinblock! – – Es gibt wahrhaftig – in Gallien und in Deutschland – genug an hervorragenden Bischöfen, deren Urteilskraft die Entscheidungen dieser Synode von Reims überlassen werden können, und es ist überflüssig, sich an eine päpstliche Gerichtsbarkeit zu wenden, nachdem in Rom für den, der kaufen kann, alles feil geworden ist und jedes gewünschte Urteil nur nach dem Gewichte der gezahlten Goldstücke bemessen wird."

Diese Worte eines Bischofs – der für Frankreich keine geringere Macht darstellte als ein Willigis von Mainz für Deutschland – lasen Sie nun, Majestät, im Sommer 991, mit Ihren Freunden und Ihrer Tante Mathilde in Quedlinburg. Wenn Ihnen auch von dieser klugen Frau gesagt wurde, daß die politische Absicht, welche sich hinter dem rhetorischen Pathos verberge, in die Augen springe: Sie spürten, daß der Bischof von Orleans als das Gewissen der „Ecclesia Dei", der „Christengemeinschaft", gesprochen hatte: weit über einen augenblicklichen französisch-pontifikalen Zwist hinaus.

Der Verfasser des Protokolls, Gerbert von Aurillac, war Ihnen dem Namen nach nicht unbekannt. Er hatte der französischen Politik Ihrer Mutter nicht unbeträchtliche Dienste geleistet. Er war der Sieger in jener berühmten Disputation von Ravenna gewesen, die Ihr Vater im Jahre 981 veranstaltet hatte, er war der Leiter der Domschule, der Generalsekretär des Erzbischofs Adalbero von Reims, der Abt und Reichsgraf von Bobbio, der Briefschreiber für hochgestellte Persönlichkeiten, der Musiktheoretiker, Mathematiker, Physiker, Chemiker, der Kenner und Bewunderer der ciceronianischen Schriften, der Verehrer der antikischen Bildungswelten, der Interpret des Philosophen Boëthius, der geborene Vermittler in verwickelten politischen und persönlichen Händeln, der neunmal schlaue Auvergnate dunkler Herkunft, der sich auch auf die Kunst der einträglichen Rückzüge verstand, der ,,homo novus", der seine Bedeutung oftmals durch gut gespielte Bescheidenheit in das rechte Licht zu rücken wußte, der Mann, der in größten Zusammenhängen zu denken verstand, aber niemals die Wichtigkeit eines fruchtbaren ,,détail" übersah, der ausgezeichnete Stilist, dem das Wort immer von einem Zwecke gefärbt wurde, der „Intellektuelle" wie er im Buch steht – mit einem Worte: das Universalgenie.

Das Protokoll über die Synode von St. Basle (das er vielleicht nicht ohne eine gewisse Genugtuung angefertigt hat, denn er hatte dem angeklagten Erzbischof Arnulf zwei ziemlich erregte Jahre der Zurücksetzung und Unsicherheit zu verdanken) brachte ihm – von seines Königs Hugo Kapets Gnaden – den Erzbischofstuhl von Reims ein. Aber es brachte ihm auch die Kampfansage der Kurie ein: denn sowohl die erzbischöfliche Absetzung als auch die Einsetzung, die sich Hugo Kapet angemaßt hatte, war – unkanonisch.

Zur Zeit, Majestät, als Sie das Synodenprotokoll lasen, war Gerbert von Aurillac mit „Eminenz" anzureden – und der Sohn Hugo Kapets, Robert II. von Frankreich, der schon den Titel König führte, war der Schüler der unkanonischen Eminenz. Aber er war gleichzeitig auch der Anwärter auf eine unkanonische Ehe mit der Gräfin Bertha von Chartres, welche als Tochter des Königs Konrad III. von Burgund eine Nichte Ihrer Großmutter Adelheid und eine Base Ihres Vaters Otto war. Das „Unkanonische“ kam aus der Schwesterschaft der Großmütter. Man konnte es übersehen, wenn man wollte. Aber dies hat die Hohe europäische Politik späterer Jahre nicht zugelassen: und zwar die Politik der kanonischen Heiligkeit Sylvesters II., Gerberts von Aurillaç, weiland unkanonischer Eminenz von Reims.

Majestät: hat nicht im gleichen Ton Ihr Freund Tammo von jenen „Prominenten“ gesprochen, welche Ihnen die Geschäfte der Politik besorgten und sich selbst die eignen? Tammo war der jüngere Bruder Ihres Lehrers Bernward von Hildesheim, dessen Liebe sich gerne in Edelsteinen verlor, ehe er sie im Zeichen des Kreuzes oder im goldnen Deckel eines Evangelienbuches heilig werden ließ. Die Ihnen eingeborene Gabe der Ironie sah nicht minder deutlich als diejenige Tammos hinter der Maske des Ranges und der Befugnis das wahre Gesicht des Menschen. Es ist also viel gelacht worden in Ihrem engeren Kreis, und der großen Worte hat es nur wenige gegeben. Die Äbtissin Mathilde hat mitgelacht, mochte sie manchmal auch vor so viel Bubenfrechheit entsetzt sein.

Nur EINER Ihrer Freunde konnte nicht lachen, weil ihm eine umdüsterte Jugend das Geschenk verweigert hatte: Otto, der Herzog von Niederlothringen, der Sohn jenes karolingisch-französischen Thronprätendenten Karl, den seit dem 31. März 991 Hugo Kapet in Senlis gefangen hielt. Dieser junge Mensch hatte keinen Vater und keine Mutter gekannt. Die Mutter hatte er schon verloren, als er kaum zwei Jahre alt war – und der Vater hatte ihn, den Sohn aus erster, ebenbürtiger Ehe, über den Kindern aus einer zweiten unebenbürtigen Ehe mit der Tochter eines kapetingischen Dienstmannes vergessen und fremden Händen zur Erziehung anvertraut. Diese Erziehung, welche deutsches Gepräge trug, war dem Knaben zu einem Glücke ausgeschlagen. Aber dieses Glück war mit Schwermuten und Einsamkeiten erkauft worden, deren Schatten sich nicht mehr fortwischen ließen. In Ihrer Mutter war ihm das einzige Bildnis gestorben, an dem er verspürt hatte, was die Luft um ein fürstliches Frauenleben sei. Er hatte die Kaiserin geliebt, und sie hatte ihm sein Gefühl mit Güte belohnt. Nun übertrug er seine Zuneigung auf Sie, den Sohn der Toten, der sein König war, bald sein Kaiser sein würde und ihm ermöglichte, das Gesetz der Treue zu erfüllen, nach dem er lebte. Er hielt sich abseits, er ließ sich suchen und war zur Stelle, wenn er gerufen wurde. Sie riefen ihn oftmals zu sich: aber Sie waren zu lebhaften Geistes, zu sehr umspiegelt von den Bildern Ihres zukünftigen Herrscherlebens, als daß Sie schon ganz verstanden hätten, was die Kräfte der Hingabe in einem am Leben leidenden Herzen sind. Er begnügte sich mit dem, was Sie ihm zu geben vermochten. Vielleicht ahnte er, daß auch seine Stunde kommen werde. Er machte niemals von sich reden. Doch es genügte, sein blasses Gesicht mit den ruhenden schwarzen Augen, dem starken, ebenmäßigen Mund, den makellosen Zähnen, den gepreßten Schläfen zu betrachten, es genügte, die bronzene, niemals laute, aber in jedem Tone sichere Stimme zu hören, um zu wissen, daß dieser SECHZEHNJÄHRIGE ein HERRSCHER war.

Die mächtigste Helferin blieb Ihnen die Mutter. Sie war Ihnen nicht „gestorben". Sie war unsichtbar geworden, aber Gegenwart geblieben.

Sie wußten: niemals mehr würden Sie die geliebten Hände fassen, niemals mehr den Kopf an die geliebten Knie biegen in einer jener Dämmerstunden, wenn von verschneiten Tannenhügeln ein Winterabend um den Palas niedersank, wenn die Scheite aus dem Kamin ihren Schein auf die Teppiche aus dem Chorasan warfen, wenn den Filigranbehältern der

Hauch des phrygischen Räucherwerkes entstieg und das Antlitz der Theotokos aus goldbraunen Schatten in Ihre aufwärts gehobenen Augen niederschaute. Niemals mehr würden Frage und Antwort in der Sprache Homers die Brücken sein, auf denen Herz zu Herz hinüberging – – Nein, dies würde es nicht mehr geben. Aber alle so gelebten Stunden hatten sich in Ihrem Wesen als ein geheimes Leuchten hingebreitet, dessen Schutz und Schimmer Sie zu jeder Stunde anrufen konnten. Doch keiner wußte jemals, wann und mit welcher Stimme Sie riefen.

ZWEITES KAPITEL

Wir wissen nicht, Majestät, wo Sie lebten, nachdem gegen Ende Oktober die Kaiserin Adelheid ihre Hofhaltung nach Deutschland verlegt hatte. Wohl in Hildesheim, bei Ihrem Lehrer Bernward oder auf einer der nahen Pfalzen.

Die Residenz der Kaiserin war Ingelheim. Von dort konnte sie den Erzkanzler-Erzbischof Willigis von Mainz und den deutschen Kanzler Hildibald von Worms am leichtesten erreichen. Es begann ein Hin- und Herreisen: Ingelheim, Hildesheim, Quedlinburg, Magdeburg.

Die Kaiserin war über Ihr Wesen unterrichtet worden. Sie hat alles vermieden, was Ihren Widerstand hervorrufen konnte. Es war ihr auf ihre alten Tage unerwünscht, daß der Kampf mit der Schwiegertochter sich in einem Kampfe mit dem Enkel wiederhole. Sie versuchte also durch Güte und Zurückhaltung, das voreingenommene Herz dieses Enkels für sich zu gewinnen, zumal sie mit dem Plane gekommen war, es in das Fühlen Clunys hinüberzulenken. Cluny unterstand – nachdem sich der große Majeul zurückgezogen hatte – dem erst dreißigjährigen Auvergnaten Odilo, dem Sohn einer der vornehmsten französischen Familien. Er war der geborene Grandseigneur, kühlen Geistes und weltmännischer Haltung.

Sie selbst, Majestät, fühlten sich erleichtert, in den Fragen der REFORMATIO ein Gebiet zu haben, auf dem Sie sich mit dieser Frau aus abgeklungenen Zeiten begegnen konnten. Sie ließen sich von ihr belehren: sie kannte die Geschichte und die Geschichten Clunys wie ein Priester die Bibel kennt. Sie war glücklich, daß ihr der Enkel „zu Füßen saß" und die Worte der Weisheit von ihren Lippen pflückte. Ihr Reden war voll von Bibelsprüchen. Wendungen wie: „im Namen des Herrn", „nach Gottes unergründlichem Ratschluß", „durch Gottes ewige Gnade" träufelten als Manna durch das Rieseln der Worte. Sie verstanden es meisterhaft, Majestät, die Arabesken abzustreifen und sich an das zu halten, was übrig blieb: viel Kluges und viel Wissenswertes. Dieses merkten Sie sich genau, um es mit den Dingen vergleichen zu können, die Ihnen eines Tages – nicht sehr bald wahrscheinlich – Odilo von Cluny selbst sagen würde.

Die Zurückhaltung des Erzkanzlers wurde Ihnen verständlich, als sich Anfang 992 überschauen ließ, was sich seit dem Tode Ihrer Mutter in Rom zugetragen hatte.

Willigis und Hildibald hatten Politik zu machen. Die Clunyschen Reformpläne kamen erst nach der Politik. Ja, vielleicht waren sie ganz beiseite zu schieben, wenn schon ihre Nennung den Gegnern der deutsch-römischen Politik Wasser auf die Mühle gab. Und wer waren diese (vielleicht geheim verbündeten) Gegenspieler? Die ewig gleichen: in Rom die Familie der Crescentier, und in Frankreich Hugo Kapet mitsamt dem reformfreundlichen Klerus.

– Es ist also, hat Ihnen Willigis gesagt, auch Ihrerseits Vorsicht geboten mit allzudeutlich betonten Vorlieben für Clunysche Reformpläne. Sie haben zwar noch keine Regierungsgewalt, aber man kann auch die Worte eines noch nicht mündig erklärten Königs und zukünftigen Kaisers zu dessen Ungunsten auslegen. Die Politik verlangt viel Zurückhaltung allen Ideologien gegenüber, welche immer gefährliche Schlingen sind. Wer sich nicht festgelegt hat, kann zu seinem Vorteil im rechten Augenblick handeln. Wer sich gebunden hat und dann die selbstgelegte Fessel löst, wird als wortbrüchig gebrandmarkt. Verfolgen Sie bitte genau, wie langsam ich jetzt sowohl in Rom als auch in Reims vorgehe. Das Ergebnis wird erst nach Jahren sichtbar werden. Aber unsere Politik muß schon jetzt beginnen. Ich möchte es gerne zustande bringen, daß Sie im Jahre 995 als ein fröhlicher König zu einer fröhlichen Kaiserkrönung nach Rom ziehen und den Patricius Johannes Crescentius als Huldigenden vor sich auf den Knien sehen. Vorläufig tanzt er mit seinen Römern wieder aus der Reihe: trotz den Ihrer Mutter im Jahre 989 geschworenen Eiden.

Das war ein kalter Wasserstrahl, Majestät. Aber die Worte des Staatsmannes, der in die Weite rechnete und in der nahesten Notwendigkeit handelte, hatten den Nagel auf den Kopf getroffen. Diese Worte arbeiteten nun in Ihnen mit nicht geringerer Eindringlichkeit weiter als die Worte des Bischofs Arnulf von Orleans. Sie schufen in Ihnen ein Denken gegen den Kontrapunkt hin, ein ängstlich geheimgehaltenes Denken. Von den römischen Ereignissen und ihren möglichen Zusammenhängen mit den Vorgängen in Frankreich sprachen Sie mit Ihrer Großmutter und mit Ihren Freunden. Von Ihrem eigenen Denken über sie sprachen Sie zu keinem Menschen.

Vier Jahre später erst erkannten Sie, daß das Aufeinanderprallen der Worte des Erzkanzlers und des Bischofs der ZEUGUNGSAKT gewesen war, aus dem im Jahre 996 Ihre eigene Politik geboren wurde. Der Geburtshelfer – nicht mehr – sollte der Abt Odilo von Cluny werden.

Ehe Sie von Ingelheim nach Hildesheim zurückreisten,

sagten Sie sich bei Willigis zu einem zweiten Gespräch an. Sie wünschten genauere Aufklärung über die Politik, die er in Frankreich und Italien zu führen gedenke, damit Sie sich im Halbdunkel der Ereignisse zurechtfinden und an seiner Erfahrung orientieren könnten.

Willigis sagte:

– Majestät: Sie haben – was mir als ein glückliches Vorzeichen für einen künftigen Kaiser des Westimperiums erscheint – trotz Ihrer Jugend die Gabe eines aufmerksamen Zuhörens. Die guten Zuhörer sind fast immer auch die guten Denker. So also kann ich zu Ihnen fast wie zu einem erwachsenen Menschen sprechen. Sie sind durch die Schule Ihrer Mutter gegangen. Eine bessere konnten Sie nicht finden. Ich habe Ihre Mutter bewundert. Das bedeutete natürlich nicht, daß ich ihre Politik immer gutheißen konnte. So zum Beispiel hat es mir mein Gewissen nicht erlaubt, ihre französische Politik fortzusetzen. Sie, Majestät, würden sich weniger sorglos auf die Sie erwartenden Aufgaben vorbereiten können, wenn Sie schon die französische Krone trügen. Ich will Ihnen nicht Argumente wiederholen, die Sie zur Genüge kennen, sondern von Rom sprechen.

Es hat sich, wie Sie wissen, in Rom das ereignet, was jeder erwartete, der den Charakter der Römer kennt. Der Patricius Johannes Crescentius hat sich nach dem Tode Ihrer Mutter von dem Abkommen entbunden gefühlt, das er mit ihr Ende November 989 abgeschlossen hatte. Nach diesem Abkommen übte er die weltliche Macht in Rom als VERTRETER des Volkes und des Senates aus, also nicht als Herrscher ÜBER Senat und Volk. Die Hoheitsrechte, Majestät, gehörten IHNEN. Volk und Senat hatten sich Ihrer Mutter als der die kaiserliche Regentschaft ausübenden RECHTSPERSON durch EID verpflichtet. Diesen Eid hat Crescentius dadurch gebrochen, daß er sich eigenmächtig zum Herrn ÜBER Volk und Senat erhoben hat. Auch Volk und Senat haben ihn gebrochen, denn sie haben sich nicht zur Wehr gesetzt. Vielleicht hätte das Blut gekostet. Diese Möglichkeit geht uns gar nichts an, sondern nur der doppelte Rechtsbruch. Wir werden zunächst so tun, als ob wir die Sache auf sich beruhen ließen, in der Zwischenzeit aber Crescentius und den Römern mit besonderer Sorgfalt die Rechnung zusammenschreiben, die ihm unsere Armeen im geeigneten Augenblick präsentieren werden. Denn, daß wir nach Rom zurückkehren, versteht sich von selbst. Es kommt uns sehr zustatten, daß zwischen Crescentius und dem Papste Johannes XV. mehr als schlechte Beziehungen bestehen, welche zu bessern wir nicht den geringsten Anlaß haben. Sie wissen, Majestät, daß es das oberste Gesetz der westimperialen Politik ist, die Kurie – mit welchen Mitteln immer – auf unserer Seite und in der Hand zu haben. Ihre Mutter wird Ihnen gesagt haben, wofür der Papst Johannes XV. zu haben ist: für Gold und schöne Pferde. Aber er wird uns diesmal gar nichts kosten. Seine Stellung ist nicht stark. Warten wir ab, daß sie noch schwächer werde. Der Markgraf Hugo von Tuskien liegt auf der Lauer.

Ich muß Ihnen nun noch einmal von Frankreich sprechen. Sie haben von der Rede des Bischofs Arnulf von Orleans auf dem Konzil von St. Basle starke Eindrücke bekommen. Gut. Aber Ihre unvoreingenommene Jugend hat den nationalpolitischen Charakter dieser Rede übersehen. Die DROHUNG gegenüber der Kurie ist eine verlogene Unterstreichung der sittlichen Größe des neugebackenen kapetingischen Königtums: ein plumper Schachzug Hugo Kapets, von dem jeder europäische Staatsmann weiß, was er von ihm zu halten hat. Nicht auf die Integrität des französischen Klerus kommt es dieser Schießbudenfigur an, sondern auf die Stützung seiner usurpierten Macht durch den rom- und deutschfeindlichen Klerus, welcher zum großen Teil der Cluny'schen Reformbewegung beipflichtet. Hugo Kapet, der fünfzehnfache Nutznießer von Klöstern, als deren symbolischer Abt er fungiert –

daher auch sein Spitzname: „capet", „Abtkapuze"! – als Beschützer Clunys: bei Gott, kein schlechter Karnevalsscherz! Aber da das Volk ja geradezu davon lebt, sich Sand in die Augen streuen zu lassen, läßt es sich auch diesen kapetingischen Flugsand gefallen.

Cluny, Majestät, würde natürlich schweigen und seinen politischen Nutzen aus der Affäre ziehen. Es würde denken: „Notre but vaut une farce royale." Ich muß mich als deutsch-römischer Erzkanzler dagegen zur Wehr setzen, daß, dem kapetingischen Usurpator sein Plan gelingt. Ich muß ihm – durch die Kurie selbst – eins auf den Kopf geben lassen, und zwar ein gründliches. Die rechtmäßigen französischen Thronerben sind die beiden letzten Karolinger, die Herzöge Karl und Otto von Niederlothringen, Sohn und Enkel Ludwigs IV. Outremer. Ich möchte sie nicht inthronisieren, aber der Welt vor Augen führen, wie das Imperium das Prestige eines Thronräubers vermindert, der schon glaubt, Politik gegen dieses Imperium treiben zu können. Denken Sie nur an seine Heiratsintrigen in Byzanz und an die Abfuhr, die er sich dort geholt hat! Er wird sich nun sehr bald die zweite holen. Denn ich werde den unkanonischen Erzbischof, den er nach der unkanonischen Beseitigung des kanonisch inthronisierten Erzbischofs Arnulf von Reims in Reims eingesetzt hat, Monseigneur Gerbert d'Aurillac, comte de Bobbio, durch die Kurie beseitigen lassen. Dieser Generallakai der europäischen Politik, der die Hände überall da im Spiele hat, wo es etwas zu verdienen gibt, wird aus Reims verschwinden. Dessen seien Sie sicher, Majestät. Lassen wir auch diese Sache ausreifen.

Krieg durften wir auf keinen Fall gegen Hugo Kapet führen. Das Risiko war zu groß, und der Gewinn zu fragwürdig. Aber durch unausgesetzte Schikanierung können wir ihn niederhalten. Vielleicht liefert uns eines Tages sein Sohn Robert einen weiteren Vorwand. Sie wissen, welchen. Aber so weit sind wir vorläufig noch nicht. Sie könnten mich fragen,

Majestät: „Warum so viel Erbitterung gegen Hugo Kapet? Er hat doch, als wir seine „Proklamation“ zum König im Jahre 987 anerkannten, in aller Form auf die lothringischen Herzogtümer verzichtet.“ Gewiß, das hat er getan. Aber das hatte ja König Lothar im Jahre 980 in Margut sur Chiers ebenfalls getan und ist dennoch unter der Regentschaft ihrer Mutter ohne jeden Grund in Süddeutschland eingebrochen! Wer gibt mir die Gewißheit, daß ein so hinterhältiger Patron wie Hugo Kapet nicht das gleiche tun wird, sofern ich ihn nicht auf Schritt und Tritt spüren lasse, wie ich ihn in Atem halte: sogar durch französische Große, die ihm aufsässig sind? Eudes de Chartres und Herbert de Troyes und andere? Ich will Sie auf zwei weitere Punkte aufmerksam machen, die ich in Rechnung stellen muß: Sollte es Hugo Kapet nicht vielleicht in den Sinn kommen, in Rom bei Crescentius gegen den Papst deutscher Faktion zu arbeiten, und sollte die Rede des Bischofs Arnulf von Orleans nicht vielleicht der Auftakt zu einem solchen Vorhaben sein? Sollte Crescentius, nach altbekanntem Muster, nicht Stützung bei dem Basileus Basileios II. suchen, der nach dem Ende der Feudalkriege die Hände frei hat? Denken Sie nur an das Papstungeheuer Franco di Ferruccio, alias Bonifazius VII., der für Crescentius an die zehn Jahre lang im Exil Byzanz gegen die deutsche Rompolitik gehetzt hat? Und wäre über Crescentius nicht doch noch ein gegen das Westimperium gerichtetes Bündnis zwischen dem kapetingischen Frankreich und dem Ostimperium zu erreichen?

Sie sehen, Majestät, daß der weltpolitischen Aspekte viele sind. Wehe, wenn ich nur einen einzigen außer acht ließe!.. Um zum Ende zu kommen: Wir brauchen den Papst Johannes XV. Es wäre auch mir lieber, er erfreute sich eines besseren Rufes. Ich kann ihn nicht anders machen als er ist. Er verkörpert die Kurie. Hinter DIESER steht das Westimperium, muß es stehen. Das wissen alle. Geben Sie also,

Majestät, in jugendlichem Eifer nicht öffentlich Ihrer Bewunderung für die Rede des Bischofs Arnulf von Orleans Ausdruck. Sie würden in Ihrem eigenen Wald jagen. Seien Sie auch Cluny gegenüber vorsichtig. Ich denke nicht daran, Ihnen Ihre berechtigte Freude an den berechtigten Reformabsichten Clunys nehmen zu wollen, so wenig ich die Cluny-Schwärmerei Ihrer Großmutter jemals aufs Korn nehme. Sie hat sehr verständliche Gründe: nämlich das Leid und die Enttäuschungen einer Seele, welche jünger geblieben ist als ihre äußeren Jahre und noch Verlangen nach geistiger Bewegung verspürt. Solange diese Schwärmerei persönliche Angelegenheit bleibt und mir nicht politische Notwendigkeiten durchkreuzt, habe ich kein Recht, mich um sie zu kümmern. Bei Ihnen, dem zukünftigen Kaiser, habe ich wachsam zu sein. Sie werden mir dies vielleicht eines Tages danken, vielleicht auch nicht. Ihre geistig-seelische Entfaltung ist heute noch nicht zu erreichen. Es ist Ihnen zu sagen und zu erklären, wo einem kaiserlichen Leben die persönlichen Schranken gesetzt sind. Majestät: geben Sie niemals auch nur ein Atom der Macht aus der Hand, die Ihr genialer Großvater in unsäglichen Kämpfen zum Wohle der gesamten Welt wieder aufgerichtet hat nach dem Vorbild Karls des Großen. Cluny wird diese Macht niemals um ihrer selbst willen schützen oder stützen. Cluny meint immer nur seine eigene Machterweiterung. Cluny weiß, wie man vorankommt. Es ist schon die große Mode geworden. Aber gerade dieses könnte ihm eines Tages zum Verhängnis werden. Denn alle Moden überleben sich.

Ich bin Ihnen dankbar, Majestät, daß Sie aus eigenem Antrieb noch einmal zu mir gekommen sind. Halten Sie es bitte weiterhin genau so. Ich hätte Ihnen gerne weniger belastende Dinge gesagt. Aber ich weiß, daß der Sohn der Kaiserin Theophano mit besonderen Maßen zu messen ist. Sie haben drei Jahre vor sich, um zu überdenken, was Sie aus meinem

Munde gehört haben, und es an den Dingen zu messen, die Ihnen andere – vor allem auch meine Gegenspieler – sagen werden. Ich habe diese niemals gefürchtet, sondern immer nur an ihnen gelernt. Ich gelte als ungeistig, als schwunglos. Desto besser: sofern ich nur als ein Mann gelte, der sich auf das Regieren versteht. Ohne meine Hand, die harte Hand eines sächsischen Bauern- und Wagnersohnes, hätten es die „Geistigen" und „Schwungvollen" weniger leicht im deutschrömischen Imperium.

Ja, Majestät, es war eine große Belastung für Ihr überempfindliches Wesen, die Sie von diesem Besuch bei dem Erzkanzler mit auf Ihre Rückreise nach Hildesheim nahmen. Ihre oftmals düstere Schweigsamkeit fiel auf. Man drang in Sie, sich auszusprechen. Aber Sie schwiegen. Auch Tammo gelang es nicht, Ihnen den Mund zu öffnen. Sie schlossen sich noch enger als zuvor an Ihren Erzieher Hoiko an. Sie ritten oft Tage lang mit ihm aus. Sie suchten, häufiger als zuvor, die Gesellschaft Ottos von Niederlothringen. Auch ihm – wie fühlten Sie es nun – auch ihm war das Bild der Welt nicht fröhlich.

Doch je mehr Sie in diesem unfröhlichen Bilde versanken, um so leidenschaftlicher hörten Sie eine Stimme in sich rufen: „Aber warum denn sollte man nicht ein ganzes Menschenleben daran setzen, ein ganzes kaiserliches Menschenleben, dieses Bild der Welt den Menschen und sich selbst schöner zu machen? Von außen her kann dies unmöglich geschehen. Denn die äußeren Geschenke des Lebens kommen und schwinden in beliebigem Wechsel. Nur die Seele selbst kann veredeln und verschönen: kann den ewig feindlichen Stoff gefügig machen, überwinden und verklären." Sie begriffen – im Scheine dieser frühesten Ihrer Erkenntnisse – die immer unveränderte Ausgeglichenheit Ihres Lehrers Bernward von Hildesheim. In diesem Manne war gar nichts

„äußerlich“, und die vielen schönen Dinge, mit denen er sich umgab, waren nicht Arabesken der Oberfläche, sondern Sinnbilder des Wesens.

Einen ganzen Abend lang sprachen Sie mit ihm: und das Bild des Erzkanzlers erschien Ihnen im heimlichen Vergleichen wie in sich selbst erstarrt unter den Hämmern der ewig gleichen und die ewig gleichen Maßstäbe setzenden Pflichten, wie sie die „Wirklichkeiten“ dem Staatsmanne auferlegen. Wußte dieser in seiner Art große Mann überhaupt noch, was die MENSCHLICHE SEELE ist? Konnte er, durfte er es noch wissen? Hatte er es jemals gewußt!

Drei Jahre des umfassendsten Lernens und der unerbittlichen Arbeit waren vergangen. Sie waren nun fünfzehn Jahre alt geworden, ein schlanker großer Mensch mit schwarzen Augen und schwarzen Haaren. Ihre Haut war leicht gebräunt, und die Brauen standen Ihnen in makellosen Bögen gegen die eher niedrige Stirn und den spitzen Ansatz der Haare. In zehn Monaten würden Sie der Kaiser sein.

Sie hatten den Erzkanzler Willigis nie mehr allein gesehen und Ingelheim eher gemieden als gesucht. Die Kaiserin Adelheid lebte oft auf ihrem Lieblingsgut Selz am Rhein, gegenüber den nördlichen Schwarzwaldbergen. Ihre Ferien verbrachten Sie in den sächsischen Pfalzen am Harz. Sie liebten die Tannenwälder und die blühenden Wiesentäler. Lange schon war ein Aufenthalt bei Otto von Niederlothringen in Aachen, der Hauptstadt des Herzogtumes, geplant. Aber dieser Besuch konnte erst kurz vor Ihrer Mündigkeitserklärung ausgeführt werden.

Von Bernwards Schüler waren Sie zu Bernwards Freund geworden. Er hatte Ihnen den Sinn der Kunst erschlossen und den Ihnen eingeborenen Sinn für Kunst geweckt. Es war das „erhöhte Leben“, in dem Sie sich mit ihm begegneten: der Vierzehnjährige mit dem Dreißigjährigen. Er lächelte manchmal – nur ein wenig, mit den Lippen –, wenn Sie ihm von Cluny sprachen – – und wies auf eine Ikone, auf eine Buchmalerei aus Tours, aus Reichenau, oder auf ein paar Strophen des Ovid. Sie wußten, was er meinte. Aber Sie waren nicht der gleichen Ansicht.

Ja, es gab – für Sie – noch ein sehr anderes als die Kunst: es gab die Kräfte der Seele, welche nicht Kunst werden. Es gab das unsägliche MITLEID mit der menschlichen Kreatur und den unbesiegbaren Drang, das Verworrene zu lichten, das Nichtverworrene zu veredeln. Längst war Ihnen eine zweite, wichtige Erkenntnis aufgegangen: es kommt gar nicht auf das „Erreichte" an, welches immer hinter den Erwartungen zurückbleibt: es kommt auf den Drang zur Güte an, der nur durch göttliche Gnade in den Menschen gelangt und den Menschen zu Gott zurückführt. Dieses ist das wahre Wesen Clunys, sagten Sie sich mit der Witterung, die sich durch keine Deutung von außen mehr beirren läßt. Dieses ist, was der Natur des Erzkanzlers Willigis verschlossen bleiben wird: mag auch seine Wohltätigkeit schon Legende geworden sein.

In einem solchen Wissen erwarteten Sie die Begegnung mit Odilo von Cluny. Sie fand Ende September 994 auf dem Hoftage statt, welcher nach Sollingen im Herzogtum Sachsen einberufen worden war.

Willigis konnte in einer Ansprache bekanntgeben, daß es um alle Angelegenheiten des Westimperiums gut bestellt sei. Der Markgraf Hugo von Tuskien bestätigte mit einem Kopfnicken. Dies genügte. Denn dieser treueste Parteigänger der westimperialen Politik kannte nur Wirklichkeiten.

Im Mittelpunkt der Verhandlungen, Majestät, standen: die Frage Ihrer Großjährigkeitserklärung, die Frage Ihres ersten Zuges nach Italien und ein Heiratsplan, welcher von der Voraussicht des Regentschaftsrates Zeugnis ablegte.

Für die Mündigkeitserklärung wurde Ihr sechzehnter Geburtstag, Mitte Juli 995 vorgesehen, für den Aufbruch nach Rom der frühe Frühling 996. Das Westimperium würde unter Entfaltung höchsten Glanzes in Italien erscheinen. Es würde den Römern vor Augen geführt werden, was die Macht der ottonischen Dynastie bedeutete.

Der Heiratsplan entsprach demjenigen, den sich Otto I. für seinen Sohn im Jahre 968 ausgedacht und 972 verwirklicht hatte: die vornehmste Dynastie des Abendlandes holte sich die Kaiserin aus der vornehmsten Dynastie des Morgenlandes, aus Byzanz. Der Kaiserin Theophano sollte – nach deutschem Wunsche – die Kaiserin Zoe folgen, die zweite Tochter des Kaisers Konstantinos, die Nichte des Kaisers Basileios II., welcher unverheiratet und kinderlos war. Ein männlicher Thronerbe fehlte in Byzanz ... Vielleicht, Majestät, hatten einige Schwärmer an diesen zweiten deutsch-byzantinischen Heiratsplan die Hoffnung geknüpft, Ost- und Westimperium in Ihrer Person wieder vereinigt zu sehen. Eine solche Hoffnung konnte nur einer Unkenntnis der byzantinischen Verhältnisse entspringen. Byzanz kannte nicht die dynastischen Bräuche des Westens. Das Schicksal, Majestät, hätte Ihnen ein Danaergeschenk verliehen, wenn es Sie jemals den Basileusthron in der Magnaura hätte besteigen lassen. Byzanz und das deutsch-römische Imperium konnten als ebenbürtige Mächte durch eine freundschaftliche Zusammenarbeit zum Segen der Welt werden, konnten das christliche Bollwerk gegen die arabische Welt bilden, die von Asien über Nordafrika bis nach Cordova hinübergriff: aber sie konnten niemals mehr politisch, religiös oder kultural verschmolzen sein. Sie trugen verschiedene Angesichter und wollten diese weiterhin tragen. Sie selbst, Majestät, haben niemals mit einem Phantom gespielt, das Sie aus Ihrem Wesen und aus Ihrer abendländischen Bestimmung gehoben hätte.

Sie hatten, Majestät, alle Dinge vergessen, welche auf dem Hoftag von Sollingen besprochen worden waren, als Sie am Abend des letzten Verhandlungstages zum ersten Male Odilo von Cluny gegenübersaßen.

Ja, dieses Antlitz bedeutete eine Macht. Es war das kühle, unbeteiligte Antlitz eines auvergnatischen Edelmannes, der nach den Gesetzen der Zurückhaltung erzogen worden war und diese Zurückhaltung ein Leben lang geübt hatte. Sie sagten sich: dieser Mann wird in seinem Alter nicht das Gesicht eines Patriarchen haben wie sein großer Vorgänger Majeul, sondern das Gesicht eines Staatsmannes, der vieles weiß und sich auf gar nichts einläßt. Sie fragten sich, wie dieser Mann mit der Kaiserin Adelheid, der immer unruhigen, immer leidenschaftlichen, „befreundet" sein konnte.

Der Abend war kühl. Tannenwurzeln aus dem Sollinger Wald brannten im Kamin. Ein Geruch von Harz durchzog das Zimmer, dessen nackte Mauern man für die Zeit des Hoftages mit dicken Teppichen behängt hatte.

– Sie haben mich gebeten, Majestät, Ihnen Cluny zu „erklären", sagte Odilo. Dies ist nicht einfach, denn Cluny hat eine hundertjährige Geschichte. Es spricht sich am schwersten von Dingen, zu denen man gar keinen Abstand hat, weil man sich als ihr Teil fühlt. Seien Sie also nachsichtig, wenn Sie in meinen Darlegungen Lücken finden. Die Lücken werden sich morgen und übermorgen ausfüllen lassen, sofern Sie den Wunsch nach neuen Unterhaltungen spüren. Sie wollen heute eine zusammenhängende Darstellung haben. Dies beweist mir, daß Sie eine Schulung des Denkens erhalten haben, über die sich jeder Cluniazenser zu freuen hat. Nur von einem übersichtlich Geordneten und Endlichen aus erreicht sich das Unendliche. Cluny ist das Wirken Gottes auf Erden durch die vom Geiste Gottes Erfüllten und diesem Geiste gegen alle ungöttliche Anmaßung Dienenden. Cluny ist also stoisches und christliches Ethos zugleich. Denn die Bekundung der Anwesenheit Gottes in der menschlichen Seele durch die Gottes würdige Tat ist nicht nur christliche, sondern auch stoische Erfüllung. Die Stoa bleibt in diesen Erfüllungen als den Sinnbildern des „*ΕΣΧΑΤΟΝ*“ stehen, der christliche Glaube aber trägt sie in das „*ΕΣΧΑΤΟΝ*“ selbst, in die Redemptio hinauf, in die ERLÖSUNG, welche den Eingang in den Schoß Gottes bedeutet.

Cluny hat sich aus der seelischen und sittlichen Atmosphäre des Benediktinerordens zu Ende des vergangenen Jahrhunderts bilden müssen gegen eine verwilderte und gottlos gewordene Welt. Der Zerfall des karolingischen Imperiums, das weit mehr eine grandiose Konzeption seines Schöpfers geblieben ist als eine Gott offenbarende Wirklichkeit, ist die Voraussetzung zur Bildung des Cluny'schen Ordens und der Cluny'schen Bewegung gewesen. Gott bleibt – auch in den gottlosesten Zeiten – immer in jenen Gesegneten lebendig, die er sich als seine Bekenner, seine Verkünder und seine Märtyrer ausgewählt hat. Gegen sie ist der Nur-Stoff ohnmächtig. Cluny wird immer gegen den Stoff stehen, der sich der Stoffüberwindung widersetzt, also unheilig bleibt. Es wird aber für den in sich reinen oder gereinigten Stoff eintreten, welcher neue seelische Kräfte entfaltet. Cluny verneint niemals die den Menschen von Gott zugewiesene Erde, aber es bekämpft die durch die Taten des Satans Gott entfremdete Erde. Cluny regelt die irdischen Kräfte durch das von Gott gesetzte Maß. Irdische Maßlosigkeit ist diejenige Sünde, gegen welche Cluny den erbittertsten Kampf kämpft.

Damit ist die Aufgabe umrissen, welche Cluny in einer Zeit zufällt, die noch im Schatten des karolingischen Verfalls liegt. In diese Aufgabe ist die Reform des kirchlichen Lebens einbezogen. Denn auch die Kirche ist seit dem karolingischen Verfall in einen Zustand der Entartung geraten. Da das geistige Leben unserer Zeit in den Händen des Klerus liegt, heißt

Reform der Kirche gleichzeitig Veredelung des geistigen Lebens in allen seinen Formen, Vermehrung der Bildung, Pflege geistiger Überlieferungen, Förderung der Philosophie und der Künste, sowie Erweiterung aller Möglichkeiten, die Werke des Geistes unter den Menschen zu verbreiten. Es genügt, an die unsterblichen Verdienste der Benediktiner zu denken, deren Überlieferung Cluny in abgewandelter Form übernommen hat.

Cluny, Majestät, wirkt durch die Tat, welche keinen Lohn will, weil sie sich durch sich selbst belohnt weiß, und durch das persönliche Beispiel. Cluny macht niemals Proselyten. Seine Stärke ist die ängstlich überwachte Höhe seines Niveaus. In diesem Punkt bin ich wohl der unerbittlichste Forderer, der jemals den Orden geleitet hat. Ich folge dem Gesetz der Elite, weil ich weiß, daß erhöhtes Leben nur da gedeihen kann, wo die Grenze, welche einen Menschen von dem „Beliebigen“ scheidet, die Strenge der Forderung ist, die er an sich selbst stellt. Dies, Majestät, ist der aristokratische Charakter der Cluny'schen Demut. Je edler, je mächtiger die Seele, um so tiefer die Demut vor Gott: als bewußte Macht der Läuterung.

Der Geist Cluny's ist weltumspannend, denn Gott selber ist es. Christus ist für alle am Kreuz gestorben. Wo sollte die Welt hingeraten, wenn es je noch einmal Stammesgötter gäbe? Sie sollte lieber in ewiger Nacht versinken.

Es wird Ihnen von diesem oder jenem, mit dem Sie in ein Gespräch über Cluny kamen, gesagt worden sein: „Warum hält es dieses weltumspannende Cluny, das über den Wassern schwebt wie der Geist Gottes in der Schöpfung, für nötig, Politik zu treiben? Warum hängt es sich in die Händel der Welt – heimlich, niemals zugestandenermaßen –, warum entfaltet es sich immer mehr zu einem Bollwerk des Glaubens gegen die weltlichen Mächte, warum „ordnet“ es sich immer spürbarer zu einem Staat im Staat, warum erkennt es nicht, daß es sich selbst die Macht aus den Händen windet, wenn es sich „einschaltet“, anstatt übergelagert zu bleiben?“

Majestät: auf diese häufigste Anklage ist nur eine einzige Antwort zu erteilen: Niemals hat Cluny das getan, was man „Politik treiben“ nennt. Cluny IST Politik, weil sich die Politik seiner großen Reformgedanken bemächtigt und diese als politisches Mittel verwendet hat. Sehen Sie bloß, welches Sakrileg Hugo Kapet auf dem Konzil von St. Basle zugunsten dynastischer Prestigepolitik begangen hat!

Aber: würde es nicht für alle Herrscher ein Gewinn sein, wenn sie in ihren Staaten zugriffen und den Cluny'schen Reformgeist durch Cluniazenser selbst als Geist des Ausgleichs, der Gesittung in jene schmutzigen Händel trügen, die immer nur Blut kosten, Rache hinterlassen und neue Händel schaffen? Cluny kann gar nicht mehr zurück. Seine Reformgedanken sind so wirksam geworden, daß es diese Wirksamkeit nur dann rein zu erhalten vermag, wenn es als eine Art in sich geschlossener „POLITEIA“ die politische Ummünzung seines geistigen Gutes überwacht. Das Ziel Clunys ist, seine Reformen zu verwirklichen. Dieses bedeutet: der Seele und dem Geiste – wo immer – den Primat zu verschaffen vor dem rohen und unbarmherzigen Stoff. Denn nur aus Seele und Geist kann jene Güte – jene „caritas“ – geboren werden, welche der leidenden Menschheit zur Helferin wird. Obwohl Cluny natürlich weiß, daß alle Hilfe durch Güte nur Bruchteil bleibt – – glauben Sie nicht, Majestät, daß es sich lohnt, diese Hilfe bis zur Minute, in der wir von Gott gerufen werden, zu wiederholen?

Sie waren, Majestät, ohne zu wissen, wie, plötzlich der Kaiser geworden. Sie fragten unvermittelt, fast hart:

– Wie denken Sie über die karolingischen Pacta? Welche Bedeutung würden Sie diesen zusprechen, wenn Cluny an eine REFORMATIO SACERDOTII und ein Kaiser an eine RENOVATIO IMPERII dächte?

Ohne mit der Wimper zu zucken, antwortete Odilo:

– Eine RENOVATIO REGNI – oder IMPERII, wie Sie sagen, ist undenkbar ohne REFORMATIO SACERDOTII. Die gelasianisch-augustinische Zweigewaltenlehre ist unantastbar.

– Und die Pacta, jene mehr berüchtigten als berühmten Schenkungen der karolingischen Herrschaft an die Päpste, einbegriffen ihre Bestätigung durch meinen Großvater und Vater? Ich spreche nur von diesen – denn daß die konstantinische Schenkung eine Fälschung ist, wissen Sie genau so gut wie ich, nachdem der Kardinaldiakon Johannes meinem Großvater den Schleier gelüftet hat.

– Cluny treibt keine Politik.

– Eben darum frage ich Sie ja, Abt Odilo.

– Halten Sie, Majestät, die Pacta für schlecht?

– Soll das Sacerdotium reformiert werden – und das ist wohl unerläßlich, wenn man an die von dem Bischof Arnulf von Orleans zu Recht stigmatisierten Zustände in der Kurie denkt – dann müssen auch diese Pacta einer Prüfung unterzogen werden. Geschieht dies nicht, so bleibt die RENOVATIO IMPERII eine Phrase. Die Pacta – und nichts anderes – sind die Ursache der Dekadenz des Sacerdotiums: gerade weil sie zum Teil nur auf dem Papier stehen.

Nun erhob sich Odilo und ging im Zimmer auf und nieder.

– Ich quäle Sie, Abt Odilo?

– Keineswegs, Majestät. Aber ich erwartete nicht, daß dieses Gespräch an den Pacta enden würde.

– Enden? Wieso? Fortfahren . . .

Odilo setzte sich wieder:

– Ich war erschrocken, Majestät, über den Weg, den Ihr Denken durchmessen hat. Gewiß, Sie sind – nach byzantinischem Muster – schon sehr früh in geistige Zucht genommen worden. Ihre Erlauchte Mutter hat Ihnen nicht erlaubt, die außergewöhnlichen Kräfte, welche sie in Ihnen wirksam wußte, an Minderwertigkeiten zu verschwenden. Ihre geistige Beweglichkeit erweckt Staunen, ja beinahe Furcht. Unfaßlich aber bleibt, mit welcher Sicherheit Sie das Spiel Ihrer Kräfte lenken. Es bleibt natürlich – verzeihen Sie diese Einschränkung – abzuwarten, wie es sich bewähren wird, sobald realpolitische Aufgaben von Ihnen gelöst werden müssen. Hier komme ich auf die Pacta zurück. Ich lege Ihnen ans Herz, wieder und wieder über Folgendes nachzudenken: Wenn ein politisches Genie wie Ihr Großvater Otto I. die karolingischen Pacta anerkannt und de jure erneuert hat, so muß er gewußt haben, warum. Mehr möchte ich nicht sagen. Über Cluny aber habe ich noch dieses zuzufügen: Cluny ist eine reformatorische, es ist keine revolutionierende Macht. Vergessen Sie niemals diesen Unterschied. Die Frage der Pacta kann für Cluny keine Kernfrage sein. Cluny gibt dem WIE den Vorrang, nicht dem WAS. RE-FORM zielt auf Abwandlung, auf Veredlung der FORM, also der schon Form gewordenen Substanz.

Damit Sie sehen, mit welcher Leichtigkeit ich mich in Sie eindenken kann, will ich Ihnen andeuten, wie Sie in Ihren aufgeschlossensten Augenblicken zu sich selbst sprechen. Sie sagen sich: „Der ethischen Höhe, von der aus ich die Aufgaben bewerte, welche mir aus meinem „REGNUM“ erwachsen, muß die ethische Höhe des „SACERDOTIUM“, des Papsttums, entsprechen, das ich, nach Gelasius-Augustin, zu schützen habe. Lasse ich also den alten Schlendrian in der Kurie weiterbestehen, so kann ich meine Aufgabe der „ECCLESIA“, der Christengemeinschaft, gegenüber nicht in der Reinheit durchführen, welche meinem Gewissen entspricht. Warum soll ich nicht ganze Arbeit machen? Cluny wird – offen oder geheim – mit mir sein. Cluny ist die Zukunft. Cluny ist die Läuterung. Cluny ist die Elite des Geistes. Es winkt mir der Ruhm, den Pontifikat in seine göttliche Aufgabe zurückgeführt zu haben. Sei das Jahr 1000 das Jahr der Heiligung der Ecclesia mit ihren Doppelherrschern Rex und Sacerdos. Wer sollte nicht verstehen, daß sich mit einer solchen Reformatio auch die Sehnsucht nach der Renovatio Imperii Romanorum erfüllen muß, welche der ottonischen Überlieferung die letzte Weihe verleihen wird?"

Langes Schweigen. Sie sahen ruhig in das Auge, das auf Sie gerichtet stand:

– Sie haben mir bewiesen, Abt Odilo, daß Sie eine große Gabe der Einfühlung besitzen. Aber eine Antwort haben Sie mir immer noch nicht gegeben.

– Sie fordern viel, Majestät. Sollten Sie – weniger Einfühlungsvermögen besitzen?

– Die Antwort auf diese Frage, sagten Sie aufstehend, wird die Zukunft geben.

Spürten Sie, was Odilo dachte, als er den Raum verließ? Er dachte ein einziges Wort: MAJESTÄT.

Sie waren nicht sehr fröhlich, Majestät, als Sie gegen die nächtigen Tannensäume des Sollinger Waldes hinaufgingen. Es war Ihre Art, sich auf solchen Gängen vom Allzuviel eines Tages zu befreien. Sie dachten an Ihre Mutter, welche Cluny keinen Raum in ihrer Politik gewährt hatte. Nein: Sie würden das Gespräch über die Cluny'sche Askese ganz bestimmt in den nächsten Tagen nicht wiederaufnehmen. Sie würden ganz etwas anderes tun – –

In eben diesem Augenblick standen Sie dem Herzog Otto von Niederlothringen gegenüber, der auch noch in die feuchte Septembernacht hinausgegangen war, die nach Tannen und abgefallenen Blättern roch.

– Dich, sagten Sie, ihn am Arm nehmend, dich konnte ich zu keiner besseren Stunde treffen –

– Und Odilo?

– Es ist mir wichtig, daß DU noch ein Stück mit mir durch die Tannen gehst. Und übermorgen wirst du mich mit dir nach Aachen nehmen. Ich muß mir im Dome des Großen Karl Kraft holen: Kraft gegen alle und gegen Alles. Verstehst du?

Sie nehmen mir den Atem, diese großen Rechner in Wirklichkeiten, in Wahrscheinlichkeiten und in Reformen. Ich aber will die Freude, welche glaubt und wagt. Wie soll man erneuern, ohne fröhlich zu sein?

– Erneuere, wenn deine Zeit gekommen sein wird. Aber sprich nicht davon, ehe deine wahren Helfer zur Stelle sind. Sie heißen weder Willigis noch Odilo. Willigis will erhalten. Odilo will säen – und eines Tages ernten . . .

– Und wie heißen die Helfer?

– Frage den Großen Karl. Er wird dir sagen: Die Herzöge, die an dich glauben und dir ihre Soldaten zur Verfügung stellen.

Das war eine Antwort: kurz, klar, brutal.

Sie blieben stehen, Majestät. Sie sahen dem Herzog ins Gesicht. Sie haßten in diesem Augenblick beinahe den Menschen, von dem Sie wußten, daß er nur lebte, weil Sie ihm erlaubten, seine Treue als einen Mantel der Abwehr um Sie auszubreiten . . . Aber schon hatten Sie wieder Ihren Arm durch den seinen gezogen und ein Erröten der Scham aus der Haut fortgewiesen.

So viel Worte der Gescheiten hatten Sie durch alle diese Jahre der Entfaltung geduldig über sich ergehen lassen – und Sie sollten dieses karolingische Herz nicht hören?

ZWEITER TEIL

ROM

995—996

ERSTES KAPITEL

Das Jahr 995, Majestät, brachte die Vorbereitungen zum Aufbruch nach Rom, sowie die Früchte der Diplomatie des Erzkanzlers Willigis.

Hugo Kapet hatte die Absetzung des Erzbischof Arnulf von Reims nicht widerrufen, sondern Gerbert von Aurillac inthronisiert. Eine Delegation, die er an den Papst Johannes XV. nach Rom gesandt hatte, war als quantité négligeable behandelt und nach Frankreich zurückgesandt worden. Ein zweites Konzil, auf dem der Papst in Person den schärfsten Angriffen ausgesetzt war, hatte als einzigen Erfolg zu verzeichnen gehabt, daß die Abdankung des Erzbischofs Gerbert unter der Drohung des Interdiktes erzwungen wurde. Der Abt des Klosters von St. Bonifazio, Leo, hatte das päpstliche Absetzungsdekret dem Konzil von Mousson übermittelt. Es half Hugo Kapet nur wenig, daß der römische Patricius Crescentius dem Papste Schwierigkeiten bereitete. Der Papst blieb der Papst: eine universale Macht, mit der sich die stadtrömische Macht des Crescentius nicht messen konnte. Hinter dem Papste – mochte er persönlich anfechtbar sein oder nicht – stand das ungebrochene Prestige des Imperiums, das seinen Parteigänger schützte. Es brauchte ihn für die Kaiserkrönung – und er brauchte die deutsche Hilfe. Denn Crescentius hatte ihn gezwungen, Rom zu verlassen. Was blieb ihm übrig, als den Kaiser, den er zu krönen hatte, nach Italien zu rufen? Genau so hatte im Jahre 961 der Papst Oktavian — Johannes XII. — Otto I. gerufen. Johannes XV. wartete am Hofe des Markgrafen Hugo von Tuskien die Ankunft der deutschen Heere ab, deren Aufgabe es war, ihn nach Rom zurückzuführen. Crescentius begriff, welche Torheit er begangen hatte. Um zu retten, was noch zu retten war, ließ er den Papst vor Ankunft der Deutschen durch ein Ehrengeleit in den Lateran zurückholen. Damit war das Prestige Hugo Kapets, welcher Pontifikat und Person des Pontifex verwechselt hatte, derartig gesunken, daß auf Jahre hinaus die Kapetinger in der abendländischen Politik keine Rolle mehr spielten. Die Gewalt der gelasianisch-augustinischen Zweigewaltenlehre war auch im französischen Klerus ungebrochen geblieben. Und die französischen Herzöge – die „pares" ihres „Königs" – hatten nicht daran gedacht, für diesen ihren „rex par inter pares" auch nur einen Finger zu rühren. Die Demütigung dieses Geschäftemachers und fünfzehnfachen Abtkapuzenträgers erleichterte ihnen ihre eigenen Geschäfte. Mehr als alle mögen die imperial gesinnten Grafen Eudes de Chartres und Herbert de Troyes, sowie der ebenso gesinnte Teil des Klerus triumphiert haben.

So, Majestät, war die Lage, als Sie im Frühling 996 von Regensburg aus die Reise nach Italien über den Brenner antraten.

In Ihrem Gefolge waren: Der Erzkanzler-Erzbischof Willigis von Mainz, der deutsche Kanzler Bischof Hildibald von Worms, die Bischöfe von Straßburg und Lüttich, die Herzöge Bernward von Sachsen, Otto von Kärnten, Heinrich von Bayern, Otto von Niederlothringen, Bruno, der Sohn Ottos von Kärnten, der Markgraf Ekkehard von Meißen, der italienische Kanzler Heribert von Köln, der Erzbischof Petrus von Como, der Markgraf Hugo von Tuskien, der Graf von Treviso, Ihre Schwester Sofia und einige Freunde Ihres Hildesheimer Kreises, wie der Graf Tammo. Odilo von Cluny hingegen war infolge des Todes seines Vorgängers, Majeul, verhindert worden, sein Kloster zu verlassen.

Tausende der besten Deutschen, Majestät, sind so zum ersten Male und des gleichen Weges wie Sie nach Rom gegangen. Tausende haben den Atem angehalten, als sich vor ihnen die Gefilde Südtirols im Flor der Mandel-, der Pfirsich-, der Aprikosenbäume auftaten ... als sie im Streichen der Luft den ersten Hauch des Mittelmeeres spürten.

Nach kurzem Aufenthalt in Verona reisten Sie im Wogen der Kirsch-, der Apfel-, der Birnblüte durch die Po-Ebene nach Pavia weiter, wo das Osterfest am 12. April mit den oberitalienischen Großen begangen werden sollte.

Sie waren kaum in der Stadt angelangt, als man Ihnen den Tod des Papstes Johannes meldete. Er war in Rom gestorben, kurz nachdem ihn Crescentius dorthin zurückgeholt hatte. Da seit den Tagen Ihres Großvaters Otto I. der deutsche Kaiser den Papst ernannte, bot sich Ihnen eine nie erwartete Gelegenheit, schon in der Wahl der Person die Richtung Ihrer zukünftigen Politik ahnen zu lassen. Natürlich gab es lange Besprechungen mit dem Erzkanzler Willigis, mit den Fürsten und Diplomaten. Aber die Entscheidung lag bei Ihnen. Sie haben sie nicht im Gegensatz zu Ihren Beratern gefällt. Es konnte diesmal gar keine Gegensätze geben. Wer hätte das Zeichen der Vorsehung nicht begriffen?

So geschah es, daß zum erstenmal ein DEUTSCHER für den Stuhl Petri designiert wurde: Ihr eigener Kapellan, der Sohn Ihres Stiefvetters, des Herzogs Otto von Kärnten: der dreiundzwanzigjährige BRUNO. Er vertrat die Grundsätze Clunys und würde also ein Papst der REFORMATIO sein.

Regnum und sacerdotium – weltliche und geistliche Herrschaft – der Dei ecclesia – der Christengemeinschaft – lagen fortan in den Händen blutsverwandter deutscher Fürsten.

Bis zum heutigen Tage, Majestät, herrscht die Auffassung, daß Sie Bruno durch eine enge Freundschaft verbunden gewesen seien. Ich bin anderen Glaubens. Daß der Anschein eines vollkommenen Einverständnisses zwischen Imperator und Pontifex gewahrt bleiben mußte, war selbstverständlich. Aber ich vermag die eifernde Beflissenheit dieses Schülers der Cluny'schen Reform und die Weltweite Ihrer Natur nicht auf einen gleichen Nenner des Gefühles zu bringen. Dieser Papst war für Sie nur ein bewußt gewähltes Werkzeug Ihrer Pläne. Da er Deutscher war, konnte er sich nicht auf nationalrömische Traditionen oder Ansprüche berufen. An diesem Punkt hat Ihre eiskalte, sachliche Entscheidung eingesetzt. Hinter ihr verbarg sich ein geheimgehaltener weltpolitischer Plan. Bruno war auf die deutschen Heere angewiesen. Römische Truppen würden ihm niemals zur Verfügung stehen, auch dann nicht, wenn es zwischen Regnum und Sacerdotium zu Zerwürfnissen kommen sollte. Er konnte also niemals gegen Sie handeln. Mit einem Wort: er war von Ihnen abhängig. Darauf kam es Ihnen zunächst an. Die erste Etappe Ihrer Politik – darüber waren Sie sich in Pavia durchaus im klaren – würde eine Steigerung der von Ihrem Großvater verfolgten Rex-Imperator-Politik sein. Sie warteten also – indem Sie den ersten persönlichen Schachzug, den Sie zu tun gedachten, geheim hielten – den Gang der Ereignisse ab. Dieses Wartenkönnen auf den schöpferischen Augenblick – den *Καιρός* – ist immer Kennzeichen des Genies. Ihre Politik nahm – ohne daß Sie dies im Frühling 996 hätten voraussehen können – einen beklemmenden Rhythmus an. Aber ich vermag in der Dynamís Ihres Handelns nirgends eine „jugendliche" Überstürzung zu finden. Ich sehe immer nur die erstaunliche Folgerichtigkeit, mit der Sie Schritt vor Schritt setzten.

Der neuernannte Papst, welcher den Namen Gregor V. annahm, wurde von dem Erzkanzler Willigis und dem Kanzler Hildibald nach Rom geleitet und – vor Ihrer Ankunft – durch eine stadtrömische Wahl bestätigt. Niemals durfte vor der Christenheit auch nur der Anschein erweckt werden, daß er den Römern gegen ihren Willen vom Kaiser aufgezwungen worden sei. Willigis wußte, warum er übliche Formen einhielt.

Sie selbst, Majestät, nahmen mit Ihrem Gefolge den Weg nach Ravenna, das die militärische Schlüsselstellung zwischen den deutschen und italienischen Ländern bildete. Sie wurden erwartet und mit großem Pomp empfangen von dem Erzbischof Johannes XIII., welcher – nächst dem Papst – der erste Kirchenfürst der Christenheit war. Er besaß das Vertrauen Ihrer Dynastie. Sein Wort hatte ein besonderes Gewicht in der Politik des Westimperiums.

In Ravenna umspielte Sie zum ersten Male der Schimmer von Byzanz. Das Mausoleum der Kaiserin Galla Placidia mit dem Wunder seines blaugoldgrünen Steingeglitzers lag zwar zu Ihrer Zeit unter Erde verschüttet – aber Sie konnten sich lange in die Mosaike von Sant'Vitale, von Sant'Apollinare Nuovo, von Sant'Apollinare in Classe versenken. Sie konnten dem Traume Nahrung geben, eines Tages in Byzanz den Fuß auf die Landetreppen des Bukoleonhafens zu setzen und die mütterliche Stadt als Sohn dieser Stadt zu betreten. Denn der Zauber „Weltstadt" war ein Teil Ihres Wesens und enthob Sie der Monotonie der geheimnislosen Pfalzen.

Kaiser sein – und dennoch untertauchen dürfen in den Lockungen der Weltstadt über der Meeresbläue und den Gartengestaden des Bosporus – welche *ἡδονή*!

Vielleicht, Majestät, haben Sie schon bei diesem ersten Aufenthalte in Ravenna dem Anachoreten Romuald, der auf der Schilfinsel Pereum eine Asketenschule leitete, einen Besuch abgestattet. Es wäre ein Besuch der Neugierde gewesen: denn Sie konnten im Jahre 996, vor Ihrer Kaiserkrönung, in Ihrem Denken ganz gewiß keinen Raum für Fragen der nihilistischen Askese haben, wie sie dieser fanatische Abkomme der Herzöge von Traversara nach einem wüsten Jugendleben predigte.

Bruno von Kärnten wurde in den ersten Maitagen als Papst Gregor V. inthronisiert. Sie selbst trafen zwei Wochen später in Rom ein und empfingen aus seinen Händen am 21. Mai die Kaiserkrone.

Unmittelbar nach Ihrer Krönung taten Sie lautlos, fast wie nebenbei, jene TAT, welche niemand von Ihnen erwartet hatte: Sie weigerten sich, dem Papste die karolingischen Schenkungen, die Pacta, an die Kurie – so wie es noch Ihr Großvater und Ihr Vater getan hatten – zu bestätigen.

Ein kaum sechzehnjähriger Kaiser hatte sich in seiner ersten kaiserlichen Handlung als ein Revolutionär der Weltpolitik erwiesen.

Was sollte der Papst anderes tun, als sich mit Ihrer Entscheidung abfinden?

Die rücksichtslose Kälte Ihres Schrittes, Majestät, und die Selbstzucht, welche sich in seiner Geheimhaltung offenbart, sind von den Geschichtsschreibern übersehen worden. Ihr Bildnis erscheint schon in den ersten Strichen als verzeichnet. Es fehlt ihm die Härte, die Sie aufbringen konnten. Natürlich: Sie haben ja in der Frage der Pacta kein Manifest erlassen. Sie haben kein „Programm" verkündet. Sie haben sich überhaupt nicht festgelegt. Sie haben einen steilen Blitz über der christlichen Welt aufzucken lassen und es danach dieser Welt anheimgestellt, auf den nachfolgenden Donnerschlag zu warten.

Sie haben dem Papste zugestanden, Johannes Crescentius, nachdem er auf die Patriciuswürde unter seinem Eide verzichtet hatte, als Privatmann auf seinen Besitzungen leben zu lassen. Sie haben eine falsche Politik des Papstes gedeckt, damit er bei den Römern einen Stein im Brett habe. Sie wollten keinen Zwist in der Lösung „kleiner" Fragen. Sie wußten, daß Sie nur kurz in Rom bleiben würden und daß Ihnen dort noch zwei Begegnungen bevorstanden, deren Gewicht Sie vorausfühlten: die Begegnung mit dem Erzbischof Gerbert von Reims und diejenige mit dem Bischof Adalbert von Prag. Beide hielten sich um die Zeit Ihrer Krönung in Rom auf. Schon diese Anwesenheit schien Ihnen göttlicher Wink.

Sie hatten den Erzbischof Gerbert von Reims, der natürlich den Krönungsfeierlichkeiten ferngeblieben war, erst nach der Generalsynode, auf welcher – am 25. Mai – über Crescentius und seine Anhänger entschieden worden war, im Aventinischen Kaiserpalast zur Audienz empfangen. Das Gespräch fand unter vier Augen statt. Dies erlaubte Gerbert, frei zu sprechen und seine persönliche Diplomatie pro domo spielen zu lassen. Sie waren darauf gefaßt gewesen. Es war selbstverständlich, daß ein Mann seiner Bedeutung alle Fäden ziehen würde, um aus einer Lage, die er nicht selbst verschuldet hatte, herauszukommen. Er war sich darüber klar, daß seine Begegnung mit Ihnen von dem Erzkanzler sehr ungern gesehen werde. Aber Ihre Weigerung, die Pakte zu erneuern, hatte ihm gezeigt, daß Sie Entscheidungen auch ohne diesen faßten. Das war der eine Punkt, den er sich zu seinen Gunsten auslegen durfte. Der andere war, daß sein persönlicher Feind, der Papst Johannes XV., nicht mehr auf dem Stuhl Petri saß. Gregor V. war ein Anhänger Clunys. Die Cluny'sche Reform war auf der Synode von St. Basle nicht angegriffen worden. Im Gegenteil. Allerdings wußte Gerbert, daß ihm der jugendliche Fanatiker die Annahme einer unkanonischen Ernennung zum Erzbischof nicht so bald verzeihen würde. Um so mehr mußte er versuchen, sich Ihr persönliches Wohlwollen zu sichern. Seine Menschenkenntnis hatte ihn längst erwittern lassen, daß zwischen dem Papst und Ihnen unversöhnliche Gegensätze des Wesens bestanden. Da ihm das Grundgesetz politischen Handelns – sei es pro domo, sei es pro re publica – in dem Satz gipfelte, daß alle Dinge von Mensch zu Mensch gemacht werden, hatte er sich genau überlegt, welche Worte er Ihnen zu sagen und mit welchen Gesten er sie zu begleiten habe. Sie selbst, Majestät, an Umgang mit Menschen gewöhnt, die ihre „Standpunkte“ durchdrücken wollen, wären erstaunt gewesen, wenn gerade dieser Mann Sie mit Improvisationen überrascht hätte.

Sie fanden es natürlich, daß das Gespräch zunächst an alle Dinge anknüpfte, die den Erzbischof an Ihre Eltern gebunden hatten. Er gab sich mit großer Einfachheit, sprach fast ohne Akzentsetzung und beendete diesen ersten Teil der Unterhaltung mit der etwas wehmütig vorgebrachten Frage:

– Was also, Majestät, hätte ich – rebus sic stantibus – nach dem ewig zu beklagenden Tod Ihrer Erlauchten Mutter und nach dem Verzicht des Imperiums auf ein kriegerisches Vorgehen gegen den König Hugo Kapet, anderes tun können, als was ich getan habe? Meine eigene Person auf dem Erzbischofstuhl von Reims bot – so will mir auch heute noch scheinen – etwas bessere Garantien für eine friedliche Politik Frankreichs als die Ernennung eines Mannes wie – sagen wir – Ascelins von Laon und seinesgleichen . . . oder wie diejenige irgendeines französischen Chauvinisten, der Ansprüche auf Lothringen erneuert hätte. Ich wußte, wie ich Hugo Kapet zu nehmen hatte, und ich konnte als Lehrer des Kronprinzen Robert beurteilen, wie dieser ganz der Ecclesia Dei ergebene junge Mensch zu leiten sei. Er ist kein starker Charakter. Wenn sich Cluny nach meinem Verschwinden und nach dem täglich zu erwartenden Ableben Hugo Kapets in die französische Politik einzuschalten versteht, dürfte es nicht schwer fallen, gute Beziehung zwischen Imperium und Frankreich herzustellen.

An dieser Stelle, Majestät, unterbrachen Sie den Erzbischof. Sie sagten, auf Ihre Methode zurückgreifend, die sich noch immer bewährt hatte:

– Ich bitte Sie, Eminenz, mir darzulegen, wie sich in einem Manne Ihrer Bildung und Weltaufgeschlossenheit die Cluny'sche Reformbewegung spiegelt. Ich muß wissen, wie der bedeutendste Gelehrte unserer Zeit eine Zeitströmung beurteilt, die der Herrscher des Weltimperiums nicht übersehen darf, auch wenn er nicht – oder noch nicht – ihr Diener ist.

Gerbert ließ sich nicht merken, daß ihm Ihre Worte wie Honig eingegangen waren. Er nahm einen Schluck Frascati, spülte ihn durch den Mund, trocknete die bläulichen Lippen mit einem violetten Seidentuch, das er während des Sprechens in der Hand behielt, und holte dann zu einer Darlegung aus, die er besonders sorgfältig vorbereitet hatte:

– Cluny, Majestät, kann, wie mir scheint, nicht für sich allein gesehen werden. Es ist nur ein Element unter ähnlichen im Bereich des asketischen Lebensgefühles. Askese heißt – wenn ich mich der einfachsten Formel bedienen darf –: Der VORRANG Gottes vor der Welt und die Bestätigung dieser Gesinnung durch persönliche Haltung und Tat. Somit ist die Cluny'sche Reform ein Teil des Bedürfnisses nach Askese, das unsere Zeit erfüllt. Aber Askese ist natürlich nicht an äußere Zeitabläufe gebunden. Sie ist in Wirklichkeit – ich nenne sie jetzt: die Besiegung der Weltüberwucherung durch das Gottverbundensein und Gottverpflichtetsein des erhöhten Menschen – ein Bedürfnis jeder menschlichen Seele, welche sich ihrer metaphysischen Ursprünge und metaphysischen Strebungen bewußt ist. Dieses Bedürfnis hat es – und zwar in hohem Maße – schon in der antikischen Seele gegeben. Es ist durch die Läuterung, welche Gott in seinem Sohne der Welt geschenkt hat, zu klarer Bewußtheit und tieferer Wirkung gebracht worden. Es hat die gelasianisch-augustinische Deutung der „Dei ecclesia" ermöglicht – „Dei ecclesia" = „regnum + sacerdotium" – und diese beiden Komponenten als ineinander-, nicht gegeneinander-spielende Kräfte einer höheren Einheit zur Norm des Lebens überhaupt gemacht. Selbstverständlich besteht in der menschlichen Natur immer die Neigung, den antithetischen Anschein deutlicher zu betonen als die synthetische Essenz. Was deutlicher betont wird, pflegt auch nachhaltiger zu wirken.

Da der Mensch sich irdischen Bedingtheiten näher fühlt als göttlichen Unbedingtheiten, besteht für ihn immer die Gefahr, daß das Befangensein im Irdischen – ich wiederhole mich absichtlich – in ihm überwuchert. Im Irdischen ist Gutes und Schlechtes, göttlich Helles und satanisch Finsteres. Denn Gott sowohl als der Satan sind schon den irdischen Erscheinungsformen immanent, auch wenn der gewaltigste Machtbereich beider jenseits der Erde zu suchen ist, in Himmel und Hölle. Geschieht es nun – an dieser Stelle hob sich die fast silbenmäßig skandierende Stimme – geschieht es, Majestät, daß im Überwuchern des Irdischen das Satanische zu besonderer Überwucherung gelangt, wie dies gerade in diesem unserem zehnten Jahrhundert der Fall war, so stehen sofort in den erhabeneren Seelen die Abwehr- und Umkehrkräfte auf. Es beginnt – unter der Form des Anachoreten- und Eremitentums – die Weltflucht als einzige Rettung vor dem Satanischen, oder es formen sich alle jene noch den irdischen Lichtkräften entspringenden Überwindungsregungen, welche sich in dem Begriffe der „REFORMATIO" vereinigen. Zielt diese REFORMATIO – wie in der Cluny'schen Bewegung – auf jene „kirchlichen" Institutionen, welche ebenfalls Opfer satanischer Überwucherungen geworden waren oder noch sind, so ist ihr bruchteilhafter Charakter erwiesen und genau als diejenige „quantitas" zu bewerten, die dieser Charakter verkörpert. Die Cluny'sche Reformbewegung ist also jedenfalls eine Gegebenheit, welche von uns niemals übersehen werden darf, sondern gestützt werden muß, da sie ein Gott unmittelbar dienendes Ziel verfolgt. Weicht diese Bewegung jedoch von ihrem Ziele ab, begibt sie sich auf Seitenpfade, die zu Seitenzielen hinstreben, welche hinter der Göttlichkeit des Urzieles zurückbleiben, so ist es eine Frage der Jeweiligkeit, wie weit ihr noch zu folgen sei und wie weit nicht.

Auf Eure Majestät angewendet, deren unverrückbarer

göttlicher Rang in Gleichordnung mit dem pontifikalen Rang durch die gelasianisch-augustinische Zweigewaltenlehre gegeben und umschrieben ist: Wenn die Cluny'sche Reform etwa versuchen sollte, die Macht des sacerdotium bis zur Störung des gelasianisch-augustinischen Gleichgewichtes – ich wiederhole mich zum vierten Male – überwuchern zu lassen, indem sie dieses sacerdotium in eine MISSBRAUCHTE Reform einbezöge: so müßte sich aus einem solchen Versuch die Kampfansage des sakrosankten rex an Cluny ergeben. Gleichzeitig aber diejenige des sacerdos – des Papstes –, der sich gegen jede Änderung seines Machtgrades auflehnen müßte, welche ihn vor einem geheiligten Gesetz ins Unrecht rückte, also realiter eine ethische Machtverminderung bedeutete, an der die Universalität des sacerdotium zuschanden kommen könnte.

Sie hatten sich erhoben, Majestät, nachdem Sie fast angehaltenen Atems den Ausführungen Gerberts zugehört hatten, und waren vor seinen Sessel getreten, ihn mit der Hand auf das Kissen zurückdrückend, als er ebenfalls aufstehen wollte:

– Eminenz: Sie glauben tatsächlich, daß es jemals einen Papst geben würde, der fähig wäre, Ihren Argumenten zu folgen – und willens, aus diesem Folgen die unerbittlichen Schlüsse zu ziehen?

– Majestät: es müßte ein sehr kurzsichtiger Papst sein, der sich jemals von einer Reformbewegung, heiße diese wie sie wolle, ins Schlepptau nehmen ließe und um das Linsengericht einer fiktiven Machterweiterung die Unbedingtheit seiner sacrata auctoritas pontificum und den ihm verbrieften Schutz durch die potestas regalis preisgäbe! Eine Reformbewegung hört auf, wenn keine Reform mehr nötig ist. Kaiser und Papst aber sind von Gott eingesetzte, übergeordnete Gewalten ewiger Natur. Ich möchte, wenn ich die Augen für immer schließe, lieber ein durch allzuschlaue Beschränktheit fortgejagter Erzbischof gewesen sein als ein durch allzubeschränkte

Schlauheit verblendeter Papst! Es können – bis zum heutigen Tag – Cluny keinerlei Vorwürfe gemacht werden. Die Zweigewaltenlehre besteht in ihrer ungebrochenen Form zu Recht. Sie ist unantastbar.

Niemals, Majestät, hätte ich das Protokoll der Synode von St. Basle – das man mir zu Unrecht so sehr verübelt hat – verfaßt, wenn sich der Angriff des Bischofs Arnulf von Orleans gegen die sakrosankte Institution des sacerdotium selbst gerichtet hätte. Man hat, weil dies einigen Leuten in ihre Politik paßte, die wichtigste Stelle dieser Rede unter den Tisch fallen lassen. Sie lautet: „Nos quidem Romanam Ecclesiam propter beati Petri memoriam semper honorandam decernimus, nec decretis Romanorum pontificum obviare contendimus." Dieses, will mir scheinen, ist mehr als deutlich. Auch dieses könnte ich selbst gesagt haben. Damit, Majestät, komme ich zu meiner letzten Aussage über die Stellung der Cluny'schen Reformbewegung innerhalb der Zweigewaltenlehre und über die aus dieser Lehre abzuleitende GEMEINSAME Politik des Kaisers und des Papstes gegenüber Cluny, der Cluny'schen, die Welt bejahenden Askese – und der romualdinischen, nihilistischen Askese, welche – aus TAKTISCHEN Gründen – die Welt zwar eben gerade noch gelten läßt, aber aus Glaubensgründen verneint. Die gemeinsame Kaiser- und Papstpolitik hat zwar diesen Strömungen Rechnung zu tragen und sich ihrer in souveräner Weise zu bedienen, aber sie hat sie unerbittlich – ich sage unerbittlich – in ihre Schranken zurückzuweisen, wo immer sie hegemonische Absichten verraten. Ich leugne ganz gewiß nicht die Notwendigkeit einer REFORMATIO SACERDOTII, besonders der Klöster und des Mönchtums. Aber diese REFORMATIO kann nur zu einem guten Ende geführt werden, wenn sie auf der einzigen Grundlage geschieht, die ihr Bestand gewährleistet. Wer die Zeichen dieser Zeit richtig versteht, fühlt, daß die größte Aufgabe, welche das Ende dieses Jahrhunderts mit dem Anfang des nächsten verbindet, nicht REFORMATIO SACERDOTTII lautet, sondern – was auch Sie, Majestät, der Nachfahre und Bewunderer des Großen Karl, aus sich selbst heraus schon fühlen: RENOVATIO IMPERII ROMANORUM: ERNEUERUNG DES ABENDLANDES.

Schon für den nächsten Tag, Majestät, ließen Sie den Erzbischof Gerbert von Reims wieder zu sich bitten. Die Besprechung, welche in den späten Nachmittagsstunden begonnen hatte, wurde am Abend fortgesetzt und währte bis tief in die Nacht. Sie fand abermals unter vier Augen statt und erregte größtes Ärgernis bei dem Erzkanzler Willigis: Willigis fühlte, daß sich eine für ihn gefährliche Macht in den Gang der Politik eingeschaltet hatte.

Sie bekümmerten sich genau so wenig um diese Verärgerung Ihres Außenministers wie über die geheime Wut des für sein Prestige fürchtenden Papstes. Sie wußten sehr genau, was Sie wollten. Ihre Abreise aus Rom war auf den 9. Juni festgesetzt. Sie wollten sich bis zu diesem Tage darüber klar sein, ob Sie die Kräfte eines außergewöhnlichen Mannes, dessen Bild Sie bisher nur in einer böswilligen politischen Verzerrung gesehen hatten, Ihrer zukünftigen Politik dienstbar machen könnten oder nicht. Aus Gerbert schlugen die Wellen eines weltweiten Denkens in die Weite Ihres eigenen Wesens. Es wäre Ihnen als eine Sünde gegen die Vorsehung erschienen, wenn Sie sich ihrem Winke entzogen hätten. Sie legten sich nicht fest, Sie gaben keine Versprechungen. Sie griffen auch nicht kanonischen Entscheidungen vor, welche der Papst Gregor in der Frage des Reimser Erzbischofstuhles noch zu treffen hatte. Es wäre unklug gewesen, ihm in kurialen Fragen Demütigungen aufzuerlegen, nachdem Sie ihn sogleich nach Ihrer Krönung die Nichterneuerung der Pacta hatten schlucken lassen. Es konnte ja nur Ihr Vorteil sein, wenn er sich in seinen pontifikalen Beflissenheiten verlor.

Sie hatten versucht, Gerbert ein Urteil über Gregor V. zu entlocken: aber er war Ihnen ausgewichen, indem er auf ein Bibelwort verwies, an das er wahrscheinlich genau so wenig glaubte wie Sie selbst: „An ihren Früchten sollt ihr sie erkennen.“ Welche „Früchte“ sollte Gregor nach einer Amtszeit von vier Wochen geerntet haben? Da er Cluny verschrieben war, konnte man sich ja ausrechnen, was er anstrebte. Und da Sie weniger denn je Cluny verschrieben waren, konnte man auch voraussetzen, daß Sie ihn manchmal an die Kandare nehmen würden.

Sie konnten, Majestät, nach den langen Gesprächen mit Gerbert „Ihrem“ Papst nicht weniger kühl gegenüberstehen als zuvor. Er war eine ordnende, aber keine schöpferische Natur. So also trafen Sie Ihre wesentlichen Beschlüsse ohne lange Beratungen mit ihm. Sie hatten gut gerechnet und gut gewählt. Sie konnten sich nun in ein vorläufiges Unbeteiligtsein zurückziehen und die deutschen Länder Ihrem gewaltigen Plane gewinnen.

– Ist Ihnen etwa hier in Rom ein etwa dreißigjähriges juristisches Talent namens Guarin begegnet? fragten Sie Gerbert, nachdem Sie einige Personalfragen durchgesprochen hatten.

– Nein, Majestät. Aber ich habe – sofern mich mein überlastetes Gedächtnis nicht im Stiche läßt – von dem Aufenthalt eines solchen juristischen Wunderkindes in Cluny gehört.

– Wieder Cluny, murmelten Sie. Was und wen, Eminenz, zieht eigentlich Cluny heute nicht an sich?

– Das Schöpferische, Majestät, das ein Ich gegen ein System zu wahren hat, sei das Niveau dieses Systems auch noch so hoch.

– Ein hartes Urteil, Eminenz ...

– Ein unbestechliches. Bleibe jede Kraft an ihrem Platz, je nach den Graden ihrer Dynamis: Einen vorübergehenden Aufenthalt nehmen heißt noch nicht, sich einspannen lassen.

Sie begleiteten den Erzbischof, der sich schon zum Abschied erhoben hatte, auf die Gartenterrasse hinaus. Sie atmeten den Duft verborgener Levkojen und sahen gegen die Sterne an dem heißen, windlosen Himmel...

Gerbert schien noch etwas sagen zu wollen, das den Weg nicht über die Lippen fand.

– Was haben Sie noch auf dem Herzen, Eminenz? fragten Sie.

– Wollen Eure Majestät mich nicht für unerlaubt neugierig halten?

– Warum sollen Sie nicht erlaubt neugierig sein?

– Es geht nicht um mich, es geht um Eure Majestät.

– Also sprechen Sie.

– Sind Eure Majestät hier in Rom schon dem Freunde der Kaiserin Theophano begegnet, dem Fürsten Woytech von Libice, der im Kloster S. Bonifazio lebt?

– Ich hätte ihn heute abend bei mir gehabt, wenn die Fortsetzung unseres Gespräches von gestern nicht notwendig gewesen wäre. Ich brenne darauf, ihn zu sehen, nach allem, was ich von ihm weiß. Diesem Manne gehört im voraus meine Bewunderung, weil er sich durchzusetzen versteht.

Gerbert hatte sagen wollen: „ein gefährlicher Mann" – aber er hütete sich wohl, dieses Wort auszusprechen. Er sagte:

– Ja, das versteht er. Es wird seinem Landesfürsten, dem Herzog Boleslaw von Böhmen, nicht zum zweiten Male mit Hilfe des Erzkanzlers Willigis gelingen, Adalbert-Woytech auf seinen Bischofssitz nach Prag zurückzuholen. Dieser Heilige wird nach allen Erfahrungen seines Lebens einen anderen Weg nehmen als den nach dem verhaßten und verluderten Prag. Er wird – das ist in Rom schon offenes Geheimnis – als Apostel in den Osten gehen.

– Ich habe, Eminenz, mit Absicht diese lange geplante Begegnung mit dem Fürsten Woytech – nicht mit dem Bischof Adalbert von Prag – auf morgen verschoben und dem politischen Gespräch mit Ihnen den Vorrang gegeben. Es wird morgen um sehr andere Dinge gehen, für die ich mein Wesen von jedem Dunste der Politik frei wissen möchte. In einem halben Jahre schon würde eine solche Trennung kaum noch möglich sein. Ich mache mir keine Illusionen über die Tyrannis, welche regalis potestas heißt. Mein Lehrer und Freund Bernward von Hildesheim hat einmal zu mir gesagt: „Das Bedeutsame in unserem Leben wirft sein Licht oder seinen Schatten voraus. Und meistens – nicht immer – läßt uns Gott ahnen, ob er es als Licht oder als Schatten vor unsere Füße legen wird." Jedes Wort, das mir Bernward gesagt hat, hat sich als richtig erwiesen. Denn dieser Mann, den meine Mutter den „feinsinnigsten" Deutschen genannt hat, der ihr jemals begegnet ist, lebt ohne Voreingenommenheiten. Er ist nahe und gleichzeitig ferne. Ich habe mir oft gewünscht, ich dürfe in einigen Dingen sein wie er. Ich bin an Erfahrung des Herzens und der Seele zu jung, um heute schon zu wissen, was vor einer Krone nah und fern bedeutet. Ich weiß nur, was diese Krone selbst ist. Sie ist die einzige irdische Macht, mit der ich bis zu dieser Stunde Zwiesprache gehalten habe. Auch um dieser Krone willen, Eminenz, hat es mich verlangt, mit einem Manne „de votre envergure" – um mich eines Ihrer Worte zu bedienen – zu sprechen. Wozu – für mich und vielleicht auch für Sie – unsere Gespräche dienen, wird sich eines Tages zeigen. Es ist mir vorgeschrieben, Schritt um Schritt zu gehen. Ich weiß, daß ich voll von Leidenschaften bin. Warum also sollte ich nicht leidenschaftlich Schritt für Schritt gehen und mir die Helfer – sei es der Krone, sei es der Seele – da holen, wo ich sie finde?

Der Erzbischof Gerbert von Reims senkte die Lippen auf den kaiserlichen Ring, den Sie am kleinen Finger der rechten Hand trugen:

– Ich bete zu Gott, daß er alle Schritte Eurer Majestät segne . . .

Dann waren Sie wieder, wie am Abend zuvor, allein. Mitternacht war vorüber. Der 29. Mai, der Schicksalstag Ihrer Seele, war heraufgezogen.

Unter Ihnen, nur da und dort am träge fließenden Strom von Lampen erhellt, lag das schlummernde Rom.

– Rom, sagten Sie zu sich selbst, Rom im Gewicht der Pflichten, nur angeschautes, noch nicht durchdrungenes Rom, Rom, an mein Herz heraufzunehmen und doch noch nicht um einen Deut dem Traum-Rom meiner Jugend anzugleichen – – wie werde ich dich morgen sehen?

Ein Windhauch trieb Akazienblüten auf die Balustrade. Sie fingen sie mit der Hand – – und ließen sie in das Dunkel zurückrieseln.

DRITTES KAPITEL

Majestät, als Sie sich Adalbert von Prag zum ersten Male gegenüberfanden, wußten Sie, daß Sie in den Schatten Ihrer „ENTSPRECHUNG" getreten waren.

Am 29. Mai 996, um jene Stunde, die sich schon gegen Abend neigt, war Ihnen das DU geschenkt worden.

Sie standen, nachdem Sie wortlos geschaut hatten, fragenden Auges und warteten.

Das Ohr der Menschen, Majestät, ist durch ein Jahrtausend hin taub gewesen für den TON, der an jenem Abend zum erstenmal in Ihnen aufklang und bis in Ihr Sterben der Grundton Ihres Seins geblieben ist. Der Stoff Ihres Wesens hatte sich nicht verändert – der Stoff ist unwandelbar –: er war Schwingung geworden: Geläut und Wogengang der Tiefen.

Gott bekümmert sich nicht darum, wie viele Menschen

sein Dröhnen in der Seele eines Auserwählten vernehmen. Er kann tausend Jahre warten, bis Einer es hört und kündet.

Die Grenzen der „Erkenntnis", Majestät, sind den Irdischen eng gezogen. Die Treppe endet niemals in dem Grund, wieviele Stufen nach unten auch menschliches Bemühen ihr anfüge. Der Gesang des Grundes bleibt unerreichbar. Er ruft aus dem Dunkel. Er segnet das Gehör, das sich in seine Allmacht neigt.

Wie Gott als Ahnung über Ihrer Jugend lag, aus der das mütterliche DU geschwunden war, sagt uns die Luft, die um Ihre Frühe weht. Wie Gott als Feuer sichtbar wurde, nachdem ein Heiliger Ihr Kaisertum an sein Asketentum gebunden hatte, spüren wir bis in Ihren letzten Atemzug.

Gott hatte Ihnen nicht den Lehrer, nicht den Forderer, nicht den Vergewaltiger gesandt: Er hatte die REINHEIT vor Ihnen aufstrahlen lassen und das Portal zum Eintritt freigegeben.

Sie hatten sich mit Adalbert unter einer aufgeblühten Katalpa niedergelassen und hörten nun, was er Ihnen von seinem Leben erzählte. Es schien, er spreche von Dingen, die nicht gewesen waren.

Noch niemals hatten Sie im Tonfall einer menschlichen Stimme eine solche Abwesenheit des Ichs von sich selbst gefühlt. Sein Vorleben war ihm gleichgültig geworden: Stoff und Nahrung der Flamme, die für Gott in die Zukunft brannte.

Adalberts Augen lagen umschattet, während er sprach:

– Ich war dreizehn Jahre alt, als mich der Erzbischof Adalbert von Magdeburg, der auf der Rückreise aus Kiew im Schlosse meines Vaters zu Gast war, in seine Domschule mitnahm. Sie wissen aus eigner Erfahrung, Majestät, was das Leben mit den Söhnen des hohen Adels auf solchen Schulen ist. Ich blieb ein Fremder unter diesen jungen Menschen, welche die Regungen der slawischen Seele nicht verstanden.

Da ich die Zuneigung des Erzbischofs besaß und erwiderte, war mein Verlangen nach vertrauten Beziehungen zu Domschülern gering. In Magdeburg habe ich – als Siebzehnjähriger – Ihre Mutter kennengelernt. Es war unmöglich, dem Zauber dieser fremdartigen Frau zu widerstehen. Sie hat mich sehr verwöhnt. Ich war in Ingelheim bei ihr. Ich habe dort den Erzbischof Willigis und den Herzog Otto von Schwaben gesehen. Mit dem Herzog hätte ich mich wahrscheinlich befreundet, wenn ich nicht nach Böhmen hätte zurückkehren müssen. Ich verstand, warum gerade ihn Ihre Mutter an ihren Hofstaat gezogen hatte und warum er sich dort zu Hause fühlte. In Böhmen zwang mich der Herzog Boleslaw, an seinem Hofe zu leben. Ich wurde in den Strudel der Ausschweifungen mitgerissen. Ich war jung, und ich müßte nicht slawisches Blut in den Adern gehabt haben, wenn ich mich nicht gerne an meine Sinnlichkeiten verloren hätte. Auch nachdem ich im Jahre 982 zum Nachfolger des verstorbenen Bischofs Dethmar ernannt worden war, ging dieses zuchtlose Leben noch eine Zeitlang weiter. Dann kam – plötzlich – die Besinnung auf mich selbst: Überdruß, Scham, Erleuchtung. Die Prager Hofgesellschaft lachte. Ich wurde für sie zur komischen Figur. Ich faßte den Entschluß zu meiner ersten Flucht aus Böhmen. Im Jahre 983 traf ich Ihre Mutter wieder auf dem Reichstag von Verona, wo Ihr Vater, um die Niederlage von Cotrone auszumerzen, einen zweiten Krieg gegen die süditalischen Sarazenen vorbereitete. Sie waren ein Kind von drei Jahren, Majestät, und sollten gerade zur deutschen Königskrönung nach Aachen gebracht werden. Ihre Mutter verstand mich und wurde mir Freundin. Ich wollte, um sie erreichen zu können, in Italien bleiben. Aber der Erzbischof Willigis, dem das Bistum Prag unterstellt war, zwang mich, in Mantua die Weihen aus seiner Hand anzunehmen und in die böhmische Hölle zurückzukehren. Der Herzog Boleslaw hatte es verlangt. Mit Willigis war nicht zu sprechen.

Ein bedeutender Staatsmann und Kirchenfürst, aber ein grobgeschnitzter Mensch ohne seelische Witterung. Seine Zeit ist vorüber. Er spürt nicht, was sich vorbereitet. Lassen Sie mich verschweigen, Majestät, was ich nun in Böhmen vorfand. Der Adel stand gegen den Herzog, die Fürsten Libice führten die Partei der Gegner. Ich war als Pfand in den Händen meines Feindes. Im Jahre 989 ließ er meine Eltern und sieben meiner Brüder ermorden. Nur meinem Bruder Gaudentius und mir gelang es, zu fliehen. Wir gingen, entschlossen, dem weltlichen Leben zu entsagen, nach Rom. Dort sah ich zum letzten Male Ihre Mutter. Dort nahm ich für immer Abschied von ihr. Auch dieses Bildnis war in mir erloschen . . . Ich wollte als Büßer nach Jerusalem pilgern. In Monte Cassino besann ich mich eines anderen: Ich mußte mich, der inneren Stimme folgend, in langer Askese reinigen für meine wahre Bestimmung: das Licht Gottes in die Nacht der menschlichen Kreatur zu tragen. Ich hatte – mit allen ihren Schrecken – die Finsternis der menschlichen Seele gelebt, mich fast an sie verloren, als mir das „Zeichen" gegeben wurde. Ich hatte abzutragen – und mich selbst zu opfern. Nur dieses war mir noch der Sinn meiner Inkarnation. So trat ich als Mönch in das Bonifaziuskloster ein. Mein Bruder Gaudentius tat das gleiche. Der Herzog Boleslaw hat noch einmal Willigis zu seinem Schergen erniedrigt. Auch Gaudentius und ich sollen noch geopfert werden. Zu spät, Majestät. Es ist mit dem Herzog Boleslaw Chrobry von Polen vereinbart worden, daß Gaudentius ein hohes Amt in der polnischen Kirche bekleiden wird und ich als Missionar zu den heidnischen Preußen gehe. Ich bin nahe, sehr nahe am Ziele angelangt.

Adalbert senkte die dunkle Stimme nochmals um einen Ton, indessen er sich ein wenig zu Ihnen hinüberneigte:

– Es ist Gottes Fügung, daß ich vor dem Abschied Ihnen noch begegnen durfte.

Nun schwieg die Stimme.

– So spricht ein Mensch, sagten Sie zu sich selbst, in welchem die Stürme zum Schweigen gekommen sind und nur noch GLAUBE funkelt wie Abendleuchten aus dem beruhigten Gang der See. Unirdische Schönheit, dieses Antlitz mit den violetten Augen – von keiner Hand mehr anzurühren:

„Wer wäre so vor Gott
Und sich das gleiche Bild,
Wem wäre so die Iris
Des Todes Vorgefild?“

Es war Ihnen schwer, Majestät, sich auf Ort und Stunde zu besinnen, als Ihr Diener Immo meldete, daß das Abendessen bereit sei . . .

Das Gespräch, geschlossen und in sich bewegt, hatte während der Mahlzeit dem Westimperium gegolten. Als die Früchte aufgetragen wurden, sagten Sie abschließend:

– Ja, Sie haben recht: die Aufgaben des Kaisertums, obwohl von dieser Welt, sind göttlicher Natur. Die Luft aber, in der sie sich vollziehen, ist oft zum Ersticken. Das habe ich in einem halben Jahre erkannt. Diese Wichtigtuereien, diese Eitelkeiten, diese Selbstüberschätzungen, diese Eigensuchten und Verlogenheiten an einem Hof! Wie wird man jemals dieser Dinge ledig?

– Indem man unerbittlich ist, wer man ist.

– Ich werde zum Schatten meiner selbst, wenn ich nicht Mauern um mich aufrichte, wie es meine Mutter getan hat. Eine Woche Kaiser: und schon die Frage Tag und Nacht in meinem Denken: sollte ein Herrscher, welcher die Kaiserkrone trägt, nicht überhaupt unsichtbar sein?

– Er ist es, wenn er Gott den Vorrang vor dem irdischen Wähnen gibt. Die weltliche Sichtbarkeit ist nur eine Übung in der Kunst der Selbstbewahrung innerhalb der Gegenwendigkeiten. „MAJESTAS“ ist der Einsamkeit verschwistert, auch wenn sie sich dem DU verbündet.

Sie sahen Adalbert lange an. Es schien Ihnen, Sie hätten niemals zuvor ein menschliches Antlitz mit einem solchen Umfangen Ihrer Blicke angesehen – und niemals hatten Blicke Ihnen eine solche Antwort gegeben. Die Zeit war ausgelöscht – und ausgelöscht waren die Namen.

Dann sagten Sie, aufstehend, zu Immo:

– Lasse den Grafen Tammo auf Mitternacht in den Gartensaal bitten.

Sie fühlten alle Leichtigkeit geschwunden, mit der Sie während des Essens gesprochen hatten, und gingen zögernden Schrittes neben Adalbert durch den Garten des Aventinischen Palastes. Plötzlich blieben Sie am Stamme einer Pinie lehnen. Ohne daß Sie wußten, wie, fuhr Ihnen das Wort heraus:

– Helfen SIE mir vorwärts auf dem schweren Weg. Nennen Sie mich nicht Majestät, wenn wir unter uns sind. Das Wort ist mir unerträglich in Ihrem Munde. Ich werde Ihnen in den nächsten Tagen tausend Fragen zu stellen, und Sie werden mir zweitausend Antworten zu geben haben.

– Ich habe Ihnen nur eine einzige Antwort auf alle Ihre Fragen zu geben – und Sie wissen, welche es ist.

– Ist das wahr?

– Sie zweifeln?

– Das Unerwartete macht – scheu. Ich habe einige Menschen, die mir nahe sind. Aber ich habe keinen Menschen, in dem mein unruhiger Geist sich beruhigen könnte.

– Wollen Sie zu mir sprechen wie zu sich selbst?

– Ja.

– Ich danke Ihnen. Ich konnte nicht ahnen, daß mir dieses noch beschieden würde . . . vor dem Aufbruch. Es ist eine große Verantwortung und eine große Segnung zugleich.

– Fürchten Sie die Verantwortung?

– Nein.

– Fürchten Sie die – Segnung?

– Nein.

– Ich nehme an ...

Was Sie sagten, Majestät, während Sie wieder leichteren Schrittes auf den Kieswegen, durch das Aushauchen der Erde und das Niederrieseln der Akazienblüten gingen, war nicht Ihr Leben: es war Ihr Leben über Ihrem Leben.

Es gibt ein Anhören, das ein Verlorensein im eigenen Inneren ist. So hörte Adalbert. Und als Ihre Stimme, die im Verlauf des Sprechens bestimmter, ebenmäßiger, kühler geworden war, schließlich in der Bitte endete: Deshalb also sagen gerade Sie mir, wie sich Herrschaft und Askese in der Seele eines Kaisers vereinigen lassen, ohne die Kräfte zu schwächen, welche die Voraussetzung des Herrschens sind, antwortete Adalbert wie aus Ihrem eignen Atemzug:

– Die Askese, welche von dem rex justus als eine Selbstverständlichkeit verlangt wird, gleicht derjenigen, welche Cluny verkündet. Sie fordert, daß der Herrscher das richtige Maß, den modus justus, einhalte, indem er seine weltlichen Handlungen an göttlichen Geboten mißt. Seine Macht muß Gott zu Füßen gelegt werden. Denn der Kaiser ist der Statthalter Christi in den Dingen der Welt und Christus verantwortlich für sein Tun. Der Sinn dieser Askese also ist nur, die Störung des Ebenmaßes zu vermeiden.

Hat ein Herrscher dagegen gefehlt und gilt es, dieses Fehlen durch die tätige Askese, welche Buße heißt, zu sühnen, so entsühnt sich der Herrscher als Mensch vor Gott durch Kasteiung und Selbsterniedrigung. Die Verneinung des sündhaften Ichs in der büßenden Askese wird also zur Bejahung und Steigerung des Ichs, weil dieses die Kraft aufgebracht hat, sich selbst zu überwinden.

Sie riefen, Majestät:

– Überzeugender hat mir noch niemand die Unterschiede klargelegt. Glücklicher hat mich noch keine Erklärung gemacht. Über die Opferung des Ichs für die göttliche Aufgabe brauchen wir beide keine Worte mehr zu verlieren. Denn wir beide leben aus dieser Kraft.

Diese Stunde – welche ich „UNSERE" nenne – fordert von mir, daß ich Sie frage: Wollen Sie in meinem Geleit nach Deutschland reisen? Wollen Sie der Gast meines Hofes, meines – Dankes sein und die Entscheidungen über Ihre Aufgabe bei den Preußen von der Aufgabe abhängig machen, die Sie an mir zu erfüllen haben?

– Ich habe keine Entscheidung mehr von einer anderen abhängig zu machen. Aber ich will und werde erfüllen, was ich für Sie zu erfüllen habe: nicht, weil es mir eine Pflicht gebietet, sondern mein Herz.

Sie hatten, Majestät, Adalbert mit Tammo in das Kloster S. Bonifazio zurückgebracht und ihm beim Abschied gesagt:

– Die beiden nächsten Tage gehören niemandem außer Ihnen. Sehen wir, daß aus dem Anheben eines Anfanges dieser Anfang selbst werde.

– Mögen sie sich ereifern wie sie wollen, sagten Sie auf dem Heimweg zu Tammo. Hier geht es um anderes als um eine Begegnung. Hier geht es um die Mitte des Lebens selbst. Otto von Niederlothringen wird mich zwei Tage lang vertreten. Am 9. Juni werde ich – lache nicht: aus „Rücksicht auf meine Gesundheit" – Rom verlassen, Gespräche über die Pacta ad calendas graecas verschieben und dann in Deutschland MEINE Politik vorbereiten. Der Helfer ist da.

Und nun, Tammo *φίλτατε*, überlasse mich dieser Sommernacht. Ich bin erst heute in MEINER Roma angekommen.

Sie lauschten in die gedämpften Geräusche der Nacht. Ein Wasser rieselte. Eine Taube gurrte im Schlaf. Vom Tiber herauf klang das Anschlagen von Ketten einer an Land gehenden Barke. Gegen das Meer hin klaffte ein blaues Wetterleuchten. Kein Lufthauch rührte sich. Der Geruch der Levkojen stand zum Schneiden dicht um Sie her.

Dies alles, sagten Sie sich, gibt es auch anderswo. Warum will es mir scheinen, lebendig sei es nur in Rom? Ich fühle nun erst Rom, fuhren Sie in Ihrem Denken fort, während Sie langsam einen moosbewachsenen Treppenweg aufwärtsstiegen, der gegen die Gartenterrasse des Palastes über dem Wachthaus der Garde mündete. Zwei Soldaten, welche auf der Steinbank neben der Tür gesessen hatten, fuhren hoch, als sie erkannten, wer vor ihnen stand.

– Schließt mir die Gittertür auf, sagten Sie, damit ich nicht den Umweg durch die Zypressenallee machen muß. Warum seid ihr erschrocken? Seid ihr Landsleute?

– Jawohl, Majestät. Wir sind Franken.

– Möchtet ihr lange in Rom bleiben?

– Immer, Majestät.

– Laßt mir eure Namen. Vielleicht kann ich es zuwege bringen, daß ihr bei der päpstlichen Garde unterkommt, da ihr Rom sosehr liebt. Findet ihr auch, daß die gleichen Dinge, die es überall in Italien gibt, in Rom ganz anders sind?

– Ja, Majestät. Wir haben soeben darüber gesprochen. Die Erde hat einen besonderen Geruch, die Blumen ebenfalls, auch der Wein. Die Sterne glänzen von viel weiter her, die Luft macht einen manchmal betrunken, manchmal schläfrig. Man wartet hier immer auf etwas Unbestimmbares, auf etwas sehr Schönes, das gar nicht zu kommen braucht. Es ist dennoch schön.

Sie sahen erstaunt den jungen Menschen an:

– Und wenn dieses Schöne kommt?

Schweigen! Verlegenheit. Dann die etwas zögernde Antwort:

– So glaubt man, es sei gar nicht wahr ...

Sie gaben den Soldaten die Hand:

– Es ist alles richtig, was ihr sagt. Seid ihr morgen wieder auf Wache?

– Jawohl, Majestät. Die ganze Woche, und die nächste auch.

– Ich werde euch durch meinen Adjutanten etwas herunterschicken lassen – und an einem der nächsten Abende noch einmal selbst zu euch kommen. Dann müßt ihr mir erzählen. Gute Nacht.

Die Hände flogen an die eng anliegenden Hauben. Sie lächelten, als Sie das Gittertor durchschritten hatten, noch einmal zurück – ein wenig wehmütig – und gingen die Granitstufen zwischen rosenüberhangenen Lorbeerbüschen aufwärts. Diese fränkischen Bauernjungen, dachten Sie, haben die Seele Roms gewittert. Was würden mir wohl alle diese Bischöfe und Prälaten und Presbyter über Rom sagen?

Mitten in Rom fiel Sie das Heimweh an nach der „ROMA AETERNA“, jenes Heimweh, das oftmals über uns kommt aus dem nahegewußten Abschied von einer geliebten Welt, an die wir uns – will uns plötzlich scheinen – nicht leidenschaftlich genug hingegeben haben – –

Dann standen Sie – nun in der dritten Nacht – wieder an der Balustrade und schauten in die seidengraue Tiefe, welche Rom heißt.

So, Majestät, haben wir alle gestanden, morgens, mittags, abends, nachts: Preisgegebene, Verlorene an dieses Rom unter Rosen- und Magnolien-, unter Pawlownia- und Akazienblüten, zwischen Pinienkronen und Zypressensäulen – an dieses Rom im Schreien seiner jagenden Schwalben, im Aushauchen seiner abendlichen Gärten, im Nachbluten seiner hingeschleiften Untergänge, im Gemurmel seiner nächtigen

Brunnen – an dieses Rom, das uns den Atem stocken macht und uns aus unserer Gegenwart enthebt, wir wissen nicht, wohin . . .

Während Sie sich, Majestät, am Vormittag des 3. Juni von dem Abt Leo von S. Bonifazio über die Zustände des Reichsklosters Farfa unterrichten ließen, wurde Ihnen unversehens der Erzkanzler Willigis gemeldet. Sie ließen Ihren Unwillen über diesen Einbruch nicht merken. Sie gaben Bescheid, er möge warten – und baten den Abt, in seinen Darlegungen fortzufahren.

Erst nach einer Stunde ließen Sie Willigis rufen:

– Sie hätten sich das Warten ersparen können, Eminenz, wenn Sie, wie es sich gehört, vorher angefragt hätten. Was gibt es?

– Es ist mir erst heute vormittag zu Ohren gekommen, Majestät, daß Sie für heute abend gleichzeitig mit mir den Bischof von Prag, der sich meinen Befehlen widersetzt, zu Tisch gebeten haben. Das ist eine für mich unannehmbare Zumutung. Prag untersteht Mainz.

– Es ist eine für mich noch viel unannehmbarere, daß Sie es wagen, sich auf eine solche Art in die Verfügungen des Kaisers einzumischen.

– Ich würde niemals gewagt haben, unangemeldet zu kommen, wenn es sich um eine persönliche Angelegenheit handelte. Aber es geht hier um eine Prestigefrage höchsten Ranges.

– Für mich, aber nicht für Sie. Sie sind Beamter des Imperiums, und ich bin der Imperator. Es ist bedauerlich, daß ich diese unabstreitbare Tatsache einem Manne ins Gedächtnis rufen muß, der so eminente Verdienste um Staat und Krone hat wie Sie. Sie vergessen, daß ich nicht mehr Ihr politisches Mündel bin. Ich habe wenig Sinn für aufgebauschtes Prestige.

– Mit meinem Prestige, Majestät, deckt sich dem Herzog von Böhmen gegenüber dasjenige des Imperiums.

– Falsch: Mit meinen Entscheidungen deckt sich das Prestige des Imperiums. Es ist durchaus meine Absicht, dem Herzog von Böhmen zu zeigen, wo seine Grenzen liegen. Wenn er sich nicht fügt, kann ich ihm morgen den Herzog Boleslaw Chrobry von Polen in die Flanke hetzen. Ich sage Ihnen also: Ich, der Kaiser, verbiete, daß auch noch der Fürst Woytech von Libice – alias Bischof Adalbert von Prag – geopfert wird. Ich verbiete, daß er nach Prag zurückkehrt. Denn ICH brauche ihn für meine Person. Genau so wie den Erzbischof Gerbert von Reims. Mit dieser Erklärung ist auch der Papst ausgeschaltet. Sollte er sich auf das kanonische Recht berufen, so würde ich ihn an die gelasianisch-augustinische Zweigewaltenlehre erinnern, welche das Sacerdotium genau so verpflichtet, der regalis potestas zu dienen – also auch deren Inhaber – wie umgekehrt.

Nun schaute Willigis Sie fast erschrockenen Auges an:

– Aber Majestät, was hat denn ein abgesetzter Erzbischof von Reims, ein Franzose, mit der deutsch-römischen regalis potestas zu tun?

– Ganz genau dasselbe wie ein fortgelaufener Bischof von Prag, sofern der Inhaber der regalis potestas, der Kaiser, erklärt, daß er beider Personen zur Kräftigung der regalis potestas bedarf. Nun? Es ist sehr klug von Ihnen, Erzkanzler, nicht Erzbischof, sich weder zu entrüsten noch überhaupt zu antworten. Sie bleiben sich – was für mich durchaus ein Vorteil ist – selber treu. Es warten unser viele bedeutsame Arbeiten. Sparen wir unsere Kräfte für diese auf – und verweilen wir nicht länger bei kanonischen Lappalien, welche mit den sakrosankten kanonischen Gesetzen nicht das geringste zu tun haben. Ich habe sehr viel von Ihnen gelernt und Ihnen immer meine Dankbarkeit bewiesen. Vielleicht könnten Sie ja auch einmal von mir etwas lernen, gerade weil ich erst, sagen wir doch, fünfundzwanzig Jahre alt bin und aus einem Gedanken heraus lebe, welcher mit der Gewalt eines Glaubens in mir wirkt.

Haben Sie noch zwei bis drei Jahre Geduld: und ich werde Ihnen die Frage vorlegen, ob Sie mein Mitarbeiter an der Gestaltung dieses Gedankens werden wollen oder ob Sie es vorziehen, der gewissenhafte Wächter über dem bisher von meinen Vorfahren Erreichten zu bleiben. Es ist gut, wie ich nun sehe, daß Sie mich mit Ihrem höfisch unkanonischen Besuch heute früh überrascht haben. Solche Luftreinigungen sind bei Thronwechseln, die sich unter einem VERBLEIBENDEN Erzkanzler vollziehen, unerläßlich. Damit die heutige Lüftung vollkommen sei, lassen Sie sich noch folgendes sagen: der Erzbischof von Reims bleibt in Italien und wird wohl erst nach der Regelung seiner Angelegenheit nach Frankreich zurückkehren. Er kann uns dort zu einem sehr nützlichen Mittler bei seinem Schüler, dem König Robert, werden, sobald Hugo Kapet seinem Leiden erlegen ist. Der Fürst Woytech von Libice – ich denke, Sie ziehen diesen Namen dem Namen: der Bischof Adalbert von Prag vor – wird auf kaiserlichen Befehl so lange in meiner nächsten Umgebung leben, bis es ihm angebracht erscheint, seine Bekehrungsarbeit im slawischen Nordosten aufzunehmen. Sie werden sich also heute abend dem von mir zum kaiserlichen „Cubicularius“ ernannten Fürsten Woytech, welcher weder im Bischofsgewand noch in der Mönchskutte erscheinen wird, gegenüberfinden. Morgen vormittag bitte ich Sie, die Berichte des Abtes Leo von S. Bonifazio über die Zustände in Farfa gemeinsam mit mir und dem Papste entgegenzunehmen. Übermorgen stehen zur Debatte die Gerechtsame von Tivoli und die militärischen Sicherungen des Papstes nach meiner Abreise. Wir müssen in dieser Frage den Markgrafen von Tuskien und den Herzog von Spoleto hören. Am 6. Juni werde ich einen auf etwa hundert Menschen begrenzten Abschiedsempfang geben; am 7. und 8. Juni aber in den Wäldern des Albanergebirges untertauchen. Die Kastanien sollen dieses Jahr in einer unwahrscheinlichen Blüte stehen. Ich habe noch niemals einen blühenden Kastanienbaum gesehen – und Orangenblüten nur im Säulenhofe von S. Saba. Dort drüben, Eminenz, wieviel schöne Dinge gibt es auf Erden – und mit welchen Widerwärtigkeiten müssen Sie und ich sich abquälen . . .

Da sich der Erzbischof Willigis gegen drei Uhr „wegen eines jener plötzlichen Fieberanfälle, wie sie ihn immer im Süden plagen", entschuldigen ließ, baten Sie statt seiner den Erzbischof Gerbert von Reims.

Es war ein Uhr früh, als alle Gäste den Aventinischen Palast verlassen hatten. Sie saßen mit Otto von Niederlothringen auf der Veranda des Gartensaales. Einer jener römischen Sommerregen, welche zu Feuchte gewordene Erde scheinen, fiel langsam und gleichmäßig. Sie erzählten den Vorfall mit Willigis. Fast wörtlich. Dann fragten Sie leidenschaftlich:

– Was sagst du?

– Ich sage nicht, daß Willigis recht hat. Aber ich muß seine Haltung bewundern. Ich hätte sie ihm nicht zugetraut. Du mußt ihn also sehr getroffen haben.

– Ich hoffe es. Principiis obsta!

– Ne tibi obstent principia!

– Vincam . . . Und was sagst du zu Adalbert?

– Ich habe noch niemals ein solches Angesicht gesehen. Wohin schauen diese Augen?

– In die Ewigkeit.

– Deine Aufgabe vollzieht sich auf Erden.

– Sie wird sich leichter vollziehen, wenn diese Augen auf mich gerichtet bleiben.

– Wahrhaftiger: vielleicht. Leichter: nein.

– Und was sagst du zu Gerbert von Reims?

– Er kann DIR niemals gefährlich werden. Es ist kein Leuchten um ihn. Er ist Geist und Eifer. Du verlangst mehr.

– Was?

Otto von Niederlothringen sah auf seine Hände.

Dann hob er langsam den Kopf gegen Sie:

– Blut.

Sie starrten lange in die Nacht, durch die der Regen sang, gefüllt mit allem Duft aus Baum und Strauch und Blüte.

Dann, wie zu der Nacht sprechend:

– Es ist eine große Schwere, die ich aus Rom mitnehme. Aber das mußte wohl so sein, ehe ich – beginnen kann.

DRITTER TEIL

AACHEN
996—997

ERSTES KAPITEL

Als Sie Rom am 9. Juni 996 „aus Rücksicht auf Ihre Gesundheit“ verließen, Majestät, war das geistige Fundament für Ihre zukünftige Politik gelegt. Adalbert von Prag und Gerbert von Reims wiesen den Weg. Das Wollen gehörte Ihnen selbst. Sie wußten, daß es zu Spannungen und Spaltungen kommen werde. Ohne daß es Ihre Absicht gewesen wäre, hatten Sie den Papst und den Erzkanzler in das gleiche Lager getrieben: in dasjenige der Tradition. Gregor V. wollte keine kanonischen, Willigis keine politischen Neuerungen, die ihre Macht vermindern mußten.

Adalbert reiste in Ihrer persönlichen Umgebung. Aber auch Gerbert begleitete Sie bis nach Oberitalien. Wie eng sich schon Ihre Beziehungen zu diesem gestaltet hatten, zeigte die Tatsache, daß Sie ihm – und nicht dem Erzkanzler – die Abfassung des Briefes anvertrauten, den Sie von unterwegs dem Papste Gregor sandten. Es mußte zwischen diesem und Ihnen nicht zum besten bestellt sein. Denn wozu schreiben, wenn man wochenlang am gleichen Orte war und zusammen sprechen konnte? Da Sie erst schrieben, als Sie außer Sichtweite waren, ist offensichtlich, daß Sie nicht hatten sprechen wollen! Und was ließen Sie durch Gerbert mitteilen? Daß der Schutz des Papstes dem Markgrafen Hugo von Tuskien anvertraut bleibe und der Herzog von Spoleto als kaiserlicher Missus, als Ihr Stellvertreter acht umstrittene Grafschaften der Landschaft Pentápolis, auf welche die Kurie unter Berufung auf die Pacta sofort nach der Inthronisierung Gregors V. Anspruch erhoben hatte, „ad praesens" — fürs erste oder vorläufig — zu treuen Händen verwalten werde. Dieser Brief, ein Meisterstück der Diplomatie Gerberts, schuf einen Schwebezustand, ohne das geringste Zugeständnis zu machen. Sie hatten Zeit gewonnen – und nur darauf kam es Ihnen an.

So, Majestät, standen die Sterne für Sie, als Sie am 12. Juni von Foligno aus nordwärts zogen, um die große Begegnung Ihrer Jugend zu erleben: den Fürsten Woytech, den Asketen Adalbert: unbekümmert um Geschwätz und Kommentar.

Dieses Erleben trug Sie durch das Leuchten der Adria, durch die Juliglut des Exarchates, durch Azur und Sepia des Gardasees, durch die blauroten Traubenhänge Tirols, durch die Alpentriften Bayerns, durch die Weinberge Schwabens, durch die Phloxgärten Frankens, durch die Kornfelder der Mainlande bis an die Ufer des Rheines bei Mainz und Ingelheim, wo Ihre Ankunft am 15. September erfolgte.

Es wollte Ihnen unerträglich erscheinen, sich nun von Adalbert trennen zu müssen. Aber er bestand auf seinem Plan, den Bischof von Tours zu besuchen, ehe er an Ihre Hofhaltung nach Aachen zurückkehrte. Er sagte Ihnen, daß alle Bindungen von Seele zu Seele an solchen Trennungen wachsen. Sie haben gezweifelt. Aber schon die ersten Wochen nach dem Abschied bewiesen Ihnen, wie recht dieser Wissende gehabt hatte. Nun erst wurde er zu einer Allmacht in Ihrem Leben.

Sie überprüften Ihr Verhalten gegen den Erzkanzler Willigis. Er hatte damals in Rom den Abstand verloren. Dies aber ertrugen Sie niemals und nirgends. Sie selbst waren – nicht in der Sache–: im Tone zu scharf gewesen. Sie baten ihn zu einem Abendessen zu sich und sprachen ihm von Ihren deutschen Plänen. Sie fragten ihn um seine Meinung.

Seit jenem Vormittag des 3. Juni sah er Sie zum ersten Male allein:

– Es ist meine Absicht, Eminenz, AACHEN zur Hauptstadt Deutschlands zu machen. Ich kann mich in meinem Vorhaben auf die Worte meines Großvaters stützen, daß „Aachen der vornehmste Königssitz diesseits der Alpen" sei. Ich sage stützen, nicht leiten lassen. Die Strahlung, welche – solange mir denkt – von Karl dem Großen auf mich ausgeht, ist mächtiger als das Gebundensein an meine eigene Dynastie. Ich weiß, daß Sie mich nicht falsch verstehen. Das sächsische Magdeburg hat eine viel zu junge Überlieferung. Seine Umgebung ist reizlos. Sein Klima ist grau. Es hat – als Erzbistum – eine bedeutende Aufgabe in der Ostmission zu erfüllen und als – Handelsplatz – eine noch bedeutendere in ganz Europa. Aber Deutschland ist nur zu einem Achtel sächsisch. Aachen ist Symbol für alle Deutschen. Darauf kommt es an. Nur an einem solchen Symbol kann das einseitige Stammesdenken sich selbst überwinden. Wenn man Rom „caput mundi" nennt, so soll man das uralte Aachen – Aquae – „caput Germaniae" nennen. In ihm werden alle deutschen Stämme „ihre" Stadt sehen: in Magdeburg niemals. Ich bitte Sie, meinen Plan zu unterstützen und sächsische Widerspenstigkeiten nicht aufkommen zu lassen.

– Natürlich, Majestät, werde ich Sie unterstützen. Ich denke, daß in Sachsen Bernward von Hildesheim das wirksamste Wort zu sprechen haben wird.

– Selbstverständlich. Aber Bernward verfügt nicht über die überzeugende Einfachheit Ihres Wortes. Außerdem ist er nicht der Erzkanzler. Aachen ist volkstümliche Angelegenheit der Deutschen. Daß es auch meine persönliche Angelegenheit ist, trifft sich gut. Es ist von Vorteil, wenn ein Kaiser, der niemals volkstümlich sein wird, in einer wichtigen Frage dem Empfinden des Volkes vorauseilt. Karl der Große ist noch heute ein „Traum" – wenn vielleicht auch ein mißverstandener – in den Herzen der Deutschen. Sie und ich bedürfen keiner Träume solcher Art. Ich weiß nicht, was Ihnen

Karl der Große ist. Mir ist er eine geistig-imperiale Wirklichkeit. Das Volk trägt SEINE Träume als Hoffnungen im Blut. Es lebt – sehr erstaunliche Wahrheit, die mir erst in Rom aufgegangen ist – aus verschwommenen Vergangenheiten. Ihre und meine Ziele sind klare Gegenwart und notwendige Zukunft.

– Meinen Eure Majestät „RENOVATIONES"?

– Nein. Ganz einfach: NOVA.

Willigis lächelte gegen den Rand des Glases, das er an die Lippen hob.

– Trinken wir auf die „NOVA", Eminenz, wie immer sie sich zusammensetzen.

– Ich trinke mit, Majestät, unter der stillschweigenden Voraussetzung, daß diese „NOVA" nicht schlechter seien als der „ANTIQUISSIMUS" von Markobrunn, den Sie die Güte hatten, mir vorzusetzen.

– Ich hoffe, Eminenz, sie werden – dank Ihrer Hilfe – noch besser sein.

– Dann wären wir beide Hexenmeister wie Gerbert von Reims.

– Der Vergleich hinkt, Eminenz. Man sagt ja Gerbert nur nach, daß er hexen könne und mit allen Künsten der schwarzen Magie vertraut sei. In Wirklichkeit kann er nur ausgezeichnet rechnen. Und das ist ja schließlich keine Sünde. Wenn Sie sich einmal eine sehr unterhaltsame Stunde machen wollen, so lassen Sie sich von ihm die Kegelschnitte erklären. Der ganze Mann wird zum Feuerwerk, wenn er auf dieses Gebiet kommt.

– Ich glaube es ohne weiteres, Majestät. Es wird mir leider die Zeit für diese Beleuchtungskünste fehlen. Denn ich fürchte, ich werde sehr bald in Gandersheimer Klosterhufen rechnen müssen. Doch ich will Ihnen an einem so schönen Abend nicht mit diesen besonderen NOVA EXSPECTANDA im Ohre liegen.

– Ich hätte dort im Augenblick auch wirklich kein Bett frei. Denn heute ist schon der Maler angekommen, der das Marienmünster in Aachen ausmalen wird, und morgen werden mir die Pläne für drei neue Klosterbauten in der Umgebung der Stadt vorgelegt werden. Ich habe Gerbert, als er in Pavia zurückblieb, gebeten, mir aquitanische Gärtner zu schicken. Aachen soll die schönsten Gärten und Parke der Welt bekommen.

– Die hat doch Palermo, nach allem, was man sich gerade von dieser Stadt erzählt.

– Das Land am Niederrhein, Eminenz, ist das Land der königlichen Bäume, der vielen Rosen und Lilien. Glauben Sie, mit diesen drei Dingen kann man keine Wunder schaffen?

– Ganz gewiß kann man das . . .

– Und wissen Sie, wo man auch ohne schöne Dinge immer Wunder schaffen kann? Warum sehen Sie mich beinahe traurig an? Sie – traurig? Nein! . . . Nun, ich will es Ihnen sagen: da, wo man LIEBT. Und ich liebe Aachen und den Kaiser, der dort für uns alle den Schlaf seiner Gegenwart schläft.

ZWEITES KAPITEL

Majestät: erst Ihr Einzug in Aachen – in den ersten Oktobertagen des Jahres 996 – war Ihre Heimkehr nach Deutschland. Der Empfang, den Ihnen Otto von Niederlothringen in der Hauptstadt seines Herzogtums vorbereitet hatte, war nicht der glanzvollste, aber der liebevollste Ihres Lebens. Er hatte an alles gedacht, was Ihnen Freude machen konnte, besonders aber an die Menschen, deren Anwesenheit Ihnen das „zu Hause" wachriefe.

So fanden Sie Heribert von Köln und seinen Bruder Heinrich, den Bischof von Würzburg, so fanden Sie Ihren Hildesheimer Kreis, um Bernward geschart, und alle die Unzähligen, denen Ihre Rückkehr die gesteigerte Gegenwärtigkeit des Imperiums bedeutete. Die „königlichen" Bäume des Niederrheins, von denen Sie in Ingelheim zu Willigis gesprochen hatten, brannten für Sie in Gold und Purpur, es brannten die bunten Beete der Herbstblumen, es brannten die vielen Hunderte von Kerzen im Dom, als Sie zum Hochamt erschienen, um Gott und dem Großen Kaiser Ihre Liebe zu Füßen zu legen.

Als Sie wieder ins Freie traten, stand der blaßblaue Baldachin der Himmel Niederlothringens über Ihrem Scheitel, Marienfäden hingen im Atlas der Lüfte, durch welche manchmal ein Hauch von späten Zentifolien wehte, und die Glokken riefen einen ganzen Tag lang Ihre Heimkehr in das Land hinaus.

Es waren anstrengende Tage, die Ihrer warteten. Denn jeder wollte Sie gesehen, jeder ein persönliches Wort aus Ihrem Munde gehört haben. Man hatte erfahren, mit welchen Absichten Sie sich trugen. Man wußte, daß der Große Karl auferstehen werde. Die Freude wurde zu Jubel und frommer Begeisterung, als Sie der Stadt Aachen die Reliquien des Heiligen Leopardus und der Heiligen Corona schenkten, welche Gregorius, ein griechischer Eremit, aus Rom nach Deutschland gebracht hatte. Bessere Fürsprecher im Himmel konnte die Kaiserstadt nicht finden – und auf eine solche Fürsprache, Majestät, legte Ihre Zeit sehr viel Wert. Denn das menschliche Tun war oftmals – genau wie in meinen Tagen – Werk des Satans. Wer aber die Gebeine von Märtyrern, welche für ihren Glauben gestorben waren, als heiliges Gut bewahrte und in Verehrung anbetete, dem konnte Gott seine Gnade niemals ganz entziehen. Reliquien waren das kostbarste Geschenk Ihrer Zeit. Sie waren die Meilensteine des Weges, der in das Herz Gottes führte.

Nicht nur die Reliquien, Majestät, welche Gregorius gebracht hatte, blieben in Aachen, auch er selber blieb. Sie ernannten ihn zum Leiter eines der drei Stifte, deren Gründung schon beschlossen war, und bewiesen dadurch abermals der geliebten Stadt, wozu Sie sie ausersehen hatten.

Als die Bewegung der ersten beiden Wochen verebbt war, bereitete Ihnen Bernward von Hildesheim eine Überraschung: er führte jenen jungen Geistlichen zu Ihnen, nach welchem Sie sich bei Gerbert erkundigt hatten: Guarin, den Rechtsgelehrten und den besten sächsischen Kenner der italienischen Verhältnisse. Ein Blick auf seine Erscheinung genügte, um Ihnen zu sagen, daß Sie da nicht einen Menschen vor sich hatten, sondern eine Begabung: eine Art von gelehrtem Wunderkind, das man nicht aus dem Auge lassen durfte.

Bernward bestätigte Ihnen Ihren Eindruck:

– Ich brauche in keinem Buch mehr nachzuschlagen, wenn ich etwas wissen will. Dieser dreißigjährige Mensch weiß alles. Und er hat eine solche Fähigkeit der Einfühlung, daß man an dem Wert seiner Substanz zweifeln kann.

Sie antworteten:

– Sehen wir eine Zeitlang zu. Es gibt viel zu tun in den Kanzleien. Wenn sein Können dem Ehrgeiz, der aus seinen kleinen wasserhellen Augen sticht, gleich ist, wird es Arbeit für ihn geben. Angenehm ist er mir nicht. Aber das zählt nicht, sofern er zu brauchen ist. Er hat den Geruch der Seminare an sich, gegen den ich ziemlich empfindlich bin. Sie ebenfalls, Bernward, weshalb wohl von einer Freundschaft nicht gesprochen werden kann. Bernward lachte:

– Freundschaft? Mein Gott! Die gibt es von Wesen zu Wesen, von Bild zu Bild – aber nicht von Verstand zu Verstand . . .

Und er machte eine Bewegung des körperlichen Unbehagens . . . Er wußte, was die „questions de la peau“ waren. Die Junker, welche er in seine Domschule aufnahm, bewiesen es.

Die Wochen flogen in der Kleinarbeit der Tage. Ihre Erholung, Majestät, waren Ihre vielen Ritte mit dem Herzog von Niederlothringen durch das Land, welches langsam dem Winter entgegenstarb. Von Adalbert traf endlich am 9. November ein Brief ein, in dem er seine bevorstehende Ankunft ankündigte.

Aber statt seiner kam am 15. November eine Botschaft aus Pavia, welche den Hof in eine unangenehme Bestürzung versetzte.

Johannes Crescentius hatte die Rebellion gegen das deutsche Regiment in Rom entfesselt und am 29. September den Papst Gregor V. aus der Stadt verjagt.

War das die Frucht der kaiserlichen Politik ein halbes Jahr nach der Krönung?

Der Schrecken, Majestät, der Sie durchfuhr, war so heftig, daß Ihr Körper die gewohnten Dienste versagte. Sie erbrachen sich – die Nachricht war nach eben beendeter Abendtafel eingetroffen – und wurden sofort von Ihrem salernitanischen Leibarzt zu Bett gebracht. Bis Mitternacht lagen Sie teilnahmlos, wie tot, in den Kissen. Dann kamen Sie in einem jähen Wiedererwachen Ihrer Kräfte zur Bewußtheit und verlangten, mit dem Herzog von Niederlothringen allein gelassen zu werden. Sie richteten sich auf, tranken einen Becher Glühwein und ließen helle Leuchter herbeitragen . . .

Schon nach einer halben Stunde betrat der Herzog das Zimmer.

Er war – wie immer – die Ruhe selbst. Sein Blick verkündete Ihnen den Dank dafür, daß Sie IHN gerufen hatten.

– Es ist ein gutes Zeichen, sagte er, sich setzend, daß deine Natur eine so heftige Antwort auf diese erste Erschütterung in deinem kaiserlichen Leben gegeben hat. Es werden ihr andere folgen. Das Leben eines Kaisers muß mit ihnen als mit Selbstverständlichkeiten rechnen. Es gilt, sofort die Lehre aus dem Geschehenen zu ziehen, das heißt: den zweiten Zug nach Rom vorzubereiten, um Ordnung zu schaffen und begangene Fehler gut zu machen. Es war falsch, in Rom keine starke Besatzungsmacht zurückzulassen, auch wenn dies gegen den „Brauch" ging. Es war ganz besonders falsch, Crescentius und seinen Anhang nicht auf Lebensdauer in Deutschland gefangen zu setzen. Diese Gefangenschaft konnte sehr menschlich gehandhabt werden, aber sie mußte unbedingt sein. Der Markgraf Ekkehard von Meissen und ich sind leider von dem Papst, welcher – echt deutsch – captationes benevolentiae am unrechten Orte für diplomatische Kunststücke hält und von den Römern keine Ahnung hat, mit einem hochmütigen Achselzucken abgetan worden. So, als ob wir bedauernswerte Barbarenseelen wären. Man kann sehr wohl – wie ich es ja auch tue – Rom lieben und gleichzeitig den Römern verständlich machen, daß Politik kein Karnevalsscherz ist. Ich habe nicht mit einem so raschen Aufruhr gerechnet. Es wird zu untersuchen sein, ob der Papst nicht mit seinen übertrieben hitzigen Reformversuchen berechtigte römische Überkommenheiten verletzt hat. Wo es um Cluny geht – meiner Auffassung nach um ein mißverstandenes Cluny, ist dieser Prinzipienreiter fanatisch. Die Römer werden fanatisch, wo es um ihre jahrtausendalte römische Bewußtheit geht. Das versteht sich. Beide Fanatismen sind also nicht gleichwertig. Derjenige Gregors V. ist – gerade herausgesagt – dumm. Es werden sicherlich in den nächsten Tagen die Berichte aus Tuskien, Spoleto und Ravenna einlaufen. Ich halte sie für sehr viel wichtiger als den – im übrigen ruhig und würdig gehaltenen – Bericht des Papstes, den mir der Kanzler Hildibald vorgelesen hat. Warten wir also ab, ob das Ereignis stadtrömische oder italische Bedeutung hat. Ich glaube, daß es nur um Rom geht. Dann weißt du genau, was du zu tun haben wirst: ohne dir das Vorgehen deines Großvaters gegen Oktavian und die Römer zum Beispiel zu nehmen. Andere Zeiten, andere Mittel. Ein römisches Blutbad darf es niemals geben. Zwischen

Crescentius und den Römern muß ein scharfer Trennungsstrich gezogen werden. Hugo Kapet ist tot. Von seinem Sohne Robert, der ein halber Priester ist, sind keine Schwierigkeiten zu erwarten. Er wird niemals wagen, Crescentius zu stützen.

– Und wenn Byzanz dies tut? Willst du übersehen, daß immer noch keine Antwort auf die Brautwerbung da ist? Seit fast zwei Jahren ist Philagathos am Bosporus.

– Vergiß nicht, in welchen schweren Kämpfen gegen die Fatimiden sich Basileios herumschlägt! Es ist mir unwahrscheinlich, daß er sich auch uns noch auf den Buckel laden und in ein Bündnis mit dem Bulgarenzaren Symeon treiben will, der den gesamten Westen des Ostimperiums besetzt hält. Geborene Soldaten sind oft – nicht immer – bessere Rechner als hirnverbrannte „Staatsmänner“!

– Was werden die deutschen Herzöge zu einem zweiten Zuge nach Rom sagen?

– Daß man sie anhöre, wenn es darum geht, die endgültige Abrechnung mit Crescentius für das Imperium fruchtbar zu machen. Niemand von uns hat Lust, dieses Spiel sich ad libitum wiederholen zu sehen. Aber jeder wird wissen, daß sein Platz bei dem Kaiser ist, der das Imperium verkörpert.

– Glaubst du, daß der Papst – vor seiner Rückführung nach Rom – auch von Pavia aus für die europäische Welt das sacerdotium verkörpern wird?

– Die Frage ist verfrüht. Er wird aufhören müssen, ein Fanatiker zu sein. Daß Cluny hinter ihm steht, ist im Augenblicke günstig. Ich nehme an, Odilo wird ihm die nötigen Winke geben.

– Und wenn Cluny ihm einbläst, auf der Anerkennung der Pacta zu bestehen?

– So wirst du – da du dich ja bisher in keiner Weise festgelegt hast – etwas von oben herunter Cluny bedeuten, daß man dir nicht durch diplomatische Ungeduld ein reformatorisches Konzept verderben solle, dessen Durchführung niemand mehr zustatten komme als Cluny selbst. Du habest ja nicht für nichts einen Papst Cluny'scher Richtung inthronisiert und Guarin an deinen Hof gezogen, der ebenfalls ein Schüler Clunys sei.

– Mit wem hast du dich schon besprochen?

– Mit niemandem. Du weißt, daß du – bis jetzt – der Einzige bist, vor dem ich den Mund auftue. Da ich vom vielen Hin- und Hergeschwätz ins Blaue nichts halte, habe ich immer sehr viel Zeit zum Nachdenken. Vielleicht bin ich kein allzuschlechter Beobachter. Dieser „Hildesheimer Kreis" scheint mir nicht das Ambiente zu sein, aus dem dir unbefangene Mitarbeiter kommen können. Ganz gute Kanzlisten vielleicht, ehrgeizige Beamte, die deine Aufträge gut ausführen. Mehr nicht. Bernward – gib dich darüber keiner Täuschung hin, so sehr du ihn auch liebst – ist durchaus unbeteiligt am außenpolitischen Geschehen. Es ist in seiner Natur „au dessus de la mêlée" zu bleiben. Die Zöglinge seiner Domschule möchten es gerne ebenso halten, ohne das Zeug dazu zu haben. Sie sind sehr gebildete und vornehme junge Leute, der Friedrich und der Siggo und der Erpo und der Mazolin und der Maginward und der Walthari und wie sie alle heißen. Es ist gar nichts gegen sie zu sagen. Was für jeden Einzelnen zu sagen ist, gehört der Zukunft an. Mich meiden sie. Ich verstehe das. Ich bin nicht, was sie einen „geistigen" Menschen nennen. Als Herzog von Niederlothringen darf ich das gar nicht sein. Verzeihe diese Abschweifung. Aber ehe wir Rom wieder haben, scheint mir auch deine Aufgabe politischer und nicht geistiger Natur zu sein.

– Wie willst du Geist und Politik trennen?

– Ich will sie gar nicht trennen. Aber ich will in kritischen Zeiten die Machtelemente, welche die Herzöge darstellen, nicht hinter abstrakte geistig-reformatorische „Strömungen" zurückgestellt wissen. Mache also so rasch wie möglich dem Herzog von Sachsen einen Besuch und erfrage seine Meinung.

Eine Geste. Gut. Aber diese Geste – es fehlt dir ja nicht an byzantinischer Schlauheit – diese Geste, wohl abgewogen und durchgehalten, wird dir mehr einbringen als alle Bildung Bernwards und seiner Junker. Stütze mit allen Mitteln deine Stellung in Deutschland, wo man dich nur schlecht kennt und – zu Unrecht – verkennt. Sei ein ganzes Jahr lang der Enkel deines Großvaters, auch wenn du ganz etwas anderes bist. Bringe es zu Wege, daß die Deutschen gerne mit dir zum zweitenmal nach Rom gehen. Dies ist – will mir scheinen – die erste politische Aufgabe, die dir nun winkt.

– Ich danke dir. Du bleibst dir immer treu. Ich möchte aber noch eines wissen: Hast du einmal mit diesem Guarin gesprochen?

– Er hat mir, von Bernward empfohlen, seine Aufwartung gemacht. Er hat also Absichten.

– Was hältst du von ihm?

– Er hat es faustdick hinter den Ohren sitzen. Sein Wissen ist außerordentlich, aber viel zu stark aufgetragen. Die gelehrten Zitate rasseln nur so. Tertullian und Augustin und Gelasius und Vulgarius und Photios – die Monophysiten und die Nestorianer und die Eutychianer, und so weiter. Ich sah mich wieder auf der Schulbank sitzen – und genau so gelangweilt wie damals bei der Christotokos und Theotokos und bei Homousios und Homoiousios. Ist dieser Guarin erst einmal in die Stellung gerutscht, die er anstrebt, so wird er dir wahrscheinlich allerhand Dienste leisten – und sich selber auch. Der geborene Gehilfe. Ob der Helfer für die Person, an die ihn seine Beamtung bindet: das möchte ich lieber erst gesehen haben. Mir wird es immer etwas schwindlig vor diesen Alleswissern. Sie verstecken, was sie nicht sind, hinter „Kenntnissen", die sie meistens nicht verdaut haben. Schade, daß es keine geistigen medicamenta purgatoria gibt. Ein geistiger Arzt mit salernitanischer Technik könnte ja dann feststellen, wie weit in einem solchen Gehirn die „capacitas colligationis" reicht – und wieviel heruntergeschlungene Nahrung als „unverbundene" den Weg in die Grube nimmt.

– Noch mehr schade, daß diese Analysis – Bernward nicht gehört hat! Du kennst ja sein etwas böses Lachen, wenn ihm eine Sache „zu sitzen" scheint. Ich bin müde geworden, Otto. Ich danke dir nochmals. Ich werde mich heute durch ein Schlafmittel noch müder machen ... Wir werden also die weiteren Nachrichten abwarten und dann zu dem Sachsenherzog reisen.

– Verzeihe: dorthin wirst du allein reisen. Mit kleinem Geleite: confidentissime ... Und dann wirst du zu dem Großen Karl zurückkehren ...

– Und nicht minder zu deinem gesunden Menschenverstand. Sage bitte, daß man mir den Arzt schicke. Und schlafe wohl.

Als der Herzog von Niederlothringen das Vorzimmer durchschritt, hingen alle Blicke suchend an seinen Zügen. Aber diese Züge gaben keine Antwort. Sie waren, wie immer, unbewegt und verschlossen. Nicht besorgt, nicht traurig: nur die Abwehr, welche das Herz verbirgt.

Schon zwei Tage später wußte man aus den Berichten des Markgrafen Hugo von Tuskien und des Erzbischofs Gerbert von Reims, was sich zugetragen hatte:

Aus einem Widerstand gegen die Strenge päpstlicher Verordnungen in stadtrömischen Angelegenheiten hatte sich ein Aufstand gegen Gregor V. entwickelt, dann ein Kampf mit den Waffen, und am 29. September hatte der Papst unter neuen Kämpfen Rom verlassen müssen. Die Crescentier hatten sich wieder in den Besitz der Stadt gesetzt, die kaiserlichen Beamten verjagt und alle kaiserlichen Erlässe für ungültig erklärt. Der Papst und sein Gefolge hatten sich nach Pavia gewandt und dort die pontifikale Residenz aufgeschlagen. Der Papst – schrieb Gerbert – werde seine Amtstätigkeit im gleichen Umfange wie vom Lateran aus weiterführen und gegen Ende des Jahres auch das Konzil abhalten, auf dem über die Frage des Erzbistumes Reims entschieden werde. Er selbst werde, ohne die Entscheidung abzuwarten, an den Hof des Königs Robert von Frankreich zurückkehren und zusehen was mit ihm geschehe. Er wolle nicht vergessen, zuzufügen, daß von einer allgemeinen Erhebung in Italien keine Rede sein könne. Im Gegenteil. Der erneute Eidbruch des Crescentius sei von der Bevölkerung mit schärfsten Worten verurteilt worden. Kein Mensch zweifle an einer raschen und rücksichtslosen Vergeltung.

So also, Majestät, war an Ihrem Hofe Gewißheit vorhanden. Das kommende Jahr würde im Zeichen einer gewaltigen Kriegsvorbereitung stehen.

Sie konnten Ihre Reise nach Sachsen antreten.

Bei Ihrer Rückkehr fanden Sie den Fürsten Woytech am Hoflager vor.

Sie schlossen eine Sekunde lang die Augen . . . Wie viele Leben, fuhr es Ihnen durch den Sinn, wie viele sind mir schon bestimmt, gelebt zu werden? Im gleichen Augenblick zogen alle gemeinsam geschauten Bilder der Rückreise von Rom nach Mainz an Ihnen vorüber – und Sie konnten es nicht fassen, daß seit diesem Aufbruch aus dem aventinischen Palast erst sieben Monate verflossen sein sollten. Was ist denn dieser seltsame Maßstab, fragten Sie sich, der Kalender heißt?

Die plötzliche Gegenwart des Menschen, der als *ἄγγελος ϑεοῦ* in Ihr Leben getreten war, schlug als die gleiche Woge über Ihnen zusammen wie in Rom.

Sie schauten durch das Glasfenster der Westwand. Aus einem silbergrauen Himmel fiel der Schnee in dichten Schnüren auf das entschlummernde Land. Sie hatten ihn schon als Kind geliebt und die „weiße Beruhigung" genannt. Nun erschien er Ihnen als der „Vorhang des Friedens", als der Verhüller verwandelter Wiederholung.

– Sie werden bleiben? fragten Sie.

– Ich werde bleiben, lautete die ruhige Antwort. Ich weiß, daß Sie meiner bedürfen. Nicht, weil ich Sie schwach wüßte. Sie sind es nicht. Jedermann bewundert Ihre Haltung. Ich selbst habe keine andere erwartet, als ich in Laon von den römischen Vorfällen hörte. Sie bedürfen keiner Bestärkung in der Erfüllung Ihrer Kaiserlichen Pflichten. Sie bedürfen einer Hilfe in der Setzung des richtigen Maßes. Es will mir scheinen, Gott gehe sehr unzweideutige Straßen in Ihrem Wesen. Er zeigt sich Ihnen in einer Unmittelbarkeit wie nur wenigen seiner Diener. Sagen Sie mir, ob Sie dies schon erkannt haben.

– Ich glaube, ja. Aber ich habe es vor niemandem ausgesprochen. Ich habe auf den einzigen Menschen gewartet, der Anspruch auf ein solches Bekenntnis hat. Und während ich wartete, habe ich irdische Pflichten erfüllt. Das Warten auf Ihre Rückkehr hat mir alles leicht gemacht. In ihm waren alle Dinge geborgen – wie da draußen die Bäume und die Dächer im Schnee. Ich war noch nie so wach in meinem Leben, nicht einmal in der Stunde, als ich zum erstenmal auf dem Aventin vor Ihnen stand. Ich konnte alle Gegenwärtigkeiten auf die einzige Gegenwart beziehen, die es in meinem Leben gibt. Meine Kraft, meine Arbeit, die sich oftmals über zwölf, ja vierzehn Stunden am Tag erstreckt, mein Niemalsmüdesein – wer anderes ist es als Sie? Wie leicht läßt sich anhören, was Befangensein-in-menschlichen-Dingen zu uns sagt, wie leicht läßt sich eingehen auf menschliche Besorgtheiten, wenn man weiß, welche Seele man durch die Stille der Nächte anruft. Ist ein solches Anrufen nicht dem Gebete gleich zu setzen? Es ist das Ablegen jedes Taggewandes, die Enthüllung, welche jeden Makel und jede Schwäche zeigt. Ich habe begreifen gelernt, daß man einen Namen nicht zu nennen braucht, um ihn zu beschwören. Sagen Sie mir, warum fast alle Menschen glauben, beten bedeute nur: um etwas bitten?

– Weil die Bitte um ein Geschenk die sichtbarste Brücke ist, auf der die hilflosen Menschen Gott zu erreichen vermögen. Es ist die unterste Stufe jener Treppe, welche in dem Namen „Gott“ endet. Die meisten Menschen verharren auf dieser Stufe, bis sie in den göttlichen Schoß zurückgenommen werden. Was aber sind Irdischkeiten vor der Allmacht des Schoßes?

Es wäre ein Verspielen dieser Allmacht gewesen, wenn ich einem Herzog Boleslaw oder einem Erzbischof Willigis gehorcht hätte.

Was bindet mich an Sie und Sie an mich? Ein einziges, welches alles ist: der gleiche Grad der Gottdurchdrungenheit. Bin ich Ihr Ratgeber? Bin ich Ihr Beichtvater? Erteile ich Ihnen eine Absolution? Will ich etwas von Ihnen, das nicht Gott-in-Ihnen wäre? Wollen Sie etwas von mir, das nicht Gott-in-mir wäre? Ist Ihr SEIN in meinem und das meine in dem IHREN etwas anderes als diese Gleichung? Wenn sich – in Augenblicken der Ergriffenheit – meine Hand auf Ihre Schulter legt: ist es denn diese Hand, die Sie berührt?

Nicht ein Erstes will ein Zweites ergreifen und „für sich“ behalten: sondern ein Drittes über dem Ersten und Zweiten „erscheint“ als ein Seiendes. Dieses Dritte ist der ewige Flügelschlag, unter dessem waagrechtem Stehen alle Werke der Menschen aufgelöst sind.

Glauben Sie, ich will unerweckte Heidenseelen mit den Künsten der Überredung vergewaltigen und die Vergewaltigten „in den Schoß der Kirche“ leiten, wenn ich im Frühjahr zu meiner Mission bei den Preußen ausziehe? Nein. Ich will durch das Beispiel zeigen, was die Flamme in einem Aufgerufenen sein kann, und ihren Schein auswerfen, damit er als Schein weiterwirke und durch sich selbst die Macht der Flamme ahnen lasse. Dies ist der Weg, den zu gehen mir befohlen ist. Vor den Verwaltern schreitet der Walter. So schreiten Sie, in Überwindung Ihres Ichs und allen Ruhms, den die Menschen an diese oder jene Ihrer Taten heften werden. Was ist der Ruhm? Der Wahn der Wahne, wenn als Gewicht bewertet. Irdische Größe, was ist sie? Eine Vogelscheuche, im Brachfeld aufgestellt für alle, welche Gott entglitten sind. Ein Einziges zählt, nicht als Ruhm und nicht als Größe: Das OPFER, aus dem das letzte Atom der Einverleibung in das große Feuer heimkehrt, in das „*πῦρ ἀείζωον*“ wie Sie es einmal nannten, als wir nachts am Strand von Sinigaglia gingen.

Wissen Sie den Abend noch? Es war im Juni – und die Sterne stürzten in das adriatische Meer, einer nach dem anderen, mit langen Lichtfontänen, getrieben von einem Verlangen, sich dem geheimen Leuchten der Flut zu opfern. Sie standen, gebannt von diesem Durst nach Heimkehr, und fragten in schon entrücktem Selbstgespräch: „Sind Meer und Feuer vielleicht das gleiche?“

Was kann es für Sie bedeuten, daß der bis heute noch geheim gehaltene Plan Ihres Kaisertums, von dem ich als Einziger weiß, nun um eine kurze Spanne aufgeschoben ist? RENOVATIO IMPERII ROMANORUM und REFORMATIO SACERDOTII – was sind sie vor den Zeiten, da sie die Spiegelungen Gottes in Ihrem Wollen sind? Und was wäre ihre irdische Verwirklichung, wenn durch sie Ihr Ich nicht als Opfer zu DEM zurückkehrte, der Ihnen das große Planen eingab? Nicht als Verwirklicher – als Opferer werden Sie das Leuchten Ihres Lebens hinter sich lassen wie jene Sterne am Himmel Sinigaglias das ihre.

Wo Gott ein irdisches Geschehen verlangsamt, treibt er immer ein unirdisches voran. „Geschehn“ ist lange vor seiner Sichtbarwerdung. Es ist und gilt, auch wenn es niemals sichtbar wird zu der gewollten Zeit. Ein Name ist nichts. Nur das FEUER eines Namens gilt, das den Namen aufzehrt. Was wäre der Fürst Woytech von Libice als Bischof Adalbert von

Prag? Eine Lächerlichkeit und eine Lüge. Die Glut, die in ihm wohnt und aus dem Gestrüpp des äußeren Lebens aufschlug, hat beide Sichtbarkeiten auszubrennen und auch die beiden Namen.

Zwei Monate irdischer Zeit sind uns gegeben, ehe ich aufbreche. Lassen Sie sie Monate der Durchdringung sein, der „serenitas“, die sich für Sie und mich ziemt. Wir werden viele Abende und manche Nachtstunde für uns haben. Sie haben mir die höchste Ehrung zugestanden, die es für Freunde eines Kaisers gibt: ich habe zu jeder Stunde Zugang in Ihre Gemächer, auch in Ihr Schlafgemach. Ich werde niemals kommen, wenn Sie mich nicht rufen – und immer, wenn Sie mich rufen. Ich werde niemals in Ihre politischen Arbeiten eingreifen, noch Sie jemals darin stören. Die einzige Bitte, die ich an Sie richte, werden Sie mir erfüllen können: erlauben Sie mir, mein Leben fern von Ihrem Hildesheimer Freundeskreis zu leben. Ich habe die Menschen hinter mir gelassen. Nur Sie sind mir noch Mensch, Freund, Bildnis. Man wird am Hof die Tage zählen, bis ich abreise. Man wird mich für gefährlich halten. Mit Recht. Man weiß ja nicht, wo Sie schon angelangt sind. Und warum sollte man es wissen? Es wird viel Gerede geben. Es gibt immer Gerede, wenn man den Schlüssel nicht besitzt noch nachmachen kann, der eine ewig verschlossene Tür öffnet. Das Geheimnis, das eine Bindung umlagert, verbittert. Die Menschen finden sich mit dem unwahrscheinlichsten Erleben ab, sofern sie es kennen. Das undurchdringliche demütigt sie vor sich selbst. Dies aber ertragen sie nicht.

Lassen Sie mich als Fürsten Woytech bei sich leben, ohne das Gewand von S. Bonifazio. Und lassen Sie Schweigen sein um meine Reise zu den Slawen. Ich kann den Menschen Ihres Hofes leichter begegnen, wenn ich für sie nur ein „Gewesener“ bin. Der „Zukünftige“, als solcher sichtbar, würde mit Fragen angegangen, auf die er keine Antwort gäbe. Der wahrhaft

Gegenwärtige aber für Sie bin ich nur als der für jene Gewesene: der Freund Ihrer Mutter, der das Vertrauen eines mütterlichen Herzens an dem Sohne erfüllt. Daß ich – – Ihr eigenes Vertrauen zu mir erfülle: das – wissen – nur – Sie. Geben Sie mir Ihre Hände: wir wollen ein Bündnis auf „serenitas" schließen: auf „heiteren Frieden". Wir haben kein Recht zu irgendwelcher Traurigkeit. Denn es ist uns eine Segnung geschehen, die zu FREUDE verpflichtet.

DRITTES KAPITEL

Milde eines Winters ohne Stürme, ohne Fröste. Nur das langsame Schneien aus immer gleich durchsilberten Himmeln, in deren Ränder manchmal der Hauch einer Abendröte flog und, kaum erschienen, hinter den Toren der Nacht verschwand.

Die politischen und diplomatischen Arbeiten gingen ihren Gang. In allen Herzogtümern waren schon die Aufgebote für den neuen Zug nach Rom erlassen. Nirgends war ein Widerspruch aufgetaucht, nirgends ein Unwille. Man wußte, daß diesmal nicht nur der Kaiser, sondern auch der erste deutsche Papst auf dem Stuhle Petri gestützt werden müsse. Diese Haltung der deutschen und italischen Fürsten, Majestät, befreite Sie von Ihrer größten Sorge: das Fundament Ihrer RENOVATIO IMPERII ROMANORUM war nicht geschwächt, sondern gestärkt worden, ohne daß jemand ahnte, welches Gebäude Sie auf ihm zu errichten gedachten. Der Papst hatte es durch Festigkeit der Haltung und Mäßigung der Methoden verstanden, das Ansehen der Kurie in der christlichen Welt zu erhalten. Er hatte auf dem Konzil zu Pavia eine deutliche Sprache gegen die eigenmächtigen Beschlüsse bischöflicher Provinzialsynoden gesprochen, die Forderung der isidorischen Dekretalien zur Geltung gebracht und in der Frage des Erzbistumes Reims zwar die Entscheidung seines Vorgängers Johannes XV. bestätigt, es jedoch – trotz seiner persönlichen Abneigung gegen den „Eindringling" Gerbert – vermieden, unnötige Härte walten zu lassen. Sie werden ihm Winke gegeben haben, Majestät. Und er war, obwohl dem Zwang seines ungestümen Temperamentes unterworfen, klug genug, Sie nicht durch Hartnäckigkeit zu reizen. Er hatte ja noch Rechenschaft abzulegen. Nur Sie konnten ihn nach Rom zurückführen. Das Interregnum von Pavia war ein Notbehelf. Der Sitz des Papstes mußte wieder Rom werden.

Er hatte dort im Sommer 996 sehr leichtsinnig improvisiert, wie es immer junge, von ihrer Idee besessene Fanatiker tun. Die übereilte Umformung der stadtrömischen Verwaltung, die Einsetzung ungeeigneter und ungebildeter Richter waren eine unverzeihliche Torheit gewesen. Seine Unkenntnis des römischen Wesens, seine Unfähigkeit, aus dogmatischer Verbissenheit in diplomatische Geschmeidigkeit umzuschwenken, hatten dazu beigetragen, seine Lage unhaltbar zu machen. Für Sie, Majestät, lohnte es sich im Januar 997 nicht mehr, über Fehler nachzugrübeln, die im Sommer 996 begangen worden waren. Diese Fehler hatten Früchte gezeitigt, und diese Früchte mußten zur Aussaat einer weiseren Politik werden. Aber diese Politik hatten Sie selbst mit Helfern zu führen, an denen sich der Papst nicht messen konnte.

Es war, obwohl Adalbert in allen Angelegenheiten der imperialen Politik Zurückhaltung bewahrte, natürlich doch dazu gekommen, daß Sie den Plan Ihrer RENOVATIO-REFORMATIO mit ihm durchsprachen.

– Schaffe die RENOVATIO IMPERII ANIMORUM, sagte er Ihnen eines Nachts. Sieh am Schicksal des IMPERIUM ROMANUM, wohin Machtanhäufung führen muß, wenn sie nicht durch den Glauben an EINEN für alle GLEICHEN Gott zusammengehalten wird: Schaffe die CONFOEDERATIO

DEI. Ich weiß es: eine ungeheuerliche Aufgabe. Sie ist von Karl dem Großen geahnt und versucht worden. Sie ist gescheitert. Ihr Scheitern hat eine Welt in Trümmern hinterlassen. Unternimm wieder den Versuch, aber vergiß das Wichtigste nicht: bei der menschlichen Seele selbst muß diese RENOVATIO beginnen und enden. Und DU, der Kaiser, mußt ihr Vorbild sein. Handelst du, wie ich dir sage, so sind wir beide fast das gleiche Wesen geworden.

– Mir scheint manchmal, erwiderten Sie, die Brauen hochziehend, wir sind schon nicht mehr Wesen, sondern nur noch Stimmen, welche die Mitte des gleichen Tones umkreisen, ohne sich schon in ihm auflösen zu dürfen. Wohin – wohin hast du mich geführt – und wo ist mir auferlegt, zurückzubleiben, wenn du gegangen sein wirst?

– In mir, lautete die kaum gesprochene Antwort. In mir. Ob du mich noch vor dir siehst oder nicht: ich werde in dir sein bis in deinen letzten irdischen Augenblick, wenn du mir nicht den Ort verschließest, an dem ich die Wacht über dich halten kann.

Sie sagten nach langem Schweigen, ohne sich auf Adalberts Worte zu beziehen:

– Zwei Mächte sind in meinem Leben, die ich das „Unentrinnbare" nenne: GOTT und DU, der ihn durch meine Tage trägt. Ich muß auf der untersten Stufe des Gebetes Gott noch darum bitten, er möge mich ertragen lassen, daß das morgen nicht mehr Sichtbare in mir brenne wie das heute noch Sichtbare. Ein Wissen um die Seele wie das deine verkündet sich leicht, aber es lebt sich schwer für den, der es noch nicht an sich erfahren hat. Du darfst mir niemals vorwerfen können, daß ich um deiner Gegenwart willen auch nur eine einzige Pflicht vernachlässigt habe, welche mein Kaisertum von mir verlangt. Was ist verändert am Hofe, seit du hier bist? Nichts. Zum großen Staunen aller, welche geglaubt, vielleicht auch gehofft haben, ich werde mich in dir verlieren und ihnen weniger auf die Finger sehen. Das Gegenteil ist eingetreten. Sie spüren es, nicht ohne geheime Angst. Ich habe mich auch als Kaiser in dir gesammelt. So sehr gesammelt, daß ich – unter dem Vorwande der Überlastung mit politischer Arbeit – alle Abende abgesagt habe, an denen ich mich mit den Freunden von meiner Knabenzeit her zu vereinigen pflegte. Dies eine allerdings ist am Hofe verändert. Es wird verurteilt. Das war vorauszusehen. Aber sage mir: was sollen mir Debatten und Ereiferungen, die am Rande bleiben, wenn schon dein Schweigen neben dem meinen die Welt verwandelt? Was sollen mir die Gedichte dieses Guarin, der in Verse bringt, was du von ihm verlangst, in Hexameter, oder in die Maße der horazischen Oden oder in Serpentinen – wenn mich schon der Klang deiner Stimme verstehen läßt, warum es eines Tages griechische Strophen geben mußte? Welche Macht verleiht Gott seinen Boten, wenn er aus EINER Schwingung alle Schwingungen tönen läßt? Ahnen denn diese „Anderen" nur, mit welchen Stimmen dieser kleine Raum gefüllt ist, in dem wir öfters schweigen als sprechen? Nein, Sie ahnen es nicht. Und dies ist gut für sie. Denn nicht jeder könnte es ertragen: selbst wenn es ihm schön erschiene. Die Schönheit ist ihnen ein Hergestelltes, nicht aber ein Leuchten, das alle Formen überschlägt.

– Bist du schon so weit auf dem Wege vorangeschritten, der das Sichtbare und das Unsichtbare verbindet? Bist du schon mitten in der Überwindung von Unterscheidungen, welche dem *πνεῦμα* Grenzen ziehen wollen?

– Vielleicht. Aber glaube mir: der Weg ist schwer zu gehen für den, der dem *πνεῦμα* nur im Bann der Formen dienen darf.

– Dient er deshalb weniger dem *πνεῦμα*? Die Seele will niemals nur sich selbst. Entsinne dich der Dinge, die ich dir am Tage meiner Rückkehr sagte. Nur jenes DRITTE gilt, das die EINS und die ZWEI in sich auslöscht. In SEINEM

Zeichen steht, was dir durch mich und mir durch dich geschieht.

Ein EINZIGER lebt an deinem Hofe, der dieses weiß: der große Schweiger Otto von Niederlothringen. Er lebt aus diesem Wissen – und es heißt ihm: Die TREUE. Auch sie ist ein *πνεῦμα*, das sich nicht erwirbt. Wenn einer diese nächtigen Stunden teilen dürfte, so wäre er es. Er würde in einem Sessel sitzen und schweigen. Er würde in das Glühn der Scheite schauen und jedes unserer Worte in sich als Widerhall vernehmen. Hüte ihn als meines Wunsches Vermächtnis an dich, wenn ich als Unsichtbarer in dir sein werde.

Am 9. Februar verließ Adalbert Aachen, von Ihnen, Majestät, und dem Herzog von Niederlothringen bis auf die Mitte der Kölner Rheinbrücke geleitet, wo ihn die Abgesandten des Herzogs von Sachsen in Empfang nahmen, um ihn bis an die polnische Grenze zu bringen.

Als Sie spät in der Nacht vom 12. auf 13. Februar nach Aachen zurückkehrten, wurde Ihnen von Tammo mitgeteilt, daß ein Bote des Erzbischofs Gerbert von Reims eingetroffen sei.

– Morgen, Tammo, sagten Sie. Politische Nachrichten?

– Eine einzige. Die Liutizen scheinen für das Frühjahr an der Havel etwas vorzubereiten.

– Morgen, Tammo . . . Der Erzbischof von Trier, die Bischöfe von Cambrai und Lüttich sind auf den 22. Februar nach Aachen einzuladen.

Gerbert von Reims teilte mit, daß er sich entschlossen habe, Frankreich zum zweiten Male zu verlassen. Der König Robert, obwohl nach wie vor in ihm den Lehrer verehrend, sei nicht willens, ihn gegen die Beschlüsse der Synode von Pavia in Reims zu halten und dadurch neue Konflikte mit der Kurie heraufzubeschwören. Auch die Herzöge wünschten dies nicht, obwohl man von einem ständig wachsenden französischen „Nationalgefühl“ sprechen könne, das zwar von Cluny heimlich gestützt werde, aber nicht soweit, daß es sich der geistigen Suprematie der Kurie widersetzen dürfte. Cluny scheine besondere Gründe zu haben, die französische Geistlichkeit im Banne des Pontifikates zu halten. Er selbst, Gerbert, könne es vor seinem universal-imperialen Fühlen nicht verantworten, zum zweitenmal Stein des Anstoßes zu werden. Im Gegenteil: er wünsche eine unzweideutige Klärung seiner Lage und eine Aussöhnung mit dem Papste Gregor V., der zu Unrecht in ihm einen Eindringling in die Politik des Imperiums und der Kurie sehe. Auf welchem Posten immer auch er gewirkt habe: er sei ein DIENER seiner Aufgabe gewesen, nicht ihr Ausnützer zu seinem eigenen Vorteil. Niemand wisse dies besser als die deutsch-römische Majestät. Er bitte diese, ihm zu erlauben, zu einer persönlichen Unterredung nach Aachen zu kommen. Um diese dem Kaiser zu ermöglichen, wolle er nicht versäumen, die Erklärung abzugeben, daß er bereit sei, auf jede Nutznießung aus den Gütern des Erzbistums Reims zugunsten seines Nachfolgers zu verzichten.

Die Nachricht über geheime Kriegsvorbereitungen der Liutizen stammte von dem Markgrafen Ekkehard von Meißen. Sie war also ernst zu nehmen. Sie lasen das Schreiben dem Herzog Otto und dem Grafen Tammo vor.

– Es kommt etwas viel zusammen, sagten Sie. Meine Mutter hat den Sieg Gisilers an der Tanger im Jahre 983 überschätzt. Die Slawen konnten sich in vierzehn Jahren von ihrer Niederlage erholen. Was wir nun zu tun haben – und zwar sogleich – liegt auf der Hand. Ich werde mein Versprechen einlösen, das ich dem Herzog Bernhard von Sachsen bei meinem Besuch gegeben habe: Deutschland den Vorrang vor Italien zu lassen, wenn an der Ostgrenze Gefahr droht.

– Gott sei Dank! fuhr es Tammo heraus.

– Hast du gezweifelt? fragten Sie heftig.

– Verzeihe, sagte Tammo. Ich habe nicht gezweifelt, aber ich bin überglücklich, dich so entschieden zu sehen.

– Ich bin es ebenfalls, sagte Otto von Niederlothringen. Du kennst meine Ansicht, daß das Nächste immer zunächst getan werden muß.

Sie sahen beide Freunde lange an:

– Laßt euch sagen: je weiter ein Geist strebt, um so besser weiß er, daß das Fundament, von dem aus er strebt, nicht brüchig sein darf. Die slawische Gefahr kommt mir – gerade in diesem Zeitpunkt – sehr ungelegen. Aber sie gibt mir Gelegenheit, einigen bösen und leichtfertigen Schwätzern das Maul zu stopfen. Ihre Beschwörung – presente rege – wird die stärkste Stütze für meine weiteren Pläne werden. Es wird mir niemand mehr vorzuwerfen wagen, daß der Kaiser und König nicht zur Stelle war, als die deutschen Länder einen Anspruch auf seine persönliche Gegenwart hatten.

Also, Tammo: Boten an Ekkehard von Meißen, an den Herzog Bernhard, den Herzog Boleslaw Chrobry von Polen und an alle anderen, welche wissen müssen, daß sie auf mich zählen können. Erstes Ziel: auf alle slawischen Überraschungen so vorbereitet sein, daß jede Gefahr schon bei ihrem Ausbruch in sich selbst erstickt werden kann.

In den ersten Märztagen unterrichteten Sie den Papst Gregor V. in Pavia von dem Inhalt des Schreibens, das Ihnen Gerbert gesandt hatte. Sie ließen ihn wissen, daß Sie Gerbert an Ihren Hof nach Aachen und Magdeburg eingeladen hatten. Dies bedeute, daß die feindselige Haltung der Kurie gegen ihn aufzuhören habe. Sie fügten dem Brief in einem Postscriptum zu, daß Gerbert Sie auch in das Feldlager begleiten und Ihnen die „CONSOLATIO PHILOSOPHIAE“ des Manlius Severinus Boëthius erläutern werde.

Gerbert traf Anfang April 997 in Aachen ein. Er hatte die Brücken hinter sich abgebrochen. Er begann als Mann von fünfzig Jahren, sich ein drittes Leben aufzubauen.

Seine Ankunft geschah wenige Tage vor dem Bekanntwerden der schlimmsten Nachricht, die seit der Übersiedlung des Papstes nach Pavia über die Vorgänge in Rom eingelaufen war:

Der Erzbischof Philagathos von Piacenza, welcher in kaiserlichem Auftrage Anfang 995 als Brautwerber nach Byzanz gesandt worden war, hatte sich in Begleitung des byzantinischen Gesandten Leo, der Ihnen die Antwort des Basileus überbringen sollte, nach Rom begeben, anstatt auf geradem Weg zu Ihnen zurückzureisen. In Rom war er – auf eine noch undurchschaubare Weise – in die Stadtpolitik des Crescentius verstrickt, durch Schmeicheln seiner Eitelkeit, durch große Geldsummen für dessen Pläne gewonnen und als Gegenpapst designiert worden. So also schien es, der Basileus sei mit Crescentius im Bund und warte nur auf die Gelegenheit, die deutsche Oberhoheit in Rom durch die byzantinische zu ersetzen.

Diese Nachricht änderte sämtliche Aspekte der Weltlage, indem sie sogar die Gefahr einer kriegerischen Verwicklung zwischen Kaiser und Basileus am Horizont auftauchen ließ.

Sie hatten, Majestät, die dunkelsten Stunden Ihres jungen Kaisertumes durchzufechten, Sie hatten den gewissenlosesten Verrat des Mannes hinzunehmen, welcher Ihrer Familie, und besonders Ihrer Mutter, Stellung und Vermögen verdankte... des Mannes, welcher für Sie sogar der Ehre der Patenschaft teilhaftig geworden war.

Sie blieben ruhig und erregten durch ihre klare Entschlossenheit nicht nur Erstaunen, sondern Bewunderung, ja beinahe Erschrecken. Alle fragten sich, woher Ihnen diese Kraft, diese Beherrschtheit komme. Nur EINER wußte es. Und dieser Eine schwieg.

Nichts wurde an Ihren Plänen geändert. Sie schrieben dem Papst, er müsse Pavia so lange aus eigener Kraft halten, bis Ihnen die Besiegung der Liutizen erlaube, Deutschland zu verlassen. Sie schrieben ihm nicht, daß in den römischen Vorgängen eine Gleichung sein müsse, die nicht aufgehe. Der byzantinische Kaiser, sagte Ihnen Ihr Witterungsgefühl, habe andere Sorgen als die Wiederaufnahme der römisch-italischen Politik Justinians. Ja, Sie hielten es nicht einmal für ausgeschlossen, daß Philagathos von Crescentius mit Gewalt in eine Rolle gedrängt worden sei, die er vielleicht in Wirklichkeit gar nicht hatte spielen wollen. Je ruhiger Sie nachsannen, um so gewisser wurde Ihnen, daß Crescentius der wirklich Schuldige sei, daß er einen – bis jetzt noch unbekannten – Gehilfen haben müsse und einen kaiserlichen Bundesgenossen – Basileios II. – vorschütze, der gar nicht vorhanden sein konnte: zum mindesten nicht in diesem Augenblick.

Sie vertrauten Ihre Gedanken niemandem an. Nicht einmal Otto von Niederlothringen. Und am allerwenigsten Gerbert.

Es war ein Bildnis, zu dem Sie in Ihren schlaflosen Nächten durch das schwache Kerzenlicht Ihres Zimmers sprachen: es war der ungeheure Schatten Adalberts, der Ihre Sorgen an sich zog und befriedete – –

Sie verlegten Ihre Hofhaltung schon Ende April nach Magdeburg, da der Slawenkrieg in jedem Augenblick ausbrechen konnte. Gerbert war bei Ihnen. Sie lasen auch im Felde mit ihm den Boëthius.

Die erste Welle des Liutizenansturmes brach im Mai am deutschen Widerstand zusammen. Sie kehrten nach Magdeburg zurück. Im Juni erhielten Sie Kunde von dem Widerhall, den das Vorgehen des Papstes Gregor V. in der christlichen Welt gefunden hatte. Wie schon früher Crescentius, war nun auch Philagathos vom Bannfluch getroffen worden. Europa stand auf gegen die gottlose Usurpation des Sacerdotium. Die ethische Macht Clunys erhob sich in der Person Gregors gegen

Satan. Sie hatten richtig geahnt, Majestät. Die Rechnung des Crescentius ging nicht auf. Seine Rebellion blieb abermals auf die Stadt Rom beschränkt. Sie mußte also eines leicht zu errechnenden Tages scheitern. Der Helfer war nirgends zu sehen.

Sie brauchten nicht ruhig zu werden, Majestät. Sie waren niemals unruhig gewesen. Auch der schlimmste Anschein war Ihnen zur Bestätigung Ihres Wollens geworden. Wann würden Sie vor der Welt diesem Wollen einen Namen geben?

Sie wußten, daß der Liutizenkrieg noch nicht zu Ende sei. Sie blieben in Sachsen. Gerbert, welcher erkrankt war und einer Erholung bedurfte, war auf das Gut Sasbach im nördlichen Schwarzwald gereist, das ihm vor zehn Jahren Ihre Mutter geschenkt hatte.

Sie selbst, Majestät, waren in der letzten Juniwoche mit Otto von Niederlothringen nach der Pfalz Frohse gegangen, wo Sie viele Sommer Ihrer Knabenzeit verbracht hatten.

Dort, Majestät, erreichte Sie auf langen Umwegen am 29. Juni die Nachricht, daß Adalbert bei den Preußen am 23. April den Märtyrertod erlitten habe. Ein polnischer Offizier hatte Ihnen das versiegelte Handschreiben des Herzogs Boleslaw Chrobry überbracht.

Otto von Niederlothringen, mit dem Sie in der Abendsonne saßen, war aufgestanden, als ob er sein Leben schützend vor Sie stellen müsse. Zum ersten Male gewahrten Sie eine Erregung in diesen immer unbewegten Zügen. Er hatte vielleicht ein Aufschluchzen erwartet, ein Zusammensinken: aber er sah nur weitgewordene Augen auf sich gerichtet, in deren Wassern das rote Gold der langsam sinkenden Sonne verschwamm.

– Dies alles, sagten Sie ruhig, ist schon vorausgelebt, vorausgelitten und vorausverklärt. Wer in dem Schatten eines solchen Lebens stand, weiß, daß Leben und Sterben das gleiche sind, wenn sie in Gott geschehen. Du hast mich nie gefragt, und ich habe nie gesprochen. Aber ich werde heute abend zu dir sprechen, weil du nie gefragt hast. Es gibt ein Lieben, das uns über die Liebe stellt. Es gibt ein Freudigsein, das uns über die Freude hebt, es gibt ein Trauern, das uns den Schmerz entzieht. Ein solches Wissen hat nichts mit den Jahren eines Menschen zu tun, noch mit seinen „Erfahrungen“. Es ist ein Teil des Wesens, oder es ist überhaupt nicht. Adalbert und ich haben nichts von einander „gewollt“. Vielleicht ist dir selbstverständlich, was ich dir sage. Eines der letzten Worte, die Adalbert zu mir in Aachen sprach, lautete: „Hüte Otto von Niederlothringen als meines Wunsches Vermächtnis an dich.“ Er muß – aus tieferem Ahnen als ich – um dich gewußt haben.

Auch Sie standen nun auf, Majestät, und wandten sich, Ottos Arm fassend, gegen die Höhe des Gartens:

– Niemand mehr wird NUR zu mir sprechen. Und niemandem mehr werde NUR ich noch antworten. Ich bin nicht mehr denkbar ohne dieses Licht, ohne diesen Schatten, die in mich eingegangen sind.

Sie blieben stehen und sahen lange zu Boden, wie wenn sich Ihnen eben gerade ein Erkennen enthüllt hätte. Ohne den Kopf zu heben, sagten Sie:

– Nicht das vereinigte WOLLEN zweier Menschen entspricht ihrem vereinigten SEIN, sondern der WEG, der – ungewollt – ihrem getrennten Sein entspringt und das DU zu dem ICH, das ICH zu dem DU führt.

Der Herzog von Niederlothringen starrte gegen den Saum eines nahen Kiefernschlages, dessen schwarze Wipfel in heftigem Grün aufglühten. Nein, er brauchte nicht in sich nachzusinnen. Er wußte lange, was Sie ihm sagten. Aber er hatte es bis zu dieser Stunde noch nicht in Worte kleiden können.

Weit standen in dieser Nacht die Fenster seines Zimmers geöffnet. Er ließ die Schläfe am Kapitell einer Säule ruhen und schaute in das heiße Weben der Lüfte. Dieses Schauen, das kaum noch wahrnahm, sondern in die Meere Gottes überfloß, war seine Art des Betens, eines Betens ohne Lösung, das in sich hinübernimmt, ohne ein Fragezeichen auszulöschen.

Sie aber, Majestät, knieten in einer langen Hingegebenheit an Gott. Als die unendliche Bewegung schließlich in Wortbildern zur Ruhe ging, war der SINN dieser Worte dem SINN der Worte gleich, die vor vielen Jahren ein gleiches Erleben in mir ausgelöst hatte:

„Wo heute nur das Zeitlose lebt, der weite, wartende Raum, aus dem das Göttliche schied, das sich meiner Jugend sichtbar gemacht hatte, werden die Zeichen zu leben beginnen, die diesen Abschied nur als Verwandlung und nicht als Ende deuten ... In die Leere, die dieses Göttliche zurückließ, muß das Vermächtnis seiner Größe treten. Wenn es wahr ist, daß ich zu schöpferischem Sein berufen bin, so muß in meinem Werke seine Schönheit auferstehen.

Ich frage nicht mehr, ob der Weg der Erfüllung süß oder bitter sei. Ich grüble keiner Zukunft nach. Ich sehe meine Straßen laufen, und ich werde sie gehen, ohne Schwanken, ohne Bangen. Ich weiß, daß sie Schicksal sind und niemals Willkür werden können, weil das Große Gesetz, das unerbittliche, durch das ein Leben lebt, an ihrem Anfang steht."

Ihre Worte aber, Majestät, lauteten:

– Herr, lasse mich würdig bleiben des göttlichen Beispieles. Heute erst beginne ich in mir, der Kaiser zu WERDEN, der ich als Träger der Krone schon seit Jahresfrist für Welt und Menschen bin. Lasse mich keine Taten tun, die nicht auf DICH zurückzubeziehen wären, sondern offenbare Deine Allumfassung auch in der geringsten meiner Taten. Die irdischen Pflichten müssen erfüllt werden, denn Du selbst hast sie mir auferlegt. Aber sie sind ein Nichts, wenn sie nur an die Gewichte der Erde gefesselt bleiben. Das Werk, das in mir lebt und morgen vor der Welt einen Namen tragen wird, gilt Deiner Ewigkeit, nicht meiner Eitelkeit. Ich trage für DICH die Krone, und was ich will, ist nur, daß Du sie mir am Ende als die DEINE von der Stirne nehmest. Was immer sich vor meine Augen legen mag an Gewölk und Nebel: verschließe mir niemals den Spalt reiner Bläue, durch den mein Blick Dein Bild erreicht. Vor Dir gilt nichts die irdische Frucht: vor Dir gilt nur der Weg-in-Dir, der das Werk vor Dein Angesicht trägt: und sei es gegen ALLE, wenn das Dienen es verlangt.

Als Sie aus dem tiefen Schlafe erwachten, den Ihnen Gott in dieser Nacht schenkte, war dem ABENDLAND der ERNEUERER geboren worden, der bereit war, in die Schranken zu treten:

RESTITUTOR IMPERII ROMANORUM.

ZWEITES BUCH

RENOVATIO IMPERII ROMANORUM

ERSTER TEIL

URBS REGIA
997—998

ERSTES KAPITEL

Der zweite Ansturm der Liutizen war Ende August zusammengebrochen. Die Besiegten mußten den Vertrag unterzeichnen, der ihnen vorgelegt wurde.

Sie hatten, Majestät, Ihre Pflicht gegen Deutschland erfüllt. Sie konnten sich nun den Vorbereitungen zu dem zweiten Zuge nach Rom widmen. Sie trafen im September in der Stadt Karls des Großen ein, welche schon die Ihre geworden war. Gerbert von Reims begleitete Sie.

In dem Briefe, mit dem Sie ihn im Frühjahr an Ihren Hof eingeladen hatten, standen die Worte: „Volumus vos Saxonicam rusticitatem abhorrere sed Greciscam nostram subtilitatem ad id studii magis vos provocare . . ."

In Gerberts Antwort hieß es nach einigen Liebenswürdigkeiten: „Ubi nescio quid divinum exprimitur, cum homo genere Grecus, imperio Romanus, quasi hereditario iure thesauros sibi Greciae et Romanae repetit sapientiae."

Man hat, Majestät, an jenem verfänglichen Satz in Ihrem Einladungsschreiben an den Erzbischof von Reims Anstoß genommen. Mit Recht. Sie durften als deutsch-römischer Kaiser und Angehöriger der sächsischen Dynastie auch in einem persönlichen Schreiben niemals „Saxonicam rusticitatem", die „sächsische Ungeschliffenheit", gegen Ihre eigene „greciscam subtilitatem", Ihre „griechische Verfeinerung", ausspielen. Sie durften von dieser überhaupt nicht sprechen. Es ist zu allen Zeiten verpönt gewesen, daß man seine Vorzüge unterstreiche. Wie Sie oftmals an „sächsischer Ungeschliffenheit“ zu leiden hatten, wußte jeder, dem Ihr Wesen vertraut war. Wozu es also im geschriebenen Wort betonen? Und wozu Gerbert bitten, *er* möge diese „subtilitatem greciscam“ auf eine noch höhere Stufe der Vollendung heben? So etwas entsprach nicht nur nicht Ihrer Art: es war das Gegenteil Ihrer Art. Kein zweites Zeugnis ähnlicher Unüberlegtheit aus Ihrer Hand ist auf uns gekommen. Wir dürfen also annehmen, daß dieser Einladungsbrief das Werk eines allzu beflissenen Privatsekretärs ist, der Ihre Anordnungen dazu benutzt hat, seine stilistischen Fähigkeiten zu beweisen, ohne zu überlegen, welchen faux pas er beging. Ich halte es für sehr wahrscheinlich, daß Sie den Brief, ehe Sie ihn unterzeichneten, nur überflogen haben. Sie waren zur Zeit seiner Ausfertigung mit politischen Sorgen überlastet. Fragen des zeitgenössischen Briefstiles hatten schwerlich Raum in Ihrem Denken.

Ganz anders hingegen sieht sich der Satz an, in dem die Antwort Gerberts gipfelt. Auch er streicht den Honig höfischer Schmeichelei um die Worte: „Ich weiß nicht, welches göttliche Wahrzeichen – „nescio quid divinum exprimitur“ – sich in dem Umstande offenbart, daß ein Mensch griechischer Abkunft, Kaiser des deutsch-römischen Westimperiums, gewissermaßen durch Erbrecht die – geistigen – Schätze Griechenlands und die römische Weisheit in sich wiederverkörpere.“ Er läßt jedoch den Schreiber im Hintergrunde und spricht nur von dem Empfänger, dessen einmalige Position er in klarer Synthese umreißt. Und diese Synthese, Majestät, waren Sie in Wirklichkeit, nicht aber der ewig klaffende Gegensatz zwischen Ihrer „griechischen“ Verfeinerung und der Ungeschliffenheit Ihrer sächsischen Stammesgenossen.

Gerbert hatte sich als guter Psychologe erwiesen in jenen berühmt gebliebenen Worten, welche in der Widmung seines Buches „DE RATIONALI ET RATIONE UTI“ stehen. Dieses Werk ist auf der Reise nach Italien – im Winter 997 – für

Sie aufgeschrieben worden. Aber die Widmungsworte dürfen an dieser Stelle erwähnt werden, weil sie zeigen, wie klar in Gerbert schon im Herbste 997 das Weltbild der RENOVATIO lebte, von der er im Mai 996 zum erstenmal zu Ihnen gesprochen hatte . . .

„Nostrum, nostrum est Romanum imperium. Dant vires ferax frugum Italia, ferax militum Gallia et Germania, nec Scithae desunt nobis fortissima regna. Noster es, Caesar, Romanorum imperator et auguste, qui summo Grecorum sanguine ortus, Grecos imperio superas, Romanis hereditario iure imperas, utrosque ingenio et eloquentia praevenis."

„Unser, unser ist das Römische Imperium. Kräfte spendet das fruchtbare Italien, Soldaten stellen Gallien und Deutschland, auch die mächtigen Ostvölker versagen uns nicht ihren Beistand. Unser auch bist du, Caesar, Herrscher und Augustus, der du, aus vornehmstem Geschlechte der Griechen hervorgegangen, die Griechen an Macht übertriffst, durch vererbtes Recht über die Römer regierst und diese wie jene durch dein Genie und deine Bildung hinter dir lässest."

Um solche Gedanken, Majestät, kreisten die Gespräche, welche in Ihrem engeren Kreise am Aachener Hofe während der Herbstmonate 997 geführt wurden. Der Gedanke der RENOVATIO hatte Ihre Freunde ergriffen, er war fast schon umrissener Plan geworden. Sein leidenschaftlichster Befürworter war Gerbert von Reims. Jedermann am Hofe spürte, welchen Platz er in Ihrem Leben einnahm und welche Rolle Sie ihn spielen lassen würden. Die Bestürzung mag in manchen Kreisen groß gewesen sein. Natürlich wurde behauptet, Sie seien das Werkzeug dieses „durchtriebenen" Franzosen geworden. Wozu sich mit solchem Unfug beschäftigen? Ihre weltpolitische Intuition, Majestät, und Gerberts weltpolitische Erkenntnis sind seit 997 in jene befruchtende Wechselwirkung getreten, aus welcher die Durchführung der RENOVATIO geboren wurde. Dieses ist die Wirklichkeit. Willigis, der Erzkanzler, hielt sich abseits. War er gefragt worden? Ich glaube es nicht ... Ihre Tante Mathilde von Quedlinburg war von Ihnen zur Reichsverweserin für die Zeit Ihrer Abwesenheit aus Deutschland ernannt worden ... Die Heeresaufgebote waren im Gange ... Die Fürsten folgten Ihnen. Um das Grab des Großen Karl wob der Schein der RENOVATIO. Sie beherrschte und belebte den Hof.

In diese Stimmung traf der byzantinische Gesandte Leo mit der Antwort des Basileus Basileios II. auf die deutsche Werbung um die Hand einer purpurgeborenen Prinzessin.

Leo dachte nicht daran, in Aachen so aufzutreten, wie es vor zwanzig Jahren der Bischof Liutprand von Cremona als Gesandter Ihres Großvaters und Brautwerber für Ihren Vater getan hatte. Allerdings der Kaiser Nikephoros II. hatte ihn durch hochmütige Bemerkungen über die Unebenbürtigkeit des westlichen Kaisertums herausgefordert, und bestimmt nicht mit besonderer „subtilitas grecisca". Denn er war ein Soldat und hielt keine großen Stücke auf die „Verfeinerten" am Hofe. Aber die Antwort, die er empfing, enthüllte – sofern der sehr undiplomatische diplomatische Bericht Liutprands an seinen Herrn buchstäblich zu nehmen ist – einen Grad sächsisch-lombardischer „rusticitas", der es Nikephoros nicht ratsam erscheinen ließ, eine Prinzessin aus der Makedonendynastie zu den „Barbaren" zu schicken.

An Ihrem Hofe, Majestät, konnte der arrogante Byzantiner Leo nichts von einer „rusticitas saxonica" vorfinden. Im Gegenteil: es kam ihm ungelegen, daß er – angesichts der natürlichen Umgangsformen, die er vorfand – diese Karte nicht ausspielen konnte. Schon in Rom hatte er sich davon überzeugen müssen, daß das Abendland ein wenig anders war, als er selbst gedacht hatte, und daß sich Rom sehr wohl mit Byzanz messen dürfe. Wenn es auch weniger Weltstadt war, so war es doch die Stadt des Papstes – und die Aura des Pontifikates überstrahlte noch viele Teile des Ostimperiums.

Antiochia mit seinem Patriarchate hatte sich ihr niemals zu entziehen gewußt.

So mußte Leo einen anderen Stützpunkt für seine Polemik finden. Er bestritt – genau wie es vor dreißig Jahren der Kaiser Nikephoros Phokas getan hatte – die Rechtmäßigkeit des westlichen Kaisertums. Er erklärte, daß die Entscheidung Konstantins die Hauptstadt des „EINEN, einzigen IMPERIUM ROMANORUM“ nach Byzanz zu verlegen, nur dem Ostimperium das Recht zuspreche, sich die legitime Erbin des alten Römerreiches zu nennen. Diese Behauptung, Majestät, war Wasser auf Ihre Mühle. Und wie erst mag sie Gerbert begeistert haben! Denn gerade in diesem Manne entzündeten sich die schöpferischen Gedanken an den Widerständen, denen sie begegneten. Es ist schade, daß keine Berichte über die diplomatischen Gespräche auf uns gekommen sind, welche in jenem Herbste zwischen Gerbert und Leo stattfanden. Byzantinische Anmaßung, levantinische Gerissenheit gegen abendländische Klarheit und Willensstärke: eine solche Kampfstellung würde uns manche Auflichtung geben über die beiden Pole der christlichen Welt am Ende des zehnten Jahrhunderts, über Byzanz und Aachen – Rom.

In Byzanz hatte Ihr Großoheim, der Kaiser Tsimiskes, als erster begriffen, daß es der Vorteil des Ostimperiums sei, das Westimperium, wie es Otto I. geschaffen hatte, als eine Gegebenheit hinzunehmen, in Rechnung zu stellen und lächerlich gewordene Fragen der „Legitimität“ aus dem Spiele zu lassen. Deshalb befremdet es, daß ein bedeutender Herrscher wie Basileios II. noch einmal auf staatsrechtliche Fragen hinweisen ließ, die in der Luft hingen. Hat er es wirklich getan – oder hat Leo auf eigene Faust gehandelt? Sehr wahrscheinlich. Er war ein gewissenloser, von Ehrgeiz zerfressener Jongleur. Zu diesem Urteil müssen Sie selbst, muß auch Gerbert gekommen sein, als die unfruchtbaren Geschwätze schließlich ihr Ende fanden. Es hat Ihnen – im Herbst 997 – gar nichts bedeutet, daß er keine Zustimmung des Basileus zu der von Ihnen gewünschten Heirat gebracht hatte. Es genügte Ihnen zu wissen, daß der Basileus den Antrag nicht abgewiesen hatte.

Majestät: eine Ehe im Jahre 997 wäre für Sie eine Belastung gewesen. Das Werk der RENOVATIO wäre weniger steil in seinen Höhepunkt geschossen – und Sie wären weniger deutlich als das Sinnbild des großartigen Gedankens, der Ihre Zeit bewegte, sichtbar geworden.

„Dichter, Priester, Könige schreiten im Gewande der Opferer". Dieses „Opfern" aber setzt – als mindestes – seelischen Zölibat voraus. Jeder „Schöpfer", der das hundertfach verfeinerte Spiel seiner Nerven, aus dem sein Werk geboren wird, auf die Geschlossenheit dieses Werkes abzustimmen hat, weiß, daß nur das „Lager des Zufalls" dem Triebe Entspannungen zu geben vermag, welche das Gleichgewicht des Wesens erhalten. Einige Andeutungen Bruns von Querfurt lassen uns vermuten, daß auch Ihnen die Sinne zu Helfern, nicht aber zu Belastern der Seele wurden. Nein, Majestät, ich werde niemals glauben, daß Sie sich in Rom – wie das Gerücht es will – in eine „liaison" mit der Gattin eines vornehmen Römers verstrickt haben. Wenn der Satz Bruns: „Romulea tellus adultera pulchritudine adhuc melius placet" dahin gedeutet wird, „die römische Erde errege – bei Ihnen – vorläufig größeres Wohlgefallen – als die deutsche – um der Schönheit einer Ehebrecherin willen", so dürfte die Richtigkeit dieser Deutung zumindest anzuzweifeln sein. „Adultera" ist Beiwort des Hauptwortes „pulchritudine" und kann genau so gut „trügerisch" bedeuten wie „ehebrecherisch". Der Satz könnte also auch so ins Deutsche umgeschrieben werden: „Vorläufig hält – Sie – die Erde Roms noch durch ihre trügerische Schönheit in tieferem Banne gefangen". Diese Deutung entspricht der Auffassung Bruns, daß Sie – der Kaiser – auf Grund der Konstantinischen Schenkung, an deren

Echtheit Brun glaubte, obwohl sie schon als Fälschung entlarvt war, in der ausschließlich dem Papste vorbehaltenen Residenz nichts zu suchen hatten.

Majestät: je tiefer man in die Geschichte hinabsteigt, um so verblüffter steht man vor jenem unausrottbaren Bedürfnis der „Forscher“, dem geschlechtlichen Leben außergewöhnlicher Menschen nachzuspüren. Wozu? Nicht Geschlecht – „sexus“ – erschließt das Wesen eines solchen Menschen, sondern der dem „sexus“ übergelagerte „EROS“: die Kraft der Ausstrahlung und Anziehung, vor welcher die geschlechtliche Handlung zu einem Beliebig-Belanglosen wird. Wer dies nicht begreift, wird auch Sie nicht begreifen. Der EROS Ihres Wesens ging in das Unendliche, weit über das Geschlecht und weit über Wollen, Werden und Gewordensein Ihres politisch-geistigen Werkes hinaus.

An Ihrem Hofe in Aachen war im Herbste 997 auch jener gelehrte Guarin, den Ihnen Bernward von Hildesheim zugeführt hatte. Sie waren entschlossen, ihm eine hohe Stellung zu geben. Die Stufe seines Wesens entsprach nicht der Stufe seines Wissens. Aber nur auf diese kam es Ihnen an. Sie wußten, daß er niemals der ebenbürtige Dritte in Ihrem Bunde mit Gerbert sein würde. Er war der mehr oder minder geschickte Ausführer erteilter Aufträge, eine notwendige Entlastung für Gerbert, und ein berechnender Schrittmacher für sich selbst. Ob er ein überzeugter Anhänger der RENOVATIO war, bleibt undurchsichtig. Die von ihm verfaßten Texte, welche auf uns gekommen sind, erlauben weder, seine wahre Gesinnung zu erkennen, noch ihm ein politisches Schöpfertum zuzusprechen.

Als jener byzantinische Gesandte Leo von Ihrem Hofe verschwunden war, gab es für Sie keinen Zweifel mehr daran, daß er nur die Rolle eines politischen Spions zu spielen gehabt hatte. Der Kaiser Basileios wollte wissen, ehe er sich band, welche Bewandtnis es mit diesem jungen Kaiser des Westimperiums und seinem Hofe habe. Was Leo in Byzanz berichten würde, war Ihnen gleichgültig. Lügen würden es jeden Falles sein. Er war für Sie, für Gerbert, für alle Anhänger der RENOVATIO, zu einem unerwarteten Ansporn geworden.

Wenn Sie die stehenden Wendungen seines Griechisch nachahmten, sein: „*ἡμεῖς οἱ Ἕλληνες*“, „wir Hellenen“, oder sein: „*τὸ κατ᾽ ἐμὲ*“, „was mich betrifft“, oder jenes schönste, mit dem er endlose Tiraden zu beginnen pflegte: „*ὡς συνελόντι εἰπεῖν*“, „um es kurz zu machen“, so bogen sich die Zuhörer auf ihren Stühlen. Es gab also manchen lustigen Abend in Aachen, ehe der Aufbruch nach dem Süden begann.

Am letzten Oktobernachmittag berieten Sie sich lange mit Heribert von Köln, dem Kanzler für Italien, und Hildibald von Worms, dem Kanzler für Deutschland. Sie hatten es mit Absicht vermieden, zu diesen Verhandlungen Gerbert zuzuziehen, da er vorläufig weder ein imperiales noch ein kuriales Amt bekleidete. Aber Sie hatten nicht versäumt, unter der Hand anzudeuten, daß der große Gelehrte sehr bald in Italien in eine hohe Stellung aufrücken werde, und die beiden Herren gebeten, sich auf der Reise mit ihm in engerer Fühlung zu halten als bisher.

Für den Abend hatten Sie Gerbert zu Tisch gebeten.

– Ich wollte diesen „tour d'horizon“, Eminenz, sagten Sie, während Sie aufstanden und in Ihr Arbeitszimmer hinübergingen, weil ich nicht weiß, ob mir die nächsten Wochen erlauben werden, in Ruhe mit Ihnen zu sprechen. Ich werde vielen Menschen Rechnung tragen müssen. Ich bedaure es, daß uns der Erzbischof Willigis diesmal nicht begleiten wird. Sein Fernbleiben könnte bei einigen Leuten übertriebene Vorstellungen von dem Grade einer Entfremdung erwecken, welche zwar besteht, aber ohne Folgen für die Außenpolitik bleiben wird. Wollen wir uns also dahin einigen, daß die Anwesenheit des Erzkanzlers in Deutschland in diesem und dem nächsten Jahre wichtiger ist als das Festhalten an einer Gepflogenheit. Ich werde ihn in Mainz bitten, sich in gleichem Sinne zu äußern. Ich werde außerdem betonen, daß ich mich in den Gandersheimer Streit nicht einmische und deshalb auch Bernward hier lasse. Für mich, Eminenz, geht es nur um die RENOVATIO. Soll sie das werden, was ich anstrebe, so darf die auf Deutschland abgestimmte Politik nicht den höheren Rahmen durchbrechen und sich eigenmächtig in den Vordergrund schieben. Scheint Ihnen dieses richtig?

– In thesi durchaus, Majestät. Es wird sich jedoch empfehlen, vor der Durchführung der RENOVATIO aus Ihrer Absicht keinen Programmpunkt zu machen. Ihr deduktiv-hierarchisches Denken neigt zu Proklamationen, welche besser unterbleiben. Wir wissen ja auch noch nicht, wie sich die Dinge in Rom wenden werden.

– Zweifeln Sie an einer raschen Beseitigung des Crescentius und des Gegenpapstes?

– Das große Heeresaufgebot läßt mich hoffen, daß eine Überwältigung rasch gelingen wird. Immerhin: auch die Imponderabilien spielen eine Rolle. Also würde ich, als Kaiser, mich nicht an einen Termin klammern. Beweisen Sie den Herzögen, daß Sie zu einem politischen Kaiser geworden sind, der die Kunst des Schweigens und des Abwartens gelernt hat. Ihr Prestige ist nach den Slawenkriegen groß. Es darf in seinem Gewicht nicht um eine Unze sinken. Tragen Sie eine unpathetische und heitere Zuversicht zur Schau – und seien Sie sehr wenig mitteilsam.

– Ich füge mich Ihrem Rat.

– Ermahnen Sie den Oberbefehlshaber Ekkehard von Meißen zum Maßhalten. Ein Krieg in Rom ist kein Krieg gegen die Slawen und verlangt andere Maßnahmen. Sie werden schließlich ALLE Römer zur Durchführung Ihrer RENO-

VATIO brauchen. Auf lange Zeit. Das Vorgehen Ihres Großvaters also – ich denke an die Jahre 962–964 – darf Ihnen nicht Beispiel sein.

– Eminenz: ich habe einmal – auf Bitten des Papstes – Gnade walten lassen. Die Folgen haben wir teuer bezahlt.

– Natürlich. Weil die Maße dieser Gnade falsch waren. So wenig Sie im vergangenen Jahre Crescentius frei geben durften, so wenig dürfen Sie ihn in diesem Jahr zum Märtyrer machen. Setzen Sie ihn mit seinem Anhang in ein deutsches Gefängnis. Und wenn Ihre Herrschaft als die eines weisen und starken Herrschers gefestigt ist, fragen Sie die Römer, ob sie ihren Patricius Crescentius und seine „guten alten Zeiten" wiederhaben wollen. Ich nehme an, sie werden verneinen.

– Und Sie, Eminenz, ein Mann Ihrer Weltkenntnis, halten es für möglich, bei den Römern mit einer solchen Politik voranzukommen?

– Ja. Denn in der Politik ist alles möglich: sofern es mit der nötigen Klugheit angepackt wird ... Wenn Sie, Majestät, mit einem Crescentius im Gefängnis nicht zurechtkommen, werden Sie mit einem am Leibe gestraften Crescentius einen Feind im Dunkel hinter sich haben, dessen bloßes Dasein alle ihre Pläne scheitern lassen könnte, die um das Wort RENOVATIO kreisen. RENOVATIO – von der die REFORMATIO SACERDOTII, bedenken Sie! untrennbar ist – fordert viel von der menschlichen Haltung dessen, der sie in seinem Namen vollzieht! Denken Sie an Boëthius! Denken Sie an die altrömische „virtus" und an das altrömische „honeste vivere", von dem ich Ihnen so oft gesprochen habe. Lassen Sie sich niemals von Gefühlen hinreißen! Sie haben von Gott das Geschenk der ergreifbaren Seele und der „subtilitas grecisca" erhalten! Aus diesen beiden Mächten hat sich in Ihnen der weltverwandelnde Gedanke der RENOVATIO erhoben.

Sie schauten lange in das Flimmern der silbernen Leuchter

auf dem Tisch, wo die Listen der Truppenteile zur Durchsicht lagen. Sie rollten die Pergamente zusammen und schlugen mit ihnen gegen Ihr Knie.

– Ich werde überdenken, was Sie mir gesagt haben, Eminenz. Es hat mir das Herz, das leicht war, schwer gemacht.

– Das sollte es, Majestät. Sie ziehen zu keiner Fehde nach Rom. Ihr Name kann das Wahrzeichen einer Zeitwende werden.

Sie schauten wieder in die lautlos brennenden Kerzen ... Ihre Augen weiteten sich in einem Erschrecken, das Ihrer Hand die Kraft nahm, die Pergamentrolle zu halten. Sie fiel auf den Teppich ... Sie merkten nicht, wie sie fiel. Sie merkten nicht, wie Gerbert sie aufhob und in Ihre Hand zurücklegen wollte, die sich nicht öffnete ... Ihre Blicke folgten dem Schatten, der lautlos von einer Wand zur anderen glitt und entschwand. Augen aus tiefem Violett hatten Sie ruhig angeschaut, ohne Mahnen, ohne Lächeln – und waren in die Nacht zurückgetaucht, die draußen über den hinschlummernden Gefilden stand.

– Was ist Ihnen, fragte Gerbert leise.

– Nichts, Eminenz. Bitte gießen Sie mir ein Glas Burgunder ein, und lassen Sie uns weitersprechen – –

Das erste, was wir in Rom nach dem Siege zu erledigen haben werden, ist die Regelung der Stadtverwaltung, das heißt des Zusammenspielens der päpstlichen und kaiserlichen Befugnisse. Dazu werden wir die juristischen Fähigkeiten Guarins brauchen. Die Fehler des letzten Jahres dürfen sich nicht wiederholen.

– Ich nehme an, der Papst Gregor hat in dem an Erfahrungen nicht gerade armen Jahre seines Paveser Exiles einiges gelernt.

– Auch ich nehme dies an. Immerhin: er könnte auf die Frage der Pacta zurückkommen, zumal nach der Stärkung seines Prestiges. Ich werde jedoch nicht nachgeben. SIE wissen, warum nicht. Ich will in dieser Frage eines Tages ganze Arbeit machen.

– Der Papst wird die Pacta-Frage nicht aufrollen.

– Er hatte immer einen dicken Schädel, Eminenz.

– Guarin wird in dieser Angelegenheit auch ein Wort zu sagen haben.

– Allerdings. Und gegen Guarins Gerissenheit kommt der Buchstabenreiter Gregor nicht an. Wir müssen nur Zeit gewinnen. Viel Zeit. In der Regelung der Pacta-Frage gipfelt die RENOVATIO.

Sie nahmen einen Schluck Wein, Majestät, stellten das Glas sehr langsam auf den Tisch zurück, verharrten ein paar Minuten lang in Nachsinnen und sagten dann, sich ein wenig gegen Gerbert hinneigend, mit gedämpfter Stimme:

– Eminenz: ist Ihnen, dem Verfasser des Berichts über die Synode von St. Basle, noch niemals die Frage aufgestiegen, was denn der „sacerdos", der „pontifex", der „Papst", der geistliche Herrscher über die Gemeinschaft der Christen eigentlich mit Landbesitz zu schaffen hat? Und ist Ihnen niemals zum Bewußtsein gekommen, daß alle diese Schenkungen, diejenigen meines Großvaters und Vaters einbegriffen, doch nur im Sinne des „DO UT DES" oder des „EINE HAND WÄSCHT DIE ANDERE" geschehen sind? Glauben Sie, man kann eine RENOVATIO IMPERII ROMANORUM durchführen, ohne das Geschwür dieser Pacta, das an sacerdotium und regnum zugleich frißt, auszubrennen? Sie schweigen?

– Ich schweige, Majestät, weil ich verblüfft bin über die Unerbittlichkeit Ihres Denkens und über den Mut, mit dem Sie einen Kampf voraussehen, dessen Austrag unabsehbare Folgen haben könnte. Ich möchte es nicht erleben, Majestät, daß Sie diesen Kampf auf Biegen und Brechen begännen. Ich glaube, es würden nur Trümmer in Ihren Händen bleiben. Man kann gegen die Jahrhunderte angehen, wenn man die Gegenwart für sich hat. Aber Sie würden die Gegenwart nicht für sich haben. Der Klerus würde nein sagen – und die Fürsten würden sich niemals in einem Kriege schlagen, der ihnen überhaupt nichts einbrächte. Von dem Ziel dieses Krieges aber würden sie sagen, daß der Sack den Bendel nicht wert ist. Nun lächelten Sie, Majestät, zum erstenmal an diesem Abend: – Seien Sie ohne Sorge, Eminenz! Ich wäre unwürdig, Ihr Schüler zu heißen, wenn ich mich in solchen Verstiegenheiten verlöre. Ich will nur ein besseres Fundament für die Pacta schaffen, damit sich die beiden Träger der Zweigewaltenlehre, regnum und sacerdotium, enger verbunden fühlen können, als dies bis heute der Fall ist. Das Entscheidende an der Ernennung Brunos von Kärnten zum Papste war nicht, daß er ein Deutscher, sondern daß er kein Römer ist. Und das Entscheidende an der von mir gewollten RENOVATIO IMPERII ROMANORUM bleibt, daß der Imperator wiederum kein Römer ist, sondern ein Deutscher, der die christliche und zugleich antikische Tradition Roms als Gegengewicht zu Byzanz in die Mitte des Imperiums rückt. Das Wort „ROMANORUM" hat natürlich nur symbolische und – auf Byzanz bezogen – legitimistische Bedeutung. In Wirklichkeit heißt die heutige Weltachse Aachen–Byzanz. Das weiß ich genau so gut wie Sie. Aber mit dieser Formel kann ich nicht ebenso überzeugend Weltpolitik machen wie mit der sinnfälligeren Formel: Rom–Byzanz. Wollen Sie also, bitte, nicht aufhören, Eminenz, diesen schwerfälligen Gehirnen einzuhämmern, daß auch eine nicht in Rom symbolisierte deutsch-italische Politik keinen Schritt unternehmen kann, ohne zu überprüfen, was in Byzanz vorgeht. Wie das Pendel der byzantinischen Politik ausschlägt, so muß das Pendel der westlichen Politik antworten. Nur die engste Bindung Kaiser-Papst, rex-sacerdos, kann ein abgerundetes Abendland zusammenhalten und den byzantinischen Hegemoniebestrebungen in der RENOVATIO eine Grenze setzen.

Für Sie persönlich noch dieses: Unser heutiges Gespräch ist

Staatsgespräch, also für beide Teile geheim. Vom Papste habe ich sofortige Aussöhnung mit Ihnen nach unserer Ankunft in Pavia verlangt. Wie ich persönlich diese leidige Affäre von Reims für Sie erledige, werden Sie in Italien sehen. Sie werden gleichzeitig sehen, was ich als einen Teil der RENOVATIO betrachte...

Auf Wiedersehen in Mainz. Mein Schiff verläßt morgen abend Köln. Dasjenige Heriberts, auf dem Sie reisen, am 5. November. Glück auf, „ἡμεῖς οἱ Ἕλληνες"!

ZWEITES KAPITEL

Ihr Geleite nach Italien, Majestät, war anders zusammengesetzt als im Jahre 996. Es fehlten viele. Auch der Herzog von Niederlothringen. Er war als Wächter am Rande der französischen Länder und als Beobachter der deutschen Vorgänge zurückgeblieben. Aber es waren dieses Mal in Ihrem Gefolge Odilo von Cluny, der Abt Alawich von Reichenau, der die Malerschule seines Klosters leitete, und Ihr jugendlicher Freundeskreis aus Hildesheim: das „neue" Deutschland, die „neue" Zeit. Gegen Mitte Februar standen Sie vor den Toren Roms.

Crescentius hatte das Castello Sant' Angelo auf dem rechten Tiberufer zum Stützpunkt seiner Verteidigung gemacht. Die Stadt war in wenigen Tagen in Ihrer Hand. Es hatten Römer auf seiten der deutschen Truppen gekämpft. Der Markgraf Ekkehard von Meißen überschaute rasch die Lage. Er ließ Sie wissen, daß das Kastell nur durch eine regelrechte Belagerung zu erstürmen sei: sie könne etwas länger dauern, als er in Deutschland angenommen habe, was die Kanzleien nicht zu hindern brauche, ihre Arbeit aufzunehmen. So also hatten Sie wieder im aventinischen Palast und der Papst im Lateran Wohnung genommen.

Der Haftbefehl gegen den Gegenpapst Philagathos war erlassen, und die Nachforschungen nach ihm waren im Gang. Sie hatten Befehl gegeben, „ihn lebend als Gefangenen vor Sie zu führen“, sobald man seiner habhaft geworden sei.

Eines Nachmittags, während Sie mit dem Grafen Tammo über den Stand der Belagerungsarbeiten sprachen, wurde Ihnen gemeldet, daß Philagathos gefesselt in den aventinischen Palast gebracht worden sei. Sie verlangten, daß er vor Sie geführt werde. Tammo sagte hastig:

– Erlaube, daß ich in die Wachstube gehe, um zu sehen, wer ihn gebracht hat.

Schon nach wenigen Minuten kam Tammo zurück, bleich und verstört, wie Sie ihn niemals gesehen hatten:

– Es ist unmöglich, daß Philagathos vor dich geführt werde. Du darfst niemals sehen, was ich gesehen habe. Auch nicht hinunter gehen. Du würdest ihn übrigens nicht mehr vorfinden. Ich habe angeordnet, daß er in die Ambulanz von St. Alessio überführt werde ... Sie haben ihn so grauenhaft verstümmelt, daß er nur noch an den Ringen seiner Hände zu erkennen ist ... Sie haben ihm die Augen ausgestochen, Ohren und Nase abgeschnitten, die Zunge gespalten. Sein Gesicht ist eine dunkle Masse von Blut, in die das helle Blut der Wunden nachrieselt ...

Nicht minder bleich als Tammo preßten Sie schließlich die Worte hervor:

– Wer hat das getan?

– Die Soldaten, welche ihn in dem Turme aufgriffen, in den er sich geflüchtet hatte.

– Und wer hat diese Ungeheuerlichkeit angeordnet?

– Ich weiß es nicht.

– Mein Befehl war klar und eindeutig.

– Verzeihe: er war nicht eindeutig genug. Philagathos ist „lebend als Gefangener“ in den Palast gebracht worden.

Nun fühlten Sie ein graues Wogen vor Ihren Augen ... Sie legten Tammo den Kopf auf die Schulter:

– Ich fange an zu sehen, Tammo. Es hülfe nichts, schwach zu sein. Lasse Gerbert zu mir rufen. Ich möchte unter vier Augen mit ihm sprechen.

Eine halbe Stunde später erschien Gerbert.

– Wer, sagen Sie, Eminenz, wer ist der Auftraggeber? Wer hat es gewagt, meinen Befehl zu sabotieren?

– Ich bin unglücklich, Majestät, Ihnen sagen zu müssen, daß rechtlich, im Sinne des Buchstabens, von Sabotage nicht geredet werden kann. Philagathos ist „lebend als Gefangener" vor Sie geführt worden ...

– Also wer hat geglaubt, meinen Befehl nach seiner barbarischen Denkweise auslegen zu dürfen? Wer hat mich aus dem Hinterhalt überfallen?

Gerbert ging lange im Zimmer auf und nieder. Dann blieb er vor Ihnen stehen. In seinen Zügen spiegelte die Qual seines Denkens. Sie spürten die übermenschliche Anstrengung, die er machen mußte, um Ihnen zu antworten:

– Majestät, wir DÜRFEN es nicht wissen. Vielleicht wird niemals mehr ein solcher Beweis der Selbstbeherrschung von Ihnen verlangt werden wie am heutigen Tage. Nicht einmal zwischen Ihnen und mir darf ein Name genannt worden sein. Aber – –

Gerbert begann abermals im Zimmer auf und nieder zu gehen, ehe er, wieder vor Ihnen stehen bleibend, seinem „Aber" die nur leise gesprochenen Worte zufügte:

– ... es kann unter dem Schutze dieser Nichtnennung so gehandelt werden, als ob genannt worden wäre. Dieses Handeln wäre nicht nur die Erfüllung einer politischen Notwendigkeit nach erteiltem Wink, sondern auch eine berechtigte Vergeltung da, wo sich diese Vergeltung gleichzeitig als der RENOVATIO dienlich erwiese. Ich sage: der RENOVATIO, nichts anderes.

Sie hatten atemlos zugehört, Majestät, nicht mehr wissend, ob Gott oder Satan gesprochen hatte. Sie schwiegen lange, während Sie in den blühenden Garten hinausschauten, ohne eine einzige der Rosen zu sehen, welche an langen Zweigen vor dem Bogenfenster schaukelten. Dann, wie aus einem Nichtgewesensein in die Stunde zurückkehrend:

– Schlagen Sie vor, Eminenz.

Gerbert atmete auf. Er atmete so laut, als habe die Klaue eines Ungeheuers die Brust freigegeben, die sie umklammert gehalten hatte:

– Die Tat wird in einem kaiserlichen Geheimerlaß auf das schärfste gebrandmarkt. Die Soldaten, welche die Verstümmelung vornahmen, hatten zu viel getrunken und haben mit Mitteln, wie sie in diesen Zeiten der Gewalt leider üblich sind, ihren Herrn und Kaiser für den schmutzigsten Verrat rächen wollen. Sie werden scharfe Verweise und Ermahnungen für zukünftiges Handeln erhalten. Der Generalissimus Ekkehard von Meißen wird sofort zu Ihnen befohlen. Ich halte es für ausgeschlossen, daß er – ohne Anfrage bei Ihnen, wie Ihr Befehl auszulegen sei – die Verstümmelung be fohlen habe. Er ist zu klug, um nicht zu wissen, daß mit solchen Barbareien – und zumal in Rom! – das Gegenteil des Angestrebten erreicht wird. Philagathos bleibt im Krankenhaus von St. Alessio in Haft, und die Heilung seiner Wunden wird den barmherzigen Brüdern überlassen bis zur Einberufung der Synode. Daß diese Synode niemals ein Todesurteil fällen darf, braucht nicht betont zu werden.

Die Aufmerksamkeit Roms, Majestät, wird nicht sehr lange dem Schicksal des „Papstes“ Philagathos gelten. Sie gilt dem bevorstehenden Kampf um das Castello St. Angelo. In Rom herrscht – zu Unrecht – die Ansicht vor, daß Philagathos gemeinsam mit Crescentius die Stadt dem Basileus in die Hände spielen wollte. Nein. Der Basileus ist persönlich unbeteiligt. Davon sind auch Sie selbst überzeugt. Aber der

Gesandte Leo von Byzanz, der uns im vergangenen Oktober in Aachen so viel Freude gemacht hat, wollte sich durch Handeln auf eigene Faust bei dem Kaiser Basileios II. einen roten Rock verdienen. Und dieser – „ἐγὼ ὁ Ἕλλην" – ist in Rom.

– Was sagen Sie da? Das wagt dieser Hund, dessen Intrigenspiel uns bekannt geworden ist?

– Er weiß, daß er es wagen kann. Es kann ihm niemand etwas antun, am allerwenigsten Sie selbst, der Kaiser. Im Gegenteil. Sie dürfen nicht einmal wissen, daß er es war, der den Verrat des Philagathos in Szene gesetzt hat. Jedes Vorgehen gegen ihn wäre eine gefährliche Herausforderung des Basileus und könnte zum Scheitern des byzantinischen Heiratsplanes führen. Außerdem aber, will mir scheinen, wäre es der westimperialen Majestät unwürdig. Philagathos hat schon bezahlt. Crescentius wird in absehbarer Zeit bezahlen. Sein Anhang in der Sabina und im Terracinensischen ebenfalls. Es wird für Sie, Majestät, und für uns alle – gerade in diesen schweren Tagen – eine sehr widerwärtige Unterhaltung sein, zu beobachten, wie weit der von uns betrogene Betrüger denn eigentlich sein Possenspiel treibt. Die Hohe Politik erlegt uns manchmal ein solches Zusehenmüssen im Varieté der menschlichen Schuftereien auf. Warum „Tragödie", wenn die „Komödie" uns viel tiefer in die Abgründe der Gemeinheiten führt?

Als Sie, Majestät, an diesem fast schon sommerlichen Aprilabend nach aufgehobener Tafel mit Ihren Gästen im Garten des Aventinischen Palastes auf und ab gingen, trat Ihr Kapellan Erpo von Halberstadt an Ihre Seite. Sie hatten ihn mit der Angelegenheit des kaiserlichen Klosters Farfa betraut.

Nun sahen Sie ihn aus etwas abwesenden Augen an:

– Etwas Besonderes, Erpo?

– Ich weiß nicht, ob Sie bereit sind, Majestät, etwas über Farfa zu hören? . . .

– Sobald der Markgraf Ekkehard von Meißen gegangen ist . . . Was sagen Sie zu diesem Mann?

– Darf ich später antworten?

– Sie haben schon geantwortet. Warum, Erpo, sind es so oft die anständigen Menschen, welche nicht verstehen, daß es in der Politik auf etwas anderes ankommt als auf ihre Art der Anständigkeit?

– Weil sie nur die Verantwortung für ihre Anständigkeit zu tragen haben . . .

– Vielleicht . . . Was machen die Heißsporne und Scharfmacher?

– „So rasch wie möglich Schluß mit dieser römischen Bande", ist das neueste Losungswort.

– Und die Herzöge von Bayern und Schwaben?

– Abwartend, aber jedem sachlichen Gespräch zugänglich.

– Und der Papst?

– Abweisend. Unangenehm, siegesgewiß.

– Abweisend gegen wen?

– Gegen den Geist von Hildesheim.

– Natürlich. Und Odilo von Cluny?

– Sehr kühl und „au dessus de la mêlée", wie der Erzbischof von Reims zu sagen pflegt.

– Bekümmert er sich um Farfa?

Erpo sah sich um. Dann:

– Ich habe die Einsicht in die Akten verweigert.

– So schlimm? – – Also noch schlimmer? Ich erwarte Sie um elf in meinem Arbeitszimmer. Rom 998 – sehr anders, Erpo, als Rom 996 . . . Ich muß gehen. Franko erwartet mich.

Sie gingen Franko entgegen:

– Hast du herausgefunden?

– Der Eremit Nilus ist tatsächlich in Rom. Es besteht für mich kein Zweifel daran, daß er an dem Fluchtversuch des Philagathos in die Themen beteiligt war.

– Auch für mich nicht. Sie sind Landsleute. Kalabresische

Griechen. Es wird also – nach den Vorgängen von heute – damit zu rechnen sein, daß Nilus vor mir erscheint.

– Und bei dem Papst?

Sie schauten Franko gerade in die Augen. Er sagte:

– Die Angelegenheit des Philagathos scheint mir von dem sacerdotium in Anspruch genommen zu werden?

– Sacerdotium und regnum sind mehr denn je das gleiche. Wir stehen am Anfang der RENOVATIO.

– Mit . . . diesem Papst?

– Was heißt das?

– Der Abt Hugo von Farfa soll erstaunliche Dinge herumerzählen.

– So? Warte, bis ich dich über die Akten unterrichtet habe. Dann werde ich deine Meinung erbitten.

– Wirst du das tun?

– Warum nicht? – – Gehen wir zur Gruppe dort um Gerbert. Er spricht, wie ich an seinem Mienenspiel sehe, französisch. Dann ist er doppelt gut im Zug . . .

Gerbert erzählte aus seiner Jugend und von seinem Aufenthalt in der spanischen Mark. Als Sie mit Franko zu ihm traten, hatte er gerade begonnen, über die Kadenzen der arabischen Musik zu sprechen. Ekkehard von Meißen stand am Geländer und schaute gegen das Castello St. Angelo. Er wußte nur sehr wenig mit dieser Hildesheimer Jugend anzufangen. In Meißen, dachte er, sind jetzt die Pflaumen aufgeblüht – und in einem Monat werden sie zu Hause die ersten Spargeln essen.

– Ich bin etwas abgespannt, sagten Sie zu Erpo, als er um elf Uhr erschien. Gehen Sie in medias res.

Erpo zögerte einen Augenblick. Er war der im Aussehen unscheinbare, sehr kluge, sehr gewissenhafte Jurist, dem es vor der geringsten Unrechtmäßigkeit wie vor einem körperlichen Makel graute und das Bild der Welt zusammenbrach, wenn er diesen Makel an einer Person entdeckte, deren überragende Stellung in der menschlichen Gesellschaft ihm nur auf der Grundlage einer fast unirdischen Vollkommenheit denkbar schien ... Dann gab er sich, Ihre Ungeduld gewahrend, einen Ruck und sagte, ohne Sie anzuschauen:

– Ich habe dem Studium der Akten des Klosters Farfa, welche übermorgen in dem Prozeß der Presbyter von St. Eustachius vorgelegt werden müssen, den Beweis dafür gefunden, daß der erste deutsche Papst auf dem Stuhle Petri dem Abte Hugo die Abtwürde um Gold verkauft hat – und zwar während Ihrer Abwesenheit aus Rom, Ende 997.

Sie sprangen auf, Majestät. In einer Sekunde war Ihre Müdigkeit verschwunden.

– Haben Sie den Beleg bei sich?

– Hier ist er. Ein wahres Glück, daß dieses Schriftstück in meine Hände gefallen ist. Der zwar geniale, aber sehr unordentliche Hugo hat es in den Dokumenten liegen lassen. Möglicherweise sogar absichtlich. Wie konnte der Papst ein solches Papier aus der Hand geben!

Sie standen eine Weile nachdenkend, Majestät, entrückt, in der Mitte des Zimmers. Vielleicht fünf Minuten lang.

– Seien Sie sicher, Erpo, daß ich Ihnen DIESEN Dienst sehr bald lohnen werde. Ihr Name wird niemals genannt werden. Ich werde Sie übermorgen wieder zu mir bitten. Bis dahin wird viel geschehen sein. Für heute: gute Nacht.

Eine halbe Stunde später waren Sie mit Tammo und einigen Offizieren der kaiserlichen Garde unterwegs nach dem Lateran. Der Papst war im Begriff, sich schlafen zu legen, als Sie ihm gemeldet wurden.

Die Unterredung war ruhig und kurz. Sie hatten Schweigen zugesichert, das Schriftstück behalten und wie nebenbei zugefügt, daß der frühere Erzbischof von Reims von Ihnen zum Erzbischof von Ravenna ernannt worden sei. Grund: Die RENOVATIO verlange auf dem wichtigsten Erzbischofssitz

Italiens ihren bedeutendsten europäischen Vertreter, der nicht an der Pacta-Überlieferung hange. Die Neubesetzung werde in Rom am gleichen Tage bekanntgegeben, an dem das Castello St. Angelo gefallen sei, also voraussichtlich noch im Monat April. Man solle Ihnen die ausgefertigten Urkunden innerhalb von zwölf Stunden im aventinischen Palast vorlegen.

Beim Verlassen des Zimmers sagten Sie:

– Nachdem nun die Luft gereinigt ist, scheint mir die Voraussetzung zu einer ehrlichen Zusammenarbeit zwischen Regnum und Sacerdotium gegeben. Es ist kaum noch zu befürchten, daß der Papst, zumal als Anhänger der Clunyschen Reform, nicht als bereitwilliger Partner des Kaisers die von diesem geplante Politik unterstützt. Der äußere Anschein genügt mir nicht mehr. Ich hoffe, daß der Papst begreift. Jedenfalls soll er wissen, daß ihn Argusaugen bewachen werden.

Am nächsten Nachmittag schon verließen die kaiserlichen und päpstlichen Legaten Rom. Am Abend, Majestät, konnten Sie mit dem Papst und dem neuen Erzbischof das große Ereignis durch ein Abendessen im aventinischen Palast vorausfeiern.

– Vraiment, sagte Gerbert, les cuisiniers de Votre Majesté se sont surpassés.

– Ils ont du flair, erwiderten Sie. Ce sont les souterrains qui font naître les bonnes choses.

– Evidemment, Sire. Et aussi les vins de grand crû.

Am 28. April wurde Gerberts Ernennung bekannt gegeben. Denn an diesem Tag fiel das Castello St. Angelo. Aber an piesem Tage auch fiel in Sie das Grauen vor der „saxonica ursticitas“, die sich nicht mit der Tötung des Feindes begnügt, sondern erst in der Schändung des getöteten ihren Durst nach Vergeltung gestillt fühlt.

Dem Crescentius war auf dem Turm der Burg, auf dem er in einer letzten, verzweifelten Verteidigung gekämpft hatte, durch einen Schwerthieb der Kopf vom Rumpfe getrennt worden. Die Freunde, welche bei ihm ausgehalten hatten, waren ebenfalls getötet. Krieg ist Krieg. Das Schicksal, dem er hätte entrinnen können, hatte ihn ereilt. Er selbst hatte es verschuldet. Der Markgraf Ekkehard von Meißen hatte – als Oberbefehlshaber in allen militärischen Aktionen – seine Aufgabe erfüllt.

Aber es erwies sich, daß er seine Truppen nicht in der Hand hatte.

Er konnte nicht verhindern, daß von zügellosen Draufgängern der Kopf des Patricius Crescentius über die Zinnen geschleudert und der kopflose Rumpf an den Füßen des Mons Gaudius vor der Stadt aufgehängt wurde. Zwölf anderen Rebellen wurde die gleiche Schändung zuteil, für welche Sie, Majestät, vor den Jahrhunderten verantwortlich geblieben sind. Aus dem Siege Ihrer Heere über die Rebellion war eine Befleckung Ihres sakrosankten Namens geworden. Eine neue Saat des Hasses gegen die „sächsischen Vergewaltiger" war auch in die Herzen derjenigen Römer geworfen, die aus Gründen des eigenen Vorteils oder auch unter dem Zwang der augenblicklichen Umstände die Partei des Kaisers ergriffen hatten.

In der „Siegesnacht", die diesen Scheußlichkeiten folgte, zog der Haß, der auch in Ihnen aufgebrochen war, den unerbittlichen Trennungsstrich.

In dieser Nacht hob sich Ihr Wille zur RENOVATIO in seine steilste Kurve: unerbittliche Politik karolingischen und universalen Gepräges. Ihr Hildesheimer Kreis würde die Stütze dieser Politik sein: die Elite der sächsischen Jugend, welche gegen die Konservativen stand. Alles, was in Ihnen „Majestät" hieß, war in Aufruhr geraten. Sie wußten, daß Sie den Geist der Barbarei nur niederhalten könnten durch jene Kälte der Haltung, welche, vorsichtig, verschlagen, Schritt für Schritt, unterminiert und abtötet. Was anderes hatte –

auf seine Art – Ihr Großvater Otto I. getan, als er aus Stammesgewalten Ämter des Imperiums machte und sein Kaisertum auf die Hohe Geistlichkeit stützte?

Ist es nötig, Majestät, daß ich den Schatten beschwöre, der in jenen römischen April- und Maitagen die Gegenwärtigkeit Frankos überholte und der mächtigste Helfer in Ihrer Umdüsterung wurde – den Schatten Adalberts? War ER nicht um Ihr Wesen gebreitet, wenn Sie in verzweifeltem Gebete Gott befragten, ob denn dem Wollen Ihres Kaisertums nicht Belastungen erspart bleiben dürften wie diejenigen, die er Ihnen soeben auferlegt hatte?

Sie waren ein leidenschaftlicher junger Mensch. Sie waren von einem usurpierenden Papste und einem eidbrüchigen Patricius schamlos betrogen worden. Warum sollte in Ihnen nicht ein Wunsch nach Rache gebrannt haben? Aber ist der Drang nach Rache vielleicht die gottlose Vollziehung dieses Dranges? Ist nicht – in jedem von uns schon der Dämon der Rache aufgestanden – und haben wir nicht im Augenblicke selbst, wo wir schon zum Schlage ausholten, die Stimme in uns auftönen hören: „Die Rache ist mein, spricht der Herr?" Sie aber, Majestät, Sie, in dem das Gewissen, in dem die Verantwortung vor Gott als Glockenschläge dröhnten, sollte diese Stimme nicht gehört und gut geheißen haben, was jene Vergewaltiger mit Philagathos und Crescentius taten?

Nein, Majestät! Auch im Leibe waren Sie nicht anwesend auf der Synode, die am 3. Mai über Philagathos zu Gericht saß. Diese Synode war – wie Franco von Worms gesagt hatte – Sache des Papstes. Der 3. Mai war der Tag seiner Inthronisierung, die er Ihnen verdankte, doch schlecht gelohnt hatte. Am 3. Mai – so hatte er es gewollt – sollte der Tag seiner kanonischen Rechtmäßigkeit werden: durch die Demütigung eines längst gedemütigten Gegners.

Man hatte Philagathos gezwungen, sich die usurpierten päpstlichen Gewänder anzulegen. Man riß sie ihm Stück für

Stück vom Leibe, man setzte ihn rittlings auf einen räudigen Esel, dessen Schwanz er fassen mußte, und ließ ihn zwischen johlendem Pöbel, der ihm vor einem Jahr zugejubelt hatte, durch Rom reiten. Dann warf man ihn in die Nacht eines Gefängnisses, in der sein Name auslosch.

Das Schauspiel war zu Ende. Die MAJESTAS, Majestät, waren Sie geblieben: unsichtbar, doch unheimlich gegenwärtig. Das spürten alle, auch die rohesten „Großen", als sie hörten, daß Sie am Abend des gleichen Tages den Heiligen Nilus unter besonderen Ehrenbezeugungen im Aventinischen Palast empfangen würden. Es mögen einige gelacht und andere die Achseln gezuckt haben. Aber es war weder den Lachern noch den Achselzuckern sehr wohl zu Mute. Sie wußten, daß es in dem langen Zwiegespräch, das Sie mit Nilus hatten, um anderes ging als um die Entgegennahme einer Strafpredigt durch den Anachoreten, der schon das neunzigste Jahr überschritten, die schlimmen Zeiten unter Marozia und dem Papste Oktavian erlebt und schließlich aus Abscheu vor der menschlichen Niedrigkeit das Gewand der Mönche angezogen hatte. Auch Sie, Majestät, wußten, daß es um etwas sehr anderes ging. Sie neigten sich vor dem Greise, der Ihr Kaisertum vor einer quälenden Umschattung bewahrt hätte, wenn er Ihnen vor dem Geschehen der Untaten begegnet wäre. Sie waren nicht schuldig: aber Ihr überwaches Gewissen fühlte sich schuldig, weil Sie nicht unzweideutig genug das ganze Gewicht Ihrer regalis potestas eingesetzt hatten, um Vergewaltigungen zu vermeiden. Dies war die Sünde, die getilgt werden mußte. Sie widersprachen Nilus mit keiner Silbe, als er Sie zu Bußübungen ermahnte. Was Sie als Ihre MAJESTAS empfanden, verlangte Reinigung, damit diese MAJESTAS, von einer gedoppelten Bewußtheit Ihrer Macht getragen, wieder ausstrahlen könne. Denn SIE war die Quelle, aus der Ihr Wille zur RENOVATIO floß.

Wieder, wie so oft vor einem Jahre, lehnten Sie an der Balustrade der Gartenterrasse. Sie hatten Befehl gegeben, daß niemand sich Ihnen nähern dürfe. Tammo wartete heimlich im Inneren des Palastes. Er sah vom Fenster aus, wie Sie den Kopf in den gekreuzten Armen geborgen hatten. Nein, Sie sahen an diesem Abend nichts von den Uferlichtern des Tiber, Sie sahen nichts vom Schein des abnehmenden Mondes, der in den trägen Wellen spiegelte, Sie hörten nicht das Huschen der Fledermäuse, nicht das Grölen der Soldaten aus der Aventinkaserne, nicht das Schreien der Grillen durch die Luft, die wieder gefüllt stand mit dem Geruch der Levkojen.

Sie machten die Abrechnung mit diesem ganzen verflossenen Jahre, und Sie fragten sich, wie Sie die Gewichte Ihres Kaisertums tragen sollten, wenn diese sich mit jedem zukünftigen Jahre in den Maßen des vergangenen steigerten. Ihr Weg war von Blut überrieselt worden. Dieses Blut – und wenn tausendmal schuldiges – konnte nur durch den Weg selbst fortgewischt werden. Es galt zu handeln, zu erfüllen und wachsam zu sein: gegenüber den „Anderen" und gegenüber dem eigenen Ich.

Ein Wort Adalberts ging Ihnen durch den Sinn: „Die wahren Feinde sind nur in uns selbst."

– Also, sagten Sie sich, können sie auch nur durch uns selbst überwunden werden.

Dieser Gedanke gab Ihnen den Frieden.

Sie erwachten aus dem Alpdruck der letzten Wochen.

– Rom, sagten Sie laut vor sich hin. Roma mea.

Und Sie spürten nun den Duft der Levkojen, der alle Abende des vergangenen Jahres in Ihr Erinnern zurücktrug.

Nicht Sie, Majestät, bemächtigten sich der Aufgabe, die nun auf Sie wartete: diese Aufgabe bemächtigte sich Ihrer. Die Gegenspieler Crescentius und Philagathos waren ausgeschaltet. Der Papst Gregor hätte nicht wagen dürfen, die Frage der Pacta aufzuwerfen. Er konnte hoffen, sein Wirken für die Clunysche Reform werde die Angelegenheit des Klosters Farfa vergessen lassen. In der Renovatiopolitik wußte er sich durch Gerbert verdrängt. Wie hätte er sich mit diesem Manne messen können? Sie hatten, als Sie Gerbert auf den Erzbischofsstuhl von Ravenna setzten, mit der Hellsichtigkeit des Genies gehandelt. Denn Ravenna war nicht nur der Drehpunkt der deutsch-italischen Zusammenarbeit, sondern auch der Wachposten gegenüber Bulgarien und Byzanz.

Gerbert dachte – wie Sie selbst – westeuropäisch-kosmopolitisch. Er bezog schon Gebiete in sein Denken ein, von denen 998 öffentlich noch nicht gesprochen wurde: Polen und Ungarn. Es wäre verfrüht gewesen, diese Karten schon auf den Tisch zu legen. Denn die Pläne, welche Polen betrafen, hätten vorzeitige Widerstände in Sachsen hervorgerufen, mit denen Sie sich nicht belasten durften, ehe die italisch-römische Renovatio in sichere Bahnen gelenkt war.

Die Ernennung Gerberts, der sich an seine kuriale Tradition gebunden fühlte, gab Ihnen Gelegenheit, der Kurie nochmals vor Augen zu führen, daß Sie in der Frage der Pacta nicht an Zugeständnisse dachten. Sie „schenkten" Gerbert drei Grafschaften jenes ravennatischen Gebietes, welches sogar das Pactum Ihres Großvaters im Jahre 962 schon der Kurie zugesprochen hatte. Es gab also für Sie dieses Dokument nicht. Sie betrachteten als „Reichsland", was Ihrer Auffassung nach nur unter päpstlichem Druck als imperiales Land vergeben worden war. Durch die Annahme Ihrer Schenkung machte sich Gerbert zu Ihrem Parteigänger. Damit war er auch der Kurie gegenüber festgelegt. Daß er in Ravenna als Vertreter der kaiserlichen Sicherungspolitik wirkte, verstand sich von selbst. Daß ihm sein diplomatischer Gehilfe Guarin auf dem gegen Arduin von Ivrea vorgeschobenen Posten Vercelli sekundierte, beweist, auf welchem machtpolitischen Fundament die RENOVATIO ruhte. Da war gar nichts von Romantik: da war politische Mathematik.

Die Rolle, welche Odilo von Cluny in Ihren Plänen spielte, kann nur bescheiden gewesen sein. Warum hätte er seine Zurückhaltung aufgeben sollen? Cluny „war" – wie er selbst gesagt hatte – Politik. Es mußte eine Schwächung erfahren, sobald es im Kielwasser einer anderen Politik fuhr. Es wußte, daß seine Stunde noch nicht gekommen sei. Sie selbst haben oftmals Odilos Meinung erfragt. Wieweit Sie sie befolgt haben, steht nirgends verzeichnet. Odilos Meisterschaft, sich auf die ihm zugemessene Aufgabe zu beschränken und den Ereignissen der Welt nur am Rande dieser Aufgabe einen Platz zu geben, ist Ihnen zu einer Lehre geworden. Hielten Sie es – mutatis mutandis – nicht schon ganz genau so wie er? Sie haben sich niemals in Nebensächlichkeiten verloren oder verzettelt. Sie sahen nur Ihr weltumspannendes Ziel und dienten ihm. Deshalb erschienen Sie immer, trotz Ihrer Einfachheit und Güte, ferne, ja unnahbar. Gerade die Herzöge haben dies empfunden und sich deshalb zurückgehalten. Es war ihnen recht, daß ihnen während der Jahre 998 und 999 nur wenig Anteil an der Durchführung der RENOVATIO zugestanden, aber desto mehr Freiheit in den Angelegenheiten ihrer Länder belassen wurde. Starken Anteil jedoch an dieser Durchführung gewährten Sie den fähigsten Köpfen Ihres Hildesheimer Kreises. Eine Reihe dieser gebildeten jungen Leute aus dem sächsischen Adel rückten in wichtige Kanzleistellen auf. Sie wurden Beamte der kaiserlichen Regierung und dadurch Diener der RENOVATIO. Aber es ist uns kein Name bekanntgeworden, der ein selbständiges

Programm verkörperte. Sie sind alle nur Anwärter auf die höchsten Ämter geblieben. Das Schicksal ließ ihnen keine Zeit, mehr zu werden.

Unverkennbar ist Ihr Bestreben, Majestät, „neue" und junge Menschen zu Trägern Ihrer Politik zu machen. Der Gedanke selbst, dem Sie Ihr Leben opferten, konnte nicht mehr Gegenstand einer Fragestellung sein. Wer ihn anzweifelte oder ablehnte, durfte keinen Platz in der Reihe Ihrer Mitarbeiter haben. Aber wir hören niemals, daß Sie unduldsam gegen eine der Ihren entgegengesetzte Überzeugung waren. Geistige Weite ist unversöhnlich nur gegen geistige Enge oder stoffliche Eigensucht – und wer Flügel hat, senkt die Mundwinkel vor allen, welche auf der Stelle treten.

Würde es Ihnen jemals gelingen, diese Römer zwar Römer sein zu lassen, aber ihren Stadt-Dünkel durch die Wucht Ihres Gedankens zu besiegen? Würden Sie politisch – wie Platon einst geistig – das Denken in der „Pólis" zu überwinden vermögen und Rom durch Verleihung einer symbolischen Vorrangstellung, welche der RENOVATIO sogar ihren Namen lieh, in eine westimperiale Konföderation einzugliedern?

Sie haben nichts unterlassen, Majestät, wodurch ein solches Ziel erreicht werden konnte. Sie haben zuallererst die Verwandten und Anhänger des toten Crescentius in der Umgebung Roms aus ihren Stellungen gedrängt. Dies war keine leichte Arbeit. Sie kostete Blut. Denn die Kastelle, in denen sich diese Feudalherren verschanzt hielten, mußten eines nach dem anderen von Ihren Soldaten erobert werden. Ein Vetter des Crescentius aus der Seitenlinie der Stephaniani, welcher Graf der Sabina war, mußte einem Grafen Girardus Galera weichen, der aus der alten lombardischen Familie der Gherardesca stammte. In Terracina kam ein Herzog von Gaëta anstelle des Crescentius zur Macht. In der Stadt Rom gelang es Ihnen, das den Crescentiern verfeindete Geschlecht der Tusculaner für sich zu gewinnen. Es traten auf Ihre Seite ein Graf Miccinus, sowie – Vater und Sohn – die Grafen Gregor und Alberich von Tusculum, deren Ahnherren, Theophylact und Alberich II., zu Anfang des 10. Jahrhunderts über Rom geherrscht hatten.

Aber dies genügte nicht. Rom war Stadt des Papstes geblieben, obwohl es Stadt des Reiches geworden war. Es gab päpstliche, und es gab kaiserliche Ämter. So wurden nun der Graf Girardus von Galera zum Oberbefehlshaber der kaiserlichen Miliz und der Graf Alberich von Tusculum zum Gouverneur des kaiserlichen Palastes ernannt, während sein Vater Gregorius als Stadtpräfekt und der Graf Miccinus als Finanzverwalter – Vestarar – päpstliche Chargen erhielten.

Auch neue Ämter zu schaffen, schien Ihnen notwendig: so diejenigen des „Seepräfekten" und des „Palastgrafen", wobei Sie jedoch darauf bedacht waren, daß Spannungen zwischen päpstlichen und kaiserlichen Befugnissen nicht entstehen konnten. Der Sinn dieser Ämter war, Kaiser, Papst und römischen Adel in möglichst enger Bindung zu halten. Dies war eine Notwendigkeit, wenn Rom die Hauptstadt und der Kaiser der weltliche Herrscher des erneuerten „Imperiums" werden sollten.

Eine solche Hauptstadt bedarf einer um den kaiserlichen Hof gestuften „Gesellschaft". Diese Gesellschaft ist sehr verschieden von jener feudalen „Umgebung", die einem Kaiser – wie dies bisher in Deutschland der Fall war – von Hoflager zu Hoflager folgt und die Trägerinnen gesellschaftlichen Lebens, die Frauen, beinahe ausschaltet. Das hatte Ihre Mutter zu fühlen bekommen, als sie aus dem Glanze der Magnaura in die Eintönigkeit des Lebens an den kaiserlichen Pfalzen übersiedelte. Sie hatte zwar ihren eigenen Hofstaat mitgebracht, aber was konnte dieser – ohne den in allen Farben menschlicher Strahlungen glitzernden Hintergrund der Weltstadt Byzanz – anders sein als ein Notbehelf, der vielleicht mehr Heimweh erweckte als Erfüllung schenkte? Wäre sie eine weniger politische Frau gewesen: sie hätte wahrscheinlich die Enge des Lebens in den Pfalzen nicht lange ertragen.

Als Sie sich entschlossen, Majestät, Ihre Residenz nach Rom zu verlegen, der einzigen westeuropäischen Stadt, in welcher die Voraussetzungen zur Bildung einer kosmopolitischen Gesellschaft gegeben waren, bewiesen Sie, daß in Ihrer RENOVATIO auch der Gedanke der DEMONSTRATIO nicht fehlte. Sie wollten, daß es im Westimperium ein großes Hin und Her gebe, einen ununterbrochenen Austausch von Menschen, Geist und Gütern. Sie wollten, daß Rom das Sammelbecken dieses Austausches sei, Sie wollten Rom aus der Enge, in die es die Jahrhunderte zurückgedrängt hatten, wieder in seine augusteische Weite hinaufheben. Die Mischungen Ihres Blutes wußten nichts von jener Angst vor Verwischung der Werte, welche die minderen Geister plagt, solange die Welt besteht.

Als ob „LEBEN" nicht das ewige Ineinanderfließen aller Werte sei, als ob menschliche Sturheit buntbemalte Pfähle verewigen könne, welche sogar die Unendlichkeit Gottes in hilflose „Landesgrenzen" zwingen möchten.

Es ist für die Erkenntnis Ihres Wesens gleichgültig, Majestät, ob Sie vielleicht verfrüht anstrebten, was erst spätere Jahrhunderte Rom zur päpstlichen „Kosmópolis" werden ließen. Sie haben aus der Weite Ihres Herzens heraus das gewollt, was für Menschen meiner Zeit Paris und London zu hinreißenden Wahrzeichen eines weltstädtischen Katholon macht: und nicht weniger als Sie schert uns Borniertheit, die nicht verstehen, oder Böswilligkeit, die nicht gönnen will.

Es ist uns bezeugt, Majestät, daß Sie nur sehr schwer von einem Wollen abzubringen waren. Natürlich. Ihr Wollen war ja nicht Eigensinn, sondern Gehorchenmüssen. In Ihren römischen Plänen war die Tiefe Ihrer persönlichen Liebe zu Rom. Wer hätte Ihnen daraus einen Vorwurf machen dürfen? Welches unserer Werke könnte gedeihen, wenn seine Wurzeln nicht von einem solchen Lieben getränkt würden? Liebe beweist und ergründet sich nicht. Sie ist und wirkt.

Nun kreiste Ihre Liebe zu Rom um den Palast, den Sie sich errichten ließen.

Nichts zeigt mehr, wer wir sind, als das Haus, das wir uns errichten. Was, Majestät, haben die Zeiten nicht alles von Ihrem Palaste zu erzählen gewußt! Welche Fabeln haben sich als Wucherpflanzen um Mauern geschlungen, die niemals aufgerichtet worden sind, weil Gott Ihnen keine Zeit zum Vollenden Ihres Hauses ließ! Ihrer eignen Zeit waren Sie ein in das heidnisch-imperiale, späteren Zeiten ein in das christlich-prunksüchtige Byzanz Verliebter, der sich eine wahre Narretei von Zeremoniell ausgedacht hatte, um seiner Erhabenheit über alles Menschlich-Irdische symbolischen Ausdruck zu verleihen.

Es sei zugegeben! Sie hielten es mit manchen Gebräuchen anders als Ihre Vorfahren. Sie saßen bei Staatsfeierlichkeiten allein an einem etwas erhöhten Tische, der die halbrunde Form des byzantinischen Sigma trug. Sie waren kein Freund von Zechereien und gemeinsamem Liedersingen, das nach dem zehnten Becher in Grölen ausartet. Sie veranstalteten keine Turniere und rechneten nicht nach erjagten Geweihen. Die Höhe Ihrer Bildung schloß jede Vertraulichkeit mit feudaler Unbildung aus. Für die Gebildeten waren Ihre gleichmäßig verteilte Freundlichkeit des Wesens und die Gabe einer subtilen Ironie eine nicht minder fühlbare Schranke. Sie sprachen gerne griechisch, wenn sich die Gelegenheit bot, und gaben der persönlichen Askese einen Sinn, der nicht verstanden wurde. Sie liebten die Goldschmiedekunst und die Buchmalerei, während Ihr Sinn für Pferdezucht und Waffenwerk schwerlich so ausgeprägt war, wie es nach der Meinung der „Ritterlichen“ dem Nimbus Ihrer Majestät entsprochen hätte. Also mußte auch, was man unter der Hand über den geplanten Palatin-Palast hörte, die ungehobelte Phantasie der Landläufigen in Wallung bringen und Bilder gebären, welche Märchenbüchern zur Zierde gereicht hätten, wenn es schon solche gegeben hätte.

Nicht eine einzige Chronik, Majestät, aus den Jahren 995 bis 1050, die sich mit Ihrer Person beschäftigt, erwähnt einen Hang zu byzantinischem Prunk und Bluff. Alle aber sprechen von Ihrer persönlichen Liebe zu Rom: zu dem Stadtgebilde Rom, so wie es in die Landschaft gelagert war, in die Süße seiner Lüfte, in den Zauber seiner Farben, in das Atmen seiner Blumen. Sie haben dieses IHR Rom nicht sehr viel anders gesehen als wir das UNSERE. Manches, das uns ergreift, war in Ihren Tagen verschüttet, anderes, das die Jahrhunderte haben zerfallen lassen, konnte Sie noch begeistern: vor allem die palatinischen Paläste, um die Ihr TRAUM kreiste, nicht Ihr Träumen.

Dieser TRAUM, Majestät, in welchem antikisches und christliches Rom zusammenflossen, war das spiegelnde Becken, aus dem Ihr Palast emporgestiegen wäre, wenn Sie ihn hätten vollenden können. Vielleicht hätten Sie ihn „DOMUS RENOVATIONIS“ genannt, oder – mit einem Winke nach Byzanz hinüber – „DŌMA PALINGENESEŌS“. Sie hätten nicht daran gedacht, die Magnaura nachzuahmen: denn dies wäre Unterwerfung unter Byzanz gewesen. Nein: dieser Palast hätte nur Ihr Herz und Ihr Wollen verkündet: Er hätte klar und einfach im Raume gestanden: auf der Akropolis der „URBS REGIA“. Seine Gärten und Festsäle hätten im April und Mai – wie andere römische Paläste zur Zeit meiner glücklichen und reichen Jugend – alles, was Europa an Geist aufzuweisen hatte, um Ihre kaiserliche Majestät versammelt gesehen, die mehr war als die Verkörperung politischer Macht: eine Verkörperung des weltüberwindenden Gedankens, der dem Herzen entsteigt.

Die Pläne zu Ihrem Palast sind in Arbeit gegeben worden. Wieviele Abende, Majestät, mögen Sie über diesen Plänen geträumt haben, indessen die Aufgaben sich jagten und Wochen Tage schienen. Die Zeichnungen der Architekten waren Ihre Zuflucht geworden, Ihr in sich selbst Zurückkehren aus allem Ja und Nein und Ob und Wenn der Politik der RENOVATIO.

ZWEITER TEIL

REX JUSTUS
998—999

ERSTES KAPITEL

Im April des Jahres 998 bediente sich Ihre Regierung zum ersten Male einer neuen Bulle. Sie war aus Metall, nicht aus Wachs, wurde also den Urkunden nicht aufgedrückt, sondern angehängt. Was früher nur die Ausnahme gewesen war, wurde nun die Regel. Warum? Weil der Kaiser des Westimperiums es in seinen Kanzleien nicht anders halten wollte als die Päpste und die byzantinischen Basileis. Diese Änderung unterstrich also sowohl die gelasianisch-augustinische Zweigewaltenlehre als auch die Gleichordnung von Ost- und Westimperium. Aber sie bekundete noch ein anderes. Auf die Rückseite des Bleisiegels war eine Gestalt der Roma in Waffen zu sehen, auf der Vorderseite der gleiche Herrscherkopf, den schon eine Bulle Karls des Großen zeigt. Die Umschrift, Majestät, trug außer Ihrem eigenen Namen die Worte „RENOVATIO IMPERII ROMANORUM". Sinnfälliger konnten Sie die Bindung Aachen–Rom nicht herstellen, deutlicher nicht zu verstehen geben, daß Ihre RENOVATIO in abgewandelter Form die karolingische fortzuführen gedenke.

Ihr politisches Ziel hatte die Gestalt dieser neuen Bulle geformt.

Das gleiche Machtbewußtsein offenbarte sich in jenem berühmten Widmungsbild Ihres Evangelienbuches. Was der Reichenauer Meister, dessen Name uns nicht überliefert ist, im Jahre 998 dargestellt hat, ist nichts anderes als Ihre MAJESTÄT, wie sie über weltlichen und geistlichen Mächten thront. Die Darstellung, welche natürlich Ihren Angaben folgte, beweist, daß Sie gesonnen waren, auch in Ihrer RENOVATIO der Tradition Ihrer Dynastie treu zu bleiben.

Wie Sie sich das Westimperium dachten, zeigen die vier Frauengestalten, welche, Tribut darbringend, sich vor Ihrem Herrschertum neigen: Italien und Rom, Westdeutschland, Mittel- und Ostdeutschland, die Slawenländer. Deutschland ist die Machtmitte, Rom-Italien führen die Reihe an – RENOVATIO IMPERII ROMANORUM! – die Slawenländer – als die zukünftigen Arbeitsgebiete der RENOVATIO – schließen sie.

Um die Bedeutung dieses Reichenauer Bildes verständlich zu machen, erteilten Sie Guarin im Mai oder Juni 998 den Auftrag, in einer „Dichtung" Ihr politisches Planen darzulegen. So entstanden die „VERSUS DE GREGORIO PAPA ET OTTONE AUGUSTO". Sie sind berühmt geworden. Die Geschichtsschreibung hat sie bis in jeden Winkel durchspürt und zerlegt. Ich vermag in ihnen nur den seelenlosen höfischen Kommentar einer Politik zu sehen, welche schon durch Taten gezeigt hatte, wohin sie steuerte. „Dichtung" kann ich diese Ansammlung von Reimen nicht nennen, wenn ich sie an anderen zeitgenössischen Strophen messe, wie an der ergreifenden Grabinschrift für Johannes Crescentius aus dem Jahre 998 oder an dem Marienhymnus aus dem Jahre 1000. Die Dienste, welche sie Ihnen leisteten, werden aus vier Zeilen ersichtlich, die sich leicht aus einem Schwall von Worten loslösen:

> „Surgat Roma imperio sub Ottone tercio."
> „Es soll Rom dem Imperium unter dem dritten Otto wiedererstehen."
> „Romana iura recreas, Romae Romam reparas."
> „Du — der Papst — schaffst die römischen Rechte neu, Du stellst in Rom Rom wieder her."
> „Te curat Otto tercius pervigil et strenuus."
> „Dich — den Papst — betreut der dritte Otto, der immer wachsame und gewaltige."

„Sub caesaris potentia purgat papa saecula."
„Unter der Macht des Kaisers reinigt der Papst die Jahrhunderte."

Nein, Majestät: diese Verse haben Ihrer Zeit nichts gesagt, das sie nicht schon gewußt hätte. Ihre neue Metallbulle sprach eine überzeugendere Sprache.

Als der Juni 998 seinem Ende zuging, Majestät, hatten Sie alle in der Hand: Ihre geheimen Gegner unter den deutschen Fürsten: durch die Übergriffe, die Sie sich in Rom beim Niederschlagen der Crescentiusrevolte erlaubt hatten. Den Papst: durch sein Schuldkonto in der Angelegenheit Farfa. Gerbert: durch seine Ernennung zum Erzbischof von Ravenna. Guarin: durch seine Ernennung zum Bischof von Vercelli. Er nannte sich von nun an Leo von Vercelli. Unter diesem Namen ist er in die Geschichte Ihres Kaisertums eingegangen.

Einen brauchten Sie nicht in der Hand zu haben: Heribert von Köln, den Kanzler für Italien. Er war der Freund Ihres Hauses. Er war derjenige deutsche Diplomat, mit dem Sie am offensten und vertraulichsten sprachen. Er wußte, was Dienen eines Herrn heißt. Wie der Herzog Otto von Niederlothringen, der in Deutschland geblieben war.

Der letzte Empfang, Majestät, den Sie der römischen Gesellschaft vor Ihrem Aufbruch nach Ravenna – Pavia – Vercelli gaben, durfte Ihnen den Eindruck hinterlassen, daß Sie sich persönlicher Beliebtheit erfreuten. Sie hatten vier Monate lang Zeit gehabt, zu beweisen, wie sehr Sie Rom liebten, welchen Platz Sie ihm in der Welt wiederzugeben gedachten und welche Zukunft das Abendland von einer RENOVATIO wie der Ihren zu erwarten hatte.

Da Sie Ihre Überzeugung aussprachen, waren auch Ihre Worte überzeugend. Den römischen Feudalherren war mit hohen Tönen nicht beizukommen. Die wollten fulminante Titel, Reichsämter, die ihnen etwas einbrachten, das Bewußtsein, die Hände im politischen Spiel zu haben, Schonung, ja Pflege ihrer Eitelkeiten und eine Behandlung, die ihnen erlaubte, unter sich zu sagen: „Der Kaiser – das sind wir! Diesmal haben wir nicht daneben gehauen. Die inneren Gegenspieler sind wir los. Der Papst Gregor ist ein Schatten an der Wand des aventinischen Palastes. Seine Majestät wird bald römischer sein als ein Anicier, ein Gracche, ein Cethĕger, ein Cencier ... Die ewigen Stadtkämpfe sind vorbei. Man wird atmen und Geld verdienen können. Man wird wieder seine Theater haben und Terenz in origine beklatschen können. Es wird Zirkusspiele geben wie in Byzanz. Vielleicht wird uns der Sohn der Theophano sogar die Komödien des Aristophanes aufführen lassen. Also vorwärts mit der neuen alten Zeit! Es ist alles schon dagewesen, und es kommt alles wieder: RENOVATIO! Und sollte der Divus Augustus sächsische Rückfälle bekommen: nun, so bekommen wir eben stadtrömische! Man kann uns allerhand nachsagen: aber Angst haben wir eigentlich noch niemals gehabt, wenn es um Rom ging." Die Behandlung, welche solche Kommentare erlaubte, Majestät, ließen Sie den Römern zuteil werden.

Sie wußten auch, wie man mit Frauen umgeht, und daß Frauen im Bett ihren Männern alles erzählen, was eine Majestät mit manchmal etwas melancholischen Augen ihnen auf einem Gang durch eine Zypressenallee oder beim Ausruhen auf einer Marmorbank vor perlenden Brunnenbecken anvertraut. Ihre Jugend, Ihr „sehr besonderes" Wesen, Ihre nachlässige Vornehmheit, Ihre „grecisca subtilitas" erweckten Wünsche bei diesen nicht gerade verwöhnten Römerinnen. Sie jedoch, Majestät, Sie haben, wenn Ihnen gerade der Sinn danach stand, sich Ihre eigenen Wünsche stillen lassen: jene „Reize der Haut", über die sich Ihr um Ihre „Seele" besorgter „Freund" Brun von Querfurt in seinem Buche „Vita quinque fratrum" so verständnisvoll geäußert hat. Sie wußten, daß eine Dame, deren Bereitschaft zur Pflichterfüllung „ohne weiteres" vorausgesetzt wird, wenn ihr Ehegatte von der Fuchsjagd oder vom Trinkgelage heimkehrt (was häufig das gleiche ist), nichts lieber tut, als sich in den „greciscis subtilitatibus" eines jugendlichen Kaisers zu verlieren, um dessen Hübschheit ein Schimmer der byzantinischen Magnaura webt. Sie wußten auch, daß – greciscis subtilitatibus sedatis, zu deutsch: „nachher" – ein kluger Kaiser nicht an Worten des Dankes spart: auch wenn er nicht durchaus die Wahrheit sagt. Denn er muß Freundinnen haben, welche den Schutzwall eines Besserbescheidwissens um ihn her errichten können . . .

Ja, Majestät, als Urwald von Unkraut schossen immer noch die Gerüchte um Ihre Person auf, so oft die Frage der Verantwortung für die an Philagathos und Crescentius verübten Untaten von Ihren Feinden zur Sprache gebracht wurde. Es genügt, alle jene widerspruchsvollen, blutrünstigen, einander bestehlenden Chroniken zu lesen, um ermessen zu können, welches Futter man – zwei Monate nach den Geschehnissen – der Meute in den Rachen warf. Aber wer immer von Menschen der römischen Gesellschaft an Ihrem Hofe mit Ihnen in persönliche Berührung kam, mußte – wie wir – zu der Überzeugung kommen, daß das Wie der Urteilsvollstreckung nicht Ihnen zur Last zu legen sei. „Erat autem bonus imperator" steht über Sie geschrieben: „Der Kaiser aber war gut."

Die Besatzungsmacht, welche in Rom zurückblieb, war so stark, daß die noch in ihren Kastellen verschanzten Crescentier an Rache nicht denken konnten. Ohne Besorgnis durften Sie diesmal die Stadt verlassen.

Wie es in Ihnen aussah, das wußte – damals – außer Ihnen selbst nur jener junge Mensch aus dem Kreise um die Kaiserin Adelheid, Franko von Worms, der als Knabe eine Zeitlang mit Ihnen erzogen worden war. Sie hatten ihn aus dem Auge verloren und waren später wieder auf ihn aufmerksam geworden. Erst auf der Reise von Mainz nach Rom hatten Sie plötzlich an ihm jene Strahlung gespürt, ohne die auch der bedeutendste Mensch nicht Mensch sein konnte. Sie hatten ihm an einem jener Abende, die unversehens als Geschenke Gottes in den Ablauf unserer Zeit fallen, von Adalbert gesprochen. Und er hatte Sie genau so angeschaut wie manchmal der Geheiligte, wenn er Sie von dem „Unwesenhaften" des äußeren Lebens schützen wollte. Ihre Worte waren – Sie wußten selbst nicht, warum – in der brennenden Schwärze seiner Augen stehengeblieben. Dann hatten diese Augen gesprochen, indessen die Lippen sprachen: „Wer der Gnade teilhaftig wurde, Majestät, der Auserwählte dieser gewaltigen Seele zu sein, und wer auf das Fragen dieser Seele antworten konnte, darf zu jener Stunde alles von sich tun, was ihn von Gott entfernt. Ich bin in meinem jungen Leben ein einziges Mal neidisch gewesen: damals, als ich im September 996 in Mainz vom Garten der Pfalz in das kaum erhellte Zimmer schauen konnte, wo Eure Majestät mit dem Heiligen in ruhigem Gespräche auf und nieder gingen. Ich habe durch die offenen Bogenfenster den FRIEDEN in mich eindringen fühlen, den sich zwei menschliche Wesen schenken können, wenn sie des gleichen Gottes voll sind."

Seitdem diese Worte gefallen waren, hatten Sie Franko nicht mehr aus Ihrer Nähe gelassen. Er war für Sie zu einem Sendboten Adalberts geworden. Alles, was Ihr Gewissen quälte, nahm von nun an den Weg in das Herz dieses jungen Menschen, der Ihnen rasch zum Freunde wurde und durch die Leidenschaftlichkeit seines Glaubens half, das doppelte Gesicht zu tragen, welches das Werk der RENOVATIO von Ihnen verlangte. Das Leben dieses noch nicht Fünfundzwanzigjährigen war nur Glaube, auch der Körper schenkte sich der Flamme und ließ sich von ihr verzehren. Niemals versuchte er, Sie auf dem Wege der Entsagung zu drängen:

aber er ging mit Ihnen den Weg der Läuterung, den nur die schonungsloseste Selbstprüfung erschließt.

Niemand wie er war Ihnen notwendig auf dieser Sommerreise in das nördliche Italien, niemand wie er konnte verstehen, daß für das erhöhte Gewissen „Sichverantwortlichfühlen" das gleiche ist wie „Verantwortlichsein". Niemand wie er wußte die aufwühlenden und gleichzeitig beruhigenden Kräfte der Selbstkasteiung, welche das Gleichgewicht wiederherstellt und dem in irdisches Wirken gewiesenen Menschen die Kräfte doppelt, mit denen er wirkt.

Es war ein Daimónion, Majestät, das Sie an Franko von Worms band. In der „Vita Burchardi" steht über Sie und Franko zu lesen: „Tanta familiaritate et auctoritate, quamvis juvenis esset, apud imperatorem - Franco - habebatur, ut sine ipsius consilio raro aliquid statueretur": „Obwohl noch ein sehr junger Mensch, lebte - Franko - so vertraut mit dem Kaiser und erfreute sich eines so hohen Ansehens, daß dieser nur selten etwas unternahm, ohne ihn um Rat zu fragen." „Um Rat fragen" aber bedeutete: „um seelischen Rat fragen".

Es war Franko, Majestät, der es Ihnen in den überlasteten Jahren 998 und 999 ermöglichte, sich aufrecht zu halten. Dies ist sein Verdienst um das Werk der RENOVATIO.

Er wurde zum Arzt, der Tag und Nacht bei Ihnen ausharrte. Sie waren von dem Augenblicke an, als sich die Opfer, mit denen Ihre Rückkehr in den aventinischen Palast bezahlt worden war, in Ihrem Gewissen eingenistet hatten, in der Seele erkrankt. Sehr geheim und sehr gefährlich erkrankt. Das Leiden fraß sich tiefer und forderte von Ihnen eine Kraft der Selbstbezwingung, welche mehr als alle politischen Erfolge dartut, daß Sie ein Mensch aus biegsamstem, aber härtestem Stahl waren. Die Jahre Ihres Aufstieges waren gleichzeitig Jahre einer Qual, welche weder Ihre eigene Zeit verstand noch die meine nachzufühlen vermag.

Nur der „Künstler", der „Dichter", der als Liebender diese

Qual versteht, durfte es wagen, zu Ihnen zu sprechen wie zu sich selbst. Tat und Katharsis, Majestät, sind ein unlöslich-Eines. Und gar nichts ist irgendeine Tat – sei sie die größte – die nicht aus der Katharsis fließt und nicht in der Katharsis mündet. Dies, Majestät, ist der Schlüssel Ihres Wesens und Ihres Lebens.

ZWEITES KAPITEL

Anfang September, Majestät, als Sie, von Ravenna kommend, mit dem Erzbischof Gerbert eben in Pavia eingetroffen waren, erreichte Sie die Nachricht von dem Tode des Bischofs Hildibald von Worms, welcher das deutsche Kanzleramt bekleidet hatte. Ihre Beschlüsse waren rasch gefaßt. Heribert von Köln, der italienische Kanzler, welcher in Ihrem Gefolge reiste, wurde beauftragt, neben der italienischen Kanzlei auch die deutsche zu führen. Dies bedeutete nicht etwa die imperiale Verschmelzung der beiden Ämter, sondern einen vorläufigen Notbehelf. Von einer Zurücksetzung Deutschlands konnte also nicht gesprochen werden. Als deutscher Kanzler waltete Heribert unter dem Titel „cancellarius", als italienischer unter dem neugeschaffenen Titel „logothéta".

Zum Bischof von Worms wurde Franko ernannt. Nicht einen Augenblick lang, Majestät, hatten Sie gezögert, der politischen Notwendigkeit den Vorrang vor der Stimme Ihres Herzens zu geben. Es wurde ausgemacht, daß Franko bald nach seiner Inthronisierung wieder zu Ihnen zurückkehren werde. Er reiste auf dem kürzesten Weg, über den Septimerpaß, nach Deutschland.

Nach seiner Abreise begannen Sie gemeinsam mit Gerbert, Heribert und Leo von Vercelli jenen wirtschaftlichen Reformplan auszuarbeiten, welcher unter dem Namen des

„Paveser Gesetzes“ zu einem Grundpfeiler der RENOVATIO geworden ist. Das Gesetz wurde am 20. September erlassen. Sein Text war von Leo festgelegt worden. Es verbot jede Entäußerung von Kirchengut und bestimmte, daß alle rechtmäßigen bisher erfolgten Vergabungen mit dem Tode des GEBERS als erloschen zu betrachten seien. Die Verschleuderung von Kirchengut um Geld, oder seine Überschreibung an Freunde und Verwandte hatte unhaltbare Zustände herbeigeführt. Die Kirchenverwaltungen hatten oft nicht einmal mehr über die Mittel verfügt, die Gotteshäuser instand zu halten oder auszubessern. Der Gottesdienst hatte notgelitten und es war unmöglich geworden, die bescheidensten Verpflichtungen gegen regnum und sacerdotium zu erfüllen.

Wenn einer um die Verwilderung der Kirche Bescheid wußte, so war es Gerbert. Seine trüben Erfahrungen stammten aus der Zeit, als er Abt von Bobbio gewesen war. Er hatte es schon damals, im Jahre 982, nicht unterlassen, Ihren Vater auf die herrschende Anarchie hinzuweisen. Wie sollten Sie, Majestät, eine RENOVATIO ohne wirtschaftliche Kirchenreform durchführen?

Das Paveser Gesetz richtete sich sowohl an die geistlichen als auch an die weltlichen Feudalherren Roms und Italiens. Es war selbstverständlich, daß die Römer zuerst genannt wurden. Aber wie wurden sie genannt? Ein auf die christliche Kirche zielendes Reformgesetz redete die Römer mit der heidnischen Formel „COS. S.P.Q.R.“ an! „An die Konsuln, an den Senat und an das Volk von Rom!“ Klarer konnte man nicht zum Ausdruck bringen, daß sich die RENOVATIO nicht nur auf die päpstliche, sondern auch auf die antikische Größe Roms berief. Es wurde von Ihrer Politik, Majestät, kein Mittel außer Acht gelassen, durch das der Gedanke der RENOVATIO in das Denken der Menschen getragen werden konnte.

Wir spüren, Majestät, mit welcher Freude Leo von Vercelli politische Dokumente stilisiert hat. Er erscheint uns als ein

Rechtsgelehrter, der in den Bau seiner Perioden verliebt ist. Die Sprache war ihm nicht das Ding selbst, sondern die Summe der Kniffe, mit denen man es „präsentiert“. Er war für Sie da am gefährlichsten, wo seine „ars scribendi“ zu einer „ars amandi“ ausartete, in der Narziß dem eignen Bild begegnete. Er diente zwar Ihrer Sache, aber er bezog sein Dienen auf seine eigene Person zurück. Sie haben es nicht mehr erlebt, wie er Strophen, die Ihnen gegolten hatten, durch die Verwandlung eines Futurums in ein konjunktivisches Imperfekt im Handumdrehen auf Ihren Nachfolger „um-schrieb“. Das Wort war ihm das, was er Ihnen war: Funktion.

Die Aktenarbeit der „Hohen Politik“, Majestät, ist zu allen Zeiten die gleiche: „Il faut sauver les dehors et cacher les dedans.“ Dieses macht den Nachfahren, wenn sie einen Schuß Ironie im Wesen haben, das Wesen von Dokumenten lang verklungener Zeiten oft so unterhaltsam. Es hebt sich ihnen plötzlich aus dem Häcksel der Worte eine etwas bleichgewordene Nasenspitze entgegen, zu der ein dürrer Zeigefinger ab und zu den Weg des Nachdenkens findet – oder es grollt ein entrüstetes Philisterherz aus den Schuftereien der Jahrhunderte herauf. „Zeitgeist“, Majestät. Wir rühren nicht an seine Wolkenzüge, Nebelschwaden, Auflichtungen, Verklärungen: aber wir glauben unverbrüchlich, daß das Alpha und Omega jenes unverwüstlich-Menschliche sei, das noch lange nicht zu rebellieren braucht, um darzutun, daß es sich unter der „couverture des conventions“ regt und zuweilen einen salto mortale wagt.

Vor allen Kanzleistuben aller Zeiten haben, wenn es gegen sechs Uhr abends ging, die kleinen Freundinnen auf die entspannungsbedürftigen Hände ihrer schreibmüden Freunde gewartet – vor allen Kasernen andere auf das Trompetensignal, welches das Ende des Stalldienstes ankündigte – – und zwischen solchen Kleinigkeiten hat sich die Weltgeschichte vorangequält, sind Königreiche zerfallen und andere aufgestanden, um eines Tages ebenfalls in das Gesetz des großen Fließens gezwungen zu werden.

Als Sie Pavia verließen und – wahrscheinlich wieder über Ravenna – nach Rom zurückreisten, konnten Sie zufrieden sein. Sie hatten Leo in sein Bistum Vercelli geleitet und ihm seine wichtigste Aufgabe zugewiesen: den Schutz der westlichen Lombardei gegen den Markgrafen Arduin von Ivrea. Sie hatten viele militärische Verhandlungen geführt. Politik der Voraussicht und der Vorbereitung. Man konnte bemerken, daß Sie sich oft und lange mit dem Herzog Heinrich von Bayern besprachen. Man wird Einverständnis verspürt haben. Es war bekanntgeworden, daß Ihr Aufenthalt in Rom von kurzer Dauer und Ihr nächstes Ziel ein Besuch in den süditalischen – in den südlombardischen – Fürstentümern sein werde. Also captatio benevolentiae und abermals Sicherung. In Pavia hatten Sie dem Pfalzgrafen Otto von Lomelio einen neuen Titel verliehen: „Protospathar". Einen byzantinischen Titel also, wie „Logothéta". Nachahmung? Nein: vereinfachende Angleichung: coordinatio. „Logothet" bedeutete ungefähr das gleiche wie „Außenminister". Der „Protospathar" hatte das Reichsschwert vor dem Herrscher herzutragen. Der Titel war ein Ehrentitel. Er durfte nur einem Lombarden zufallen, denn es mußte vermieden werden, daß sich die Lombardei vor Rom zurückgesetzt fühlte. Sie wußten, was Sie wollten, Majestät. Auch Heribert wußte es. Sie waren ernst und entschlossen, von erstaunlicher Ausdauer im Arbeiten und ohne Schonung gegen sich selbst. Ob Sie den Anachoreten Romuald in Ravenna sahen? Ich glaube es deshalb nicht, weil Sie von einer gewaltigen Aufgabe erfüllt waren und keinen Grund hatten, an die Wunde rühren zu lassen, die in Ihrem Gewissen brannte.

Zwei knappe Monate blieben Sie in Rom, wo auch Ihre

römischen Parteigänger auf Ihre „Heimkehr" gewartet hatten. Es gab abermals kein Gespräch mit dem Papste Gregor über die Pacta. Diese Pacta, mußte man sich sagen, schienen Luft für Sie zu sein. Sie schwiegen sich aus. Sie besprachen sich tagelang mit den Architekten über den Bau Ihres palatinischen Palastes. Eine zweite Gesandtschaft ging nach Byzanz, um die Brautwerbung wieder aufzunehmen. Da man den Basileus in schwere Kämpfe mit den Fatimiden verwickelt wußte, war mit einer raschen Antwort nicht zu rechnen. Bruno von Querfurt trat als Mönch in das Kloster St. Bonifazio ein. Bei Hofe gab es Feste und Empfänge. Es ahnte niemand, wie Sie sich um die Schatten des Crescentius und Philagathos quälten.

Endlich, kurz vor dem Aufbruch nach dem Süden, kam Franko zurück. Endlich.

Am Tage nach seiner Ankunft sprach er Ihnen lange über den Erzkanzler Erzbischof Willigis.

– Für diesen Mann, sagte er, scheint es nur noch den Streit um das Kloster Gandersheim zu geben – aber keine deutsche Politik der RENOVATIO mehr. Es ist unerträglich, sein Gekläff gegen Bernward von Hildesheim zu hören.

– Wer sich selber ausschaltet, erwiderten Sie hart, mag die Folgen tragen. Geht es nicht mit Willigis, so geht es auch ohne ihn: mit Heribert.

Dann, plötzlich, Franko am Arm nehmend:

– Komm! Ich lasse satteln. Ich will dir zeigen, wo die Adalbert-Basilika stehen wird. Dann reiten wir durch diesen lauen Winternachmittag auf den Janiculus. Spürst du das Duften der Kalykanthus? Wie früh sie dieses Jahr aufgeblüht sind. Und heute abend, heute nacht: endlich – nach so viel Plänen, nach so viel Anliegen, nach so viel gutem und schlechtem Meinen – endlich die Stunden des Herzens . . . Stunden ohne Zeit . . . Die Cencier geben ein großes Fest. Ich habe mich entschuldigen lassen, als man mir gestern deine Ankunft meldete. Sie haben eine Komödie des Claudian ausgegraben. Ganz Rom wartet auf diese Aufführung, die ein Vermögen kosten soll. Kannst du mir sagen, nach welchen Maßen diese Leute ihr Tun und Lassen ordnen?

– Nach den Maßen dessen, was eben gerade gefällt.

– Gut. Aber gefällt es denn?

– Das – wissen sie wohl selbst nicht.

– Dann sind sie ja eigentlich entschuldigt.

– Ja. Also entschuldigen wir – und verlassen wir sie.

– Seit wann, Franko, seit wann bist du so gütig?

– Seit ich dich wieder vor mir sehe.

– Ich glaube es dir, Franko *φίλτατε*. Ich hätte dir auf die gleiche Frage die gleiche Antwort gegeben.

– Warum, Otto, sind wir eigentlich so lange nebeneinander hergelaufen?

– Das sind wir nicht. Wir waren ja gar nicht da.

Franko schaute gegen den Hof, wo die gesattelten Pferde von den Reitknechten vorgeführt wurden. In der Türöffnung blieb er noch einmal stehen:

– Wir müssen dieses Nichtdagewesensein in einer solchen Gegenwärtigkeit nachholen, daß diese – „gar nicht da ist“.

Sie sahen Franko fast erschrocken an:

– Woher weißt du eines der letzten Worte Adalberts?

Und, nochmals die Tür schließend, vor der die Pagen und die beiden Adjutanten warteten, Franko gegen das Innere des Zimmers zurückdrängend:

– Hilf DU mir austilgen, was mich in mir selber auffrißt... Ich habe keine Schuld – doch ich fühle mich schuldig ... schuldig ...

Als Sie in das matte Sonnenlicht hinaustraten, ahnte niemand, aus welchen Verließen Sie aufgestiegen waren, ehe Sie die Sohle des Reitstiefels in den stahlblauen Bügel setzten.

Sie verließen Rom in den letzten Dezembertagen 998 auf der Straße nach Capua.

Süden. Tyrrhenisches Meer.

Sie atmeten wieder, und Ihr Auge trank.

Weißer Ginster auf den Hängen. Violette Winden mit roten Zungen an den Mauerwänden. Kalykanthusbüsche an Villentoren. Pinienkronen, über Dachterrassen hinschwimmend. Silbersäume aufleuchtender Inseln im langsamen Ineinanderwallen goldener Feuchte: Ponza, Ventotene. Abziehen aufgeblühter Wolken gegen die wartenden Tore des Abends. Ischia, purpurblau. Procida, korallenrot. Capri, rauchblaue Grate über Kobaltschatten. Smaragd eines Grasstückes unter Olivengrau. Brisen, gefüllt mit dem Dufte der Eukalyptusfrüchte. Niedertauchen des Sonnenballes in das unermüdliche Geglitzer. Aufzücken eines Sternes in kupfergrünen Himmeln über sterbenden Scharlachbändern.

Tyrrhenisches Meer. Süden.

Sie atmeten wieder. Ihr Auge trank.

Sie waren von einem großen Heere begleitet, das Sie nicht sahen.

Es galt, den südlangobardischen Herzogtümern die Macht des Westimperiums vor Augen zu führen. Sie fanden nirgends Widerstand. Die Fürsten hatten einen anderen Kaiser erwartet als den, der sich so einfach gab und so selbstverständlich Majestät war. Wie lächerlich erschien, was man über Sie erzählt hatte. Keiner konnte sich der Strahlung Ihres Wesens entziehen, obwohl Sie niemals auch nur eine Minute länger sichtbar waren als es eine Besprechung verlangte. Sie setzten nur den Vollziehungsstrich unter die Protokolle der Verhandlungen, welche der Erzbischof Gerbert von Ravenna, der Logothet und Kanzler Heribert von Köln, der Markgraf Hugo von Tuskien und der Oberbefehlshaber Markgraf Ekkehard von Meißen mit den weltlichen und geistlichen Herren der Herzogtümer in Ihrem Namen führten. Aber jeder wußte, daß die Vorverhandlungen von Ihnen selbst geführt worden waren. Die Einheit von Kaiser, Diplomatie und Oberbefehl wurde als undurchbrechbar empfunden. Das Westimperium erschien als die vollzogene Renovatio selbst. Darauf kam es Ihnen an. Sie forderten nur, daß die südlangobardischen Fürsten bis zur Grenze ihrer militärischen Möglichkeiten an der byzantinischen Themengrenze und gegen sarazenische Überfälle aus Sizilien her in Bereitschaft stünden und dieser imperialen Notwendigkeit ihre Streitigkeiten unterordneten. Sie ließen ihnen zu verstehen geben, daß nur Kurzsichtige ihre Vorteile verspielen. Bevorzugt werde, wer jetzt schon zur Stelle sei. Sie erklärten, Sie gedächten nicht Ihre Residenz in Rom zu nehmen, um auf ihren Lorbeeren auszuruhen, sondern um als Friedenskaiser und als Freund des Basileus die politische und wirtschaftliche Einheit des Imperiums wiederherzustellen, welche viele Armeen wert sei. Sie hielten keine Reden und Trinksprüche. Sie erwähnten im persönlichen Gespräch, Sie seien gekommen, um sich an Ort und Stelle unterrichten zu lassen. Sie selbst hätten weniger als wenig zu sagen. Jedes Kind könne sich an den fünf Fingern ausrechnen, welche Macht ganz Italien zufalle, wenn Rom, als Residenz des Kaisers, wieder die Hauptstadt des Westimperiums sei. Nicht nur als Papststadt, auch als wiedererstehende Weltstadt, als Sammelpunkt des Mittelmeerhandels solle es „caput mundi" sein und – im buchstäblichen Sinne des Wortes: AUREA ROMA, das GOLDENE ROM. Was anderes, Majestät, hätten Sie diesen Südlangobarden sagen sollen? Vor sicher zu erwartenden Reichtümern pflegen sich die Rivalitäten der Kleinstaaten zu beruhigen.

Man war in den Fürstentümern Byzanz niemals feindlich gesinnt gewesen. Im Gegenteil. Aber die Mißwirtschaft in den Themen, die von Ostrom nur als militärisches Glacis bewertet wurden, ließ voraussehen, daß die Fürstentümer unter byzantinischer Oberhoheit nichts zu gewinnen, sondern sehr viel zu verlieren hatten. Also war es jedenfalls klüger, drei bis vier Jahre lang abzuwarten, wie die RENOVATIO dann aussehen und wie sie ihre Versprechungen einlösen werde.

Mehr an Gewißheit, Majestät, brauchten Sie bei Ihrer Abreise zunächst nicht mitzunehmen.

Ihr zweimonatiger Aufenthalt war ein Erfolg. In Capua, in Neapel, in Salerno und in Benevent hatte man Sie mit großem Gepränge empfangen. Daß solche Empfänge nichts bedeuten, hatte Ihnen Rom nach Ihrer Abreise im Jahre 996 bewiesen. Sie haben sich also vor politischer Überschätzung der südlangobardischen Ehrenpforten gehütet. Für Ihre RENOVATIO aber war es im Vorfrühling 999 von Wichtigkeit, daß Sie sich auf diese Ehrenpforten berufen konnten: besonders vor Ihren sächsischen Stammesgenossen. Was deren Anführer miterlebt hatten, konnte ja nicht angezweifelt oder verkleinert werden.

Sollten Sie doch weit mehr in der Tradition Ihrer Dynastie bleiben, als Sie bis nun hatten sehen lassen? Sollte Ihr scheinbares Abweichen von dieser Tradition vielleicht Gründe haben, die Sie absichtlich noch nicht sehen ließen? Gründe der persönlichen Überlegenheit, der feineren politischen Witterung und der byzantinisch verschlageneren Technik?

Sie blieben, nach wie vor, freundlich und unzugänglich. Sie schwiegen sich aus.

In Monte Cassino, wohin Sie von Benevent aus reisten, fand man Sie abermals in langen Zwiegesprächen mit Heinrich von Bayern. Auch Gerbert und Heribert hatten Unterredungen mit dem Herzog. In diesem von dem heiligen Benedikt gegründeten Kloster, in welchem sich das geistige Leben langer Jahrhunderte verkörperte, sah man wieder Franko von Worms Tag und Nacht in Ihrer Nähe. Es konnte scheinen, daß Sie die Politik vergessen wollten. Es liefen Gerüchte um, daß Ihre Truppen und Ihr Gefolge den Weg nach Rom nehmen würden, während Sie selbst dem Heiligen Nilus von Gaëta einen Besuch abzustatten gedächten.

In dieses Rätselraten traf am 5. März die Nachricht, daß am 18. Februar der erst siebenundzwanzigjährige Papst Gregor V. in Rom eines „unerwarteten" Todes gestorben sei.

Verwirrung, Erregung, eine Flut der unwahrscheinlichsten politischen Vermutungen: Signal zu einer abermaligen Rebellion – Ermordung durch die Crescentier – Vergiftung durch eine Geliebte – Byzanz im Spiel, dieser Levantiner Leo – –

Was tun? In Eilmärschen nach Rom, ehe es zu spät ist. Schonungslos „ausrotten" ...

Ein EINZIGER bewahrte eine eiskalte Ruhe, welche die anderen erschreckte: Sie selbst, Majestät. Und nach einem kurzen Gespräch, das Sie mit Heribert und Gerbert geführt hatten, auch diese beiden.

Sie sagten am späten Nachmittag zu den Herzögen und Heerführern:

– Alle umlaufenden Gerüchte sind falsch. Es ist nicht der geringste Grund zur Beunruhigung vorhanden. An meinen persönlichen Plänen wird gar nichts geändert. Die Truppen kehren, wie vorgesehen war, heute nacht um zehn Uhr nach Rom zurück. Diplomatie, Kanzlei und meine Garde folgen morgen nach. Ich selbst mache, von einigen Offizieren und persönlichen Freunden begleitet, unter dem Schutze einer tuskischen und spoletanischen Schwadron eine Wallfahrt in das Heiligtum des Erzengels Michael auf dem Monte Gargáno. Ich werde etwa am 20. März in Rom sein. Die Ernennung des neuen Papstes ist in die Wege geleitet. Die Trauerfeier für Gregor V. wird am 1. April von dem Erzbischof Gerbert von Reims-Ravenna so zelebriert werden, wie es sich zum Andenken an den ersten Deutschen auf dem Stuhle Petri geziemt. Ich danke Ihnen und den Truppen für das Geleit und wünsche Ihnen allen eine gute Rückreise.

Laue, ungewisse Nacht. Wolkenbänder, von der Mondsichel in den unteren Rändern zu Aquamarin aufgeflockt. Rauschen ferner Wildbäche. Murmeln von Brunnen aus Höfen des Schweigens. Sehr ferne schon, die Signale des nach Rom abziehenden Heeres.

Sie standen am Fenster, Majestät.

– Was verlangt Gott von mir? fragten Sie sich. Warum läßt er in diesem entscheidendsten aller Augenblicke den Papst sterben, der immer nur ein Hemmnis auf meinem revolutionären Wege gewesen wäre? Ist es Sünde, zu bekennen, daß ich mich frei fühle wie der Vogel, der endlich seine Flügel heben kann? Nein, dieser Papst war nicht, was ich von ihm erwartet hatte. Es ist immer nur ein salischer Herzogssohn geblieben, der sich auf einem Gebiete versuchte, dessen Anforderungen er nicht genügte. Er war meinem Herzen gleichgültig – und für meine Politik eine Belastung, die mit den Jahren unerträglich geworden wäre. Wer die Tiara trägt, kann kein „Schüler" Clunys mehr sein. Welchen Rat mag er sich – von Fall zu Fall – bei Odilo geholt haben? Odilo weiß, daß die wahre Hierarchie auf dem Gesetze der inneren Freiheit ruht ... Was hat dieser Papst von Freiheit gewußt?

Sie atmeten die quillende Luft, in die der Westwind einen Hauch des Meeres mengte.

– Wie kann die Reinheit wollen, wer das Meer nicht liebt? lächelten Sie zu sich selbst. Warum verstehen diese Sachsen nicht den Wogengang ihrer Nordsee? Wo ist dieses Meer in ihren Seelen geblieben?

Ihr Diener meldete den Herzog Heinrich von Bayern. Sie gingen dem Eintretenden entgegen.

– Hat man sich von der großen Bestürzung erholt die meine Worte von heute nachmittag hinterlassen haben?

– Nein, Otto. Bernhard von Sachsen hat noch vor einer halben Stunde gesagt, daß er die Welt nicht mehr verstehe.

– Er hat sie nie verstanden. Er begreift nicht, daß die Zeiten schreiten – und daß Sachsen nicht das Herz der Welt ist.

– Er ist empört über die Wallfahrt auf den Monte Gargáno.

– Was geht sie ihn an? Ich habe keine sächsischen Truppen zur Begleitung gefordert. Ich reise mit lothringischen, schwäbischen und bayrischen Offizieren meiner persönlichen Garde . . . Wissen Sie, Heinrich, warum ich Sie als einzigen von den deutschen Fürsten zu so später Stunde noch einmal zu mir gebeten habe?

– Ich glaube es zu wissen.

– Es war nicht schwer zu erraten. Ich konnte, ehe ich mit mir selbst über die Durchführung der RENOVATIO im reinen war, einem so kühlen Menschen wie Ihnen keine Einblicke geben. Ich habe die Lasten und Verantwortungen einer Kaiserkrone zu tragen. Mein Wort muß eine sehr lange Strecke durchlaufen, ehe es die Lippen überschreiten darf.

– Das wissen wir alle. Es ist nicht Ihr Schweigen, das die Sachsen oft beleidigt. Es ist die Art Ihres Schweigens.

– Die hat sich erst seit den römischen Gewaltstreichen geändert. Noch im Herbst 997 habe ich Bernhard von Sachsen einen persönlichen Besuch gemacht, ihm Aufschlüsse gegeben, ja sogar seinen Rat eingeholt. Angesichts der Dinge, die man Ende dieses Jahres wissen wird, ist es gut, daß man sich mittlerweile an meine besondere Art des Schweigens gewöhnt hat. Aber man hat mich ja auch bei den Südlangobarden an der Arbeit gesehen.

– Eben. Und zwar nicht ohne Bewunderung. Um so verwirrter ist man wieder seit heute nachmittag.

– Gerade dieses ist mir erwünscht. Man soll niemals glauben dürfen, daß ich zu errechnen sei. Dann gibt es solange keine zermürbenden Debatten, als ich keine brauchen kann ... Heinrich, ich muß in einem außergewöhnlichen Rhythmus handeln, um das Fundament der RENOVATIO so fest in die Zeitenwende mauern zu können, daß mir diese ewig Gestrigen das Morgen nicht zerstören. Und ich muß die Gewißheit haben, daß ich auf Sie zählen kann wie auf mich selbst. Bayern verkörpert die ottonische Sekundogenitur. Der Herzog von Bayern ist als der nächste legitime Anwärter auf das deutsche Königtum und das deutsch-römische Kaisertum zehnmal wichtiger als Sachsen, dessen Bedeutung – im Sinne der Konservativen – militärischer Natur, im Sinne der Jungsachsen um Bernward von Hildesheim geistiger Natur ist. Wenn mir morgen oder übermorgen ein Unglück geschieht, haben Sie die Last des Kaisertumes zu tragen. Sie müßten für Gott das Schwert erheben, wenn von irgend jemandem in Deutschland Thronansprüche gegen Ihre Legitimität erhoben würden. Ihre Gattin Kunigunde ist von dem gleichen Glauben beseelt wie Sie, eine wahre „ancilla dei", um in den Worten meiner Großmutter Adelheid zu sprechen.

Einem Manne nun, der mit solchen Möglichkeiten zu rechnen hat, kann ich die weitesten Ziele der RENOVATIO nicht verschweigen. Da ich ihm vertraue, muß er mir in gleicher Weise vertrauen und solange Schweigen zusichern, bis die Linie meiner Politik für alle offen zutage liegen darf.

Sie hießen Immo die Becher füllen, das Vorzimmer abriegeln und den Bischof Franko von Worms auf Mitternacht bitten.

Dann sagten Sie:

– Ich habe heute nachmittag – nach einer kurzen Besprechung mit Heribert von Köln – den Erzbischof Gerbert von Ravenna zum Papst ernannt. Er wird die Ernennung annehmen und sich zur Wahlbestätigung in Rom einfinden. Da er keiner der politischen römischen Faktionen angehört, da er auch keine deutschen Sonderziele vertritt, sondern als „sacerdos" gemeinsam mit dem „rex" die „ecclesia" verkörpert, ist seine Wahl als gesichert anzusehen. Meine Ernennung entspricht selbstverständlich sachlichen, nicht persönlichen Gründen. Gerberts Persönlichkeit hat Weltgeltung. Er hat sich als Verfasser des Synodalberichtes von St. Basle schon im Jahre 991 zu den gleichen Grundsätzen bekannt, deren Befolgung mir meine Pactapolitik erlaubt. Das Verhältnis Kaiser-Papst und Papst-Kaiser wird eines Tages auf neuer Grundlage geregelt werden, nachdem sich die konstantinische Schenkung als eine Fälschung der Kurie erwiesen hat. Das neue Papsttum wird aus der Neuordnung gestärkt, weil gereinigt hervorgehen und in den Schutz einer imperialen Macht genommen werden, welche ihm Freiheit in allen geistlichen Fragen beläßt und seine Hilfe in Anspruch nimmt.

Die Tatsache, daß der größte Gelehrte dieser Zeit vom Stuhle S. Petri aus der geistlich-geistige Entfalter dieser Zeit werden wird, erspart es mir, irgendwelche sogenannten „Werbefeldzüge“ für die RENOVATIO-REFORMATIO zu unternehmen oder reformfreundliche Verbände gegen Zugeständnisse in Anspruch zu nehmen, welche sich mit meiner Auffassung von „regalis potestas“ nicht vereinigen lassen. Wessen reformatorische Bestrebungen sich den meinen verbünden wollen, der ist mir willkommen, sogar die Anachoreten, sofern sie nicht vergessen, daß die Form der Cluny-schen Askese der ihren gleichgeordnet, aber nicht untergeordnet ist.

Das politische Ziel der RENOVATIO ist die Schaffung einer westeuropäischen KONFÖDERATION, in deren östlichen Grenzen POLEN und UNGARN einbezogen werden müssen, solange es noch Zeit ist. Diese beiden Länder dürfen weder dem westlichen regnum noch dem westlichen sacerdotium verlorengehen. Damit sie dem regnum verbunden bleiben können, müssen sie zuvor dem sacerdotium, das heißt dem Heiligen Petrus als dem Statthalter Christi „anheimgegeben“ werden. Bei Polen ist dies schon, wie Sie wissen, im Jahre

990 geschehen. Es handelte sich damals um ein Provisorium. Es wird sich jetzt um ein Definitivum handeln müssen. Bei Ungarn, dessen Fürst Waïc bereit ist, mit seinem Volk das römisch-katholische Glaubensbekenntnis anzunehmen, muß es im Laufe dieses oder des nächsten Jahres geschehen. Hier ist eine gewisse Eile vonnöten. Denn wir müssen Byzanz oder Bulgarien zuvorkommen. Ich bin durch Briefe meines Vetters Romanos Skleros, der am byzantinischen Hofe lebt, sehr gut über den Stand der oströmischen Politik unterrichtet. Während der Kaiser Basileios II. noch in Kleinasien gegen die Fatimiden kämpft, wird schon von dem hohen Militäradel die Wiederaufnahme des Krieges gegen den Bulgarenzaren Symeon vorbereitet. Es ist nicht anzunehmen, daß ein Fürst von der Willenskraft und militärischen Genialität des Basileus den Bulgaren die byzantinischen Gebiete überläßt, welche sie besetzt halten. Er wird noch über diese Gebiete hinaus bis an die nördliche Adria vordringen. Dann ist ihm Ungarn ausgeliefert, sofern es nicht schon durch Glaubensbekenntnis und politische Orientierung an die westimperiale Konföderation gebunden ist. Und sollte wider alles Erwarten der Bulgarenzar Symeon sich in seinen Stellungen behaupten, so würden für uns Westeuropäer das polnische und das ungarische Problem die gleichen bleiben. Der Umweg der „Anheimgebung" dieser beiden Länder, die eben erst dem Christentum gewonnen sind, an den Heiligen Petrus ist der einzige Weg, an den gedacht werden kann. An Annexion der beiden Staaten dagegen durch das Westimperium kann niemals gedacht werden. Sie wäre Selbstmord. Und wo bliebe der konföderative Gedanke, ohne den eine Einigung Westeuropas unmöglich ist? Was dem einen recht ist, muß dem anderen billig sein: zum allerwenigsten in thesi und de jure.

In praxi sind natürlich Polen und Ungarn in hohem Maße von der kaiserlichen Gewalt abhängig. Denn der Kaiser ist ja der irdische Schutzherr des Heiligen Petrus und dessen Stellvertreters auf dem „Stuhle Petri“: also des Papstes. Was daher Petrus oder dem Papst „anheimgegeben“ ist, ist auch dem Kaiser „anheimgegeben“ und hat Anspruch auf kaiserlichen Schutz.

Der Kaiser wird schützen, nicht vergewaltigen. Es ist eine Frage der politischen Klugheit, wie er seine Vorteile wahrnimmt, wie er Vertrauen erweckt und inwieweit er vertraut. Es genügt, an das antikische Imperium Romanum zu denken, um sich davon zu überzeugen, daß durch kluges Regieren das noch so Verschiedengeartete im Rahmen des Imperiums gehalten werden kann. Die RENOVATIO hat es aber leichter als das alte Rom, weil sie über das geistige Bindemittel des gleichen Glaubens verfügt. Sie hat die Einheit der ecclesia, der Christengemeinschaft. Das alte Rom hatte die Duldung von tausend „Kulten“ und die aufgezwungene Verehrung der Kaiserstatuen „von Staates wegen“: eine politische Formalität vor der Geburt des Christentums, nach dessen Inthronisierung jedoch eine Ketzerei für jeden Gläubigen.

Die Beziehungen Deutschland-Polen müssen auf eine breitere Basis gestellt werden, zumal damit zu rechnen ist, daß sich Polen noch in diesem Jahre die Gebiete Preußen und Pommern an der Ostsee angliedern wird. Wir haben – unter dem Gesichtswinkel der RENOVATIO – nichts dagegen einzuwenden. Denn Polen ist unser unentbehrlicher Bundesgenosse gegen jene Slawen – Obotriten, Liutizen, Heveller –, welche eine dauernde Bedrohung der Ostgrenze darstellen. Ein starkes Polen, das zu uns in einem Vasallenverhältnis steht, ist im Rahmen einer westimperialen Konföderation für uns eine Ent-, aber nicht eine Belastung.

Was nun die Bindung Ungarns an das Westimperium betrifft, so sind der Kanzler Heribert, der Erzbischof Gerbert und ich der Ansicht, daß eine deutsche Prinzessin auf dem christlich gewordenen ungarischen Thron der RENOVATIO ganz besondere Dienste leisten könnte. Wir haben an Ihre

Schwester Gisela gedacht ... Der junge Waïc wird als ein hübscher, aufgeschlossener und gütiger Mensch geschildert. Vielleicht denken Sie über die Möglichkeit dieser Heirat nach.

Aber es ist da noch eine Frage, an die ich Sie um der RENOVATIO willen zu denken bitte. Die Kaiserin Adelheid ließ mich durch den Bischof Franko von Worms wissen, daß sie wohl auf ihre alten Tage noch einmal zu ihrem Neffen nach Burgund fahren müsse, der seit 993 so unköniglich regiere, daß das Volk ihm aufsässig werde. Die RENOVATIO braucht Burgund. Könnte nicht Ihre Mutter – als Schwester dieses unköniglichen Königs Rudolf – auch ein Wort sagen? Ich selbst werde im nächsten Jahre eine Begegnung mit diesem allzu arkadisch lebenden amateur de mignotises zustande bringen ... Die Mandelblüte der Provence scheint wirklich von sinnbetörender Süße zu sein. Gut. Es tue ein jeder, was ihm gefällt. Aber er vergesse nicht, wie seine Eltern hießen.

Und nun das Letzte. Die Durchführung der RENOVATIO verlangt, daß ich einige Titel annehme, über welche sich allerhand Dickschädel aufregen werden. SERVUS CHRISTI für Polen, SERVUS APOSTOLORUM für Ungarn. Bitte wehren Sie allzu brutaler Dummheit. Sie könnte uns politisch schaden. Ich muß mich über meine Pläne und die Methoden ihrer Verwirklichung ausschweigen. Ich muß gewisse Leute vor das fait accompli stellen.

Sie selbst verstehen ohne weiteres, daß diese Titel einem großen politischen Ziel dienen. Aber sie entsprechen auch meiner Auffassung von dem geistigen Gepräge des Kaisertums. Dies glauben jene „Realisten“ nicht, welche mich einen Phantasten und sich selbst „Realpolitiker“ nennen. Welche Hohlköpfe sie sind, beweisen sie dadurch, daß ihnen – trotz der ewigsten Glorie Karls des Großen – der Geist nicht eine WIRKLICHKEIT, sondern eine Nichtvorhandenheit bedeutet.

Damit allerdings sind sie entschuldigt. Denn mit dem, was man nicht hat, kann man bekanntlich „keinen Staat machen“.

Pünktlich um Mitternacht, kurz nachdem sich der Herzog Heinrich von Bayern verabschiedet hatte, kam Franko von Worms.

– Welcher Tag, Franko! Was hat Gott über mich beschlossen? Spürst du, wie sich die Dinge ineinanderfügen und mich voran treiben? Bin ich noch Herr über meine Schritte? Ist es nicht beängstigend, dieses ungeheure Dunkel, das MÜSSEN heißt?

Sie starrten eine Weile vor sich hin, ehe Sie fortfuhren:

– Ich hörte – ohne schon verstehen zu können – meine Mutter einmal zu dem Grafen Hoiko sagen, als wir durch die Wälder über Markobrunn ritten: „Nur das Dunkle leuchtet.“

– Hast du auch gehört, was Hoiko antwortete?

– Er antwortete gar nicht. Er legte den Arm um meine Schulter, von Pferd zu Pferd, als ob er mich zu sich hinüberziehen wollte, lächelte mir in die Augen und deutete dann auf eine Lichtung am Ende der schwarzen Tannenschneise. In dieser Lichtung war ein rotgoldenes, ruheloses Glitzern und Weben von Sonnenfäden. Es ging schon gegen Abend, und ein sehr heißer Augusttag begann, sich abzukühlen.

– Wenn wir etwas zureiten, sagte meine Mutter, werden wir den Rhein im gleichen Purpur sehen, der sich oftmals abends in den Bosporus gießt, und die Eichenhaine über Ingelheim werden mich an diejenigen über Dōma Platanōnos erinnern . . .

Hoiko löste den Arm von meiner Schulter und schaute meine Mutter an, die gerade die Zügel etwas straffer anzog. Es war das erstemal, daß ich Hoikos Gesicht von Traurigkeit überschwemmt sah. Ich hätte fast geweint – denn ich liebte Hoiko sehr, und der Gedanke war mir unerträglich, daß er leiden könne.

– Es war nicht die Traurigkeit des Leides, die du an ihm gespürt hattest, sondern die Trauer des Glückes.

– So ... ist ... es ... also ... wahr, was ...

– Es hätte keinen Sinn, daß *wir* es nicht aussprächen: Hoiko hat deine Mutter sehr geliebt, und er ist von ihr sehr geliebt worden. Er war es wert, der Liebe einer solchen Frau teilhaftig zu sein – denn er war, was man von ihm sagte: pures Gold. Vielleicht hätte Deine Mutter nicht mit solcher Kraft für deine Thronrechte gegen den Bayernherzog kämpfen können, wenn ihr nicht die Zuflucht in dieses Herz möglich gewesen wäre.

– Welcher Tag, sagten Sie abermals vor sich hin . . . Welche unfaßliche Verschlingung aller Fäden . . . Aber wie kann denn ein Mensch, der so versteht wie du und sich in solchen Worten zu seinem Verstehen bekennt – – wie kann ein solcher Mensch den Leib verneinen?

– Wann jemals hast du mich sagen gehört, daß ich den Leib verneine?

– Aber du lebst ihn doch nicht wie ich zuweilen . . .

Franko trat dicht vor Sie. Er bemächtigte sich Ihrer mit der Waffe seines schmalen Asketengesichtes, in dem die Augen als Tyrannen befahlen und der herrische Mund als Wunde von Wange zu Wange lief:

Glaubst du, daß, was du „zuweilen tust", bedeute: „den Leib leben"?

Sie schauten zu Boden . . .

– Nein, Franko. Ich habe es nie geglaubt, wenn ich Rechenschaft vor mir selber ablegte. Denn der Leib wäre sehr wenig, wenn er nur die Stillung dieser Reizungen wäre.

– Auch ich bin dieser Meinung. Ich bin ganz gewiß nicht Herr über die Regungen und ihre Stillung in dem Körper irgendeines Menschen. Wer das uralte fränkische Blut meiner Ahnen in den Adern trägt, kennt die Macht der Ursprünge. Also weiß er auch, daß die göttliche Askese eine diesem Blute selbst entstiegene Macht ist, eine GNADE, die nicht einem jeden verliehen wird und nicht durch Buß-, Bet- und Kasteiungsvorschriften erworben werden kann. Deshalb hasse ich Anachoreten-Schulen, wie sie ein Romuald zu Gott weiß welchem Zwecke ausbaut. Wann und wo hat Christus jemals ein solches Unternehmen anempfohlen? Welcher Übergriff in Gottes freies Verfügen über seine Geschöpfe! Glaube mir, Otto: es ist nur wenigen verliehen worden, den Leib in der Askese umzuglühen. Dieses ist das Wort. Nicht aber „abzutöten"! Wo die Askese göttlich-reine Macht des Blutes, wo sie treibende Kraft jener Ganzheit ist, welche sich Mensch nennt, durchdringt sie auch den Stoff, durch welchen sich die Zeugung vollzieht, durchleuchtet ihn, indem sie ihn als Teil des Ganzen auf dieses Ganze zurückbezieht. Dann ist auch er göttlicher Natur geworden: durchscheinend alle Poren der Haut, des Herzens, der Seele, des Geistes. Der „Kommunionismus" der frühesten Christen hat, ehe er zur Waffe Satans wurde, etwas von dem gewußt, was ich dir erschließen möchte. Er mußte verkommen, denn er war in den unentzündeten Stoff zurückversunken und zu einer Vollziehung zwischen Beliebigen geworden. Die Askese, von der ich spreche, ist aristokratischen Charakters, genau wie die eingeborene Demut. Sie steht jenseits jeder REFORMATIO. Niemals kannst du Seelen „reformieren" nach den Gesetzen DIESER Askese. Die REFORMATIO, deren deine politische RENOVATIO bedarf, ist die gleiche, welche Cluny will: eine erlernbare und anwendbare, eine auf Steigerung der sittlichen Disziplin hinzielende, welche für eine Vielheit gilt. Unterstütze Cluny und die Benediktiner. Sie werden dir gute Helfer in praxi sein, denn sie haben die lange Übung in dieser Art des Reformierens. Ohne Cluny kommt kein Imperator mehr aus. Aber: was hat diese politische Notwendigkeit mit der SEELE des Imperators selbst zu tun? Dessen Seele ist – wenn wahrhaft kaiserlich – von dem gleichen asketischen Bedürfnis durchdrungen, durch das ich lebe. Für mich gibt es nur die persönliche, die erfühlte Askese – aber keine erlernbare. Es ist kein schöpferischer Herrscher denkbar, der nicht Asket in meinem Sinne wäre. Und es ist keine gemeinschaftliche Askese denkbar, welche die Zahl zwei überschritte. Es gibt nur diejenige, welche als „communio" zweier ebenbürtiger Wesen ausgeübt wird, die sich durch Wahlverwandtschaft miteinander verbunden wissen. Diese Communio der Askese würdest du mit Adalbert gelebt haben, wenn ihn Gott nicht als Bekenner, Bekehrer und Opferer für sich zurückverlangt hätte. Er hat gehorcht und sich erfüllt, wie er fühlte, daß er sich erfüllen müsse. Er ist – trotz deinem Wunsche – nicht bei dir geblieben. Er ist – als Bestätigung deiner selbst – in dich eingegangen. Und ER, ER allein hat dich den Weg zu mir finden lassen. So siehst du wieder, wie sich die Fäden verschlingen, an denen der Schöpfer seine Geschöpfe hält. Ich nenne diese Verschlingung das – WUNDER. Und ich weiß – genau wie du –, zu was es verpflichtet. Ich habe dir gesagt, was vor unserer Wallfahrt in das Heiligtum des Erzengels Michael gesagt werden mußte.

Ohne sich zu rühren, Majestät, Auge in Auge lassend, nicht einen Muskel ihrer Züge anspannend, oder entspannend, fragten Sie:

– Was bin ich dir, Franko?

– Die Mitte. Das kaiserliche Herz, dem ich diene. Was aber ich dir bin: diese Frage kann niemals gestellt werden. Sie wird beantwortet werden durch die abgestuften Grade, in denen du meiner bedarfst, und durch die Art, wie du meiner bedarfst. Für dich und mich ist jede Form geheiligt.

Immer noch, Majestät, standen Sie aufrecht vor dem Antlitz, dessen leidenschaftliche Geschlossenheit sich im gedämpften Aufwärtsflimmern des Kerzenscheines aus der spiegelnden Tischplatte langsam entspannte.

Eine Feuchte löste sich aus Ihren Wimpern und blieb am unteren Lide stehen.

Vor vielen Jahren, Majestät, habe ich die Landschaft des Monte Gargáno, über dessen steiler Südostküste das Heiligtum des Erzengels Michael errichtet ist, in einer Dichtung beschworen. Ich greife ein paar Zeilen heraus:

„Nur im Fluge – und kaum das einzelne Bildnis festhaltend – nimmt das Auge, was sich ihm darbietet: weidende Herden, Füllen, in Gehegen springend, einsame Gehöfte, verlassene und verfallende Herrenhäuser, Eukalyptusbäume, in kleinen Gruppen angepflanzt, um dem Fieber zu wehren, das die Niederung des Candelarobaches heimsucht...

Plötzlich flattert ein purpurner Schein auf uns zu... Was geschieht dort drüben am Gargáno? Schleier um Schleier fallen, werden von unsichtbarer Hand zerteilt, fortgezogen, hochgehoben: in glühendem Rosa, das auf hellbraunem Grunde lagert, strahlt uns die entblößte Flanke des Gebirges entgegen – und steht und bleibt in diesem Alpenveilchenlicht unter enzianblauen Himmeln... Dann nehmen wir – auf schneeweißer Straße – eine letzte Wende, eine letzte Höhe – und halten abermals: Adria, Adria! Dort, vor uns, nah, und dennoch weit in silbernen Dämpfen, das blasse, blauende Meer... ganz still, ohne Welle, ohne Schaum, ohne Segel... Herüberblendend aus den Rändern seiner Spiegel, das in sich selbst versunkene Meer...

Wallfahrer kommen uns entgegen, während wir emporfahren. Zu Fuß, breite Sonnenschirme über sich haltend, oder auf Karren. Alle Mauerwände sind überhangen von rotem Eiskraut, an den Kakteenbüschen öffnen sich safrangelbe Blumen. Staub fliegt zuweilen auf und legt sich wieder.

Unter uns: Ölbäume, Palmen, Oleander. Eidechsen lauern, laufen, äugen. In der Tiefe, siedend in Silber und Lavendelbläue, immer noch das Meer... Jähe Kurve: Verschluckt von braunen Bergfalten, das Südbild. Und immer wieder das gleiche Spiel. Schluchten, Grate, Kämme, jenseitige Täler – Buchten in Goldfassung, mit ausfahrendem Segel, mit Windstreifen, hingeflirrten — — "

Haben Sie, Majestät, nicht ebenso diese Landschaft erlebt, als Sie mit Ihrem kleinen Geleite von S. Severo über S. Marco in Lamis und das Benediktinerkloster S. Matteo bis zu jener Straßenkreuzung nach Siponto ritten, an der Sie als Büßer nackten Fußes, die Wallfahrt bis zum Heiligtum des Erzengels Michael begannen?

Sie haben im März gesehen, was ich in den letzten Apriltagen sah. Es war weniger heiß, es haben andere Blumen geblüht, aber das Bild der Landschaft und das Licht über ihr waren die gleichen . . . Sie haben sich an seine Schönheit verloren, ehe Ihr Auge sich nach innen wendete und die Schatten des Philagathos und Crescentius Sie als stumme Ankläger in ihre Mitte nahmen: „Du bist schuldig, Imperator, denn du allein bist der Verantwortliche. Du hattest das Recht, zu strafen nach dem irdischen Rechte. Aber warum hast du die unfaßliche Sünde begangen, unklare Befehle zu geben? Du kanntest die Roheit deiner Landsknechte. Du mußtest wissen, daß sie deine Befehle so auslegen würden, wie es ihrer Grausamkeit entsprach. Du bist schuldig, und du wirst dein Leben aufbrauchen, um die Dornen der Reue aus deinem Gewissen zu reißen. Sie werden nach jeder Sühne neu aus dem Blute der Gemarterten in dein Gewissen zurückwachsen. Es wird dir keine Ruhe gegönnt werden. Wo du es nie erwartest, wird die Wunde wieder bluten: so wie nun deine Fußsohlen unter den Granitsplittern und den ausgestreuten Distelstacheln der Büßerstraße. Vae victis, milliēs vae Imperatori, qui non vicit, sed hostem violando violavit nominis sacri sui famam suis probris. Vae, vae, milliēs vae . . ."

Es war für das aufgeregte, gaffende Volk nicht zu erkennen, wer unter den Büßenden in den gleichförmigen Mönchskutten und mit verhüllten Gesichtern der Kaiser war. Nicht einmal die Soldaten des Geleites wußten es.

Nicht mehr als Büßender betraten Sie am Abend mit Ihrem Gefolge die Krypta, in der das Standbild des Erzengels Michael unter Hunderten von Kerzen über Bergen von Mandelblüten und Balsamkräutern thronte, sondern als Imperator Imperii Romanorum restituendi, der zu langer Vigilie und Versenkung gekommen war.

Man hatte Ihnen in Ihrem Zelte am Eingang des Dorfes die Füße mit Salbei gewaschen, mit Santelöl gesalbt und den Lippen vor der Stunde, in der das Fasten begann, Malvenkörner gereicht. Dann hatte man Sie in den Purpur des Herrschers gekleidet.

So sah Sie das Volk, als Sie im Schein der Fackeln, im Dampfen der Weihrauchfässer, im Psalmodieren der Presbyter um die achte Abendstunde gegen die Basilika schritten. Es glaubte nicht mehr, daß diese strahlend-jugendliche Majestät wirklich am Vormittag als Büßer die staubige Straße an der Flanke des Monte Cornello heraufgekommen sei.

Daß Sie im Purpur und als schenkender, verehrender, anbetender Imperator sich vor dem Anführer der Himmlischen Heerscharen, vor dem Besieger SATANAS neigten, erhöhte Ihre Majestät. Wären Sie vor diesen Strahlenden, vor den Wächter am Throne Gottes in silberglühender Rüstung als Büßer getreten: man würde gesagt haben, daß Sie ihm die Ehrerbietung verweigerten, auf die er Anspruch habe.

Nie zuvor hatte man eine Messe gehört wie diejenige, welche der Bischof Franko von Worms an diesem Abend zelebrierte. Nie zuvor Choräle wie diejenigen, welche die Knabenchöre von S. Giovanni Rotondo und S. Matteo sangen.

Um neun Uhr abends wurde das Heiligtum von der Menge und Ihrem Gefolge verlassen. Sie blieben allein mit Franko vor dem Altare, auf dem nur noch wenige Kerzen brannten.

Offiziere Ihrer Garde hielten am oberen Treppeneingang in das Gewölbe die Wacht.

Als kurz vor der Matutin der Befehlshaber Ihrer Garde – jener selbe Graf Achalm, der als Zwanzigjähriger vor sechzehn Jahren im Auftrage Ihrer Mutter die Nachricht vom Tode Ihres Vaters in drei Wochen rastloser Ritte von Rom bis Mainz dem Erzbischof Willigis überbracht hatte – am Eingang der Krypta erschien, fand er dieses Bild:

Sie selbst, Majestät, saßen, bleich und erschöpft von der langen Vigilie, in dem Sessel vor der Statue des Erzengels. Auf einer Strohmatte zu Ihren Füßen lag der Bischof Franko von Worms hingestreckt. Sein Kopf, wie der eines Gestorbenen, lag an Ihrem linken Knie. Die Züge seines ausgebrannten Gesichtes waren in einer solchen Verklärung entkörpert, daß der Graf Achalm ein Schauern in seinen Schultern spürte. Sie winkten ihn zu sich und flüsterten an seinem Ohre:

– Bringen Sie bitte Tücher und Weißwein. Es betritt außer Ihnen niemand das Heiligtum, bevor ich es mit dem Bischof verlassen habe. Lassen Sie im kaiserlichen Zelte die Lager herrichten. Wir brechen am Nachmittag um vier Uhr auf und übernachten in S. Matteo, wo unsere Ankunft für sieben Uhr zu melden ist. Ich wünsche großen Empfang, die Abendmahlzeit auf acht und die Messe auf zehn Uhr. Sie soll mit dem MISERERE schließen ... Sind die Briefe und Geschenke an den Bischof von Siponto gestern abend abgegangen?

– Jawohl, Majestät. Der Bischof ist heute nacht eingetroffen, um seinen Dank abzustatten.

– Er soll mich bis S. Matteo begleiten ... Legen Sie sich schlafen, Achalm. Auch die Wache soll ruhen. Sie haben alle anstrengende Tage hinter sich. Nehmen Sie als Dank und zur Erinnerung an den Tag des Erzengels Michael Schloß und Land Losone am Lago Maggiore, das Sie so sehr lieben.

Sie feuchteten langsam die Schläfen Frankos mit Wein. Als sich endlich die erloschenen Lider hoben und überweite Pupillen freigaben, wußten Sie, daß diese Augen aus niemals zu nennenden Gesichten in das Bewußtsein der Stunde zurückkehrten. Sie halfen dem Liegenden, aufzustehen.

Die Augen fragten, fragten ...

Sie verstanden:

– Nein, Franko. Ich habe nicht gesehen und nicht gehört. Meine Zeiten sind noch nicht reif für die Zeichen der Gesichte. Ich habe gebüßt, ich habe mich gereinigt, ich habe gedankt, ich habe gelobt, meine irdischen Pflichten zu erfüllen, ich habe Gott geschworen, auszuharren, wo er mich hingestellt hat. Verläßt der Erzengel Michael den Ort, wo er als Wächter steht?

Komme! Ich will sehen, wie die Sonne aus dem Meere steigt. Ich will der KAISER sein, der weiß, daß Herrschen Dienen ist. Diese Nacht ist mir zum TAG DER ERDE geworden.

Begreife es, und gehe als Bejahender mit mir in die Schönheit der Welt. Schließe vor dem Mysterium ERDE die Tore des anderen Mysteriums, bis Gott selbst sie wieder öffnet. Die Schmerzen aus meinen Fußsohlen sind verschwunden – und was mir als Schmerz durch meine Freude brennt: das halte DU in deinen Händen, so lange du es halten willst. DU – hast in Monte Cassino meine Augen feucht gesehen. Wer dürfte das gleiche sagen?

Aufrecht im Purpur, die Wangen wieder durchblutet vom ersten Brausen der Morgenlüfte, traten Sie an der Seite Frankos vor das wartende Volk, das in die Knie sank, indessen alle Glocken der Basilika zu läuten begannen, indessen Schwärme heimgekehrter Schwalben gegen die Sonne schrien, daß sie endlich in das Feuer der Wolkenportale einführe und die Majestät des Tages über die wartende Welt ausgösse.

DRITTER TEIL

›SERVUS CHRISTI‹
999—1000

ERSTES KAPITEL

Sie hatten den Herzog Dauferius von Terracina in Ihr Hauptquartier gebeten. Als Maßnahmen zur Sicherung des Küstenstreifens bis nach Gaeta besprochen waren, ließen Sie sich bei dem Heiligen Nilus anmelden. Sie kamen als Kaiser, nicht als Büßender. Sie baten ihn, mit Ihnen nach Rom zu kommen und auf seine alten Tage an Ihrem Hofe zu leben. Er lehnte ab: es liege ihm nur das Wohl der kaiserlichen Seele am Herzen. Sie dankten ihm und erwiderten:

– Es wird Ihnen niemals ein Weg zu dieser Seele verschlossen sein. Ich habe es Ihnen am 3. Mai des vergangenen Jahres in Rom bewiesen. Sie wissen, daß meine Aufgabe von dieser Erde ist. Ich gedenke sie für Gott zu erfüllen. Ich bin nicht weniger Servus Christi als Sie. Ich bin es so, wie es sich für mich ziemt. Wenn ich irre und sündige, so weiß ich, wie ich Irrtum und Sünde zu büßen habe. Wenn mich mein Gewissen zu Ihnen treibt, so werde ich kommen. Ihre Tür wird mir genau so wenig verschlossen sein, wie Ihnen die meine. Ich habe, seit ich Sie zuletzt sah, sehr viele Dinge durchlitten. Es ist jedoch die Pflicht des Kaisers, begangene Irrtümer und Sünden keine zerstörenden Mächte in der Erfüllung seiner Aufgabe werden zu lassen.

In meinem Wesen herrscht das verewigte Bildnis des Heiligen Adalbert. Er hat sich durch die TAT geopfert. Ich glaube nicht, daß ich einen erhabeneren Fürsprecher bei Gott haben kann als ihn. Ich hoffe, daß Sie nicht fehlen werden, wenn die Basilika, die ich ihm auf der Tiberinsel in

Rom errichte, eingeweiht wird. Es sollte mir die höchste Ehre sein, einen Diener Gottes wie Sie an meinem Arme zu dem Ehrensessel zu geleiten, der ihm bereit gehalten werden wird: möge er in Person erscheinen oder nicht. Es wird immer sein Ehrensessel sein ... Nehmen Sie meinen Dank für Ihre Besorgtheit um meine Seele. Schließen Sie sie in Ihre Gebete ein, und vergessen Sie niemals, daß Ihnen mein Ohr immer geöffnet bleibt. Leben Sie wohl, und wirken Sie für die REFORMATIO der Beistand bedürfenden menschlichen Kreatur.

Was, Majestät, würden Sie gesagt haben, wenn Sie noch hätten lesen können, wie die „VITA T. NILI“ Ihren Besuch bei dem Heiligen in Gaeta deutet? Dort steht geschrieben, daß „Sie dem Heiligen Ihre Krone zu Füßen gelegt und danach, mitsamt Ihrem Geleite von ihm gesegnet, Ihre Reise nach Rom fortgesetzt haben“. Ich glaube, Sie hätten gelächelt und bestätigt gefunden, daß das Gewissen der Schreiber weit und das Pergament geduldig ist. Franko dagegen wäre aufgebraust: wer Gott aus den Abgründen des Blutes lebt, steht immer gegen das Plagiat: zu jeder Zeit und gegen jeden „Zeitgeist“.

In Rom fanden Sie die Nachricht vor, daß am 6. Februar die Statthalterin für Deutschland, Ihre Tante Mathilde, Äbtissin von Quedlinburg, eines unerwarteten Todes gestorben sei. Dies war nicht nur ein unersetzlicher persönlicher Verlust für Sie, sondern eine schwere politische Belastung, die eine Reise in die deutschen Länder nötig machte. Wer sollte ein Amt übernehmen, das ein unbedingtes Vertrauen voraussetzte?

Die Inthronisierung Gerberts erfolgte am 4. April 999. Die Römer hatten weder Gegenvorschläge gemacht, noch Einspruch erhoben. Für die Haltung der Deutschen war die Auffassung des Logotheten und Kanzlers Heribert entscheidend. Da er die Ernennung Gerberts als die einzige Möglichkeit bezeichnete, verloren Bedenken, welche vorhanden waren, ihre Bedeutung – und der Erzbischof von Reims–Ravenna bestieg die Cathedra Petri als Papst SILVESTER II.

Schon der Name, den Gerbert gewählt hatte, war RENOVATIO. Silvester I. war der Papst Konstantins des Großen gewesen. Er hatte zwar diesen nicht, wie das Gerücht behauptet, zum Christentum bekehrt und getauft, aber sein Name bedeutete das ungetrübte und gleichgeordnete Nebeneinanderwirken der geistlichen und der weltlichen Gewalt. Diesen Zustand wollte die RENOVATIO wieder herstellen: „restituere".

Dieses Wort „restituere" findet sich in einer Urkunde, welche Sie, Majestät, am 7. Mai 999 Leo von Vercelli für sein Bistum ausstellten. Es besteht heute die Meinung, diese Urkunde sei von Leo selbst verfaßt und stilisiert worden. Sollte dies wahr sein – ich glaube, daß es wahr ist – so würde ihre Diktion eine beängstigende Fähigkeit Leos enthüllen, sich die Schreibweise Gerberts anzueignen. Es wäre also abermals erwiesen, daß er nur eine Figur zweiten Ranges in Ihrer Regierung war.

Nicht deshalb erfordert die Urkunde unsere Aufmerksamkeit: sondern um der Raffiniertheit willen, mit der sie eine doppelte Auslegung ihres Inhaltes zuläßt. Es scheint mir der Natur Leos zu entsprechen, sich die Hintertüren der Doppelsinnigkeit offen zu lassen, in der Form aber unangreifbar zu bleiben. Sollte Ihnen, Majestät, gerade dieses entgangen sein?

Der Sinn der Schenkung, die Sie dem Bistum Vercelli machten, Majestät, wird – in Ihrem eignen Namen! – folgendermaßen umschrieben: – – „ut libere et secure permanente Dei ecclesia prosperetur nostrum imperium, triumphet corona nostrae militiae, propagetur potentia populi Romani et restituatur res publica, ut in huius mundi hospitio honeste vivere, de huius vitae carcere honestius avolare et cum domino honestissime mereamur regnare". Auf deutsch: – – damit, bei frei und gesichert bleibender Christengemeinschaft Gottes, lateinisch Dei ecclesia, unsere Herrschaft gedeihe, der Ruhm unseres Heeres triumphiere, die Macht des römischen Volkes sich ausdehne und das „Gemeinwesen", res publica, wiederhergestellt werde, so daß uns vergönnt sei, in dem Gastland, das die Erde heißt, lauteren Herzens zu leben, uns aus dem Kerker dieses Lebens noch lautereren Herzens zu entheben und in der Gemeinschaft mit Gott lautersten Herzens, über der Zeitlichkeit, zu thronen.

Die erste Frage, die mir beim Lesen dieses Textes aufstieg, war: sind die beiden „UT" – damit oder sodaß – gleichgeordnet zu lesen, oder ist von dem ersten UT-Satz, welcher mit den Worten „restituatur res publica" endet, der zweite UT-Satz abhängig? Dies letzte ist, um des Sinnes willen, als sicher anzunehmen. Allerdings müßte dann von schlechtem Stil gesprochen werden. Der zweite UT-Satz trägt das Gepräge der Sprache Gerberts. „Honeste, honestius, honestissime" sind Begriffe, welche ciceronischem, also heidnisch-römischem Denken entnommen sind und nur in einem der Antike so tief verbundenen Manne wie Gerbert Wurzeln schlagen konnten. Nur er durfte sie in christlicher Tönung verwenden, weil er wußte, daß ihnen etwas von der Seele des Wortes „fromm" innewohnt.

Ist der zweite UT-Satz also als das „Ergebnis" des „restituatur res publica" anzusprechen, so kann nicht bezweifelt werden, daß die Wiederherstellung des „Gemeinwesens" die Voraussetzung des lauteren – anständigen, frommen – Lebens usw. darstellt.

Sind dagegen die beiden UT-Sätze gleichgeordnet, so fällt die Eindeutigkeit der Auslegung fort, und der Schenker – der Kaiser – ist nicht festzunageln. Er kann, je nach seinem Gutdünken, seine eigene Schenkung so oder so auslegen.

Dieses, Majestät, ist die eine der Zweideutigkeiten der von

Leo von Vercelli selbst verfaßten Urkunde. Man hätte sie gegen Sie ausspielen können, wenn Sie zum Beispiel eines Tages zu der Erkenntnis gekommen wären, daß Ihre RENOVATIO nicht durchführbar sei, und den Plan aufgegeben hätten.

Weit gefährlicher dagegen ist die zweite Zweideutigkeit, welche von einer Durchtriebenheit Zeugnis ablegt, wie sie nur der in sich selbst verliebte Geist des geborenen Dialektikers aufbringt.

Ich meine die ungenaue lateinische Wendung nach dem ersten UT: „libere et secure permanente Dei ecclesia".

Ich habe diesen Ablativ im Deutschen durch das neutrale, unverbindliche Wort „bei" wiedergegeben. Was alles aber könnte er bedeuten! Er könnte ursächlich, bedingt oder auch zeitlich sein und wäre dann im Deutschen durch Nebensätze zu umschreiben, welche mit: „da", „weil" – „unter der Bedingung, daß" – oder „indessen" zu beginnen hätten. Was also ist zu wählen, und auf was will man den Schenker, den Kaiser, festlegen? Ich erkenne mir kein Recht zu, Majestät, anders als neutral zu übersetzen. Denn ich sage mir: wäre es Ihre Absicht gewesen, ursächliche, bedingte oder nur zeitliche Bezüge herzustellen, so hätten Sie sich der unzweideutigen Ausdrucksmittel bedient, über welche gerade die lateinische Sprache verfügt. Sie hätten Nebensätze mit den entsprechenden Bindewörtern gebildet – und jeder Zweifel an Ihrer Absicht wäre unmöglich gewesen. Wenn etwa Ihre RENOVATIO dieses oder jenes der Kurie „verbriefte" Recht als ein nicht verbrieftes beiseite geschoben hätte, hätte Ihnen niemand vorhalten können: „Aber haben Sie nicht selbst in der Urkunde gesagt: ‚unter der Bedingung, daß die Stellung der Kirche frei und gesichert bleibe?' ... Sie können doch nicht Ihr kaiserliches Wort brechen!"

Wie oft, Majestät, habe ich mich in meinem langen Nachsinnen über Ihr Leben und Ihr Werk an diesem Punkte angehalten, wie oft mich gefragt, ob mich das meiner Natur eingeborene Mißtrauen nicht böse Geister am Werk sehen läßt, wo gar keine sind . . . Und was habe ich eines Tages lesen müssen, als mir die sehr bemerkenswerte Dissertation eines jungen Historikers meiner Zeit in die Hände fiel? Ich habe wörtlich lesen müssen: „Gemeint ist hier – in dem von Leo von Vercelli verfaßten Urkundentext, natürlich –, daß unser imperium – nicht Reich, sondern die weltliche Macht der ecclesia – erblühe *unter der Bedingung, daß* die Dei *ecclesia* sich frei und unvergänglich behaupte!" Da hatte ich, was mir bestätigte, wie sicher mein Mißtrauen gewittert hatte. Und ich sagte mir: wenn diese willkürliche Deutung eines neutral bleibenden Staatsdokumentes aus dem Jahre 999 heute gewagt wird, um wieviel mehr konnte sie in der Zeit seiner Entstehung gewagt werden! Aber ich stelle noch ein anderes fest, nämlich, daß man das in der Urkunde gebrauchte Wort „imperium" dem von dem Textkritiker die „Dei ecclesia" gegenübergestellt wird, unmöglich als das „regnum" der gelasianisch-augustinischen Formel lesen kann. Wäre dies gemeint gewesen, so hätte folgerichtig statt „Dei ecclesia" „sacerdotium" stehen müssen, sofern die Gleichordnung von weltlicher und geistlicher Macht innerhalb der „Dei ecclesia", der „Christengemeinschaft Gottes", nicht zugunsten der geistlichen Macht verschoben werden sollte! Schlußfolgerung: Die von Leo von Vercelli für sein eigenes Bistum verfaßte Urkunde ist ein verfängliches Dokument der begrifflichen Unpräzision, welches Vorsicht gegen den Verfasser zum Gebot macht.

Man hat zu Ihrer Zeit unter „Ecclesia" die Summe der gleichgeordneten Mächte „Regnum", weltliche Herrschaft, und „Sacerdotium", geistliche Herrschaft, verstanden, in Wirklichkeit aber, je nach dem stärkenden Pendelausschlag der eignen Natur, gegen diese oder jene Macht hin gehandelt.

Auch Ihre RENOVATIO ist um diese Klippe nicht unversehrt herumgekommen. Auch Sie sprachen die gelasianisch-augustinische Formel fast wie ein Gebet Ihrer Zeit nach und machten sie zur Grundlage Ihrer RENOVATIO: denn es gab keine andere. Aber Sie waren der Tyrannis dieser Formel niemals soweit unterworfen, daß das Bewußtsein Ihrer „Majestas" vor ihr die Flügel gefaltet hätte. Die Macht dieser „Majestas" trieb Sie vorwärts bis zu der Stelle, wo sich unter der Wucht Ihres Wollens, das den gleichen Gründen des Blutes entsprang wie die Askese Frankos, die Zweigewaltenlehre aus einem gedanklichen Absolutum zu einem tatsächlichen Relativum verwandelte. Sie spürten gerade in den großen Erfolgen der Jahre 998/999, daß es dahin kommen müsse. Sie spürten es nicht ohne ein inneres Erschrecken, denn Sie fürchteten eine nie gewollte aber Ihnen fast aufgezwungene Verkrampfung des Majestätsgefühles, weil Sie als Gott verbundener Mensch vor einem Abgleiten in jene „Hybris", die Ihnen Adalbert als die Geißel der Könige geschildert hatte, zittern mußten ... So auch habe ich ohne Mühe erkannt, warum Sie gerade im Sommer 999 mit Franko jene Bußübungen und Kasteiungen vornahmen, die bis auf den heutigen Tag das Kopfschütteln so vieler Menschen hervorrufen ... Die Menschen, die Ihnen nicht „nachgegangen" sind, können nicht begreifen, welcher ungeheuerliche Kampf zwischen dem Verfolgen eines weltumspannenden Zieles und dem Bedürfnis nach dem von Gott gewollten Maße in Ihnen wogte. Wie, fragten Sie sich Tag um Tag, wie soll ich das Außergewöhnliche erreichen, ohne die Mittel zu übersteigern? Je näher Sie Ihrem Ziele kamen, um so quälender durchhämmerte Sie diese Frage – – und Sie wußten kein anderes Mittel, Herr über sie zu bleiben, als die härteste persönliche Askese. Man hat geglaubt, Majestät, daß die Bußübungen, denen Sie sich vierzehn Tage lang im Mai 999 mit Franko von Worms in S. Clemente in Rom unterzogen, noch dem Bewußtsein Ihrer Schuld gegen Philagathos und Crescentius zuzuschreiben seien . . . Nein. Diese Übungen im Mai 999 hatten einen ganz anderen Sinn: sie waren ein Niederrufen jenes Leuchtens, das Sie im Heiligtum des Erzengels Michael verspürt hatten. Sie erniedrigten Seele und Leib, damit in Ihrem Tätertum, das in Jahresfrist seine Höhe erreichen würde, keine Schlacke der Verstiegenheit und Hoffärtigkeit bliebe. Sie wußten: was Menschen „Größe" nennen, ist gar nichts. Aber die REINHEIT ist alles. Rein bleiben! war der Schrei, der aus Ihrem gewaltigen, immer mißverstandenen Herzen zu Gott emporstieg. Rein bleiben: um den Preis wundgerissener Fußsohlen, des Hungerns und Dürstens, der schlaflosen Nächte, der Blutstriemen in einer Haut, die es gewohnt war, die zarteste chinesische Seide zu tragen und über ihr den Purpur als Schutzmantel der Welt. Rein bleiben: durch das Beispiel Frankos, des Brüderlichen, der die Glut seines Wesens in SEINER Askese auf den Herd zurückverwies, damit sie nicht zur Flamme der Verwüstung in hilflosen Herzen würde, die sie von ungefähr anfiel.

Ein Freund, in dessen Pupillen schon lange die Fragen erloschen waren, sagte mir eines Tages: „Daß man wüßte, was damals in S. Clemente geschah!" Er sagte es mir in der unteren Krypta der Kirche selbst, während er an eine der ungefügen Säulen lehnte und die von viel zu altem Weihrauch moderige Luft in die Nüstern zog. Und er fuhr fort: „Wenn ich denke, daß vielleicht der Stein, auf dem mein Fuß steht, das Blut des ohnmächtigen Kaisers getrunken hat – und daß vor dieser anderen Säule dort drüben Franko am Boden lag, während ihm die apokalyptischen Visionen auf den fiebernden Lippen zu Gedichten wurden, die wir deshalb nicht kennen durften, weil sie als Sühne der Seele an Gott gezahlt worden sind . . . Wie müssen diese Menschen stark, wie müssen sie gottähnlich gewesen sein. Welche armseligen Strohwische sind diese Abendländischen geworden, die sich weder durch das Leid zu erreichen noch über sich selbst zu erheben vermögen. Die Kräfte ihrer Erde sind in die Gehirne oder Muskeln gegangen. Litéraille und Boxertum. Was würde Otto III., was würde Franko, was Adalbert empfinden, wenn sie nur einen Tag lang sähen, welche Dinge heute die Menschen für wichtig halten ... Und niemals vielleicht war Gott so nahe wie heute ..." „Eben deswegen spüren ihn die Menschen nicht, erwiderte ich. Die Menschen von heute glauben nur an das Entfernteste. Sie haben zu viel Fernes in Nahes verwandeln können. Dem Scheine nach. So starren sie immer in ein noch Entfernteres, um den nächsten Selbstbetrug begehen zu können. An diesem fruchtlosen Starren müssen sie verkommen. Wir wollen nicht wiederholen, was wir uns vielleicht zu oft gesagt haben ... Wir wollen nach S. Alessio auf den Aventin gehen, und ich will dir noch vieles über das Jahr 999 sagen."

Der Maitag, Majestät, hatte sich schon dem Abend zugeneigt. Mein Begleiter – er ist wenige Monate nach dieser letzten Begegnung in Rom an den Ufern des Me-kong gestorben – war ein Mensch des Fernen Ostens. Er wußte um alle Kräfte der Askese, die in Ihnen wirkten, auch wenn er keine Kasteiungen des Leibes kannte und um keine Maße zu kämpfen brauchte. Er selber war das Maß, und also die Askese in sich selbst, die ihm von allen Trägern seines Blutes überkommen und vorausgelebt worden war. Er hat geholfen, mein Leben auf die Ebene zu rücken, von deren Rande aus es zu Ihnen sprechen kann. Ich habe ihm alles mitgeteilt, was ich von Ihnen weiß. So auch ist dieses Buch an ihm gewachsen. Sie sind mir Gestalt geworden, weil er die Schwingungen meines mühevollen Formens gefühlt und Antwort auf sie gegeben hat.

An jenem Maiabend sagte ich ihm an der Rampe von S. Sabina auf dem Aventin: „Was unser Blick umspannt, ist die Landschaft, gegen deren Horizonte die letzten Erwägungen über die Durchführung der RENOVATIO im Mai und Juni 999 ausgereift sind. Der Plan war seit langem umrissen, seine Maße erhielt er erst im Sommer, ehe der Kaiser noch einmal nach Benevent ging.

Wir wissen nicht, warum. Er wird vor dem geplanten Aufbruch nach Polen und Deutschland neue Abmachungen mit den Fürsten getroffen haben. Vielleicht wollte er durch diese Reise auch der römischen Hitze entfliehen und in der Luft der kampanischen Berge eine Gesundheit erhalten, die nicht versagen durfte, wo es um eine letzte Anstrengung für die RENOVATIO ging. Heribert von Köln und Franko von Worms begleiteten ihn.

Otto hatte einmal – etwas leichthin und voreilig – Bruno von Querfurt „meine Seele“ genannt. Es muß im Jahre 996, auf der Krönungsreise nach Rom, gewesen sein. Er hatte damals schwerlich schon gewußt, was Seele sei. Er hatte Adalbert noch nicht gekannt. Adalbert war ihm noch nicht genommen – und Franko war ihm noch nicht gegeben worden. Nun war Franko bei ihm: als seine Seele: in Frage und in Antwort. Ein Geschichtsforscher, der sich um das 17. und 18. Jahrhundert Frankreichs bemühte, fragte mich eines Tages fast verärgert in Paris: „Warum sind in ‚Ihrem‘ gespenstischen frühen Mittelalter, an das Sie so viel Kraft verschwenden, niemals Frauen? Was ist das Leben ohne Frauen?“ Ich erwiderte: „Was hat eine solche Fragestellung mit Forschung zu tun? Die seelischen Gewichte waren anders verteilt als in ‚Ihrem‘ 17. und 18. Jahrhundert der Amouren. Die Frauen waren auch im ganz und gar nicht gespenstischen frühen Mittelalter da, aber ‚le royaume des âmes était réservé à Dieu‘.“ Das ist alles. Es ist allerdings sehr viel. Wer aus eigener Anlage nicht begreift, was Erschütterungen und Ergriffenheiten sind, wie sie ein Adalbert, ein Franko in dem Kaiser auslösten – und zwar deswegen nicht begreift, weil ihm die Seele erst mit dem Liebeserlebnis beginnt und in ihm endet: – dem wird man sie niemals fühlbar machen können. Hier sind gar keine besonderen Runen zu entziffern. Das Leben der mittelalterlichen Seele aus Gott, in Gott, zu Gott ist als eine verstandene oder nicht verstandene Gegebenheit hinzunehmen. Die Tatsache, daß es auf seine und keine andere Art gelebt wurde, erfüllt den Dichter als ein Glück, aus dessen Tiefe er das Bildnis seiner Vision formt. Die Sichtung der Elemente des Wesens geschah vor der Formung des Bildes. Sie ist überwunden, sobald Gestalt aus ihren eignen Bedingungen und Gesetzen erkennbar sind. Sie verschweigt vieles, das sie weiß, vor dem Lichte, da dieses Verschwiegene – genannt und abermals genannt – die Gestalt wieder in das Halbdunkel der Voraussetzungen und in alle Unwürde der Neugier zurückdrängen würde. Hier auch liegen die Wurzeln jenes Rätsels, das den Torso oftmals lebensvoller erscheinen läßt als das Ganze. Was ist – wo immer Sie hinschauen – ergreifender als das Fragment, das nur so weit Form wurde, daß es unsrer eignen Seele die Träume der Ergänzung überläßt?" – – Ich erhielt keine Antwort. Der Frager wußte nichts davon, daß man ein Leben unzähliger Brechungen und Spiegelungen aufgebraucht haben muß, um im Fragmente – Gott zu wittern. Wer will erschöpfen? Vielleicht einer, der an „Beweise" glaubt. Hast du selbst mir nicht eines Tages mit jenem Seitwärtsblicken der gesenkten Augen, wie es nur der Ferne Osten kennt, die Frage gestellt: „Was soll dir denn bewiesen werden? Du selbst bist der Beweis!"

Genau dies gilt für den Kaiser. Nein: so sehr er „Mensch des Mittelalters" war: ihn konnten sich seine eignen Zeitgenossen, und wenn sie alle Begriffe, in denen sie lebten, an sein Bildnis setzten, niemals beweisen. Deshalb fanden sie, die Allmacht des Fragmentes witternd, ohne sie nennen zu können, den Ausweg: „Mirabilia mundi" – „WUNDER DER WELT". Ein WUNDER braucht man nicht zu beweisen, weil jeder weiß, daß man es nicht beweisen kann!

Langes Schweigen, ehe ich fortfahren konnte:

„Ende Juli wiederholte der Kaiser die Bußübungen mit Franko in Subiaco. Anfang August war er im Kloster San Benedetto in den Sabinerwäldern, hoch über dem Anio. Auch dort habe ich seine Spuren gesucht. Er hat mit Franko von Worms, mit dem Kanzler Heribert von Köln, mit einigen Kanzlisten, Kapellanen und Bischöfen, unter denen Erpo von Halberstadt und Razo von Bremen waren, den glühenden Monat in der goldnen Bergkühle der Benediktinerabtei zugebracht. Dort auch hat er die neuen Ernennungen vorgenommen, welche die RENOVATIO, vor allem aber die Lage in Deutschland, notwendig machten. Da Willigis sich von der Außenpolitik zurückgezogen hatte, die persönlichen Pläne des Kaisers aber angesichts der bevorstehenden Umschichtung der Ostpolitik durch Anhänger der RENOVATIO vertreten werden mußten, gab Otto das Erzbistum Köln an Heribert. Er ernannte ihn außerdem zum „Archilogotheten" oder „Logothéta principalis". „Erzkanzler" konnte man ihn nicht nennen: denn diesen Titel führte nur der Erzbischof von Mainz. Aber der Archilogothet war viel wichtiger geworden als der unbeteiligte Willigis. Das deutsche und italienische Kanzleramt blieben also in seiner Hand. Um ihm seine Arbeit zu erleichtern, wurde ihm Leo von Vercelli als italienischer Hilfskanzler mit dem Titel „Logothéta" beigegeben. Somit war das RENOVATIO-TRIUMVIRAT gebildet: Kaiser, Papst und Erzbischof von Köln: die beiden gleichgeordneten Gewalten des regnum und des sacerdotium, welche die Ecclesia Dei bildeten, und der deutsche Erzbischof als Außenminister. Das deutsche Übergewicht in diesem Triumvirat springt in die Augen, wenn man bedenkt, daß der Papst Silvester II. seine Ernennung dem Kaiser verdankte und daß ja auch der Erzkanzler Willigis von Mainz, abermals ein Deutscher, noch sein Wort zu sagen hatte, wenn er dies wollte. Rom – die „URBS", nicht die „URBS REGIA" – hatte in diesem Triumvirat

Stimme nur durch einen französischen Papst. Auch Leo von Vercelli war deutscherAbkunft – wenn auch durch Einwirkung italischer Bildung zu einem halben Italiener umgeformt. Vielleicht ließe sich die Rolle, die ihm zugedacht war, als diejenige eines „Obersten Beraters in Fragen der RENOVATIO" bezeichnen. Eine solche Aufgabe mußte seinem Ehrgeiz schmeicheln. Aber sie enthob ihn auch unmittelbaren politischen Verantwortungen und erlaubte den verantwortlichen Männern des Triumvirats, jedes Nein auszusprechen, das ihnen notwendig schien. Es ist unvorstellbar, daß einer dieser Männer sich durch Leo von Vercelli hätte hypnotisieren lassen. Silvester, der mit allen Wassern der Realpolitik gewaschene Diplomat, wird Leo, dem geborenen, aber innerlich an keine Ideologie gebundenen Ideologen, oftmals erlaubt haben, sich gerade da als der Treibende zu fühlen, wo er der unbemerkt Getriebene war. Silvester war zu klug, zu geübt in der Analyse menschlicher Schwächen, um nicht aus der Erkenntnis seiner eigenen Schwächen die notwendigen Schlüsse für die Behandlung einer Natur zu ziehen, welche ihm in der Grundschwäche des persönlichen Geltungsbedürfnisses verwandt war. Dem Kaiser aber – daran gibt es für mich keinen Zweifel – war Leo, dieser ewig Beflissene, dem er hohe, aber nicht höchste Beamtungen verliehen hatte, menschlich schon zu einer quantité negligeable geworden. Denn der Kaiser war immer Wesen – und niemals Gehirn. Ich könnte mir denken, daß ihm allzu gefügiges Dienen sogar ein wenig verächtlich schien.

Wie innerlich gelöst er sich fühlte, als er die neuen Ernennungen erließ, zeigt das kurze, die Prunkurkunden der Kanzleien ironisierende Handschreiben, in welchem er Heribert mitteilt, daß er ihm gebe: „gratiam et Coloniam – ac pallii cubitum unum": „seine Zuneigung, und Köln – und eine Elle des Palliums". Wieder war er in sich gefestigt aus den Bußübungen hervorgegangen.

Aber es wurde ihm nicht vergönnt, in sich gefriedet nach Rom zurückzukehren, um während der Herbstmonate 999 die letzten Vorbereitungen für die Reise Rom–Gnesen–Aachen zu treffen. Am 28. August starb Franko ..."

So weit, Majestät, hatte ich an jenem Maitag zu meinem Begleiter sprechen können. Aber dann verstummte mir das Wort. Ich entsinne mich der Stunde, als ob sie gestern gewesen sei. Ich fühlte die Trauer nach, in der mir der Ton meiner Stimme versank. Denn ich habe als Fühlender Ihr Leben nachgelebt – und die Straße meines eigenen Lebens läuft zwischen den Gräbern aller, die ich lieben durfte mit den Lieben, die sie mir selber gaben. Thanatos ist mir schon früh zum Begleiter geworden – und bald auch zum Behüter. Ich hätte niemals zu Ihnen sprechen können, wenn ER nicht das Wort auf meinen Lippen geformt hätte. Auch Ihnen war er Bruder und Gefährte. Sie haben oftmals sein Schreiten durch die Landschaften Ihrer Seele gespürt: aber Sie konnten nicht wissen, wer er war. Das „ESCHATON" trug für Sie niemals das Antlitz einer Diesseitigkeit. Sie gingen ihm entgegen: ich trug es als Wissender bewußt durch jede meiner Taten. So oder so: es war uns beiden das Leuchten, durch das wir lebten ...

Sie kannten, Majestät, die violetten Nachmittagshimmel Roms, die eine Verwandlung des Wetters ankündigen. Auf Gold und Purpur, die sich eben noch gegen das unsichtbare Meer hin aneinander verzehrt haben, legen sich unmerklich Veilchenschleier, ziehen das Flammen in sich, verwandeln es in mühevolles Glühen, bemächtigen sich der letzten roten Widerscheine, die zu kämpfen versuchen – und jählings unterliegen, als seien sie nie gewesen. Die Luft steht schwer um unsere Schläfen, die Blumen aus den Terrassengärten werfen, als ob sie sich befreien müßten, Lasten von Duft gegen den windlosen Äther, Kuppeln, eben noch rosa, gelb, sepia, stehen als Blei über den Mauern, und schräg gestellte Dachfenster zeigen das schwarze Hohl der Öffnungen, durch die das Licht auf dumpfe Treppengänge gestürzt ist. Die Schwalben schießen tiefer gegen den leblosen Strom – und der Abend beginnt in einem langgezogenen MISERERE ... Es bilden sich keine Wolken, es zieht kein Gewitter mit Hoffnung auf Kühle vom Meere herüber: es webt sich langsam und quälend die farblose Nacht über der ausdünstenden Stadt – und spät erst, wenn die Lampen verloschen sind, weinen verkümmerte Sterne durch grauen Flor.

Solch eine Nacht war es, in der wir damals untertauchten...

Solch eine Nacht der Seele war es, in der Sie hilflos, tränenlos auf die Marmor gewordenen Züge des letzten Helfers in die Allmacht Ihres Gewissens starrten ...

Spät erst, als es über den Konturen der Berge schon zu tagen begann, fanden Sie die Kraft zu einem Entschlusse. Sie ließen einen Boten zu der Kaiserin Adelheid reiten, die den Toten sehr geliebt hatte.

ZWEITES KAPITEL

Erpo von Halberstadt, dem die Führung der Angelegenheiten des Klosters Farfa anvertraut worden war, wurde zum Nachfolger Frankos auf dem Bischofsstuhl von Worms ernannt. Aber auch er starb – drei Tage nach der Ernennung.

Die Wahl fiel nun auf Razo von Bremen. Sechs Wochen nach seiner Abreise lief im aventinischen Palast die Nachricht ein, daß er auf der Reise nach Worms in Chur einer plötzlichen Krankheit erlegen sei.

So waren Ihnen in acht Monaten fünf Menschen genommen worden, die Ihrer Politik oder ihrem Herzen verbunden gewesen waren. Was dachten Sie, Majestät?

Ich glaube nicht, daß Sie nach Frankos Tod noch ein Fühlen aufbringen konnten. Wir alle haben den Zustand gekannt, in den Sie nun eingetreten waren: jenen Zustand der Abwehr gegen jeden Schmerz, auf den wir keine Antwort mehr zu geben vermögen. Unser Wille steigert sich bis zur Grausamkeit nicht gegen uns selbst, sondern gegen alle, welche ein Anrecht auf unsere Trauer gehabt hätten. Spät erst erkennen wir oftmals, wie herzlos wir waren. Aber was hilft uns bereuen? Da das Herz, überwältigt von zu viel an Leid, nicht sprach, konnte es nicht sprechen. Und wer wagte, es in Regungen zu zwingen, wenn eine geistige Aufgabe, für die wir uns opfern, befiehlt, daß es schweige?

Es war Herbst geworden. Ein Kronrat, auf dem alle Fragen der RENOVATIO, die in den nächsten drei Monaten gelöst werden mußten, zur Verhandlung standen, war nach Farfa einberufen worden. Teilnehmer: der Papst Silvester II., der Erzbischof Leo II. von Ravenna, der Archilogothet Erzbischof Heribert von Köln, der Bischof Leo von Vercelli und der Markgraf Hugo von Tuskien, Ihre zuverlässigste weltliche Stütze in Italien.

Es galt zunächst, einer Wiederholung der Ereignisse der Jahre 996/997 vorzubeugen. Gab es auch keinen Patricius Johann Crescentius mehr, so gab es doch noch die Familie der Crescentier, welche auf ihre Stunde wartete. Sie hatten gelernt, Majestät, daß auf keinen Römer unbedingter Verlaß war. Es wäre also ein Fehler gewesen, Rom nur dem Schutz der Tuskulanergrafen anzuvertrauen. Silvester II. mußte darauf bestehen, daß eine starke deutsche Besatzung in Rom und in der Sabina zurückbleibe. Sie haben dieses Verlangen bis zur Grenze des Möglichen erfüllt. Denn die deutschen Herzöge, welche der RENOVATIO ablehnend oder noch zweifelnd gegenüberstanden, durften sich nicht auf eine abermalige Revolte der Römer berufen können. Daß die Truppen des Markgrafen von Tuskien keinen ausreichenden Schutz zu bieten vermochten, hatte die Crescentiusrevolte erwiesen. Der Papst verfügte über kein eigenes Heer, auf das er sich hätte stützen können. Er verfügte auch über keine eigne Partei in Rom, die sich mit dem Schwert für ihn eingesetzt hätte. Wie schwach seine Stellung war, ist ihm vor Ihrer Abreise nach dem Norden zum Bewußtsein gekommen. Er konnte sich dieser Abreise nicht entgegenstellen, denn er wußte, daß nur Sie selbst die deutschrömisch-polnischen Beziehungen im Rahmen der RENOVATIO umformen konnten. Auch war Ihre Anwesenheit in Deutschland notwendig. Denn was in Polen geplant war, mußte die Sachsen in Harnisch bringen. Es wäre Verblendung gewesen, die Folgen einer sächsischen Verstimmung nicht in Rechnung zu stellen. Sie konnte, von einem geschickten Aufwiegler ausgebeutet, Wellen über ganz Deutschland hin schlagen, obwohl es sicher war, daß sich Heinrich von Bayern um der bayrisch-ungarischen Politik willen auf keine innerdeutschen Abenteuer einlassen würde. Das Beispiel seines Vaters, der vor vier Jahren als geschlagener und verbitterter Mann gestorben war, stand ihm als Warnung vor Augen – und außerdem bedeutete ja das Gespräch von Monte Cassino eine persönliche Verpflichtung.

Der Aufwiegler in Sachsen war da: es war der Erzbischof Gisiler von Magdeburg, dessen Prozeß mit der Kurie (in der Angelegenheit des Bistums Merseburg aus dem Jahre 981) immer noch nicht entschieden war. Daß er dem kosmopolitischen Franzosen Silvester II. unfreundlich gesinnt war, wußte jedermann. Daß er Sie, Majestät, als Werkzeug Silvesters betrachtete, ebenfalls. Wünsche des Magdeburger Erzbistums, welches den Glanz der Zeit Ottos I. verkörperte, fanden das Ohr jedes sächsischen Konservativen. Der polnische Plan durfte in Sachsen nicht bekanntgegeben werden. Aber allen großen politischen Ereignissen geht jenes gefährliche Geflüster voraus, das aus den dicksten Mauern der Kanzleien in die Öffentlichkeit dringt, ohne daß irgend jemand zu sagen vermöchte, durch welche Ritzen es diesen Weg nehmen konnte. Gisiler hatte manches Ohr in Rom, das für ihn lauschte, und er verstand sich ausgezeichnet auf die Chromatik der politischen Musik.

Sollte ihm schon vor Ihrem Aufbruch nach Polen – über Regensburg–Eger–Meißen – bekannt geworden sein, daß Sie sich für diese Reise den Titel „SERVUS CHRISTI ET ROMANORUM IMPERATOR AUGUSTUS SECUNDUM VOLONTATEM DEI SALVATORISQUE NOSTRIQUE LIBERATORIS“ zulegen und bis zu Ihrer Rückkehr nach Aachen beibehalten würden, so würde er sehr rasch die Fährte Ihrer Politik gewittert und sich zur Abwehr gerüstet haben. Dieser Titel ist auf dem Kronrat von Farfa von dem Papst Silvester und von Leo von Vercelli erläutert worden. Mit seiner Annahme, Majestät, welche einen häufig geübten Brauch wieder aufnahm, hatte eine sehr gewagte Politik universalen Charakters ihren Anfang genommen. Wollten Sie als „SERVUS CHRISTI“ wirklich nur die „ECCLESIA“, die universale, konföderative Christengemeinschaft – oder wollten Sie dem „SACERDOS“, dem Papst, in die Maschen seiner Politik greifen, indem Sie ihn in den Schatten Ihres „REGNUM“ drängten? Polen gegenüber konnten Sie sich nur auf diesen Titel stützen, denn Polen hatte sich 990 Christus „anheimgegeben“, war also nur von einem „SERVUS“ CHRISTI – von einem „DIENER“ CHRISTI – in die RENOVATIO einzubeziehen. Fragten Sie sich nicht, wie lange wohl dieser zum Großstaat gewordene Vasallenstaat des deutschen KÖNIGS in diesem Rahmen zu halten sei? Natürlich fragten Sie es sich – und keine Wortkunst Leos von Vercelli machte Sie leichtgläubig. Sie wußten, daß es um ein Wagnis ging. Aber da Sie – als Gegengewicht zu einer morgen einsetzenden byzantinischen Expansion von Südosten nach Nordwesten – RENOVATIO IMPERII ROMANORUM brauchten, mußte gewagt werden. Dieses „MUSS" gab Ihnen den Schwung und die Kraft.

Die ungarische Frage blieb noch im Hintergrund. Sie konnte erst nach einem Erfolg in Polen gelöst werden. Da Ihre Rückkehr nach Rom schon auf den Sommer 1000 angesetzt war, konnte man diplomatische Gespräche über Ungarn bis zu diesem Zeitpunkte aufsparen. Jedenfalls durfte auch das ungarische Problem nur von Rom aus in Angriff genommen werden.

Eine stadtrömische Frage stand lange im Mittelpunkt der Verhandlungen in Farfa: es galt, den altrömischen Patriciat in ein kaiserliches Amt umzugestalten. Der Patricius war fortan nicht mehr der „Herr" von Rom, sondern er wurde der „Stellvertreter" des Kaisers in Rom. Das war er schon vor Konstantin gewesen, als Rom aufgehört hatte, die Hauptstadt des Imperiums zu sein. Auch das Zurückgreifen auf diese frühere Machtbefugnis war eine Handlung aus dem Geiste der RENOVATIO, welche sich an das vorchristliche und christliche Rom zugleich anlehnte. Sie gaben dieses wieder geschaffene Amt jedoch keinem Römer, sondern einem Sachsen aus altem Adel: dem Grafen Ziazo, den einige Geschichtsschreiber dem Geschlechte der Eilenburg zurechnen wollen. Auch er war noch ein jüngerer, keinesfalls ein alter Mann. Die Römer, Majestät, werden sich über diese Ernennung wenig gefreut haben. Sie hatten ihnen ein sehr deutliches Mißtrauensvotum erteilt, Ihren sächsischen Gegnern aber bewiesen, daß Ihre persönliche Liebe zu Rom Sie für die Erbfehler der Römer nicht blind gemacht hatte. Was Brun von Querfurt und einige Jahre später Thietmar von Merseburg über Ihre Affenliebe zu den Römern berichtet haben, ist Ressentiment und Provinz.

Sie kamen, Majestät, aus tieferen Zusammenhängen von Blut und Kultur als diese Sachsen, und Sie zielten in weitere Horizonte, als der Gesichtswinkel dieser Chronisten zu fassen vermochte. Die Weite der Welt wird keinem aufgehen, der sie nicht in sich trägt – und „des yeux qui ont longtemps regardé la mer" werden sich nicht allzulange an den Ufern der Elbe anhalten.

Auch Ihr Gefolge für die Reise zu Herzog Boleslaw Chrobry nach Gnesen wurde als ein „Renovatio-Gefolge" in Farfa zusammengestellt. Die beiden wichtigsten Teilnehmer waren der Patricius Graf Ziazo als Stellvertreter des Kaisers in Rom und sein Partner, der Oblationar Rotbert, als Vertreter des Papstes Silvester. Der einzige „Berufene" aber, der die Umgestaltung der Beziehungen zwischen Westimperium und Polen zu vollziehen hatte, waren Sie selbst, Majestät: „SERVUS CHRISTI". Einige Herren des römischen Adels, einige Kardinäle und eine aus Ihrer Garde geformte Elite stellte Ihr persönliches Gefolge dar, das man mit Absicht auf nur wenige Menschen beschränkte. Der Schirmherr des Zuges und Ihr Fürsprecher am Throne Gottes für das Gelingen des ungewöhnlichen Wagnisses war der heilige Adalbert, in dessen allmächtigen Schatten Sie Frankos Tod zurückgeleitet hatte. IHM sollte die Kathedrale von Gnesen geweiht werden: und einen Teil seiner Reliquien würde der Dom Karls des Großen in Aachen bewahren.

In dem abschließenden Bericht über den Kronrat von Farfa, Majestät, bekundeten Sie, daß auch diese Besprechungen „pro restituenda republica", also für die RENOVATIO, geführt worden seien.

Der Aufbruch nach Polen erfolgte Ende Dezember.

Jedes entscheidende Handeln stellt uns, kurz bevor es sich vollzieht, in einen leeren Raum. Es ist nicht wahr, daß das außergewöhnliche Wagnis, welches auf die Stunde seiner Geburt wartet, uns erregt. Es läßt uns oftmals in uns selbst erstarren. Wir hören mit halbem Ohr, wir sehen mit halbem Auge das Gegenwärtige. Es entgeht uns nichts. Aber alles

Heute erscheint unsäglich entfernt. Oft dünkt es uns, das noch nicht begonnene Planen sei schon gescheitert und wir schritten über seinen Trümmern in ein Nichts. Wir rechnen immer mit einem Nichtgelingen, aber ohne Traurigkeit. Das Leben erscheint uns ohne Sinn, die Form ein Phantom, der Kampf ein Wahn. Jedem Werke, jeder Tat, geht dieses Nirwâna voraus, das nur den Anschein eines Nirwânas trägt. Denn es ist nicht der heilige Ausgleich, es ist das Fragezeichen. Viel Erinnern geschieht uns wieder: oftmals in quälender Deutlichkeit. Auch das Schöne wird allzu gegenwärtig – und alles gelebte Glück.

Waren wir „glücklich"? Was ist das: „Glück"?

Wann, Majestät, waren Sie „glücklich"?

Das Schreiten Ihrer Mutter durch die Zimmer, die Säle, die Lindenalleen, das Sie immer mit dem Heimweh nach einem Unbekannten verfolgt hatten – Tammos Unbekümmertheit, Lachen- und Ausweichenkönnen, die Sie oft mit Neid erfüllten – die Worte, die Blicke Adalberts, welche Sie nur als Atem und Leuchten durchdrungen hatten – das Lohen Gottes durch zwei Jahre Ihres Lebens hin, das aus dem Namen Franko aufgeschlagen war – – „Glück"?

Welcher erdrückende, einengende Begriff, den sich die Menschen als ein Labyrinth der Unzulänglichkeiten in die grenzenlose Weite der Seele gezwängt haben. Wo, Majestät, wo wäre Raum in Ihrem Sein für diesen Alpdruck unserer Armut gewesen?

– Nur was niemals „genannt" werden kann, dämmerte es durch die Überwachheit Ihrer Sinne, ist die „τύχη" meiner entferntesten Ahnen: die Zusammenhänge des Unenträtselbaren, die Treppen, die sich über Abgründen begegnen, der Nachduft verwelkter Lockungen, die funkelnden Splitter auseinandergebrochener Zahlen ...

Du, Kerze dort im Eisenleuchter, die mir ihr Leben als Gold verbrennt – und keiner wüßte, wie, noch wozu ... ΤΎΧΗ ...

So allein waren Sie und so fern dem Namen Gottes einen Tag, ehe Sie aufbrachen, um als „SERVUS CHRISTI“ ein Werk für diesen Gott zu beginnen, der „seinen Sohn am Kreuz für die Menschen geopfert“ hatte.

Während Sie in Schlummer sanken, glitt als Traumdunkel durch Ihr Erinnern die Ikone der Theotokos, zu welcher Ihre Mutter gebetet hatte, ehe sie sie an – –

Die Zypressen, welche vor dem Halbrund des Bogenfensters die bläulichen Wipfel regten, standen als Wächter vor Ihrem traumlosen Schlaf, in dessen Schoß Sie mit einem Lächeln geglitten waren.

DRITTES KAPITEL

Salweidenbüsche. Mandel- und Pfirsichbäume. Goldlack- und Primelbeete. Springbrunnen.

Sie gingen, die schattende Hand manchmal gegen die Bläue des neunzehnten Apriltages des Jahres 1000 hebend, mit dem Herzog von Niederlothringen durch den Garten der Kaiserpfalz von Aachen.

– Heimkehr, sagten Sie langsam, während Sie sich neben Otto auf eine sonnige Bank setzten. Was heißt Heimkehr für den Kaiser des Abendlandes? DU bist mir Heimkehr, wo immer du seist. Du wirst es bald in Rom sein. Ich werde dich dort brauchen wie nie. Wenn ich dein unbeirrbares Verharren in deinen Grenzen spüre, das dich manchmal unheimlich macht, fühle ich bis zu körperlichem Schmerz, was die Heimatlosigkeit meines Kaisertumes ist und sein muß. Glaubst du, ich sei in Rom „zu Hause“? Nein. Du siehst mehr als den Anschein. Du weißt auch, warum ich traurig bin. Ich darf es nicht sehen lassen. Man würde meinen, ich glaube nicht an die RENOVATIO. Ich glaube an sie. Aber sie wird mit jedem

Grundstein, den ich setze, zu einem unerträglicheren Gewicht. Noch bin ich am Bauen. Aber ich werde ja ausbauen und erhalten müssen. Endloser, schattenloser Weg. Es gibt kein Ende für den, der muß. Dies habe ich in Polen über den Erfolg des Augenblicks hinaus verspürt. Wem sollte ich ein solches Wissen anvertrauen? Vielleicht dem Papst Silvester? Er würde triumphieren. Leo von Vercelli? Er würde mir zustimmen und Silvester etwas ins Ohr tuscheln. Heribert? Er würde kopfscheu werden. Bernward? Ich hätte ihm ein reizvolles Aperçu gesagt. Er würde den hochmütigen Junkern seiner Domschule Vorlesungen über das Thema halten: „Das Ziel als Weg und der Weg als Ziel." Adalbert hätte verstanden, auch Franko – – sie sind nicht mehr auf der Erde. Wissen wir, welche Wege sie in der Ewigkeit schon begonnen haben? Ich fühle, daß auch „SEIN-IN-GOTT" Schreiten heißt. Verstehst du, was ich mit meinen armseligen Worten sagen will?

– Ich möchte, wenn ich es dürfte, für viele Wochen die Krone und ihre Zacken von deiner Stirne nehmen, damit du spürtest, was die RUHE ist, die nur sich selbst umschreitet: Cassians „contemplatio". Vielleicht . . . darf ich es später. Ich suche deine Jugend, Otto. Ich finde sie nicht mehr. Ich weiß, daß du nicht müde bist. Ein Müder kann nicht dahin denken, wohin du denkst. Dein Gesicht hat kein Alter mehr.

– Wie sollte es noch ein Alter haben? Die RENOVATIO kann nur das Werk eines Alterslosen sein. Wehe, wenn sie ein „Jugendlicher" verwirklichen wollte. Sie würde ihm das Blut aus den Adern pressen. Sie ist gewaltig und grausam. Sie befiehlt mir, daß ich sie erfülle.

Sie schwiegen, Majestät, erdrückt von den eignen Worten. Sie legten den Hinterkopf auf den Rücken der Bank und klammerten die aufgerissenen Augen an das Licht:

– Glaubst du, ich weiß, warum?

Otto von Niederlothringen schlug mit der Reitgerte, die er bei sich zu führen pflegte, die Spitze seines Stiefels:

– Es gibt nirgends ein – Warum. Dieses Wort ist das Marterwerkzeug der Selbstvernichtung.

– Wie konntest du mir durch zwei Jahre Trennung, in denen ich dich vergaß, ohne dich je zu vergessen, so weit entgegengehen?

– Ich bin dir auf jeden deiner Schritte entgegengegangen, indem ich nur blieb, wer ich bin. Ich kenne nur die Treue und den, dem sie gilt. Auch ich habe keine Wahl. Glaubst du, ich wüßte, warum?

Das Licht überschwemmte den Mandelbaum vor der Bank, der ein dunkelblaues Violenbeet mit seinen Blütenzweigen überleuchtete:

– Ich bete Tag und Nacht darum, daß DU mir erhalten bleibst. Unsere Bilder sind verschieden – unsere Wurzeln greifen in die gleiche Erde. Es scheint mir oft, ich muß die RENOVATIO für DICH vollenden: für den Letzten, der das Blut des Großen Karl zu Ende führt. Du darfst – da du es so willst – ohne Erben bleiben. Ich muß auch diese fragwürdige Last noch tragen.

– Mußt du?

– Sie wollen es.

– Wer?

– Die mir den Leib und die „Dynastie“ aufgebürdet haben.

– Und wenn du nicht gehorchtest? Wenn du nur das Werk der Welt als Erbe ließest?

– Wer soll es fortführen?

– Wer es um des Werkes willen liebt und es als Gläubiger übernimmt.

Sie hoben den Kopf vom Rücken der Bank und starrten Otto von Niederlothringen ins Gesicht:

– Sage mir, sage mir endlich, wer du bist . . .

– Keiner weiß, wer er ist. Er weiß nur, daß er ist. Ich grüble mir nicht nach. Ich hole mir Weisheit nicht aus Büchern. Ich habe niemals meinen Leib kasteit, um die

Dämonen zu bannen. Ich messe mich an der Ruhlosigkeit der anderen und an der Willkür ihres Tuns. Ich führe Gott nicht als Beweis im Munde. Wie könnte Gott Beweiser sein? Er offenbart sich. Gott ist viel gedehnter als die Priester sagen. Ich höre seine Schritte überall, die lauten und die leisen. Sie lehrten mich den Weg der Pflicht und des Gewissens. Sie enthoben mich aus allen Labyrinthen des Geschwätzes. Ich habe – wie alle, die eine einsame Kindheit hatten und auf sich selbst angewiesen waren – das Billige von mir getan. Wohin du schaust, gewahrst du seine Narben. Mein Stallmeister Yves de Queuleu ist mir lieber als alle „Diplomaten" wie Leo von Vercelli, und ein Ginsterbusch in der Öde des Hohen Venn ist mir ähnlicher als irgendein Herzog deines deutschen Königreiches. Kein Ohr hat je gehört, was ich dir sage – und Fragen werden nie an mich gestellt . . . Ich glaube an die RENOVATIO, weil sie DEIN Müssen ist, aber nicht, weil sie die RENOVATIO ist! Ich kämpfe nicht für einen „großen Gedanken", der irgendwo in der Luft hängt. Ich arbeite für mein Herzogtum, und ich kämpfe für den Glauben eines Menschen, weil ich an diesen Menschen glaube. Nur deshalb auch konnte ich dich gegen die Empörung verteidigen, die ausbrechen wollte, als du die Gruft Karls des Großen öffnen ließest und eine Reliquie nahmst. Das war nicht Eitelkeit oder Vermessenheit, sondern das Verlangen nach dem anrührbaren Symbol, an dem die abgeklungene Größe eines Imperiums haftet, das du erneuern mußt. Ich habe die Erregten überzeugen können. Meinst du, ich hätte dich verteidigt, wenn ich nicht an dich glaubte? Ich habe niemals ein anderes an dir gespürt als die Unentrinnbarkeit.

Otto von Niederlothringen schwieg einen Augenblick. Dann, abgewandten Blickes und fast verlegen:

– Die Reinheit.

Langes Schweigen – durch das Summen früher Bienen.

Dann sagten Sie, den Kopf wieder in die Bläue hebend:

– Möge uns in Italien der Tag vergönnt sein, an dem wir dem Erzengel Michael UNSERE Vigilie des Dankes feiern. Ich werde dir nachher die Strophen schicken, in denen Franko aufgeschrieben hat, was der Engel zu ihm sagte, als er ihm erschienen war. Sie tragen den Titel: „CANTANT FULMINA“. Lese sie, ehe ich dir endlich erzählen kann, was die Reise ROM–GNESEN–AACHEN in Wirklichkeit war . . .

Entschuldige mich jetzt. Heribert wartet. Dann muß ich mit Offizieren der polnischen Ehrengarde, die mich hierher gebracht hat, mit dem Pfalzgrafen Lomello von Pavia und einigen Herrn des römischen Geleites zu Abend essen. Ich werde um elf Uhr bei dir sein. Ordne an, daß niemand mehr vorgelassen wird. Sind die samtenen Levkojen in deinem Garten schon aufgeblüht? Ja? Dann weißt du, was mir das Berichten erleichtern wird.

Während der Herzog von Niederlothringen auf den Kaiser wartete, las er die Strophen Frankos von Worms:

Wieder und wieder
Werden sie rauschen
Mit blutenden Segeln
Satans Galeeren,
Mit blutenden Rudern.
Algen des Todes
Treiben, zerknäultes
Gewürm, durch
Wehrlose Meere,
Schwemmen zum Strande.

Keiner gerüstet! Sie
Singen und murmeln durch
Sterbenden Weihrauch zu
Bildern in Sträußen
Wehrloser Lilien,

Wogen hinauf und
Wogen hinunter
Zertretene Treppen
Ihrer Gewöhnung,
Trunken von Träumen,
Trunken von Wundern,
Singend und murmelnd
Gebeugte: als wäre
Um Gott nicht zu kämpfen,
Als wäre die Liebe
Geschenk ohne Antwort
Und gäbe Geschenke
Des Friedens als Frieden:
Wenn nicht, als Blitze entschmiedet,
Führen die Lanzen der Abwehr
In Lohe des Lichtes
Rings um die wehrlosen Auen,
Damit sie nicht tauchten
In Ruß und in Rinnsel
Geronnenen Blutes.

Sind Schreie der Angst eure Waffen,
Ihr Trägen, ihr Feigen?
Wer sagte euch jemals, es währe,
Was ihr zurecht euch geordnet
Als „Bräuche", verbriefte?
Wer hat euch verbrieft eure Häufung?
Alles Gehäufte wird Fäulnis:
Die Nüster des Satans erwittert
Dünste der fernsten Verwesung.
Millionen Galeeren
Warten auf Ausfahrt.

Verflucht sind die Silben
„Endlich" am Throne
Des Herrschers: Verharren
Ist Höhnung! Eloa
Läßt euch verkommen,
Ihr Sauger am Herzen
Der ewigen Drehung,
Die selbst sich nicht rühren,

Aussatz des Anspruchs!
Nicht eine Sekunde
Ist euer, die nicht das
Gewissen sich stäche aus
Funken und wahrte
Als tödlichen Splitter,
Nicht würfe als Züngeln
Entgegen dem Scharlach
Der klatschenden Segel!

Ihr wollt nicht mehr wählen!
Doch Leben ist Wählen,
Und Gott ist Bekennung
DurchWahl ohne Ende,
Und Wählen ist Töten
Das wahllos Geblähte
Im Innen und Außen.
Ihr braucht nicht zu wissen
Ein Mehres. Das Mehre
Gebiert sich in jedem
Zücken der Sterne:
Es treibt euch mit Flügeln
Empor auf die Zinnen
Der Türme: nun füllen
Mit silberner Lymphe
Sich auf eure Adern
Und Bläue durchquillt euch
Als Feuer der Sühnung.
Umwenden die Segel:
Kein Scharlach bestünde
Den Krieg MEINER Herzen!

So schlug ich vor Zeiten
Den Satan in Python.
Ich stehe als Hüter,
Die Hand auf dem Knaufe,
Die Schuppen des Panzers
Im Brausen der Frühe:
Ich werde ihn wieder
Erschlagen. Ich warte.
Ich wache.

Lange saß der Herzog, den Blick in der Öffnung des Fenstерbogens, nachdem er zum zweiten Male gelesen hatte. Die Nacht war mild, gefüllt mit dem Dufte der Levkojenbeete, die im Vorgarten angepflanzt waren. Dann stand er auf, warf ein paar Lärchenscheite in das langsame Glühen des Kamines und entnahm einem goldvergitterten Gefach der seitlichen Wand ein kleines Pergamentbuch, das er in den Werkstätten von S. Pantaleon hatte herstellen lassen. Es war mit weißen Turmalinen und lavendelblauen Aquamarinen verziert und trug die silberne Aufschrift: „JE ME PARLE À MOI-MÊME".

Er blätterte, während er am Kamine im Scheine der Kerzen stehen blieb. Er hatte die Stelle gefunden, die er suchte. Er las: „Rome, 8 juin 996. Oui, nous avons vu fleurir les marronniers. L'empereur n'en a rien vu. Il a disparu dans l'âme d'Adalbert. Un empereur, peut-il disparaître ainsi?"

Er blätterte langsam weiter ...

„Aix-la-Chapelle, 24 décembre 996. Ma peur n'était pas légitime. L'attitude d'Adalbert est beaucoup plus celle d'un prince que celle d'un anachorète. Quelle différence entre lui et ce petit fanatique de Brun."

„Aix-la-Chapelle, 15 octobre 999. Heribert m'écrit que Franko von Worms est mort subitement. Dieu – pourquoi, fait-il mourir les messagers qu'il a envoyés à l'empereur? Quel est cet étrange chemin que parcourt l'âme d'un adolescent qui porte la couronne d'un empire?"

„Aix-la-Chapelle, 30 mars 1000. Lettre de l'empereur écrite à Gnesen (Pologne) et envoyée par un officier de sa garde. Dernières paroles: „Il ne me reste que toi. Veille – et attends." Ai-je jamais fait autre chose? Ferai-je jamais autre chose? Et quand, un jour, je n'aurai peut-être plus besoin d'attendre, ne faudra-t-il pas toujours que je veille? Pensée soudaine: ne faut-il pas attendre – plus que les autres – ceux qui sont arrivés?"

„Aix-la-Chapelle, 31 mars 1000. Ma destinée: d'être le symbole de la réalité carolingienne où puisse aboutir le rêve carolingien dont s'inspire l'empereur. L'empereur médite, moi, je pense. Tous les rêves carolingiens s'éteignent dans ma réalité. Limiter le vouloir de l'empereur, afin que ce vouloir ne se détruise pas dans sa trop forte flamme: voici ma tâche. Réussirai-je jamais? Je sens mon coeur gros et léger en même temps. Je commence à comprendre pourquoi j'ai du vivre une si longue solitude. L'accomplissement, que serait-ce si non attendre que nos tristesses s'effacent en se multipliant avec elles-mêmes?"

Er schlug das Buch zu, ließ die Öse des silbernen Schlosses über den blauen Aquamarin gleiten, und legte es in das Wandgefach zurück. Er horchte auf ... Die Stimme des Kaisers in der Vorhalle? Wie war es möglich, daß er dieses Kommen überhört hatte?

Schon standen Sie, Majestät, im offenen Viereck der Tür, deren Vorhang zwei Pagen seitwärts gezogen hatten. Sie lachten:

– Du glaubst wohl, ich habe bei dem Papste das Hexen gelernt? Aber entschuldige dich doch nicht! Ich bin zu Fuß gekommen, mutterseelenallein, gegen jedes Zeremoniell. Die Wachen haben geglaubt, ein Gespenst zu sehen. Ihr Hauptmann konnte kaum sprechen. Ich habe mir gesagt: Ich will von Haus zu Haus zu dir hinübergehen, ohne Mantel, ohne Mütze – so wie man eben zu seinem Freunde geht, der um die Ecke wohnt. Ich bin ganz einfach vom Tisch aufgestanden und verschwunden. Aber so begrüße mich doch! Komme doch dem Ausreißer ein wenig entgegen ... Sage mir doch wenigstens einmal, daß du dich freust! ... Ah – die Levkojen, die samtenen Levkojen ... Nein, Otto, du brauchst nichts mehr zu sagen ... Ich bin – zu Hause. Ja, hier bin ich zu Hause.

Es ging schon auf Mitternacht, als Sie Ihren Bericht begannen:

– Dieses ist die Grundlage der Einbeziehung Polens in die Renovatiopolitik: 963 zwingt der Markgraf Gero den Polenherzog Miesko I. in ein Tributverhältnis Deutschland gegenüber. Die tributäre Grenze reicht bis zur Warthe. 968 nimmt Miesko das Christentum für sich und sein Volk an. Er wird zum „amicus imperatoris“ erklärt. Im gleichen Jahre gründet Otto I. das Bistum Posen, was seiner östlichen Kolonisierungspolitik entsprach. Die deutsche Vorherrschaft ist den Polen verhaßt. Während der Regentschaft meiner Mutter, welche sich Frankreich sichern wollte, ehe sie im Osten eingriff, bringt es Miesko zuwege, sein Land der römischen Kirche, das heißt dem Heiligen Petrus zu „übereignen“ – „anheimzugeben“. Erster Schritt, die polnische Kirche und damit das Herzogtum selbständig zu machen. Aber die Aufstände der Liutizen, welche uns im Jahre 983 das gesamte Land zwischen Elbe und Oder kosten, lassen die Polen begreifen, daß nur ein enges Bündnis zwischen ihnen und dem Imperium auch sie vor einer ähnlichen Gefahr bewahren kann. Die Unterzeichnung des Vertrages findet im Jahre 986 in Quedlinburg statt. In den Kämpfen gegen die Liutizen – 986, 991 und 995 – bewährt sich dieses Bündnis, das in dem Nachfolger Mieskos, meinem Freunde Boleslaw Chrobry, einen überzeugten Fürsprecher hat. Man kann einem unentbehrlichen Bundesgenossen nicht verwehren, die Grenzen seines Landes zu erweitern, und ganz besonders dann nicht, wenn man, erstens, gar nicht in der Lage wäre, dies militärisch zu verhindern, und zweitens, wenn diese Grenzerweiterung den gemeinsamen Feind, die Liutizen, in die Zange nimmt. So tis also unsererseits kein Einspruch erhoben worden, als sich Boleslaw im Jahre 997 zum Herrn des Landes östlich der Oder machte und 999 auch Oberschlesien sowie das Gebiet um Krakau in Besitz nahm. Auch die „Übereignung“ Polens an den heiligen Petrus haben wir hingenommen. Wir wußten, warum. Und niemand mehr als ich hat sich – heute – dieses

Gewährenlassens zu freuen. Es war mir auch recht, daß sich Boleslaw Chrobry zum Beschützer Adalberts proklamierte, als dieser seine Mission bei den Preußen unternahm. Es wäre kindisch, zu glauben, daß Boleslaw nur religiöse Ziele verfolgt habe. Er verfolgte, indem er sich der Mission bediente, machtpolitische Ziele: er gedachte, auch Preußen in die polnische Oberhoheit einzubeziehen. Die Ermordung Adalberts, welche das vorläufige Ende der Mission in Preußen bedeutet, vereitelte den Plan Boleslaws. Es ist klar, daß Deutschland die Bildung eines slawischen Großstaates an seiner Ostgrenze nicht hinnehmen konnte, ohne Gegenmaßnahmen zu treffen, welche als solche nicht zu erkennen waren. Polen selbst hat uns – ich darf sagen, *mir*, den einzigen Weg gewiesen, welcher, rebus sic stantibus, zu beschreiten war: den Weg der RENOVATIO. Was die fehlenden Heere nicht erzwingen können, kann eine kluge, in einem großen Gedanken verhüllte Diplomatie erreichen, wenn sie das kleinere Ziel dem größeren durch Zugeständnisse zu opfern versteht, welche an dem faktischen Verhältnis zwischen zwei Staaten nichts ändern. Mit einem Wort: Polen ist nach wie vor Vasallenstaat Deutschlands, aber in einer erhöhten Form, wie sie meiner RENOVATIO und der heutigen Macht Polens entspricht. Wer hätte denn die Heere auf die Beine bringen sollen, welche diesen polnischen Großstaat in eine unbedingte Abhängigkeit von Deutschland gezwungen hätten? Diese ewigen Querulanten, die aus überholten Reminiszensen leben, können zwar das Maul aufreißen, aber die Verantwortung eines politischen Handelns wollen sie nicht auf sich nehmen. Was würden die sächsischen Konservativen tun, wenn ich ihnen sagte: „Ich überlasse EUREN Soldaten die ruhmvolle Aufgabe, Liutizen und Polen zugleich dem Imperium zu unterwerfen. Gliedert meinetwegen beide Völker dem Herzogtum Sachsen ein, sofern ihr dies fertigbringt. Sie sollen euch gerne gegönnt sein.“ Sie würden sich in einer großen Verlegenheit finden, und das sächsische Volk würde sich weigern, und mit Recht weigern, seine Haut für eine Chimäre zu Markt zu tragen, die es wahrscheinlich teuer bezahlen müßte: ganz zu schweigen von Deutschland. Die mühsam erworbene Einheit des Imperiums könnte an einer Narrheit zugrunde gehen. Ich habe nicht daran gedacht, das Vasallenverhältnis Polens fallen zu lassen! Das sollte diesen Maulhelden doch beweisen, daß ich keine Rechtstitel preisgebe, deren ich mich bedienen kann, sobald die RENOVATIO durchgeführt ist. Ich muß Schritt für Schritt gehen: im Maße des politisch Möglichen. In der Überlieferung meines Hauses bleiben, heißt doch nicht übersehen, daß diese Überlieferung den veränderten Verhältnissen Rechnung zu tragen hat! Wo wären wir heute, wenn Otto I. da stehengeblieben wäre, wo sein Vater Heinrich I. angelangt war! So weit zu denken, sind diese Feudalen nicht fähig. Um so besser für Deutschland und das Westimperium, wenn ich, der Kaiser, und meine Ratgeber es sind.

Die Handhabe, welche mir Polen selbst für meine Politik gegeben hat, ist jener „Übereignungsakt" an den heiligen Petrus aus dem Jahre 990. Als der Herzog Miesko I. ihn vornahm, hatte er sich der gelasianisch-augustinischen Zweigewaltenlehre unterworfen, um so unwiderruflicher unterworfen, als er tributärer Vasall des deutschen Königs und römischen Kaisers war. Der Rechtstitel, auf den ich niemals verzichtet habe, ist also immanent in meiner Politik wirksam: denn Papst und Kaiser – sacerdos und rex – sind im gleichen Grade die Stellvertreter des Heiligen Petrus, das heißt Christi. Polen ist somit nicht minder dem Kaiser als dem Papst „übereignet" worden. Warum sollte es sich dem Schutze eines Kaisers entziehen, der ihm eine gewünschte Entfaltung genau so bereitwillig zugesteht wie der Papst? Polen kann sich nur im Rahmen eines freundschaftlichen Verhältnisses zu imperium und sacerdotium entfalten. Dies ist Boleslaw Chrobry vor Augen geführt worden durch den Titel „SERVUS CHRISTI“, unter dessen Aura ich nach Polen gereist bin und in Gnesen aus eigner, kaiserlicher Machtbefugnis im Namen Christi das neue Erzbistum errichtet habe. Der „Servus Christi“, welcher gleichzeitig der „Imperator Romanorum secundum voluntatem Dei salvatorisque nostrique liberatoris“ ist, hat Boleslaw Chrobry eine Ehre erwiesen, welche ihm dartun muß, daß das Vasallenverhältnis dem deutschen König gegenüber durch einen außergewöhnlichen neuen RANG überstrahlt wird, der ein außergewöhnliches Verständnis für den universal-konföderativen Sinn meiner RENOVATIO zur Voraussetzung hat. Dieser Rang ist derjenige des „PATRICIUS“, das heißt des höchsten Stellvertreters des Kaisers in Angelegenheiten des Herzogtums Polen. Der Titel „Patricius“ ist die Erweiterung des Titels „amicus imperatoris“, den schon Boleslaws Vater Miesko getragen hatte. Die Verleihung des Titels „Patricius“ war ich meiner RENOVATIO geradezu schuldig.

Aber es entspricht auch meinem Gefühl, daß ich dem unentbehrlichen und tapferen Verbündeten in drei Slawenkriegen beweise, wie ich ihm vor aller Welt meinen Dank abstatte. Es ist mir wichtiger, Polen meiner RENOVATIO, welche allen Deutschen zustatten kommt, gewonnen zu wissen, als mich um die Einsprüche des Bischofs Unger von Posen zu bekümmern, welche nur diejenigen des Erzbischofs Gisiler von Magdeburg sind. Daß dieser immer nur an den eigenen Vorteil denkt, wissen wir. Ich habe ihm – auf der Hinreise in Regensburg und auf der Heimreise in Magdeburg – in Gegenwart des päpstlichen Stellvertreters Rotbert – sehr liebenswürdig aber sehr unverblümt zu verstehen gegeben, was ich nicht dulde und was ich von ihm an Verständnis und Haltung erwarte. Seine Herkunft verpflichte – und Alter werde von mir nur nach der Fähigkeit bemessen, sich innere Jugend zu bewahren und die Notwendigkeiten des Heute zu verstehen, welches das Morgen sei. Es würde bedauerlich sein, auf einen Kopf wie den seinen verzichten zu müssen. Doch solle niemand glauben, daß er unersetzlich sei: gleichgültig, wo er als Erzbischof walte.

Was es bedeutet, daß das Erzbistum Gnesen dem Andenken an Adalbert errichtet ist, brauche ich DIR nicht zu sagen. Auch nicht, warum seine Reliquien in Gnesen und in Aachen ruhen. Sein Asketentum war Reinigung, nicht Nihilismus. So wie das meine – das persönliche – Abtötung der Hybris und Steigerung meiner Kräfte für die Erfüllung meiner Aufgabe.

Ich habe beim Abschied zu Boleslaw Chrobry gesagt, er möge nie vergessen, daß das Herz Adalberts, welches in goldner Urne auf dem Hochaltare der Kathedrale von Gnesen ruht, für die Allmacht Gottes schlug, nicht aber für die Machtgelüste irgendeines weltlichen Herrschers – und daß keine Herrschaft dauern könne, welche ihre natürlichen Grenzen überschreitet. Ich habe ihm erklärt, daß ich meine RENOVATIO nicht deshalb durchführe, damit meine äußere Macht ins Ungemessene wachse, sondern damit ein durch den gleichen römisch-katholischen Glauben in allen seinen Teilen verbundenes Imperium die seit dem Tode des Großen Karl über die Welt hereingebrochene Verwilderung überwinde und dem Menschen erlaube, sich wieder dem Bilde Gottes zu nähern, nach dem er geschaffen ist.

Er selbst hat ganz gewiß verstanden. Ich bin in freundschaftlicher Gesinnung zu ihm gekommen, und er hat mich während meines Aufenthaltes zu jeder Stunde und in jeder Geste die gleiche Gesinnung fühlen lassen. Daran kann es keinen Zweifel geben. Wieweit er allerdings Herr ist über die Dämonen, welche in diesen Slawenseelen umgehen: das weiß ich nicht. Gehen vielleicht in allerhand Leuten bei uns nicht heute noch die Witukindgespenster um?

Meine persönlichen Eindrücke? Über sie ein anderes Mal, wenn die Erinnerung an Einzelheiten lebendiger ist als heute. Die erste Nachricht, die ich nach der Abreise aus Rom auf deutschem Boden erhielt, war die vom Tode der Kaiserin Adelheid. Ich hatte sie vor der Abreise nach Italien im Winter 997 eine Zeitlang bei mir. Es war kein Einvernehmen mehr zu erreichen. Sie beschwerte sich Tag für Tag über die Ungezogenheit meiner jüngeren Freunde, über Mangel an Ehrfurcht vor ihrem Alter und ihrer Majestät, sie sprach von der verluderten neuen und der gesitteten alten Zeit – du kannst dir die Wirkung bei den Hildesheimern denken. Kurz: es ging nicht mehr, und ich mußte sie bitten, nach Selz zurückzukehren, ehe irgendein Unwiderrufliches geschah. Sie ging, unter vielen Tränen und pathetischen Ermahnungen an mich. Ich war betrübt – und erleichtert zugleich. Ich selbst hatte mir nichts vorzuwerfen. Im Gegenteil. Ich habe mir, obwohl ich natürlich ganz in den Plänen meiner RENOVATIO lebte, besonders viel Mühe um sie gegeben und auch in den Jahren 98 und 99 oft an sie geschrieben. Sie war, als sie im November 99 erkrankte, im Begriffe, trotz ihrer neunundsechzig Jahre, nach Burgund zu reisen und ihrem Neffen Rudolf, der seine Krone nicht zu tragen versteht, das erbitterte Volk zu versöhnen.

In Regensburg gab es einen allzu begeisterten Empfang. Ich vermochte seiner nicht recht froh zu werden. Ich sah nach vorwärts – und fühlte schon alle Lasten der Zukunft. Es gab auch einen Hymnus auf die Ottonendynastie. Die Schlußstrophen auf mich selbst sind von rührender Kindlichkeit. Wie sich wohl in der Seele eines solchen fahrenden Sängers das Kaisertum spiegeln mag? Es ist gut, daß man nicht weiß, was es in Wirklichkeit ist.

Dann begannen die Eilritte bis zur polnischen Grenze. Schnee und Ostwind, der die Lungen zerriß. Straßen – du kannst dir nicht vorstellen, was in diesem Lande „Straße" heißt. Dann Tauwetter, weißgrauer Brei am Boden, weißgrauer Brei der tief herabhängenden Himmel. Schließlich Gnesen. Die Verleihung des Patriciustitels und der Mauritiuslanze ein Staatsakt vor wenigen Eingeladenen. Die Einweihung des Domes – auf meinen Wunsch – eine rein kirchliche Handlung von strenger Feierlichkeit. Das, worauf Adalbert Anspruch hatte. Für mich selbst wurde der Tag dieser Weihung zu einem Tage des Fastens und der Versenkung. Zwei nur waren mit mir: Frankos Schatten – und dein Bildnis. „Hüte Otto von Niederlothringen als meines Wunsches Vermächtnis an dich", hatte Adalbert in Aachen zu mir gesagt.

Ich nahm an keiner weltlichen Feier teil. Ich ließ mich durch Ziazo vertreten und blieb, mich auf meine Gesundheit berufend, zu Bett liegen, während jenes schon Legende gewordene Bankett stattfand, das eine Nacht, einen Tag und eine Nacht dauerte. Diese sechsunddreißig Stunden Ruhe waren die erste Entspannung, die mir seit meiner Abreise aus Rom, im Dezember 999, vergönnt wurde.

Am fünften Tage nach meiner Ankunft Aufbruch nach Magdeburg–Aachen. Polnisches Ehrengeleit von dreihundert Rittern, zum Teil sehr vornehmen und ritterlichen Rittern, aus deren Erzählungen ich vieles heraushören konnte, dessen Kenntnis wichtig ist. In Quedlinburg habe ich einen Steinsarg für meine Tante Mathilde in Auftrag gegeben. In Hildesheim habe ich Bernward erklärt, daß die jungen Leute seiner Domschule weltlicher erzogen werden müssen. Sie sind mir alle zu gelehrt, zu weltfremd und geistig zu überheblich. Ich brauche für den Ausbau der RENOVATIO Diplomaten vom Schlage des Papstes Silvester, nicht aber Leos von Vercellis. Im übrigen denke ich sehr ernsthaft daran, eine Diplomatenschule nach byzantinischem Muster zu gründen. Die Lehrpläne müssen geändert und die Ansprüche an die Kenntnisse auf dem Gebiete des Welthandels verdreifacht werden. Es sind mir – gerade in dem noch unentwickelten Polen – viele Lichter aufgegangen. Ich will Diplomaten, deren Instinkte am Leben selbst entwickelt, deren Augen und Ohren an den Dingen selbst geschärft worden sind.

Otto von Niederlothringen machte ein paar Schritte durch den Raum bis zu dem Tisch, auf dem der Bastkorb mit den Levkojen stand. Er hatte die Brauen hochgezogen und fuhr mit seinen Fingern über die aushauchenden Blüten, lange, mit Zartheit, fast mit Scheu.

Sie wußten, Majestät, daß er mit solchen Gesten starke innere Bewegungen in ihr Maß zurückzudrängen pflegte. Sie gingen zu ihm, lächelten, hoben sein gesenktes Kinn mit der Hand hoch ... Er wehrte dieser Hand, umschloß sie mit einem harten Griff:

– Auch mir sind viele Lichter aufgegangen, sagte er laut. Ein unvergeßlicher Tag, dieser 19. April 1000. – – Wann reisen wir?

– Ich verlasse Aachen am 29. April. Ich gehe auf ein paar Tage zu Heribert nach Köln, da dieser uns nicht nach Rom begleitet. Ich kann wegen dieses unseligen Gandersheimer Streites, in welchem Willigis sich selbst vergißt, Deutschland nicht ohne Heribert lassen. Wer soll hier auf Wacht stehn? Ich meine: wer, auf den ich mich unbedingt verlassen kann? Komme mit mir. Ich möchte mich nicht von dir trennen. Am 5. Mai fahre ich zu Schiff nach Mainz. Ich muß Willigis an sein Erzkanzleramt erinnern. Und zwar sehr gründlich. Die Sachsen könnten aufmucken. Sie weigern sich, nach Rom zu kommen. Bernward und Gisiler. Man könnte aus der Haut fahren über so viel Unverständnis und Dickköpfigkeit. Sie behaupten, die Liutizen rührten sich. Das ist nicht wahr. Und wäre es wahr, so würden Ekkehard von Meißen und Boleslaw Chrobry genügen, einen neuen Aufstand im Keim zu ersticken. Bernward will ganz einfach vor aller Welt die RENOVATIO durch sein Fernbleiben desavouieren. Das ist die Rache für das Erzbistum Gnesen und seine drei Suffraganbistümer. Provinz. Schlimmste Provinz. Gebe Gott, daß ich mit dem Papst die Ungarnfrage von Rom aus gut unter Dach und Fach bringe. Dann werde ich wissen, was ich zu tun habe.

Acht bis neun Monate muß ich noch durchhalten und schweigen. Auch Bernward von Hildesheim wird die Augen offen halten. Er kommt Anfang Januar als mein persönlicher Gast nach Rom.

Ich sage dir mehr in den nächsten Tagen. Merke dir alles an, was du gerne wissen möchtest. Ich selbst weiß kaum noch, wo mir der Kopf steht.

– Ich glaube es dir. Man sollte – – ich bin im Begriffe, Unsinn zu reden. Aber höre: Du hast heute fünfzehn Stunden lang kaiserliche Pflichten erfüllt. Warum willst du jetzt – es ist ein Uhr – in die Pfalz zurückkehren, wo sie dich morgen früh um acht schon wieder mit ihren Akten quälen werden? Warum willst du dich nicht – zum erstenmal – unter meinem Dach so lange ausschlafen, wie du Lust verspürst? Vor Mittag lasse ich keinen an deinen Schlaf rühren.

– Ein ausgezeichneter Gedanke. Noch weiter: vor morgen abend acht Uhr werde ich nicht zurück sein. Wir reiten aus. Bei diesem Wetter! Wir machen uns wie Schulbuben heimlich aus dem Staub – –

– Ohne Imperium und ohne RENOVATIO.

– Das verspreche ich dir ... Und nun bringe den Kaiser kaiserlich zu Bett, nachdem du ihm noch zwei geschabte Äpfel zu essen gegeben hast. Du weißt, daß sie die bösen Träume verscheuchen.

– Dann will ich dir vier schaben lassen. Sie kommen aus meinen Obstgärten bei Gembloux. Elles ont donc une saveur de sainteté.

– Ach so. Daher die deine!

– Tu as compris? Enfin: mieux vaut tard que jamais!

– C'est ça, mon cher, c'est ça ...

Lachend gingen Sie in das Obergeschoß hinauf: ohne Imperium, ohne RENOVATIO ...

Tels quels.

DRITTES BUCH

KRISIS UND KATHARSIS

ERSTER TEIL

DIE LETZTE RÜCKKEHR NACH ROM
1000—1001

ERSTES KAPITEL

Während Sie, Majestät, im Hoflager von Bruchsal mit dem König Rudolf von Burgund über die Einbeziehung dieses Königreiches in die RENOVATIO verhandelten, fand zwischen Heinrich von Bayern und Otto von Niederlothringen ein Gespräch statt, das Ihnen, wenn Sie es hätten hören können, manchen Wink gegeben haben würde.

Die beiden Herzöge hatten einen Ritt gegen die Schwarzwaldberge gemacht und in einer Dorfschenke ihr Mittagsmahl eingenommen. Nun saßen sie, der Siebenundzwanzigjährige und der Fünfundzwanzigjährige, in einer Weinlaube vor dem Wirtshaus, tranken ihren schwäbischen Weißwein und schauten in die übersonnte Junilandschaft zu ihren Füßen. Die Kornfelder liefen in der blauen Mittagsbrise gegen den Rhein hinüber. Auf den Wiesen lag der erste Schnitt des Grases zu kleinen Hügeln geschichtet. Wendete sich der Wind in einer plötzlichen Laune, so drang ein Heuduft zu ihnen herauf, der den Atem benahm. Abseits, unter aufgeblühten Holunderbüschen, hatten sich die beiden Reitknechte zum Schlafen ausgestreckt. Die Pferde, mit langen Halftern an die Stämme durchgoldeter Nußbäume gebunden, grasten am Abhang eines Feldwegs, von dem sich manchmal ein wenig Staub aufhob, in niedrigen Wirbeln drehte und dann wieder auf den Boden legte. Von Zeit zu Zeit hörte man das Dengeln unsichtbarer Sensen.

– Gibt es Schöneres? sagte Otto von Niederlothringen.

– Ich dachte das gleiche, erwiderte Heinrich von Bayern.

Wie glücklich sind die Menschen, die nur im Nächsten zu leben brauchen. Die Erde bleibt, und wer ihr dient, ist mit ihr einig. Er weiß nichts von unseren Sorgen – und nichts von einer RENOVATIO, nichts von einer kaiserlichen Residenz in Rom, die uns das Herz schwer macht.

Otto von Niederlothringen legte seine Hand auf den Arm Heinrichs von Bayern:

– Ersparen Sie es mir, Heinrich, Ihnen nochmals auseinanderzusetzen, daß die kaiserliche Dauerresidenz in Rom keine Kardinalfrage der RENOVATIO ist. Vergessen wir nicht, daß der Kaiser Anspruch auf eine unparteiische Haltung der Herzöge und Bischöfe in dieser Frage hat – und warten wir ab, wie sie sich für ihn selbst nach einem Jahr darstellen wird. Belasten wir ihn nicht mit Einwänden, die heute sinnlos sind. Und sehen gerade wir beide zu, daß man uns nicht Mangel an Ehrfurcht vor einem gewaltigen Wollen oder gar Pflichtverletzung vorwerfen kann! Wir haben für die anderen das gute Beispiel zu geben – und außerdem an dem Sohne alles gutzumachen, was unsere Väter an der Mutter gesündigt haben. Wir sind beide die Söhne von Rebellen und verspüren – wie mir scheinen will – nicht die geringste Lust, in die Fußstapfen unserer Väter zu treten! Das Gewicht des Gedankens, für den sich der Kaiser opfert, ist ungeheuer. Weh, wer nicht hilft, es zu tragen! Denn er trägt es ja für uns alle!

– Ich weiß es, sagte Heinrich von Bayern, und ich bewundere seinen Mut, seine Tatkraft. Aber ich frage mich oftmals: MUSSTE er sich ein solches Gewicht aufladen?

Otto von Niederlothringen wollte aufbrausen. Doch er besann sich, spülte die Erregung mit einem Glas Weißwein in sein Herz zurück und sagte, ohne daß es ihm gelungen wäre, einen Unterton des Mitleids aus seinen Worten zu verbannen:

– Mit welchen Maßen messen Sie ein Genie?

Heinrich errötete bis in die Schläfen hinauf:

– Ich messe gar nicht. Ich sorge mich um Imperator und Imperium. Glauben Sie, daß sich der Papst Silvester auf die Dauer mit der Ablehnung der Pacta zufrieden geben wird?

– Die Pactafrage wird nach der Lösung des ungarischen Problemes einer überraschenden Lösung im Sinne der RENOVATIO zugeführt werden. Da die geistliche Macht des Papstes durch die Einbeziehung Polens und Ungarns in die ECCLESIA – in die Christengemeinschaft – einen ungewöhnlichen Zuwachs erhält, kann Silvester formale Zugeständnisse machen, welche der Kaiser braucht, um der Kurie den weltlich-imperialen Schutz zu gewährleisten.

– Ich sehe.

– Was sehen Sie?

– Der Kaiser wird eines Tages ottonischere Politik treiben als sein Großvater, aber in sehr viel raffinierterer Form.

– Wie sie die RENOVATIO verlangt. Warten wir ab ...

Der Unfruchtbarkeit des bis nun geführten Gespräches müde, änderte der Herzog von Niederlothringen plötzlich den Ton und fragte, als ob er die Unterhaltung nun erst begänne:

– Sie wollten mir Ihre Meinung über Ungarn sagen. Sie sind seit kurzem der Schwager des Fürsten Waïc. Sie müssen also genau wissen, warum Sie ihm die Hand Ihrer Schwester Gisela gegeben haben.

– Die Anregung zu dieser Heirat ist vom Kaiser selbst ausgegangen. Ich habe es für gut befunden, den Vorschlag anzunehmen. Gisela begriff. Waic ist kein Barbar, sondern ein jugendlicher Mensch, welcher die Notwendigkeiten der Zeit versteht. Er hat erkannt, daß sich Ungarn nur entwickeln kann, wenn es sich an das Westimperium anlehnt. Eine solche Anlehnung bedeutet natürlich Annahme des römisch-katholischen Glaubens. Die Verhandlungen mit Waïc waren leicht. Ich nannte ihm keine besonderen Bedingungen, unter denen sich die Missionstätigkeit des Imperiums zu vollziehen habe.

Solche Dinge regeln sich in praxi ganz von selbst. Wie Sie wissen, hat schon zur Zeit Ottos II. der Bischof Pilgrim von Passau versucht, von seinem Bistum aus eine deutsche Missionstätigkeit in Ungarn aufzunehmen. Ohne Erfolg. Der psychologische Augenblick war falsch. Aber es hatte sich sehr bald nach diesem anfänglichen Scheitern in Ungarn eine Bekehrungstätigkeit entfaltet, welche von ausländischen Missionaren, die manchmal deutscher Abstammung waren, ausgeübt wurde. Der Boden für das Christentum war also in Ungarn vorbereitet. Ich denke viel zu kühl, um mir von einer „Verwandlung der Seelen“ Wunder zu versprechen. Eine solche Verwandlung vollzieht sich nur sehr langsam. Es bleiben im Bewußtsein der Bekehrten noch sehr lange Erinnerungen an heidnische Götter lebendig ... Sie lachen? Na ja. Ich weiß, was der Karolinger denkt. Welche Bewandtnis es nun auch mit den Geistern Walhalls haben möge: jedenfalls können die Ungarn, die von Walhall nie etwas gewußt haben, nur durch eine klug gehandhabte Politik der Bekehrung zu erträglichen Nachbarn gemacht werden, nachdem sie auch nach ihrer schlimmsten Niederlage auf dem Lechfelde – 955 – noch unsere gefährlichsten Feinde waren. Es ist also offenkundig, daß sich die deutsch-ungarische Befriedungspolitik auf das Sacerdotium stützen muß und nicht auf das Regnum.

– Schade, unterbrach Otto von Niederlothringen, daß der Kaiser nicht gehört hat, was Sie soeben gesagt haben.

– Der Kaiser hat es gehört, denn ich habe in Ingelheim lange mit ihm über die ungarische Frage gesprochen. Ich habe ihn gebeten, Ungarn gegenüber das Wort RENOVATIO so wenig wie möglich zu gebrauchen. Es ist für diese nicht an westlichem Denken geschulten Gehirne gleichbedeutend mit Unterwerfung unter die kaiserliche Oberhoheit. Sie würden sofort mißtrauisch werden, wenn sie in einem Vertrage begriffliche Verzwicktheiten entdeckten, die sie nicht verstehen.

An die FAKTISCHE Unabhängigkeit Ungarns darf nicht gerührt werden. Sie wissen, was diesem Steppenvolk, über das noch heute der Schatten Attilas regiert, der BEGRIFF „Freiheit“ bedeutet.

Die Ungarn sind keine Vasallen des Reiches wie die Polen. Für Waic gibt es einen einzigen Titel: König. Diesen Titel kann er, nachdem er Christ geworden ist und sich mitsamt seinem Volk dem Heiligen Petrus „anheimgegeben“ hat, nur im Symbol der Krone aus den Händen des Papstes empfangen, nicht aus denen des Kaisers. Niemals würde er den Titel „Patricius“ – auch nicht als kaiserlichen Ehrentitel – annehmen. Er würde sich ebenso dagegen zur Wehr setzen, daß der Kaiser in Person das Erzbistum Gran einweihte wie in Polen dasjenige von Gnesen. Man würde in einem solchen Akt eine – Falle sehen ...

– Würden Sie mir sagen, was Sie von dem Titel „Patricius“ denken?

Heinrich von Bayern hob die kleinen, hellblauen Augen gegen Otto von Niederlothringen:

– Ihre sehr langsam und wie tastend gestellte Frage scheint mir schon die Antwort zu enthalten, die Sie voraussehen. Jedenfalls aber fragt so, wie Sie nun, niemand, der nicht – wie soll ich sagen – Bedenken hat ...

– Heinrich: wollen Sie mein Wort, daß unser Gespräch unter uns bleibt?

– Das habe ich vorausgesetzt.

– Ich ebenfalls.

– Nun, der Titel „Patricius“ erscheint mir noch fragwürdiger als die Titel*politik*, welche der Kaiser treibt.

Otto von Niederlothringen stand auf, machte ein paar Schritte, starrte in ein Federnelkenbeet, ohne zu sehen, was er sah, und ging wieder auf seinen Platz zurück.

– Nous y sommes, sagte er laut, mehr zu sich selbst als zu Heinrich. Dann, die Reitpeitsche über dem Knie biegend und in ihre Form zurückschnellen lassend:

– Leo von Vercelli!

Nun sagte Heinrich:

– Nous y sommes!

– Daß dieser Mensch nie auf der Bildfläche erschienen wäre, fuhr Otto von Niederlothringen fort. Der Dogmatiker, wie er im Buch steht. System, System – und wenn der gesunde Menschenverstand dabei in die Binsen geht!

– Haben *Sie* das nie dem Kaiser gesagt?

– Verlorene Mühe, mein Lieber. Der Kaiser hat eine solche ästhetische Freude an diesen Formeln, die so herrlich auf dem Pergament stehen, daß er weder ihre Brüchigkeit noch ihre Gefahr einsieht. Hier ist der einzige Punkt, wo dieses Genie versagt. Sein deduktives Denken gerät in Weißglut, wenn er es von diesem Registrator, der sich für einen bedeutenden Diplomaten hält, in mathematische Gleichungen gebracht sieht. Da der Kaiser ein sehr schlechter Mathematiker ist, durchschaut er nicht die Mängel dieser leoninischen Gleichungen.

– Und der Papst?

– Der Papst? Il s'en fiche pas mal! Er erreicht ja, was er will: die äußere Basis, auf der er das Prestige des sacerdotium so stärken kann, daß sich der Kaiser über kurz oder lang vor einem fait accompli sieht, mit dem er als mit einer „realen" Macht wird rechnen müssen: anders als heute.

– Das glaube ich nicht! Hier läßt Sie Ihre Liebe zu dem Kaiser zu schwarz sehen. Zu guter Letzt wird der Kaiser den Papst in die Tasche stecken, nicht umgekehrt! Der Kaiser – glauben Sie meiner sehr nüchternen Art, die Menschen und die Dinge zu sehen – der Kaiser ist viel durchtriebener, als die meisten auch nur ahnen! Er hat nicht vergebens griechisches und armenisches Blut in den Adern! Das ist es ja, was ihn – als Menschen und als kaiserliche Erscheinung – den Sachsen so undurchschaubar, ja fremd macht. Er weiß, daß diese Primitiven ihn nicht „fassen" können – und er weiß, daß dies eine sehr brauchbare Waffe für ihn ist! Er kann in jedem Augenblick die subtilitas grecisca gegen die saxonica rusticitas ausspielen ... Er wird unbedingt am Ende der Überlegene bleiben, sofern er nicht das Kind mit dem Bade ausschüttet! *Dies* ist der springende Punkt! Und *dies* muß ihm unaufhörlich vor Augen gehalten werden! Der Rhythmus seiner Renovatiopolitik ist überstürzt, und die Methoden sind überspitzt! Das ist alles. Dieses „alles" genügt jedoch, eines Tages schwere Rückschläge hervorzurufen, nicht nur in Sachsen, wo die Erbitterung über die Polenpolitik und die Verhätschelung der Römer schon gefährliche Wellen schlägt, sondern in Polen selbst, wo man die Unvereinbarkeit zwischen übertriebener Geste und staatspolitischer Realität zum Anlaß neuer Forderungen nehmen wird, und auch in Burgund, dessen zwar sehr unköniglicher, aber keineswegs verblödeter König sich blöd stellt, um zu keinen Zugeständnissen breitgeschlagen zu werden, die ihm sein sattes und nonchalantes Volk bös ankreiden könnte. Ich weiß mehr Dinge, als ich Ihnen hier sage. Ich bin – Gott sei Dank – ein sehr einfacher Mensch, der weder allzu schwarz noch allzu rosa sieht. Ich bin Anhänger der RENOVATIO, wie ich wohl deutlich genug in der ungarischen Frage bewiesen habe. Aber ich werde mich auf der Synode von Rom unverblümt dafür einsetzen, daß dem Sprichwort „festina lente", „Eile mit Weile", in der imperialen Politik die Bedeutung eingeräumt werde, die ihm gebührt und von uns Herzögen *verlangt* werden kann!

Sie nicken. Das freut mich. Ich könnte mir in der Tat auch nicht gut vorstellen, daß gerade Sie abseits blieben, wenn Herzöge und Bischöfe eines Tages zu verstehen geben würden, daß sie als Beschützer der kaiserlichen Macht und Person auch noch ein ernst zu nehmendes Wort zu sagen haben. Die große Linie der kaiserlich-päpstlichen Politik wird von uns allen – die sächsischen Konservativen ausgenommen – gebilligt.

Sächsische Sonderpolitik gegen den Kaiser werden wir niemals zulassen. Das verlangt nicht nur der Anstand, sondern unser eigener Vorteil. Aber wir werden dem Kaiser vielleicht einmal sagen müssen, daß, wer immer nur in die Überhelle eines ihn beherrschenden Gedankens schaut, zuletzt die Schatten nicht mehr sieht, die dieses allzu starke Licht hinter alle Dinge wirft.

– Ich sage noch einmal, unterbrach Otto von Niederlothringen, welcher Jammer, daß der Kaiser diesen letzten Satz nicht hören konnte!

– Übermitteln Sie ihn. Ich ermächtige Sie dazu. Sie können ihm und uns allen gar keinen größeren Dienst erweisen! Lassen Sie ihn Silbe um Silbe wissen, was ich gesagt habe. Ich stehe für jedes meiner Worte, und habe nichts zu verbergen. Der Kaiser fühlt, daß ich mich mit Absicht seinem „Kreise" fernhalte. Das ist richtig. Dieser „Kreis" bedeutet mir nichts. Er verhinderte das unmittelbare Gespräch mit dem Kaiser selbst. Nur darauf kommt es mir an. Es ist an dem Kaiser, mich zu sich zu rufen, sofern er Wert auf einen Austausch mit mir legt. Es ist nicht meine Sache, mich ihm aufzudrängen. Das gleiche gilt für die anderen süd- und westdeutschen Herzöge. Ich kenne unter ihnen keinen, den anzuhören sich nicht lohne, auch wenn wir alle eine etwas einfachere Sprache sprechen als die Hildesheimer, welche uns – machen wir uns nichts vor – etwas von oben herunter ansehen. Das weiß niemand besser als Sie! Warum halten denn auch Sie sich diesen bernwardinischen Epheben fern? Nun, glatt heraus gesagt, weil Ihrem karolingischen Blute, das schwer in Ihren Adern fließt, das Wort etwas anderes bedeutet als ein bunter Tropfen mit einem Regenbogenspiel geistreicher „Entstofflichungen". Sie haben – genau wie ich – viel gelitten in Ihrer Jugend. Dieses Leiden hat unser Wesen und unsere Konturen geformt. Es hat mich zu einem Realisten – und Sie zu einem Verächter gemacht. Sie brauchen nicht einmal den Mund aufzutun, damit man dies verspüre. Es genügt, Sie von der Seite anzusehen. Sie gelten als der unnahbarste aller Herzöge. Um Sie und über Sie ist das Schweigen der Scheu. Da Sie selbst es niemals durchbrechen, steht es wie eine Mauer um Sie her. Man weiß nichts, gar nichts von Ihrem persönlichen Leben. Man weiß nur Ihre voraussetzungslose Treue zu dem Kaiser.

– Mehr braucht man auch nicht zu wissen . . .

– Ich stimme Ihnen zu. Glauben Sie mir: Ihr Beispiel hat schon manchen Unwillen, der sich regen wollte, niedergehalten. Ihr Beispiel wurde dem Kaiser zu einem großen Schutz, als er nach dem Besuch in Gnesen bei Ihnen in Aachen war. Es hat sich mancher gesagt, dem die Galle überlaufen wollte: „Wenn Otto von Niederlothringen diese Ernennung Boleslaw Chrobrys zum ‚Patricius' mit so viel Wohlwollen hinnimmt, so hat sie vielleicht eine tiefere Bedeutung als wir bis nun zu erkennen vermögen" –, und er hat sich nicht dazu verleiten lassen, in den sächsischen Entrüstungschor einzustimmen, den der Erzbischof Gisiler von Magdeburg in eigener Person dirigierte . . .

Otto von Niederlothringen biß mit den unteren Zähnen in die Oberlippe, was er fast immer tat, wenn er sich ein Geständnis abrang. Er nahm ein paar frühe Kirschen aus dem Strohkorb, aß sie und warf die Kerne im Bogen von sich:

– Sehr richtig. Leider.

Schweigen.

– Sie haben meine Meinung über Ungarn gewollt, sagte schließlich Heinrich von Bayern. Darf ich die Ihre über Polen hören?

– Ja. Ich bin mit der Polenpolitik einverstanden. Aber ich halte die Verleihung des Titels „Patricius" in der Bedeutung „Stellvertreter des Kaisers" für einen Fehlgriff. Ich fand es auch falsch, daß der römische Patricius, Graf Ziazo, in Gnesen anwesend war. In diesem Titel „Patricius" verbirgt sich eine großeGefahr. Ich werde Ihnen zu erklären versuchen, warum. Der *autonome römische* Patriciustitel, wie ihn noch Crescentius als autochthoner Römer getragen hatte, besteht nicht mehr. Dieser Titel entsprach einer Herrscherkrone. Der Titel Patricius, den der Kaiser im Jahr 999 *geschaffen* hat, verkörpert ein *kaiserliches Amt*, steht also weit hinter dem römischen Titel zurück. Sein erster Träger, ein *sächsischer* Graf, wurde beauftragt, in Abwesenheit des Kaisers die kaiserlichen Befugnisse in Rom zu *vertreten*, vor allem natürlich die militärischen. Das klingt sehr bedeutungsvoll – und bedeutet sehr wenig. Denn diese Befugnisse sind begrenzt, von denen der päpstlichen Beamten flankiert und außerdem der kaiserlichen Entscheidung unterworfen, welche von Fall zu Fall eingeholt werden muß.

Boleslaw Chrobry mußte sich also sagen: „So sieht diese Patriciuswürde, so sieht diese kaiserliche Stellvertretung aus? Ich, der polnische Stammesherzog in meinem Großstaate Polen, ich, der auf eigene Faust Kriege führt und sich ganze Provinzen einverleibt, ich soll nicht mehr sein als dieser kaiserlich-sächsische *Beamte* in Rom? Was heißt es, daß ich ‚bis zur Warthe' tributpflichtig bin? Vasall: ein Name, morgen ein Nichts vor meiner faktischen Macht. Ich zahle den Tribut weiter und warte. Ich spiele den Überglücklichen, dem der ‚Servus Christi' das Recht zu *polnischer* Missionsarbeit verleiht, die Gründung des von Magdeburg unabhängigen *polnischen* Erzbistums Gnesen mit seinen drei Suffraganbistümern erlaubt, und außerdem die Mauritiuslanze überläßt. Ich spiele den dreimal Glücklichen, weil der Kaiser in eigener Person die Adalbert-Kathedrale in Gnesen einweiht, und bezeuge meine Dankbarkeit durch die Stellung eines außergewöhnlichen Ehrengeleites, das den Kaiser auf seiner Rückreise bis nach Aachen bringen wird. Die Frucht wird reifen zu ihrer Zeit."

Die *Sachsen* mußten in Wut ausbrechen: „Ein Vasall des deutschen *Königs*, Boleslaw Chrobry, der Herzog eines unterworfenen und tributpflichtig gemachten Barbarenlandes, darf sich ‚Patricius' und ‚Stellvertreter' des deutsch-römischen Kaisers nennen wie dessen mächtigster Statthalter in Rom, der sächsische Graf Ziazo aus einem der vornehmsten Geschlechter unseres Landes? Ein polnischer Vasall wird einem sächsischen Stammesherzog gleich - ja übergeordnet? Ein polnischer Vasall erhält – *gegen* die verbrieften Vorrechte des Herzogtums Sachsen und des Erzbistums Magdeburg, *gegen* die Vorrechte auch des von Deutschen gegründeten und betreuten Bistums Posen – die kaiserliche Erlaubnis zur Gründung eines polnischen Erzbistums mit polnischen Missionsrechten? Erhält die Mauritiuslanze als kaiserliche Gunstbezeugung? Und damit diese Ungeheuerlichkeit möglich ist, wird sie im Rahmen einer in der Luft hängenden „RENOVATIO IMPERII ROMANORUM" vollzogen, um die wir nicht gefragt worden sind, und von einem Kaiser, der als ‚Servus Christi' glaubt, Schutzrechte für den Heiligen Petrus auszuüben, während er in Wirklichkeit aus Kosten des Regnum das Sacerdotium über alle Maßen bereichert? Das wäre noch die große Tradition Ottos I.? Das ist Großmachung des slawischen Feindes an der Ostgrenze Sachsens! Das heißt einem zukünftigen Slawenbündnisse Polen–Liutizen geradezu die Straße freigeben."

Deutsche konnten urteilen: „Wem ist auf deutschem Boden jemals der Titel ‚Patricius' verliehen worden? Einer einzigen Person: der Stellvertreterin des Kaisers während seiner Abwesenheit von Deutschland: der Äbtissin Mathilde von Quedlinburg, der *kaiserlichen* Prinzessin, der Tochter Ottos I., Schwester Ottos II., Tante Ottos III. Und dieser Titel nun einem polnischen Vasallen Deutschlands, der nur auf die Stunde des Abfalls wartet?"

Römer aber dachten: „Da seht ihr, was aus unseren sakrosanktesten stadtrömischen Herrschaftssymbolen gemacht wird: in dreimal verschieden schattierter Entwertung: ein armseliger kaiserlicher Beamtentitel in Rom, den man einem sächsischen Barbaren anhängt – eine verlogene Ehrung (die einer Degradierung gleichkommt) an einen Polackenvasallen des deutschen Königs – und eine inhaltlose Sargumschrift für eine Äbtissin aus jener gleichen ottonischen Dynastie, deren erster Vertreter 962–964 wie ein Hunne in unserer Stadt gehaust hat. . . . deren dritter Sproß uns Römern etwas von einer RENOVATIO IMPERII ROMANORUM vorfaselt, während er uns selbst nur kaiserliche Beamtenchargen einräumt und unseren vornehmsten Fürsten, Johannes Crescentius, in einer so satanischen Weise hinrichten, ja sogar am toten Leibe schänden läßt, daß unsere Nachkommen ihren Kindern noch nach tausend Jahren von dem Schreckenstag: 28. April 998 erzählen werden. Es muß diesen sächsischen Wilden doch sehr viel an unseren alten, ruhmvollen Titeln gelegen sein, wenn sie es für nötig befinden, mit ihnen ihre Blutrünstigkeit zuzudecken."

Ich denke, Heinrich, ich brauche nicht weiter die schlimmen Wirkungen eines schlecht gewählten und gefährlichen Titels auszuspinnen. Wenn Sie vorhin sagten, daß Ihr Schwager Waic von Ungarn einen solchen Patriciustitel niemals annehmen würde; nun, so ist wohl anzunehmen, daß auch dieser von keinen „Symbolen" und zweifelhaften „Würden" umnebelte Sohn der Steppe Wesen und Anschein sehr genau zu scheiden weiß.

Es war falsch, die Bezeichnung Patricius in Rom beizubehalten, es war ein grober Irrtum, sie an Boleslaw Chrobry zu geben – und es war Mangel an Zartgefühl, sie einer sächsischen Fürstin von der Bedeutung der Äbtissin Mathilde auf den Sarg zu meißeln. *Wer* die Hauptschuld an diesen Entgleisungen trägt: ich weiß es nicht. Wahrscheinlich die Kanzlei des Kaisers. Aber vielleicht auch Leo von Vercelli persönlich: System, System – gleichgültig, wie die Wirkung sei. Leute wie Leo von Vercelli wissen überhaupt nichts von Wirkungen. Sie wissen nur, wie sie selbst nach einem Schema, in dem sich ihre Weltunkenntnis spiegelt, Wirkungen *austüfteln*, die natürlich ausbleiben oder in das Gegenteil des Angestrebten umschlagen.

– Ich habe nie geglaubt, sagte Heinrich von Bayern, daß Sie so unerbittlich im Bloßlegen einer Wunde sein könnten. Was würden Sie denn in Polen getan haben?

– Ich gebe die Frage an Sie zurück, da ich Ihnen schon gesagt habe, daß ich die Polenpolitik im Rahmen der RENOVATIO billige und ihr die Magdeburger Missionspolitik Gisilers unterordne.

– Nun: Ich hätte Boleslaw den Titel eines „amicus Imperatoris" feierlich erneuert, die Erneuerung durch die Überlassung der Mauritiuslanze besiegelt und ihm die Errichtung des Erzbistums Gnesen mit Missionsrechten erlaubt, unter der Bedingung, daß die deutschen Missionsrechte den Vorrang behalten. Dann wären die Sachsen zunächst zwar verstimmt, aber nicht aufsässig gewesen, der kaiserliche Name wäre aus dem Spiel geblieben und – bei aller Liebenswürdigkeit – eine Distanz gewahrt worden, welche Boleslaw Chrobry wahrscheinlich weit mehr in Schach gehalten hätte als eine „Stellvertretung", die er für sich ausschlachten wird, sobald er es für gut befindet. Es ist mir von entfernten böhmischen Verwandten berichtet worden, daß er gegen Mähren etwas im Schilde führt. Ich hoffe, daß bei diesen Absichten der tödliche Haß des Kaisers gegen die Przemyslidendynastie nicht im Spiele ist. Der Sohn des Bluthundes Boleslaw II. von Böhmen ist sehr verschieden von seinem Vater und mir als Nachbar zehnmal lieber als möglicherweise eines Tages der Chrobry.

Wir sind uns darüber einig, Otto, daß wir den Kaiser für die Zukunft vor allen Übersteigerungen bewahren müssen. Er hat etwas von der ostentativen Art seiner Großmutter Adelheid geerbt. Er ist jedoch eine so einmalige und eindeutige Erscheinung, ein Mensch, dessen Blut eine so majestätische Sprache spricht, daß er gar keiner Gesten bedarf. Ich frage mich nicht ohne Sorge, was das Zeremoniell des Palastes sein wird, den er sich in Rom baut . . . vorausgesetzt, daß er wirklich in Rom residieren wird. Es wird niemals an Leuten fehlen, die ihn anhimmeln. Auch nicht an Deutschen, die eine ganz besondere Neigung zu Vergötterungen haben. Aber es werden nicht die besten sein.

— Sie können sicher sein, Heinrich, daß es niemals ein byzantinisches oder römisches Zeremoniell geben wird. Der Palast in Rom wird der Palast eines arbeitenden Kaisers sein, mit sehr wenig Pomp und sehr wenig Festen. Ich fürchte sogar: mit zu wenig. Hat der Kaiser erst den politischen Rahmen geschaffen, innerhalb dessen er wirken kann, so wird er — wenn ich mich nicht irre — fast unsichtbar werden. Im Leben dieses überreichen Menschen herrscht die Zahl zwei. Sein Bedürfnis nach Austausch ist groß. Aber die Fülle seines Wesens wird ja nur spürbar im vertrauten Gespräch von Ich zu Du. So war er als Kind, so ist er heute. So wird er bleiben. Er schreckt vor jeder Vielheit zurück. Und er haßt jeden Gemeinplatz. Er ist sehr geizig mit seiner Zeit. Er ist durchdrungen von seiner Idee, aber er kennt keinen Ehrgeiz. Sie sollten hören, was er von „Eroberern" sagt. Karl der Große ist ihm der Streiter für eine Idee, der Diener des Geistes und der Ordner des Staates, aber niemals der Eroberer. Otto würde nie einen Araberkrieg führen wie sein Vater, um ein paar Provinzen „einzuverleiben". Er denkt nicht daran, die französische Frage aufzurollen. Aber Sie können sicher sein, daß er, sobald er seine RENOVATIO verwirklicht hat, mit Robert von Frankreich einen Freundschafts- und Nichtangriffspakt schließen wird. Das gleiche mit Dänemark. Er wird die RENOVATIO niemandem verschließen, der hinein will. Aber er wird, wenn er ihre Abgrenzung gegen Byzanz gesichert weiß, wenn er dem römisch-katholischen Glauben und der deutsch-italischen Wirtschaft die gewaltigen Gebiete Polens und Ungarns erschlossen hat, niemandem nahelegen, sich der Konföderation anzuschließen. Er wird einen Rechtskodex schaffen wie Theodosius II. und Justinian. Er wird Hochschulen gründen. Er wird vielleicht sogar große arabische Gelehrte an seinen Hof ziehen. Er wird die Klöster zu einzigartigen Stätten weltlicher Bildung machen. Er wird Werke der Antike neu herausgeben. Er wird immer Erstarrtes in Fluß bringen. Er wird das Schöne holen, wo er es findet, und so viel Schönes schaffen lassen als er nur kann. Er wird – genau wie heute – sehr anspruchslos leben. Haben Sie je einen anderen Ring an seiner Hand gesehen als den ottonischen Wappenring?

– Glauben Sie nicht, daß ihn vielleicht die Ehe verwandeln könne?

Otto von Niederlothringen wollte laut herauslachen. Aber er besann sich, tat so, als ob er sich verschluckt hätte, schlug leicht mit der Reitgerte auf die Kante des Steintisches und sagte:

– Nein. Der Kaiser verwandelt die Dinge, aber die Dinge verwandeln nicht den Kaiser.

– Nennen Sie die Ehe ein Ding?

– Eine Summe von Dingen, Umständen, Angelegenheiten, wenn Sie wollen ... Aber – ich weiß ja schließlich nicht. Ich bin ja nicht verheiratet.

– Eben. Man fragt sich allenthalben, warum nicht. Ein Mensch wie Sie ... Denken Sie denn tatsächlich nicht an eine Gattin? – an einen Erben?

Otto von Niederlothringen ließ die glänzenden schwarzen Augen, die unter noch schwärzeren Brauen lagen, über dem flimmernden Lande ruhen. Dann sagte er sehr langsam, ohne den Frager anzuschauen:

– Verehrter Heinrich: ich bin ein Mensch, der sich niemals eilt. Ich lasse die Gelegenheiten auf mich zukommen. Es ist nicht meine Art, mir um menschliche Dinge sehr viel Mühe zu geben ...

– Allerdings nicht. Das wissen alle. Ich habe Ihnen ja schon vorhin gesagt: Sie gelten als der hochmütigste aller Herzöge und als der unzugänglichste ...

– Bei den Herzögen und den Bischöfen?

– Natürlich.

– Gut. Die Hauptsache ist, daß ich bei meinen Niederlothringern so ziemlich als das Gegenteil gelte ... Sehen Sie: meine Geliebte und mein Erbe zugleich ist – vorläufig noch – mein Herzogtum. Das kann sich ja eines Tages ändern ... Was weiß ich heute? Und mein Glück ist, daß ich dieses Herzogtum in Ordnung halte.

– Ja, eben, das Musterherzogtum Deutschlands, und das reichste ... Wie bringen Sie das fertig?

– Indem ich mich Tag und Nacht mit ihm beschäftige, das heißt: der Feudalität ganz gewaltig auf die Finger sehe, Gewerbe und Handel aber mit allen Mitteln stütze. Sehen Sie sich einmal die Schiffe an, die aus der halben Welt im Hafen von Köln einlaufen ... Sehen Sie sich nur diese Hunderte von bunten Wimpeln an, die an einem blauen Sommertag im Winde spielen, und Sie wissen, was „Weite" ist! Matrosenluft – Weltluft! Und derselbe Herzog Otto von Niederlothringen, der in Bauernwirtshäusern zu Mittag speist, weil er ja selbst eigentlich ein Bauer ist, also nach Oberlothringen gehörte – derselbe hochmütige Herzog ist sich nicht zu gut, auch in Matrosenschenken seinen Becher Met zu trinken und sich von den Seefahrern aller Herren Ländern de bouche à bouche erzählen zu lassen – manchmal stundenlang – was denn „da draußen" alles vorgeht. Sie können sicher sein, daß er nicht angelogen wird. Denn er stellt nur sehr wenig Fragen, aber er öffnet den anderen das Herz. Wonach die meisten mehr Bedürfnis spüren als die meisten ahnen.

Ich habe allerlei gelernt, verehrter Heinrich, auch ohne Hildesheim. Die Hauptsache aber: ich habe dem Kaiser – im bedingten Raume – zeigen können, was möglich ist, wenn man zupackt. Und er hat ja – in meiner Hauptstadt Aachen – das gleiche getan.

– Unbegreiflich, sagte der Herzog von Bayern im Aufstehen, unbegreiflich, daß ein solcher Mensch wie Sie, ein Mann in jedem Zoll, und welcher! noch nicht verheiratet ist! Was wäre ich ohne Kunigunde!

– Chacun à sa façon, sagte Otto, ein letztes Glas hinuntergießend, Sind Sie auch sicher, daß Ihnen die Gräfin von Luxemburg den Erben schenken wird – und welchen?

– Das liegt in Gottes Hand.

– C'est ça, lautete die klare Antwort. Exactement comme mon mariage. Admettons que Dieu sache ce qu'il veut et ce qu'il ne veut pas. Nous y sommes – restons-y!

Und er pfiff gegen den Holunderbaum hinunter:

– Allons! Baptiste! Selle! On rentre.

Heinrich von Bayern kaute an einem Grashalm. Er verstand nicht mehr recht. Dieser Kaiser – dieser letzte Karolinger – – das war nicht seine Welt.

Er war betroffen, als er unbemerkt dieses harte – und warum doch nicht harte? – dieses hochmütige – und warum doch nicht hochmütige? – dieses herrische – und warum doch nicht herrische? – dieses in sich zwingende Gesicht mit der kurzen geraden Nase und den etwas brutalen Lippen von der Seite ansah . . . Welche Dämonie der Schwermut – welche Macht der Einsamkeit – welche unerbittliche Siegelsetzung über dem Traume Karls des Großen . . .

ZWEITES KAPITEL

Sie hatten Befehl gegeben, Majestät, daß die Herzöge Heinrich von Bayern und Otto von Niederlothringen sogleich nach ihrer Rückkehr zu Ihnen kämen.

Es war sechs Uhr abends, als sie Ihnen gemeldet wurden. Sie fanden bei Ihnen den König Rudolf III. von Burgund und den Grafen Gregor von Tusculum, der am Vormittag aus Rom im kaiserlichen Hoflager eingetroffen war. Sie gingen den Herzögen, ihre offensichtliche Erregung meisternd, entgegen:

— Da der Graf Gregor mir im Auftrag des Papstes wenig erfreuliche Nachrichten aus der Sabina bringt, bedarf ich Ihrer zu einer kurzen Besprechung. Viel Worte sind nicht zu machen. Es gilt, Entscheidungen zu fällen, in denen Sie Ihre Stimme haben.

Der Papst ist bei Ausübung kirchlicher Pflichten in der ihm unterstehenden Stadt Orte von Anhängern der Crescentier während der Zelebrierung der Messe belästigt und zum Verlassen der Kirche gezwungen worden. Nicht nur dies: er mußte, um Schlimmstes zu vermeiden, nach Rom zurückkehren. Es erweist sich also, daß die Truppen des Markgrafen Hugo von Tuskien, die für seinen Schutz verantwortlich sind, nicht ausreichen, oder auch — was sehr schwerwiegend wäre — nicht ihre Pflicht getan haben.

Es ist jedenfalls gut, daß wir diesen neuen Beweis für die geheimen Machenschaften unserer Feinde in Händen haben. Er wird mir erlauben, in Gemeinschaft mit der kaiserlichen Partei in Rom, deren Vertreter Sie hier vorfinden, rücksichtslos vorzugehen, sobald ich in der Hauptstadt zurück bin. Der Graf Gregor versichert mich der bedingungslosen militärischen Unterstützung unserer römischen Anhänger, sobald ihnen genügend deutsche Truppen den Rücken decken. Diese Truppen sind von mir schon angefordert worden. Auch ein Teil Ihrer Truppen, Herzog Heinrich und Herzog Otto, werden sich sofort mit dem Patricius Ziazo, dem Grafen Lomello und dem Grafen Gregor auf den Weg nach Rom machen. Morgen schon, da sie marschbereit sind. Ich selber folge etwas später nach, da ich wichtige Verhandlungen mit dem König von Burgund, mit dem Abt Alawich von Reichenau und mit dem Bischof Leo von Vercelli zuvor abschließen muß. Sie sehen aus dem Umstande, daß ich meine Pläne nicht ändere, wie ruhig ich die Lage in Italien beurteile. Dem Papste muß das

Gefühl unbedingter Sicherheit gegeben werden, damit er die für Januar 1001 angesetzte Synode von Rom mit der nötigen Ruhe vorbereiten kann. Es genügt für diese unverbesserlichen Rebellen, zu wissen, daß die Hauptmacht erst mit mir und nach mir eintrifft. Ich bin von falschen Skrupeln geheilt. Es wird diesmal ganze Arbeit gemacht werden. Wollen Sie das bitte allen Römern klar machen, Graf Gregor. Es sind gewaltige Ersatzheere, die auf das Zeichen zum Einmarsch in Rom warten. Es ist lediglich Rücksicht auf das national-römische Empfinden, wenn ich meine Sachsen vorläufig noch in den Alpenstellungen gelassen habe. Ein Wink: und sie werden in Rom erscheinen. Anders als im Jahre 998! Wenn der Markgraf Ekkehard von Meißen dieses Mal gegen den Anhang der Crescentier losschlägt, werde ich ihm keine Mäßigung mehr auferlegen wie damals. Denn auch ich bin — wie ganz Deutschland und alle klugen Römer — dieser Hinterhältigkeiten müde.

— Unheimlich, sagten Sie spät nachts, als Sie mit Otto von Niederlothringen unter den blühenden Linden des Burghofes auf und nieder gingen, widerwärtig, daß man so schamlos lügen muß . . . Aber was blieb mir diesem Römer gegenüber anderes übrig? Ich mußte den starken Mann machen. Dabei sind wir, wie du weißt, erbärmlich schwach. Man darf in Rom nicht wissen, daß sich die Sachsen eigentlich noch schlechter benehmen als die Crescentier, die wenigstens die Entschuldigung für sich haben, gegen die „Fremden" aufzumucken, während die sächsische Absage fast an Landesverrat grenzt. Glaubst du, daß wir ohne die Sachsen fertig werden?

— Ja, sofern die Tuskulaner bei der Stange bleiben. Sehr groß ist mein Vertrauen in sie nicht. Aber Sie werden sich wohl auf unserer Seite halten, weil es ihnen unter deutscher Herrschaft besser geht als unter einem neuen Regiment der Crescentier. Es ist schwer, zu durchschauen, welche der beiden

Parteien die größere äußere Macht besitzt. Das größere Prestige haben – trotz der Oktavian-Erinnerungen – die Crescentier. Sie haben – im Namen aller Römer – einen „Freiheitshelden“ zu rächen. Rache, wenn sie die Farbe des Blutes trägt, wiegt schwer . . . Glaubst du nicht, daß Silvester zu schwarz sieht? Ich weiß es nicht. Er hat dem römischen Frieden niemals getraut. Seine Witterungen sind immer richtig. Schon meine Abreise nach Polen hat ihn sehr geängstigt. Er wollte mich zurückhalten, die Durchführung der RENOVATIO hinausschieben. Der Konsolidierung der römischen Frage den Vorrang lassen. Ich selbst halte diese Konsolidierung für leichter möglich, wenn ich auf die Erfolge in Polen und Ungarn hinweisen kann. Das kann ich heute. Auf der Synode von Rom wird über Ungarn das letzte Wort gesprochen werden. Die Einbeziehung dieses Landes in die RENOVATIO ist schon vollzogen. Ich weiß, warum ich abermals die Bulle umändere und den Titel „Servus apostolorum“ annehme. Dieser Titel erlaubt mir, wenn ich im gelasianisch-augustinischen Denken bleibe, in der ungarischen Christianisierung ein Wort mitzureden. Denn was dem Papste, dem Statthalter Petrie, zusteht, steht auch mir zu, nachdem sich Ungarn dem Heiligen Petrus übereignet hat und durch den Papst, in meinem Namen, die Krone für seinen König erhält. Ich habe, als Diener und weltlicher Schutzherr des Heiligen Petrus und des Apostels Paulus – daher „aposto*lorum*“ und nicht „aposto*li*“ – nicht nur das Recht, sondern auch die *Pflicht*, die ungarische Kirche zu schützen . . .

– Übe diesen Schutz mit großer Zurückhaltung aus.

– Habe ich anderes getan? Werde *ich* anwesend sein bei der Gründung des Erzbistums *Gran* und seiner sieben Suffraganbistümer? Nein. Aber der Abt Anastasius wird als Gesandter des ungarischen Königs auf der Synode von Rom erscheinen und eine Zeitlang an meiner Hofhaltung bleiben. Ich werde ihm keinen Anlaß geben, mich bei seinem Herrn irgendeines Übergriffes zu zeihen. Wer gesät hat, muß warten können, daß die Saat zu ihrer Zeit aufgeht. Glaube mir, Otto: ich warte ungeduldig darauf, daß mir die Zeit nicht mehr als Fuchtel in den Rücken sause. Viel Zeit für mich allein werde ich niemals haben, wenn nun das große Ausbauen und Angleichen beginnt. Aber soviel Zeit mehr, daß ich nicht mehr zu befürchten brauche, von meiner Berufung erdrückt zu werden. Ich bin müde. Aber wem darf ich dies sagen?

– Nur mir.

– Deswegen tue ich es ja.

– Tue es immer.

– Sei sicher, daß ich es tun werde. Gott allein genügt nicht. Er ist ein Forderer. Bis zum Ende.

– Er fordert in verschiedenen Maßen.

– Glaubst du?

– Ich habe es an mir selbst verspürt.

– Aber so lange ich dich kenne, gehst du immer gleichen Schrittes.

– Es sind nicht die Schritte, welche den Gang Gottes in uns zeigen.

– Sondern?

– Unsere Nächte, um die niemand weiß.

– Es ist nicht jedem gegeben, sie aus den Schritten auszuschalten.

– Ich weiß es, und ich messe andere nicht nach mir. Das immer gleiche äußere Gleichmaß zehrt viel von unseren Kräften auf.

– Bewahrt es nicht auch viele?

– Ich kann dir keine Antwort geben. Ich weiß nur, was es mich gekostet hat. Der Preis ist hoch, sehr hoch.

– Glücklich, wer ihn zahlen kann. Ich muß diese Art der Begleichung noch lernen. Vielleicht werde ich dazu mein ganzes Leben aufbrauchen müssen.

Otto von Niederlothringen zog Ihren Arm durch den seinen und ging langsam mit Ihnen bis an das Ende der niedrigen

Mauer. Dort setzten Sie sich beide auf den Sandstein, der von der Sonne noch warm war. Unter Ihnen vom Burggraben her, in dem ein ganzer Wald von Akazienbäumen aufgewachsen war, salutierten die Wachen und nahmen ihre Runde wieder auf.

— Was hast du? fragte Otto, als Sie sehr erschöpft die Augen schlossen und Ihren Kopf nach vorwärts gleiten ließen, wie wenn ihn das Genick nicht mehr aufrecht zu halten vermöchte ...

— Es geht manchmal ein Wogen vor meiner Stirn, das mir den Sinn der Örter verwischt. Es schien mir eben, ich sei mit dir in Rom auf der Terrasse des aventinischen Palastes.

— Die Akazienblüten ...

— O nein ... Ich habe in der letzten Zeit oftmals das Gefühl, als ob ich alles, was ich tue, nur noch träume ... Es scheint mir alles — alles — zu Ende zu gehen ... Ich könnte ier nicht sagen, was dieses „Ende“ ist ... Aber warum sollte ds nicht wirklich — *das* Ende sein?

— Es ist der Anfang eines neuen Anfangens.

— Es gibt Augenblicke, Otto, wo mir diese ganze RENOVATIO wesenlos erscheint. Es gibt Augenblicke, wo ich zu verstehen glaube, warum die Sachsen nicht mehr wollen ...

— Überreizung, glaube mir, nichts als Überreizung ...

— Vorausgestorbensein ...

— Um aufzuerstehen. Nur die Täter wissen um *solche* Müdigkeiten. Die Tatenlosen sind immer müde... Sieh dir diesen Rudolf von Burgund an ... Der sitzt unter seinen Ölbäumen und sieht nicht, vor unmüder Müdigkeit, wie schön das Land ist. Der fährt nach Marseille oder Toulon an das Mittelmeer und wundert sich nicht einmal, daß da plötzlich Palmen sind, Mimosen, Gärten voll Kamelien, Azaleen, Gardenien ... Oder er fährt an den Genfer, an den Neuenburger See und fragt, ob die Barsche aus diesem oder jenem größer werden ... Er stiftet ein Kloster, weil man Klöster stiftet, er geht zur Messe, weil man zur Messe geht, er ist für Cluny, weil man für Cluny ist – und er legt sich abends zu Bett, weil man sich abends zu Bett legt . . . Was hast du mit ihm ausgemacht?

– Er solle tun, was ihm seine Schwester sagt, die Herzoginwitwe Gisela, da er nicht mehr tun könne, was ihm seine Tante sagte, die Kaiserinwitwe Adelheid, auf die er große Stücke hielt. Und er solle seinen Bauern klarmachen, daß die Preise für die Oliven bald das Doppelte erreichen würden, wenn er sich zur RENOVATIO bekenne. Das Westimperium werde sehr viele neue Kanzleien und Klöster haben, welche Öl für die Lampen der Schreibstuben brauchen, Ungarn und Polen ganz besonders viele. Er solle die Rhoneschiffahrt instandhalten und die Grenze gegen Frankreich gut bewachen.

– Und was hat er erwidert?

– Er habe noch niemandem etwas Böses getan . . .

– Reist er mit uns?

– Wir machen seinetwegen den Umweg über Basel. Heinrich von Bayern ist ein kluger Rechenmeister. Er kann seinem Oheim sagen, was Bayern an Ungarn dank der RENOVATIO verdienen wird.

– Die burgundischen Großen machen mit ihm, was sie wollen?

– Wenn er sie verdienen läßt, nicht mehr. Auch an das „DOLCE FAR NIENTE“, dieses Fundament des Königreiches Burgund, darf er nicht rühren. Ich habe manchmal bei mir gedacht: vielleicht haben diese Leute ja recht. Sie haben keinerlei politische Berufung noch Ehrgeiz. Sie haben Haufen von Gold in den Truhen und im Strohsack. Sie schauen zu, wie wir uns abquälen, während sie die Messe hören, die Farandole tanzen, währschafte Frühstücke vertilgen, in Hemdsärmeln und Pantoffeln „Pousse“ spielen und sich an ihren unvergleichlichen Weinen so viel Räusche antrinken, als ein Mensch braucht „pour ándiciber chònnêdement sur l’èdernel béàdidud“, wie meine Großmutter – ohne hochburgundischen Akzent – zu sagen pflegte, wenn sie etwas zu viel von ihrem geliebten Dôle getrunken hatte. Und das ist während der mühevollen Regentschaft manchmal geschehen.

— Ich freue mich, sagte Otto von Niederlothringen, daß dich der immer schläfrige Rudolf von Burgund so lebendig gemacht hat . . .

— Du hast es getan, mit deiner durchtriebenen Art, das abgehetzte Wild . . .

— Auf die Fährte der Beruhigung zu locken. Ich wüßte nicht, was ich lieber getan hätte.

Sie standen von der Mauer auf, Majestät, und traten vor Otto, der sitzen geblieben war. Sie faßten seine Schultern:

— Du hast in dir eine unaussprechliche Kraft, aufzurichten. Warum eigentlich bist DU nicht der Kaiser?

— Weil ich dann gar nichts wäre. Ich bin aus drei Elementen gefügt und auf diese drei zurückzubeziehen: auf Gott, auf den Großen Karl und auf den Kaiser. Dies sind meine Möglichkeiten und meine Grenzen . . .

Ihre Hände glitten von den ehernen Schultern, auf denen sie gelegen hatten. Ihr Gesicht, in eine jähe Schwermut getaucht, stand, von Ihnen losgelöst, im Wipfel einer Akazie über der Mauer.

— Warum sagst du — in dieser Stunde! — der Kaiser? Warum sagst du nicht „dich"?

Otto von Niederlothringen stand auf und zog die kurze Tunika im Gürtel glatt:

— Weil es mir zu früh scheint, den Kaiser im DU verschwinden zu lassen — — auch wenn mein Herz das DU meint.

Dann, sehr leise:

— Wen sollte es sonst meinen? Gib mir deine Müdigkeiten, Otto. — Es werden ihrer viele sein in den kommenden Jahren und andere, als du denkst. Sie sind mein Weg.

— Sie sind auch der meine. Ja, sie sind die Meilensteine

meines Weges. Ich sehe – ich sehe. Und ich werde nicht mehr traurig zu sein brauchen wie vorhin.

– Gewiß nicht. Ich möchte es heute am allerwenigsten sein. Also lasse mich heute noch einmal auf Rudolf den Schläfrigen zurückkommen. Sage mir: wer ist der merkwürdige Troubadour, wenn ich dieses aufgeregte Wesen so nennen darf, den er sich da mitgebracht hat?

Nun schüttelten Sie sich vor Lachen, Majestät.

– Das weißt du noch nicht, wirklich nicht? Nachdem er schon sämtliche Flickfrauen, Stall- und Küchenmägde, Marketenderinnen und Mannschaftshuren verrückt gemacht, ja, im wahren Sinne des Wortes verhext hat, ohne sie auch nur anzurühren? Ecco Otto von Niederlothringen! Nun: das ist jener „Farben-Page Wundmund“ aus Bäzzeliwyl am Bütscheleggli, dem die Sybille von Estavayer geweissagt hat, daß ihn nach tausend Jahren ein Meistersinger steifgewordener Reithosen für zwanzig Jahre bei allen Ledermänaden unsterblich machen werde.

Es war das letzte Lachen Ihres Wesens, Majestät, das Sie auf deutscher Erde lachten, das letzte, von dem auch Otto von Niederlothringen bis zum Schluchzen mitgerissen wurde.

Der Graf Gregor von Tusculum, der in dieser Nacht etwas unruhig schlief, hörte es bis in sein Zimmer hinauf. Er sagte einige Tage später, als er schon mit dem Pfalzgrafen Otto von Lomello und dem Grafen Ziazo gegen den Lukmanier unterwegs war, wer nach dem Empfang „mulmiger“ Nachrichten aus der Grafschaft Sabina so lachen könne, der müsse Armeen hinter sich haben, die nur auf das Zeichen zum Aufbruch warteten. Und die beiden Herren bestätigten dem Seelenkundigen, daß dem so sei.

Gesetz der Verkettungen.

Ende September 1000. Rom. Der Empfang, der Ihnen von Papst und Stadt bereitet wurde, war nicht weniger glanzvoll als jener andere, mit dem Sie Regensburg im Januar des gleichen Jahres nach Ihrer zweijährigen Abwesenheit aus Deutschland begrüßt hatte.

Die Pläne für den palatinischen Palast waren fertiggestellt. Die Basilika, welche Sie dem Andenken Adalberts auf der Tiberinsel unter dem Kloster S. Bonifazio errichtet hatten, wartete darauf, eingeweiht zu werden. Der Abt Caniparius hatte die von Ihnen gewünschte „Vita S. Adalberti" fertiggestellt und Ihnen in einer kostbaren Handschrift überreicht. Ich glaube nicht, daß Ihnen mehr an diesem kleinen Werk gefallen habe als die schön gemalten Buchstaben.

Die Wochen waren ausgefüllt durch die Vorbereitungen zur Januar-Synode. Eine große Anzahl von Gästen wurde erwartet. Die höchste Geistlichkeit aller Länder, welche sich zur RENOVATIO bekannten, fand sich im Laufe des Dezember ein. Italien allein sandte zwanzig Kirchenfürsten. Deutschland nicht viel weniger. Die weltliche Macht war vertreten durch den römischen Adel, welcher auf kaiserlicher Seite stand, durch den Markgrafen Hugo von Tuskien sowie durch die Herzöge Heinrich von Bayern und Otto von Niederlothringen. Natürlich fehlten nicht die ungarischen, die polnischen, die venetianischen Abgeordneten. Zu einer besonderen Freude wurde Ihnen die Anwesenheit Bernwards von Hildesheim, dem Sie in der Nähe des aventinischen Palastes Wohnung gegeben hatten. Ihr Heer war klein: Rücksicht auf die Römer. Aber es hieß, daß in den Vorländern der Alpen gewaltige Truppenmassen zum Einmarsch bereit stünden.

Das Protokoll der wichtigsten Synode ist verlorengegangen.

Verlorengegangen?

Ich würde sagen: es ist nicht mehr vorhanden. Vielleicht

hatten spätere Zeiten Gründe, dieses Dokument der RENOVATIO und REFORMATIO verschwinden zu lassen. Gründe des Regnum: Gründe des Sacerdotium, Gründe beider? Es wäre nicht schwer, Majestät, aus der Entwicklung der abendländischen Geschichte nach Ihrem Tode die Erwägungen aufzuspüren, welche den äußeren Glanz dieser Synode im Dunkel eines nie Gewesenen auslöschen ließen. Ein ganzes Buch der Vermutungen wäre über sie zu schreiben: denn wir wissen nichts über die Verhandlungen und Debatten, welche am 13. Januar 1001, einem Sonntag, ihren Anfang nahmen und bis gegen das Ende des Monats gedauert haben. Eines nur ist ganz gewiß: diese Synode war als die Besiegelung der RENOVATIO und REFORMATIO gedacht. Sie sollte gleichzeitig das Fanal über der Straße in eine große Zukunft sein. Aber wir spüren durch alles Geheimnis, in dem sie versunken ist, daß sie weder Besiegelung noch Fanal war. Sie tönt nicht durch das Jahrtausend zu uns herauf wie die Synode von St. Basle, welche zehn Jahre früher stattfand.

Um jene Synode, um jede politische Konferenz schießen die Gerüchte als böses Unkraut auf. Ganz Gescheite wollten wissen, diese römische Synode werde in einer letzten außerordentlichen Sitzung einer verblüfften Menschheit Beschlüsse verkünden, welche die Gestalt des Abendlandes bis zur Unkenntlichkeit veränderten und auf Jahrhunderte festlegten. Aber die Synode schloß am übernächsten Sonntag unter dem Segen des Papstes und großem Glockenläuten ihre Pforten, ohne daß die von vielen erwartete Verkündigung erfolgt wäre. Die Zweifler lachten. Die Gutgläubigen sagten: „Es muß da in den Kulissen etwas Unvorhergesehenes geschehen sein."

Und Sie selbst, Majestät? mas war es, das Sie in jenen Januartagen nicht fröhlich sein ließ? War Ihr häufiges Traurig- und Abwesendsein jene Niedergeschlagenheit, wie sie jede Erfüllung mit sich bringt? Nein. Denn von Erfüllung konnte nicht gesprochen werden. War es jene Melancholie, wie sie jeden Künstler befällt, wenn er ein Werk, das viele Jahre seines Lebens aufgezehrt hat, aus der Hand legt und alle Unvollkommenheiten auf sich zukommen fühlt, um die das Vollbrachte hinter dem Geplanten zurückbleibt?

Nein, Majestät, auch dieses *war* es nicht. Dies *hätte* es sein können, denn Sie waren Gott zu nahe, als daß Sie jemals über einem „Erreichten" den Weg vergessen hätten, der weiterläuft. *Aber Sie hatten ja nicht „erreicht"*! Dieses war es! Sie hatten in letzter Minute erkennen müssen, daß Sie dieser Synode nicht *den* Abschluß geben durften, der – nicht nur für Sie selbst, sondern für die ganze Welt – ihre Krönung gewesen wäre. Sie hatten ihr nicht jenes Dokument vorlegen können, das die Grundlage für die Regelung der Pacta-Frage werden sollte. Denn es hielt vor Ihrem Gewissen nicht stand: ich meine, jene von Leo von Vercelli abgefaßte Urkunde, welche als „SCHENKUNG DES KAISERS OTTO III. AN DEN PAPST SILVESTER II." auf die Nachwelt gekommen ist. Sie hatten sich eingestehen müssen, daß diese Urkunde das Gegenteil einer *wirklichen* Lösung der Pacta-Frage sei: eine diplomatische Zwiespältigkeit, die man nicht anstehen werde, eine Taschenspielerei zu nennen.

Schon hatte man auf der Synode die Ohren gespitzt, als die Methoden durchgesprochen wurden, mit denen Polen und Ungarn in die RENOVATIO einbezogen worden waren: die wenig überzeugenden Umwege über die Titel „Servus Christi" und „Servus Apostolorum". Man hatte gesehen, wie sich Gruppen bildeten, wie ein Tuscheln von Mund zu Mund ging. Es hatten sich Stirnen ernsthafter und befreundeter Männer sorgenvoll gefaltet. Heinrich von Bayern war von Fragern bestürmt worden. Die Abwesenheit der sächsischen Großen wurde unterstrichen. Bernward von Hildesheim zählte nicht als Vertreter der sächsischen Meinung. Er hatte selbst gesagt, daß er nur gekommen sei, um über den Gandesheimer Streit mit dem Papst zu verhandeln und um endlich Rom kennenzulernen.

Besonders aufgeregt und bedrückt erschienen die römischen Herren der kaiserlichen Partei. Warum? Woher kamen diese willkürlichen Kommentare des Pacta-Problemes? Woher die unsinnigen Folgerungen? „Der päpstliche Besitz in versteckter Form enteignet“ ... „Dem römischen Feudalbesitz in päpstlichem Gebiet wird das gleiche Schicksal bevorstehen“ ... „Ein stehendes deutsches Heer in Rom. Ein für alle Male“ ...

Wer hatte etwas über diese „SCHENKUNGSURKUNDE DES KAISERS OTTO III. AN DEN PAPST SILVESTER II.“ ausgeplaudert?

Da lag sie vor Ihnen, auf dem Tisch, diese Urkunde, die von unausgegorenen sächsischen Kanzlisten aus der Schule Leos von Vercelli für ein Meisterstück diplomatischer Raffiniertheit gehalten wurde, während sie in Wirklichkeit ein Dokument der Wortklauberei war, wie es nur Juristen zustande bringen, die über ihrer Freude an der Doppelzüngigkeit vergessen, daß es im Schatten eines jeden Zeitgeistes einen GESUNDEN MENSCHENVERSTAND gibt, der als Rächer gegen den Mißbrauch des Wortes aufsteht und alle Kartenhäuser der Routine in die Luft fliegen läßt.

So unfaßlich, Majestät, ist auch Menschen meiner Zeit dieses Dokument erschienen, daß man es für eine Fälschung gehalten hat. Obwohl der Vollziehungsstrich in Ihrem Namenszug gesetzt ist, möchte auch ich glauben, es sei eine Fälschung. Denn es fehlt der Schnörkel im O Ihres Namens und es fehlt die Datierung. Die Auslegung – „interpretatio“ – der Schenkung allerdings scheint mir von Leo von Vercelli so gewollt, wie es die Stilisierung andeutet. An dieser Stilisierung sehe ich, welche Federfuchserei man Ihnen hat schmackhaft machen wollen – sehe ich abermals, was und wer der Bischof Leo von Vercelli nicht war.

Die Urkunde trägt den Stempel der Unfertigkeit. Sie ist ein uneinheitlicher Entwurf, ein mißratener Versuch. Sie hat wahrscheinlich niemals den Schrank der Kanzlei verlassen.

Hätte sie der Synode vom 13. Januar zur Besprechung vorgelegen, so wären die Römer Sturm gelaufen: „Tua res agitur" ... „Es geht um unseren Kopf" – und sie hätten wahrscheinlich sofort den Aufstand entfesselt, der fünf Wochen später ausbrach. Ich nehme an, sie ist der Öffentlichkeit unbekannt geblieben. Nur über einen Punkt vermag ich nicht hinauszukommen, wie immer ich mein Denken wende: warum haben Sie den Vollziehungsstrich gesetzt? Oder ist es vielleicht gar nicht Ihre Hand gewesen, die ihn gesetzt hat? Hat ein Hasser Ihrem Andenken einen bösen Streich gespielt? Das Rätsel wird niemals gelöst werden. Das Dokument wird noch viele quälen, wie es mich jahrelang gequält hat. Und kein noch so pfiffiger Rechtsgelehrter oder Geschichtsforscher – windet er sich wie er wolle in den Schlingen dieser Worte – wird den gesunden Menschenverstand totkriegen, der über dem Unmöglichen steht. Majestät: ich werde Ihnen gewiß nicht Wort für Wort diese Urkunde zergliedern, wie ich sie mir selbst zergliedert habe. Sie haben sie zur Genüge gekannt, und Sie sind ihrer nicht froh geworden. Aber ich kann nicht denselben Fehler begehen wie dieses Dokument in seinem ersten Teil: ich kann nicht ablehnen, ohne genau zu sagen, warum. Ich kann mich nicht in Allgemeinheiten und Dunkelheiten verlieren, wenn ich die Ursachen Ihres kaiserlichen Unbehagens und Ihrer Gewissensbedenken auch nur andeuten will. Der gefährliche Zusammenbruch, den Sie nach dem 16. Februar erlitten, läßt sich nicht nur aus dem erneuten Aufstand der Römer erklären. Er konnte nur deshalb die Fundamente Ihres Wesens erschüttern, weil er einen schon in sich selbst unsicher gewordenen Menschen traf. Sie fühlten, daß der Weg, den Ihre Politik in dieser Urkunde zu beschreiten versuchte, in ein unlösbares Dilemma führen müsse. Nicht, weil er ein niemals zuvor beschrittener Weg war, sondern weil seine diplomatischen Mittel von einer solchen Unaufrichtigkeit Zeugnis ablegten, daß sie auch Ihrer RENOVATIO den Stempel der Unaufrichtigkeit aufgedrückt hätten. Wer ethisch angreift, muß ethisch unangreifbar sein. Ihr persönliches und Ihr politisches Gewissen, Majestät, war sehr subtiler Natur. Dies war ein Segen für Sie. Eines Tages mußte Ihr deduktives Denken lernen, daß jede Bilanz zwischen politischer Idee und Verwirklichung dieser Idee ein Disagio aufweist. Was dagegen induktives Denken von Fall zu Fall heißt: das konnte Ihnen niemand deutlicher vor Augen führen als IHR Papst. Sollte ihm die Schenkungsurkunde in der Form, in welcher sie auf uns gekommen ist, bekannt gewesen sein, so würde er sie mit einem Lächeln hingenommen und sich der Nutznießungen, welche sie ihm bot, gefreut haben. Im übrigen hätte er sein Teil gedacht und – geschwiegen. Er hätte, wie immer, gewartet und „en attendant“ – seine Lorbeeren da gepflückt, wo die Lorbeerbäume standen. Sie brauchten, Majestät, als Sie sich im April 1001 wiedergefunden hatten, keineswegs auf Ihre RENOVATIO zu verzichten: Sie brauchten nur Unterstreichungen aufzugeben, die Ihr Werk und Ihre kaiserliche Unantastbarkeit gefährdeten.

Für uns Nachfahren stellt sich auf der Basis mittelalterlichen Denkens diese Urkunde dar:

ERSTENS:

als eine Verdammung aller Päpste, welche um des Goldes willen Kirchengut innerhalb und außerhalb Roms verschleuderten und sich an imperialem Gut schadlos hielten. Namen und Belege führt dieser einleitende Teil der Urkunde nicht auf. Das ist ihre erste Unzulänglichkeit. Wenn ich eine an einen Papstnamen gebundene Schlußfolgerung renovatorisch-reformatorischen Charakters aus vorangehenden Anklagen gegen Päpste ableite, so müssen diese Päpste ebenfalls mit Namen genannt und diese Anklagen umrissen werden, nicht aber in einem allgemein gehaltenen Sündenregister verkapselt bleiben.

ZWEITENS:

als eine Ablehnung der „konstantinischen Schenkung“, die schon am Hofe Ottos I. als Fälschung bekannt war. War diese Kenntnis zwar nur auf mittelbarem Wege durch den Kardinaldiakon Johannes, das Opfer des Papstes Oktavian, an Ihren Großvater gelangt, so entsprach sie doch durchaus der Wahrheit.

DRITTENS:

als eine versteckte Zurückweisung ALLER kaiserlichen Schenkungen an die Kurie und der mit (ungenauem) Namen genannten Schenkung Karls des Kahlen an den Papst Johannes VIII. aus dem Jahre 876. Daß eine Staatsurkunde von grundsätzlicher Bedeutung sich auf ein falsches historisches Argument stützt, ist eine unbegreifliche Nachlässigkeit. Die Schenkungsurkunde an Silvester II. behauptet: „Dies auch sind die Lügen, mit denen man dartun will, daß ein gewisser Karl dem Heiligen Petrus unseren Besitz übertragen habe. Darauf entgegnen wir, daß dieser Karl rechtmäßig gar nichts geben konnte, da er schon von einem besseren Karl verjagt, seiner Herrschaft beraubt, abgesetzt und erledigt worden war. Also: er gab, was er gar nicht besaß, und er gab es selbstverständlich so wie einer, der etwas unrechtmäßig – male – erworben hat und weiß, daß er es nicht lange besitzen wird“?

Die geschichtliche Wirklichkeit aber ist: Jener „gewisse Karl“ ist der französische Karolinger Karl der Kahle. Er erhielt vom Papste Johannes VIII. die Kaiserkrone gegen die Bestätigung aller früheren karolingischen Schenkungen. Die Krönung erfolgte in Rom zu Weihnachten 875. Die Bestätigung der Pacta wurde in Ponthion in Frankreich 876 ausgestellt, also zu einer Zeit, in der Karl der Kahle noch als Kaiser regierte. Erst im August 877 ist er von seinem Neffen Karlmann – dem „besseren Karl“ der Schenkungsurkunde an Silvester II. –, dem Sohne des 875 verstorbenen Kaisers Ludwig des Deutschen, aus Oberitalien verjagt worden. Da die Paktbestätigung von Ponthion dem Kaiser Otto I. im Urtext vorgelegen hat, mußte die römisch-deutsche Regierung von ihr wissen. Ihre Echtheit kann nicht angezweifelt werden. Daß im Jahre 1000 – nur hundertundvierundzwanzig Jahre nach dem Ereignis – die Geschichte der Karolinger am sächsisch-ottonischen Kaiserhof nicht genau bekannt gewesen sei, erscheint als unglaubhaft. Damit wird dieser Teil der Schenkungsurkunde an Silvester II. hinfällig.

VIERTENS:

als die Unterordnung des „sacerdotium" unter den allmächtigen Schutz des „regnum". Nur unter einem solchen Schutz – wird zu verstehen gegeben – kann der Papst seine Aufgabe erfüllen. Der Text lautet:

Spretis ergo commenticiis preceptis et imaginariis scriptis, ex nostra liberalitate sancto Petro donamus, que nostra sunt,
non sibi, que sua sunt, veluti nostra conferimus.
Sicut enim pro amore sancti Petri
domnum Silvestrum magistrum nostrum papam elegimus et Deo volente ipsum serenissimum ordinavimus et creavimus,
ita pro amore ipsius domni Silvestri pape
sancto Petro de publico nostra dona conferimus,
ut habeat magister, quid principi nostro Petro a parte sui discipuli offerat.

Octo igitur comitatus pro amore magistri nostri domni Silvestri pape
sancto Petro offerimus et donamus,
ut ad honorem Dei et sancti Petri
cum sua et nostra salute habeat, teneat
et ad incrementa sui apostolatus nostrique
imperii ordinet.

„Nachdem wir also diese verlogenen Behauptungen und Schriftstücke niedriger gehängt haben, schenken wir in Gemäßheit unserer Großzügigkeit dem Heiligen Petrus, was unser ist, aber wir übertragen nicht auf ihn das Seine, so, als ob dieses unser wäre. Denn wie wir – aus Liebe zum Heiligen Petrus – den Herren Silvester, unseren Lehrer, zum Papste erwählt und mit Gottes Willen als Serenissimus inthronisiert haben, so übertragen wir – aus Liebe zu eben dem erlauchten Papste Silvester – dem Heiligen Petrus aus unserem Besitz Geschenke, damit der Lehrer etwas in Händen habe, das er von seiten seines Schülers unserem Fürsten Petrus darbieten könne."

Es folgt nun die Nennung der Geschenke: acht Grafschaften der südlichen Pentapolis unter folgenden Begleitworten:

„Acht Grafschaften also bieten wir dar und schenken wir aus Liebe zu unserem Herrn, dem Papste Silvester, dem Heiligen Petrus, damit jener – Silvester – sie zu seinem und unserem Vorteil in Händen halte, bewahre und zur Machterweiterung sowohl seines Apostolates als auch unseres Imperiums beherrsche".

Der Unterzeichnungszeile geht der Satz voraus: „daß die Schenkung für ihn – Silvester – und seine Nachfolger Gültigkeit haben solle".

Glauben Sie, Majestät, daß irgendein Kommentar es fertigbrächte, einem UNBEFANGENEN Geiste – welcher Epoche immer – diese Schenkung des Kaisers an den Heiligen Petrus als SCHENKUNG an den Papst Silvester glaubhaft zu machen?

Nein, Majestät.

Und ich selber werde – nach Jahren unfruchtbarer Versuche – nicht mehr eine Stunde daran verschwenden, mich durch dieses Dokument der Unmöglichkeiten durchzuquälen, um einen Ausweg aus dem Labyrinth der Worte zu finden. Hier ist kein Ausweg. Hier hat sich ein Vogelfänger in den eignen Schlingen gefangen.

Aber HINTER diesen Worten ist etwas, das Sie in einer solchen Urkunde besser nicht hätten durchblicken lassen: die Rückkehr zur Politik Ihres Großvaters Otto I., und zwar in sehr verschärfter Form unter sehr fragwürdigem Anschein. Mochten Sie sich – aus Gründen politischer Zweckmäßigkeit – hundertmal „SERVUS APOSTOLORUM“ nennen: in dieser Urkunde werden Sie sichtbar als „SCHUTZVOGT“ der Römischen Kirche. Es waren die DEUTSCHEN KÖNIGE, die dieses Amt vor Zeiten ausgeübt und für sich in Anspruch genommen hatten. Sie nannten sich „VICARII S. PETRI“.

Wie tief ich mich auch in alle Möglichkeiten IHRER RENOVATIO einzudenken versuche, wie sehr ich Ihre Erkenntnis der Notwendigkeit eines konföderativ gegliederten imperium occidentale bewundere: es bleibt mir verschlossen der Sinn jener Schenkungsurkunde an den Papst Silvester II. Sie ist „ni chair, ni poisson“ – und sie erscheint mir, zumal im Augenblick ihrer Ausfertigung, als die gefährlichste Waffe, die Sie gegen sich selbst schmieden konnten. Infolge ihrer begrifflichen Verworrenheit konnte sie niemals überzeugendes Mittel Ihrer Diplomatie werden, jeden Nachfolger Silvesters mußte sie in Harnisch bringen, die Pacta – von der konstantinischen Fälschung abgesehen – vermochte sie als Rechtstitel – und darauf mußte es Ihnen ankommen – nicht aus der Welt zu schaffen, und der Modus der Schenkung, die im besten Falle ein LEIHGESCHENK – aber noch nicht einmal ein aufrichtiges – genannt werden dürfte, mußte, sobald er bekannt worden war, unüberwindliches Mißtrauen gegen Ihre Politik in allen klerikalen Kreisen Europas auslösen. Ein Papst aber, der diese Scheinschenkung hinnahm, ohne sich sofort auf die ihm aus den unanfechtbaren karolingischen Pakten erwachsenden RECHTE zu berufen, konnte – nach Gelasius-Augustinus – nicht mehr als Ihr EBENBÜRTIGER Partner, sondern nur noch als Ihr bestellter, UNEBENBÜRTIGER Gehilfe, als Ihr „Faktotum“ angesprochen werden. Sein Prestige mußte – zu Ihrem eigenen Nachteil – zerfallen, und die Römer mußten alles daransetzen, Sie selbst – den Kaiser, den „RESTITUTOR IMPERII ROMANORUM“ in ihrer Stadt, in der „URBS“, niemals heimisch werden zu lassen.

Majestät: ich gehöre gewiß nicht zu jenen unerträglichen Anmaßern, welche einem Herrscher, der wie Sie die „majestas“ verkörpert, mit Sätzen kommen wie: „Wenn Sie dies und jenes so oder so gemacht hätten“ . . . Ich habe viele Jahre lang über die Schwierigkeiten nachgesonnen, die Ihnen – im Rahmen Ihrer RENOVATIO – gerade im Jahre 1001 durch die Frage der Pacta erwachsen mußten. Die Schenkungsurkunde an Silvester II., gerade wenn ich sie nur als einen Entwurf, als einen Versuch bewerte, beweist mir, daß der Rhythmus Ihrer Politik überstürzt war. Natürlich habe ich wieder und wieder erwogen – indem ich versuchte, mich in alle Vorbedingungen und Notwendigkeiten Ihres Handelns einzudenken –, ob er hätte langsamer sein können. Fragten Sie mich, zu welchem Ergebnis ich in meinem Nachsinnen gekommen sei, so würde ich Ihnen – mit aller Ehrfurcht, die Ihr gewaltiges Wollen verlangt, und mit allen Vorbehalten, welche eine Zeitspanne von tausend Jahren dem forschenden Geiste auferlegt, folgendes antworten:

– Ließe sich – unter der Voraussetzung, daß unsere wissenschaftliche Erkenntnis Ihres Planens seit 997 nicht infolge des Verlustes entscheidender Zeitdokumente Lücken aufweist, die alle unsere Schlußziehungen hinfällig machen – – ließe sich nicht vielleicht folgendermaßen argumentieren:

Da Silvester II. – wenigstens vorläufig noch – von Ihnen „abhing“, da er außerdem mit seinem eigenen Willen der Papst der RENOVATIO war: hätte nicht zwischen Ihnen und ihm eine Art von provisorischem „gentleman agreement“ dahin getroffen werden können, daß der gesamte Besitz, welcher der Kurie, dem Sacerdotium, seit Pippin – 754 – durch die rechtlich unanfechtbaren Pacta verliehen worden war, auf der Grundlage der gelasianisch-augustinischen Zweigewaltenlehre und im Hinblick auf die unangreifbar auszugestaltende RENOVATIO solange als kaiserliches Protektorat für den Heiligen Petrus zu verwalten sei, bis sich die RENOVATIO als real-

und geistespolitische Trägerin der universal-konföderativen Politik des Westimperiums erwiesen hätte? Dem Papste wäre die demütigende Mühe genommen worden, immer wieder den kaiserlichen Schutz anzurufen – wie in den Jahren 996, 998, 1000 – und der Welt gegenüber hätte es keine anfechtbaren Scheinlösungen gegeben. Die im ersten Teil der Schenkungsurkunde gegen die Mißwirtschaft der Päpste erhobenen Beschuldigungen konnten von Anhängern der RENOVATIO juristisch kodifiziert und die Codices als Grundlage für die schließliche Regelung der Pacta-Frage benutzt werden. Das Protektorat konnte sich langsam in ein Kondominium verwandeln. Das Überwiegen der päpstlichen oder kaiserlichen Macht in den einzelnen Gebieten wäre durch militärische Notwendigkeiten bestimmt worden. Die sowohl für den Schutz des Regnum als für den des Sacerdotium wichtigen Schlüsselstellungen mußten in kaiserlicher Hand bleiben – Ravenna, Rom, Ancona. Siegte die RENOVATIO – als Idee und als Wirklichkeit – so stand einem solchen Lösungsversuch nichts entgegen, zumal ja ohne imperialen militärischen Schutz der päpstliche Landbesitz in der Luft hing und ein solcher imperialer Schutz nicht an päpstliche Besitzrechte tastete. Zerfiel allerdings die RENOVATIO: nun, so war ein genialer Plan an der force majeure äußerer Umstände gescheitert: aber es waren weder Rechtsbeugungen noch Willkürlichkeiten geschehen. Im Jahre 1001 jedenfalls war die Kurie mehr denn je auf den Beistand des deutsch-römischen Kaisertums angewiesen. Dieses verkörperte das Westimperium und war so mächtig geworden wie nicht seit zwei Jahrhunderten. Innerhalb dieser Sicherung konnte die Kurie eine geistige Bedeutung gewinnen, welche ihre Macht der kaiserlichen Macht gleichsetzte. Sie war im Jahre 1001 – zwei Jahre nach der Inthronisierung Silvesters II. – auf dem besten Wege zu dieser Koordination, ja über diese hinaus: Polen und Ungarn!

Daß Silvester II. Ihnen sehr lange erhalten bliebe und daß Sie ihm den wahlverwandten Nachfolger rechtzeitig vorbereiteten: dies war natürlich die sicherste Gewähr für die Konsolidierung der RENOVATIO. Zu allernächst aber – will mir scheinen – kam es darauf an, jedes allzu mathematisch-deduktive „Ordnen-wollen" der Welt (wozu Sie eine sehr deutsche Neigung hatten) zu zügeln, jede prinzipielle Zuspitzung irgendeiner Frage zu vermeiden und in beruhigterem Rhythmus auf der gewonnenen Basis Hand in Hand mit Silvester weiterzuarbeiten, das heißt: Ausgleiche da zu suchen, wo gefährliche Spannungen entstehen wollten.

Vielleicht, Majestät, hätten Sie sich erzürnt. Vielleicht hätten Sie gefunden, daß ich Ihnen Gedanken vortrage, die einer anderen Zeit als der Ihren angehören. Ich hätte Ihnen noch einmal geantwortet:

– Nein. Ich habe Sie nur aus den Kräften Ihrer Zeit zu verstehen versucht. In diesen Kräften ruhten Ihre Wurzeln. Aber in diesen Wurzeln trieben Energien, welche jenseits Ihrer Zeit lagen und Ihre Erscheinung, die sie haben bilden helfen, über Ihre Zeit hinaushoben. Kein Mensch Ihrer Art ist nur zeitgebunden, schon deshalb nicht, weil er im unendlichsten Sinn gottgebunden ist. Was bis zum Jahre 1001 in Ihnen an Überzeitlichem sichtbar wurde, war nur ein Bruchteil dessen, was Ihr späteres Leben und Ihr Sterben noch sichtbar machten. Sie haben noch – wie alle Ihresgleichen – an sich erfahren müssen, daß ein Leben nur dann ein Leben ist, wenn es gebeugt und gebogen, wenn es vom Willen Gottes selbst kasteit wird in der Nacht hoffnungslos-scheinender Verlorenheit – und daß es sich nur in scheuer Kurve aufrichtet wie der getretene Grashalm, sobald er die Sonne wieder in seinen Fasern zu spüren vermochte.

Majestät: ich habe nicht einen einzigen Beweis für die Dinge, welche sich nun noch auf meine Lippen drängen, aber ich habe auch nicht einen einzigen Beweis gegen sie:

Ich glaube nicht, daß diese unglückselige Urkunde jemals Ihre Kanzlei verlassen hat. Den Vollziehungsstrich in Ihrem Namenszug hatten Sie schon gesetzt: In diesem Augenblick fiel Ihnen Gott in den Arm: als Ihr Gewissen. Sie haben dieses Dokument von sich gestoßen. Sie haben den O-Schnörkel nicht mehr beigefügt – und die Absendung unterbunden. So auch erklärt sich mir das Fehlen eines Datums, so das Fehlen jedes zeitgenössischen Kommentares. Wäre diese Urkunde bekannt geworden, so hätten wir von den Wirkungen hören müssen, die sie auslöste: gerade sie! Ein Thietmar und ein Brun, die Hildesheimer und die Quedlinburger Annalen hätten sich einen solchen „Fall" nicht entgehen lassen.

Die Urkunde ist wahrscheinlich über den Ereignissen, die gegen Ende Januar in Rom einsetzten, vergessen worden, wer weiß, wohin, verschwunden und erst in einer Abschrift aus dem Jahre 1339 auf uns gekommen.

Wer, Majestät, hat den Vollziehungsstrich gesetzt?

Wer – und wann?

ZWEITER TEIL

DIE BEIDEN ZEICHEN
1001

ERSTES KAPITEL

Majestät: auch ohne daß der Text der Schenkungsurkunde an den Papst Silvester den Römern bekannt war: es herrschte keine freundliche Stimmung in Rom nach dem Schluß der Synode.

Trotz aller guten und schönen Worte, die den Römern gesagt worden waren: das Mißtrauen der immer Mißtrauischen war geweckt. Es bedurfte eines äußeren Anlasses, um es in Empörung zu verwandeln und jenen erneuten Aufstand ausbrechen zu lassen, welcher zum tragischsten Ereignis Ihres politischen und persönlichen Lebens werden sollte.

Die Stadt Tivoli, welche der Gerichtsbarkeit des Papstes unterstellt war (wie auch Aricia und der Hafen Portus), lebte, da sie keinem römischen Feudalherren gehorchte, unter ihrem Bischof ein freies Gemeindeleben: zum Ärger Roms, ihrer Erbfeindin, welche sogar eine kaiserliche Oberherrschaft ertragen mußte. Vielleicht, Majestät, um diesen Gegensatz auszugleichen – also um den Römern den Vorwand zu nehmen, daß der Kaiser mit ungleichen Maßen messe –, hatten Sie einen Ihrer Jugendfreunde, den Grafen Mazolin, der den Titel eines „DUX“ führte, als kaiserlichen „Aufseher“ in Tivoli eingesetzt. Selbstverständlich wehrten sich die Bewohner gegen eine solche Bevormundung, welche ihrer Tradition widersprach. Es muß zu gewaltsamen Auseinandersetzungen gekommen sein, denn der Graf Mazolin wurde ermordet. Sie holten sofort zum Gegenschlag aus. Sie schnitten die Stadt durch Truppen von der Umwelt ab. Die Bewohner erkannten die Aussichtslosigkeit ihres Widerstandes und ließen sich durch den Papst Silvester dazu bestimmen, gegen Geiselstellung und Zusicherung schonender Behandlung zu kapitulieren. Dies bedeutete Anerkennung der kaiserlichen Oberhoheit auf päpstlichem Gebiete, wo der Papst selbst nur die Rolle eines Vermittlers hatte spielen dürfen. Aber dies zeigte auch den Römern, wie weit Sie selbst, Majestät, Ihre Befugnisse auszudehnen gedachten. Hätte Sie den Römern die ihnen verhaßte Stadt preisgegeben, so wäre vielleicht die Empörung abgeflaut. Aber dies konnten Sie keinesfalls tun. Sie hatten dem Prestige des Papstes und dem Ihren Rechnung zu tragen. Sie konnten weder Ihr Wort brechen noch die Grundsätze verletzen, auf die Sie, als Beschützer des sacerdotium, Ihre Herrschaft stützten. Den Römern jedoch war die gelasianisch-augustinische Zweigewaltenlehre mit allen gegenseitigen Verpflichtungen, die sie für Papst und Kaiser einschloß, gleichgültig. RENOVATIO bedeutete ihnen der stadtrömische Vorteil, den sie aus diesem Begriffe ableiteten, und zwar der mit Händen zu greifende, in dem sie die Voraussetzung dafür sahen, daß sie der RENOVATIO zustimmten. Sie waren umschmeichelt und durch Versprechungen auf die Bahn der kaiserlich-päpstlichen Politik gelockt worden. Sie hatten die Gefahr erkannt, welche diese Politik für ihr Selbstgefühl bedeutete – und nun war ihnen sogar bewiesen worden, wie sie an die Wand gedrückt werden sollten.

„Dieser Enkel Ottos I. ist schlimmer als der Großvater war, mögen Agenten der Crescentier ausgesprengt haben. Wie konntet ihr so dumm sein, diesen Sachsenschuften zu glauben! Wartet, was noch nachkommen wird!"

Scharenweise zog die Bevölkerung, stündlich durch neue Schlagworte aufgepeitscht und schließlich selbst nicht mehr wissend, wie sie sich eigentlich den Ausgang dieses Tivolihandels gewünscht hätte, zur Kirche San Pancrazio hinauf, um am Sarge des Crescentius für die „Freiheit" Roms zu beten. In allen Schulen wurde die schöne und würdige Grabschrift, die man in die Gedenktafel gemeißelt hatte, auswendig gelernt:

„Herrscher des unentäußerten Rom und Walter im Glücke,
Hier nun liegt er, o seht, hilflos im Winkel, ein Nichts.
Schön war in Antlitz und Bild Crescentius, der Herr und
der Streiter,
Blüte, entsprossen dem Zweig ältesten Adels im Land.
Um den Tiber die Gaue, solang er geatmet, wie mächtig!
Und noch gab es ein Recht unter dem sorgenden Papst.
Doch es verließ ihn das Glück, die Speichen des Rades
nach unten
Drehend: es wollte, der Tod werde zu Qual ihm und
Schmach.
Neige dich, wer du auch seist, die Wenden des Lebens
noch schreitend,
Klagend solchem Geschick: ahnst du das deine voraus?"

Über der schwermütigen Musik der Strophen wurde die Wirklichkeit vergessen: das Sinnbild aller römischen Erinnerung und Sehnsucht, in dem sich das verrauschte Einst und das erträumte Morgen vereinigten, wurde zum Herrscher in den aufgeschürten Seelen, trieb Wogen des Hasses gegen den aventinischen Palast, gegen die Zwingburg des „sächsischen Unterdrückers", des Heuchlers, der die römische Größe, welcher nichts auf Erden gleichkam –, der die Rechte Roms mit Füßen trat, der mit seinen Heeren den geweihten Boden besudelte . . . „Aber wo sind denn diese Heere? rief plötzlich einer. Macht doch eure Augen auf, Söhne Roms, wo sind sie denn? Was? In der Lombardei? Auf den Alpenabhängen? Hat sie irgendeiner gesehen, der von da oben gekommen ist? Nichts hat er gesehen, denn diese Heere sind gar nicht vorhanden! Die Sachsen selbst sind es müde, ihr Blut für Hirngespinste zu vergießen! Sie wissen, wie sie von uns gehaßt werden! Sie waren glücklich, als sie in den Jahren 998 und 999 abziehen konnten! Sie haben andere Sorgen, als alle paar Jahre hier ihre Haut zu Markte zu tragen! Kein Mann, keine Frau will mit diesen Barbaren zu tun haben, die sich von morgens bis abends an unserem Frascati vollsaufen ... Die paar Leute da drüben in der Leo-Stadt? Die sind im Handumdrehen erledigt, wenn wir nur einig sind und dreinschlagen! Zuerst fort mit diesem Kaiser! Zahlen wir ihm mit der gleichen Münze heim, mit der er uns im Jahre 998 heimgezahlt hat! Vorwärts! Auf den Aventin, auf den Aventin!"

Und es geschah, Majestät, was weder Sie noch der Papst verhindern konnten: der Aufstand brach am 15. Februar 1001 los. Ihr Palast wurde umzingelt. Sie waren von Ihren wenigen, sträflich wenigen Truppen, welche auf dem rechten Tiberufer lagen, getrennt. Noch hatte die Erinnerung an Ihr Strafgericht über Crescentius nicht alle mitgerissen – noch konnten Sie von einem Wachturme Ihres Palastes durch eine Rede, welche Ihnen die Empörung über den abermaligen Verrat eingab, das Äußerste verhindern. Noch konnten Sie Verhandlungen erreichen. Ihre Worte müssen also gezündet haben. Aber es müssen auch – eben deswegen – ganz andere Worte gewesen sein als jene, welche viele Jahre später Thangmar, der Sekretär des Bischofs Bernward von Hildesheim, den Schreibern nach allen Regeln der zeitgenössischen Rhetorik diktierte. Thangmar hat Ihre Rede – sofern man Ihren leidenschaftlichen Ausbruch „Rede" nennen will – mitangehört. Sie wurde ihm zu einer Art von Stilübung, der das Lächerliche und Salbaderhafte nicht fehlt. Aber sie wurde ihm vor allem zu einem bösen Zugeständnis an das Empfinden des beschränktesten Sachsentums.

Heinrich von Bayern und Hugo von Tuskien führten die Verhandlungen.

Sie konnten sich am 16. Februar mit dem Papste zu Ihren

Truppen auf das rechte Tiberufer zurückziehen und von dort aus Rom in nördlicher Richtung verlassen.

Das Letzte, was Sie erfuhren, war der Übergang der Grafen von Tusculum zu den Aufständischen. Dieser Abfall von der kaiserlichen Sache war keine feindliche Haltung gegen Sie selbst, sondern ein Vorbeugen gegen die Rückkehr der Crescentier. Rom war wieder zum Spielball seiner beiden mächtigsten Adelsgeschlechter geworden. Wer zuerst die Rebellen für sich hatte, hatte die Herrschaft über die Stadt. Es gab keinen Zweifel daran, daß die Parteikämpfe wieder aufflammen würden. So also mögen denkende Römer Ihren Abzug als ein Unglück für die Stadt empfunden haben, wenn sie sich auch nicht verhehlen konnten, daß Ihre Politik Perspektiven enthüllt hatte, welche besser so lange noch verborgen geblieben wären, als Sie sich nicht auf eine unüberwindliche, aber scharf disziplinierte Besatzungsarmee stützen konnten.

NUR am Fehlen eines solchen stehenden Heeres in Rom ist Ihre Politik am 16. Februar 1001 gescheitert. Wo aber hätten Sie ein solches Heer hernehmen sollen? Es hätte – für lange Zeit – nur aus deutschen Truppen bestehen dürfen, und zwar aus solchen, deren Offiziere aller Grade überzeugte Anhänger der RENOVATIO waren. Denn ein kaiserliches Heer verteidigt nicht nur mit der Waffe, sondern auch mit seinem Glauben an die Sache, um derentwillen es auf die Beine gestellt worden ist. Sollte also Rom der Mittelpunkt der RENOVATIO und die kaiserliche Dauerresidenz werden, so mußte es aufhören, die „URBS" zu sein und sich in die „URBS REGIA" verwandeln. Sie hatten geglaubt, daß die Römer aus sich selbst heraus und, getragen von dem Glauben an die schöpferische Kraft der RENOVATIO, den Willen aufbringen würden, Römer IHRES erneuerten Imperiums zu werden. Dies war der Irrtum Ihres Planens, ein Irrtum, wie ihn – mutatis mutandis – fast alle „Erneuerer" oder „Schöpfer" begehen, weil sie vergessen, daß die Mächte des Verharrens und der Gewohnheit die zähesten sind, die es gibt.

Sie, Majestät, mußten planen, wie Sie planten. Und die Römer mußten sich gegen eine unrömische „Eingliederung“ wehren, weil sie nur in der Abwehr Römer bleiben konnten. Es war ihnen sehr gleichgültig, was die Nichtrömer über sie dachten. Sie waren was und wie sie waren. Dies genügte ihnen. Die vier Buchstaben R . O . M . A woben um das Haupt jeden Römers, auch des geringsten, einen besonderen, auf der Erde nur von einem einzigen Orte ausstrahlenden Schein. Aussprechen zu dürfen: „Civis Romanus sum“, bedeutete für den Sprechenden ein Glück, das keiner verstehen konnte, der nicht ebenfalls „civis Romanus“ war.

Ihr Zusammenbruch, Majestät, war ein Sterben.

Ein Zusammenbruch Ihrer Nerven, unter dem das Wesen fast zwei Monate lang als toter Stoff verschüttet blieb. Was an Regungen noch sichtbar wurde, waren Nachzuckungen, welche den Zusammenhang mit dem Bewußtsein verloren zu haben schienen.

Nur sehr wenige Menschen Ihrer Umgebung fühlten, was Ihnen geschehen war. Die anderen blieben hilflos vor der Metamorphose Ihres Seins. Sie sagten Ihnen allerhand Worte, aber Sie, Majestät, vernahmen keinen Ton. In Ihnen brandete die Qual mit grauen Wogengängen, manchmal Überlichtungen des Wahnes öffnend und sogleich sich wieder schließend. Bilder und Nichtmehrbilder, unlenkbar beide, überschlugen sich in Ihrem Gelähmtsein und schufen die tödlichen Gesichte, mit denen uns Verzweiflung geißelt durch Nächte der Zerrüttung.

„Leben ist Traum und Trug,
Sterben ist kein Gewinn . . .
Alles ist nur ein Flug
Ohne Ziel, ohne Sinn.
Schatten im Schattenreich,
Namenlos,
Wesenlos –
Alles ist allem gleich.“

Dieses, Majestät, war der Zustand der inneren Umnachtung, in dem Sie mit den Truppen und den Herzögen die Reise nach Ravenna antraten. Sie besaßen die Gabe der Selbstbeherrschung, Thietmar von Merseburg berichtet es. Wo wäre Majestät ohne Beherrschung? Aber wer von allen, welche um Sie waren, hätte nicht verspürt, daß Sie nur als der Schatten Ihrer selbst durch die einst geliebten Höhen und Täler und Meergefilde gegen Norden ritten? Sie taten, solange Sie sichtbar waren, genau das gleiche wie immer. Sie pflegten Besprechungen, Sie entwarfen Pläne, Sie faßten Beschlüsse. Aber was immer Sie taten – war es nicht dieses?:

„In allem, was wir tun so wie seither,
Ist nun ein Fremdes und ein so Entferntes,
Als reichten unsre Arme von dem Ort,
Wo unsere Füße stehen, über viele
Traumhafte Hügel in ein andres Leben."

ZWEITES KAPITEL

Wir wissen, daß der Anachoret Romuald auf der Synode von Rom anwesend war. Sollte er im kaiserlichen Gefolge nach Ravenna zurückgekehrt sein, oder hat der Papst diese gefährliche Begleitung unmöglich gemacht? Diesem Heiligen war es schon einmal gelungen, einen regierenden Fürsten in die Mönchskutte zu treiben: den Dogen Pier Orseolo I. von Venedig. Welches Verdienst hätte er sich zugute schreiben können, wenn er nun das gleiche bei dem Kaiser des Westimperiums erreicht hätte.

Sei es, daß er wirklich in Ihrem Geleite war und seine verhängnisvolle Arbeit der Aufwühlung schon unterwegs beginnen konnte, sei es, daß Sie erst während Ihres Aufenthalts in Ravenna – in einem verzweifelten Anfalle von Schwermut

— das Opfer seiner Einflüsterungen wurden: es ist nicht fortzuleugnen, daß Sie sich grausamen Bußübungen auf der Insel Pereum unterzogen, von denen noch heute eine Inschrift in der Wand von S. Apollinare in Classe Kunde gibt. Daß Sie jedoch so weit gegangen seien, Romuald zu „geloben", nach drei Jahren „die Krone einem Besseren" zu überlassen, wie der etwas allzuviel erzählende Pietro Damiani erzählt — —: Majestät, wir lächeln und zweifeln. Denn wir sehen ja, wie klar und überlegt Sie in den letzten elf Monaten Ihres Lebens gehandelt haben, und wir suchen vergebens nach einer Spur nihilistischer Umnebelung in Ihrer kaiserlichen Entschlossenheit. Es ist für uns sehr leicht, die Auswüchse der Askese als Auswüchse zu stigmatisieren, wenn wir dem Sonderfall das Recht abstreiten, sich als eine Regel anzubieten, wie sie niemals bestanden hat. Gegen die Verzerrungen stehen — unanrührbar durch die Jahrtausende — die Mächte des Blutes und die Kräfte der Seele, welche sich gegenseitig durchleuchten. Gott selbst ist diese Durchleuchtung. Er muß jede Askese als ungöttlichen Wesens zurückweisen, welche eine von ihm geschaffene Einheit verstümmelt. Dies hatte Cluny erkannt, und deshalb hat es die Askese in Formen gehalten, die von uns nicht minder anerkannt und geübt werden als sie von Menschen Ihres Jahrhunderts geübt worden sind. Nicht, was man als „Zugabe" stillschweigend hinnahm, entscheidet für die Erkenntnis Ihrer Zeit, sondern was die Gläubigen, die in sich keinerlei Bedürfnis nach „Wucherung" empfanden, taten. Sie taten genau das gleiche, was wir auch tun: sie lebten ihr Leben nach den Gesetzen des Lebendigen und dachten nicht daran, ihre Wege an Fanatismen abzumessen. Die Duldung, welche Ihre Epoche der Zersetzung gewährte, erscheint erstaunlich, wenn man erwägt, welche menschlichen Gegensätze sich um die gleichen „Lehren" scharten. Was alles bekämpfte sich untereinander im Schatten der Zweigewaltenlehre, an die keiner dieser Kämpfer auch nur zu rühren wagte!

Nein, Majestät, es ist nicht wahr, daß in Ihrer Zeit das Ich vor dem Nicht-mehr-Ich unsichtbar geworden sei. Es war genau so sichtbar wie heute: es war jedoch – wie das hellenische Ich – näher und schlichter an Gott gebunden. Diese Bindung ist heute entfernter und gewußter. Unsere Demut äußert sich mit weniger Leidenschaft, aber mit tieferer Erkenntnis. Diese Unterschiede bedeuten nichts, sobald die ewigen Regungen zu spielen beginnen. Dann sind Gestern und Heute gleich. Dann wird in einem Aufblitzen die unwandelbare Urlandschaft der „Mütter" sichtbar: der „Gründe", ohne die wir Gott nicht spüren könnten. Sie selbst, Majestät, sind die Bestätigung für das, was ich sage. Was Sie auch immer dem Anachoreten Romuald versprochen haben mögen: Gott selbst verbot Ihnen, das Versprechen zu halten. Es ist Ihnen auf der umdunkelten Stufe Ihres zermarterten Gewissens abgerungen worden: und eben in diesem Augenblick der Vergewaltigung haben sich Kaiser und Mensch durch ein ungeheures Zurückschnellen in Gott auf die unantastbaren Gesetze der Seele und des Blutes besonnen. Die tiefste Erniedrigung wurde Ihnen die höchste Erhebung: der AUSGLEICH war wiedergefunden: der selbe Ausgleich, den Sie in jeder Ihrer freiwilligen Askesen gesucht hatten. Der Wahnsinn war verflogen. Ihre Augen waren wieder Ihre Augen. Sie waren geheilt, wenn auch die Genesung noch Zeit brauchte, um eine Katharsis des Wesens zu werden und Sie das gleiche erkennen zu lassen, das uns das Alpha und Omega des Lebens ist: Mensch sein heißt: die von Gott gewollte Summe von Grenzen sein.

Sie wären, Majestät, dem Papste Silvester dankbar gewesen, wenn er zu Ihnen gesagt hätte:

– Wie konnten Sie vergessen, daß Sie sich, um die RENOVATIO durchzuführen, eben erst „SERVUS CHRISTI" und „SERVUS APOSTOLORUM" genannt haben? Wollen Sie sich selbst Lügen strafen? Wollen Sie durch Ihre Zugeständnisse an diesen Nachfahren der Herzöge von Traversara, der sich Romuald nennt und noch nicht einmal schreiben kann, Ungarn und Polen den Weg frei machen, aus dem diese aus der Konföderation schlüpfen können? Was sollen diese Länder von einem Kaiser denken, der sich selber aufgibt? Was Sie tun, ist nicht mehr berechtigte Askese, sondern Anarchie! Was wird man nicht nur in Sachsen, sondern in ganz Deutschland sagen? Geben Sie unverzüglich den Beweis, daß dieses Intermezzo der Verirrung zu Ende ist! Unverzüglich, ehe das Gerücht sich auf die Beine machen kann! Wie würde sich der heilige Adalbert aufgelehnt haben, wenn er diese Entgleisung von Ravenna - Pereum erlebt hätte? Wie Franko von Worms! Die Askese von Cluny ist die einzige, die Gott einem Kaiser öffentlich erlaubt! In Ihrer kaiserlichen Pflichterfüllung liegt die Bürgschaft für den Frieden Ihrer Seele, nicht aber in einem Verzicht, der den Stempel der Eigensucht trägt.

Ich, der Papst, der sacerdos neben dem rex der Ecclesia Dei auf Erden, muß mich zur Wehr setzen. Denn was Romuald der potestas regalis antut, das tut er der auctoritas sacrata pontificum an!

Haben Sie ein „Gelübde" gegeben? Nun: wenn Sie es gegeben hätten, so würde ich, der Papst, es mit einem Federstriche auslöschen, ohne Sie auch nur um Erlaubnis zu fragen! Aber dies ist ja nicht nötig nach Ihrem Nein. Ein Versprechen ist kein Gelübde. Sie wissen, daß ich unerbittlich sein kann, wenn es um die heilige Sache geht. Die unkanonische Ehe meines Schülers, des Königs Robert von Frankreich, war in einer halben Stunde annulliert. Das gesamte Westimperium hätte hinter mir gestanden, wenn ich ein Ihrer Umdunkelung abgepreßtes Gelübde in einer Minute aus der Welt geschafft hätte.

Sie haben nicht zu wählen, Majestät. Genau so wenig wie ich. Sie haben auf Ihrem Platz zu bleiben. Genau wie ich. Die Methoden unserer gemeinsamen Politik können sich ändern.

Die RENOVATIO und ihre Vollzieher sind unantastbar. Von der RENOVATIO hängt der Frieden des Abendlandes ab. Sie erst verleiht der Zweigewaltenlehre universale Wirksamkeit. Das sagt auch Byzanz! Vielleicht sind Ihnen durch Ihre erlauchte Mutter die Worte bekannt geworden, welche der Kaiser Tsimiskes in einer Rede ausgesprochen hat? Er hat wörtlich gesagt: „Ich anerkenne im irdischen Leben zwei Gewalten: Das Priestertum und das Kaisertum. Jenem ist die Bemühung um die menschliche Seele, diesem die Macht über den menschlichen Körper anvertraut worden. Wenn beide Teile keinen Schaden erleiden, ist das Glück der Welt gesichert."

Überwinden Sie im Geiste dieses letzten Satzes die letzten Spuren Ihres Zusammenbruches. Alle Ihre Freunde wissen: Sie waren zwei Monate lang bis auf den Tod krank. Das ist alles. Der Herzog von Bayern und der Bischof von Hildesheim haben das schlimmste Fieber hier in Ravenna nicht mehr miterlebt, da sie schon unterwegs nach Deutschland waren, um neue Truppen aufzubieten. Desto besser. Nun ist es an uns, nach Deutschland zu melden, daß der Kaiser gesundet und wieder der Kaiser ist.

Majestät: ich habe so hart gesprochen, wie ich – nötigen Falles – gehandelt hätte. Wollen Sie daran bitte nicht eine Minute zweifeln. Aber ich habe nicht als Bevormunder oder Anmaßer gesprochen: sondern als an Sie Glaubender und als Freund.

Wenn der Papst Silvester eine solche unzweideutige Sprache geführt hätte – und ich bin sicher, daß er es getan hat – so würden Sie aufgeatmet und erwidert haben:

– Also melden Sie an Heribert von Köln, daß ich übermorgen meine Reise zu dem Dogen nach Venedig antreten und sogleich nach meiner Rückkehr in die Pentapolis gehen werde. Ich will Ihnen zeigen, Heiliger Vater, welche Grafschaften ich Ihnen im Namen des Heiligen Petrus zugedacht habe.

Dann aber, Majestät, wären Sie mit Otto von Niederlothringen durch den Aprilnachmittag in die Pineta geritten. Sie hätten zum ersten Male wieder gefühlt, wie schön die Erde sein kann, und daß sich an dieser Schönheit versündigt, wer sich nur an einen Ort der Seele klammert. Sie hätten im Wehen der starken Pinienluft ein silbernes Anklingen aus beruhigten Meeresfernen vernommen:

„Die ‚RENOVATIO' kann nicht auf die offenen Tore Roms verzichten, aber vielleicht braucht Rom nicht ihr Herz zu sein."

Sie verließen mit dem Grafen Tammo und wenigen jungen Menschen Ihrer Kanzlei am übernächsten Tage Ravenna, um dem Dogen Pier Orseolo II. den schon seit einiger Zeit geplanten persönlichen Besuch abzustatten. Daß die Reise geheimgehalten wurde, erklärt sich aus der noch nicht verblaßten Erinnerung an die Einmischung Ihres Vaters in die Händel der venezianischen Adelsgeschlechter Coloprini und Candiani, aus den Ereignissen in Rom, aus Ihrem langen „Kranksein", aus den Vorgängen in Ravenna und aus der Lage auf dem Balkan, wo es dem Bulgarenzaren Symeon gelungen war, die Adriaküste bis nach Dyrrhachium hinauf zu besetzen. Da Pier Orseolo II. seit dem Jahre 1000 Herr von Dalmatien, also Nachbar des bulgarischen Eroberers war, da die Pentápolis den von Symeon besetzten Küsten gegenüberlag, mußten die westimperiale und die venezianische Politik auf den gleichen Nenner gebracht werden. Es hatten in Dalmatien Beauftragte des Papstes schon seit einiger Zeit eine eifrige Missionstätigkeit aufgenommen. Da es zwischen dem Dogen und den allzubeflissenen Vertretern der Kurie zu Mißstimmungen gekommen war, mußten einige Fragen der Zuständigkeit geklärt werden. Silvester hatte Ihnen einen Brief mitgegeben, in welchem er den „Dogen der Venezianer und Dalmatiner" bat, ihm über die Tätigkeit der päpstlichen Missionare „in bestimmterer Form und mit mehr Freimütigkeit zurückzuschreiben". Die „RENOVATIO" machte es zum Gebot, daß Venedig und Dalmatien dem Hoheitsbereich der römisch-katholischen Kirche erhalten blieben. Venedig war dem deutsch-römischen Imperium tributpflichtig. Die gegenseitigen Beziehungen hatten niemals den Grad der Freundschaft erreicht. Die Neigungen der Venezianer gehörten dem Basileus, nicht aber dem Kaiser. Der Doge mußte also mit besonderer Zuvorkommenheit behandelt werden. Das Verhalten der päpstlichen Missionare durfte zu keinen Zwistigkeiten führen.

Auch die Frage der deutschen Brautwerbung in Byzanz wurde besprochen. Da Sie immer noch ohne Bescheid waren, baten Sie den Dogen um eine persönliche Befürwortung des Heiratsplanes. Er versprach Ihnen die Absendung eines venezianischen Sondergesandten an den oströmischen Hof und teilte Ihnen mit, daß die Verzögerung der Antwort in der erst jetzt erfolgten Rückkehr des Basileus aus dem Kaukasuskriege ihre natürliche Erklärung finde.

Daß in den Gesprächen die Tätigkeit Romualds gestreift wurde, war unvermeidlich. Es mußte Ihnen eine Genugtuung sein, daß auch der Doge für den nihilistischen Anachoreten, der ihm den Vater entfremdet hatte, nur wenig freundliche Worte fand. Der freimütige Austausch mit diesem aufgeschlossenen und weltmännischen Fürsten zeigte Ihnen, wie krank Sie in der Tat gewesen waren und vor welchem Abgrund Sie gestanden hatten.

Nicht weniger zeigte es Ihnen die Leidenschaftlichkeit, mit der Sie sich nach Monaten der Verlorenheit an die Schönheit der Stadt hingaben. Wieder, wie in Ravenna, spürten Sie Byzanz: aber dieses Mal das Byzanz, wie es Ihre Mutter gesehen hatte. Man war dabei, den im Jahre 976 abgebrannten Markusdom wieder aufzubauen. Die vergoldete Madonna, welche der ost-ömische Hof gesandt hatte, war vom Feuer unversehrt geblieben. Sie thronte, wie heute noch, im linken Seitenschiffe – und sie segnete Ihre erwachten Augen, die lange auf ihr ruhten.

Als Sie, nach einem Aufenthalt von nur wenigen Tagen, in See gingen, wußten Sie, daß der Zusammenbruch vom Februar in Ihnen nicht die Saiten zerrissen hatte, aus denen das UNENDLICHE Wort aufklingt: das Wort SCHÖNHEIT.

In sich gesammelt, bestätigt, Majestät, verließen Sie Ravenna, um nach Mittelitalien zu gehen. Ihr Heer war klein, aber Sie wußten, daß Sie Nachschub erhalten würden. Die Rebellion war auf Rom beschränkt geblieben. Ja, die Römer hatten sogar aus Furcht vor einer bevorstehenden Vergeltung alle deutschen Geiseln freigegeben. Und es herrschten nicht die Grafen von Tusculum, sondern die Crescentier. Auch dies war der kaiserlichen Sache günstig. Der Augenblick würde kommen, wo man sich der Tusculaner wieder bedienen konnte.

Es liegt ein fast undurchdringliches Dunkel über der Verkettung der Ereignisse des Jahres 1001. Das kaiserliche Heer stand im Juni dicht vor Rom und verwüstete erbarmungslos das Gelände. Die Angst brütete über der Stadt. Man wußte, was diesmal Ihre Rückkehr bedeuten würde. So entschloß man sich zur Verteidigung um jeden Preis. Den Hochsommer verbrachten Sie mit dem Heere in den Albanerbergen und am Fuße des Soracte. Paterno wurde zu Ihrem Hauptquartier hergerichtet. Unruhen in den südlombardischen Fürstentümern zwangen Sie zu einem Zuge nach Salerno. Benevent wurde erstürmt und gezüchtigt. Der Herbst fand Sie in Pavia; der Dezember in Ravenna. Als Romuald Sie an Ihr „Versprechen" vom April erinnern ließ, erhielt er eine ausweichende Antwort. Er weissagte Ihnen, daß Sie nicht mehr nach Ravenna zurückkehren würden, wenn Sie noch einmal nach Rom gingen. Die Prophezeiung ließ Sie gleichgültig. Sie verfolgten

Ihren Weg, wie ihn die Notwendigkeiten vorschrieben. Der Papst Silvester, der immer in Ihrem Gefolge war, erfüllte seine anwachsenden Pflichten wie vom Lateran aus. Die Welt schien der römischen Februarrevolte nur noch sehr geringe Bedeutung beizumessen.

RENOVATIO und REFORMATIO waren nicht vergessen. Im Gegenteil. Die Synode, welche Sie für den 24. Dezember nach Todi einberufen hatten, zeigte, daß Ihre Politik den gleichen Zielen galt wie seither. Es hatte sich erwiesen, daß der Ausbau der westimperialen Konföderation auch ohne kaiserliche Dauerresidenz in Rom fortgeführt werden konnte.

DRITTES KAPITEL

Diese Synode bewies schon durch die Zahl und die Namen der Teilnehmer – sogar der Vie cecomes von Barcelona war erschienen –, daß von einer Verminderung des kaiserlichen oder päpstlichen Prestiges keine Rede sein konnte. Es galt, kirchliche Fragen von europäischer Bedeutung zu regeln. Sie war ein Sinnbild westimperialer Machtentfaltung und ein Bekenntnis zur Politik der RENOVATIO. Jeder sollte die Überzeugung mit nach Hause nehmen, daß Kaiser und Papst vor keiner Schwierigkeit zurückschrecken würden, um ihre Idee zu verwirklichen. Jeder sollte sich bei seiner Abreise verpflichtet fühlen, diese Idee zu seiner eigenen zu machen. Die Reihe der Tagungen wurde am 24. Dezember durch eine Mitternachtsmesse, welche der Papst zelebrierte, eingeleitet.

Am Vormittag und Nachmittag des 25. Dezember wurde die Arbeitsordnung festgelegt. Die erste Sitzung begann mit einem gemeinsamen Mahle am Abend des gleichen Tages.

Kurz nach acht Uhr, Majestät, erhoben Sie sich von Ihrem Platze und sagten:

– Eure Heiligkeit, Erlauchte Eminenzen, Hohe Diener der Ecclesia: Es haben sich bestimmt allerhand Menschen nicht ohne Schadenfreude zugeflüstert: „Welcher Unterschied! Am 13. Januar 1001 noch in Rom – und am 25. Dezember des gleichen Jahres in diesem verlorenen Bergnest Todi! Sic transit gloria mundi!" Wir hätten, wären solche Stimmen bis zu unserem Ohr gedrungen, es kaum für nötig befunden, eine Antwort zu erteilen. Wir werden unbeirrt fortfahren, für unsere Aufgabe zu wirken: ein jeder nach dem Maß der Kräfte, welche ihm verliehen worden sind.

Es ist nicht nötig, daß ich irgendeinem von Ihnen nochmals die Zusammenhänge aller jener Ereignisse ins Gedächtnis rufe, welche uns heute in Todi und nicht in Rom vereint sein lassen. Entscheidend bleibt, daß wir vereint *sind* und daß dieses Vereintseinkönnen der Welt beweist, wie rasch wir Schwierigkeiten, welche unversehens als Gefahr um uns her aufgetaucht waren, durch die Stärke unseres Geistes und die Unbeugsamkeit unseres Willens in ihr richtiges Maß zurückgelenkt haben. Nur die Tore Roms haben sich uns nicht wieder aufgetan. Aber ich sage mit der gleichen Ruhe, mit der ich die Rückschläge dieses Jahres zugegeben habe: wir können, indessen wir in unseren ganz Europa umfassenden Arbeiten fortfahren, mit aller Gelassenheit darauf warten, daß sich uns diese Tore wieder öffnen werden. Vielleicht brauchen nicht einmal *wir* die Riegel zurückzuschieben. Aber wir wollen unsere Zeit hier nicht damit verlieren, daß wir uns an Möglichkeiten berauschen. Wir wollen die Gegebenheiten abwägen und dann auf Grund unserer Abwägungen handeln. Wir wollen auch nicht das Unscheinbarste außer acht lassen, das uns dieses Handeln – in welcher Form immer es geschehe – zu erleichtern vermag. Seien Sie sicher, daß ich selbst Ihnen durch das Beispiel geduldiger Umsicht beweisen werde, was an Erfahrung ich im Laufe dieses schweren Jahres allen schon früher gemachten Erfahrungen zufügen durfte. Mehr denn je habe ich begriffen, daß denen, welche Gott lieben, *alle* Dinge zum besten dienen: gelte dieses Bibelwort nun für Menschen, welche in einem begrenzteren Kreis von Pflichten stehen, oder gelte es für Kaiser und Papst, auf deren Schultern die Geschicke der gesamten Christengemeinschaft ruhen.

In diesem Glauben, Hohe Bekenner und Diener Jesu Christi, lassen Sie uns die Arbeiten dieser Synode zu einem erfolgreichen Ende bringen. In diesem Glauben lassen Sie uns ruhigen Gemütes über die Schwelle des kommenden Jahres schreiten.

Ich bin glücklich, den Worten, mit denen ich Sie hier begrüßen darf, eine Nachricht zufügen zu können, welche Sie ganz gewiß erfreuen und Ihre Hingabe an unsere Aufgabe verdoppeln wird. Es ist mir vor wenigen Stunden durch den Dogen Pier Orseolo die Mitteilung zugegangen, daß der Kaiser Basileios II. von Byzanz in meine Vermählung mit der Prinzessin Zoë, der im Purpur geborenen Tochter seines Bruders und Mitkaisers Konstantinos VIII., eingewilligt hat. Die Prinzessin ist schon zu Schiffe unterwegs nach Tarent und wird im Januar 1002 in Bari an Land gehen. Was diese Einwilligung politisch bedeutet, brauche ich Ihnen nicht darzulegen. Was sie in diesem Augenblick bedeutet, ist von zehnfachem Gewicht. Glauben Sie, daß man die Prinzessin hätte abreisen lassen, wenn man in der römischen Adelsrevolte mehr als eines jener Zwischenspiele erblickte, an denen die Geschichte der Urbs regia so reich ist? Glauben Sie, daß man die Prinzessin Zoë einem Kaiser zur Gattin gäbe, dessen Herrschaft man für gefährdet hält? Nein, das glauben Sie genau so wenig wie ich. Die byzantinische Diplomatie ist die am besten unterrichtete der Welt. Das wissen auch die Herren in Rom. Und es will mir scheinen, daß sie aus dem ihnen an der Jahreswende erteilten Wink die nötigen Schlüsse ziehen werden. So also sage ich nochmals: lassen wir ihnen Zeit, aber verlieren wir keinesfalls die unsere. Die deutschen Truppen sind zum Teil schon in

Italien eingetroffen, andere sind unterwegs. Welche Armeen die italienischen Bischöfe für die Sache der RENOVATIO auf die Beine bringen werden, ist Gegenstand der Beratungen, zu denen Seine Heiligkeit und Ich Sie hierher eingeladen haben. Ihnen allen ist das Gebot Cyprians bekannt, daß der Kampf mit dem Schwert für die Sache des Heiligen Petrus der Kampf für Gott selber ist. Gottes Sachwalter auf Erden ist nicht nur der Papst, sondern auch der Kaiser: nach der unantastbaren Lehre des Gelasius-Augustinus.

Beseelt von dieser Lehre, erkläre ich die Synode für eröffnet."

Plötzlich, Majestät, waren Sie müde geworden vom Hin und Her der Erwägungen, müde der Gesichter, die Sie allzugut kannten. Sie waren an jener Grenze angekommen, wo der Mensch den „Tag von sich ablegen *muß*." Sie waren unbemerkt aus dem heißgewordenen Saale verschwunden und auf den südlichen Burghof hinausgetreten, um die Nachtluft zu atmen, in der nichts mehr ist vom Geruch des Weines, der Wachskerzen, der verglühenden Baumwurzeln des Kamines. Vielleicht lag noch letzter Schnee, vielleicht auch spielte aus der Tiefe der Landschaft schon jener lösende Südwind herauf, wie er oft um diese Jahreszeit im mittleren Italien weht. Im Tale brannten ein paar Lichter, am Himmel hatten sich Wolkenbuchten gebildet und grünes Sternenwasser in das Schweigen niedertauen lassen. Ihr ganzes Leben – bis zu dieser Stunde – war an Ihnen vorübergezogen, Ihr unbegreiflich ausgefülltes kaiserliches Leben, in dessen Schoß ein sehr persönliches Leben eingebettet lag, das Sie immer den Forderungen Ihrer Berufung untergeordnet hatten. Sie hatten wieder die Unentrinnbarkeit Ihres Seins verspürt und vielleicht einen Augenblick bei sich gedacht, ob Ihnen diese Krone, an der alle Qualen und Kämpfe Ihrer Ahnen hafteten, wirklich mehr sei als eine ungeheure Last. Sie hatten sich gefragt, was Sie wohl ohne diese Krone aus Ihrem Leben gemacht haben würden...

Ein fast krankhaftes Verlangen nach Byzanz wogte in Ihnen auf, ein Verlangen nach der Luft, welche um diese Stadt und ihre Magnaura war. In Ihnen lebte immer jenes Mysterium, welches „Weltstadt" heißt, als Wunsch, als Lockung.

Sie fuhren sich mit der Hand über die Stirne:

– Welche Unordnung in mir heute nacht . . . Habe ich gelogen, als ich diese eiskalte, im kleinsten Akzente abgewogene Begrüßungsrede hielt, an der mir kein Silvester, kein Leo von Vercelli auch nur eine Silbe geändert haben? Ist der Kaiser das Ich – oder ist er die Maske, hinter der sich das Gesicht nicht formen kann? Kann ich ein Ich sein, das nicht der Kaiser ist? Bin ich es jemals gewesen, seit ich der Kaiser bin? Bin ich es jemals gewesen, als ich wußte, daß ich in wenig Jahren der Kaiser sein würde? *Wohin* lebe ich aus Gott heraus? Ich weiß es nicht. Lebe ich vielleicht der Prinzessin Zoë entgegen, die mit ihrem Hofstaat unterwegs ist? Was soll mir dieses für den Augustus Imperii Romanorum zurechtgemalte Bild, das mir der byzantinische Hof heute gesandt hat? Ist dieses Bild etwa Byzanz, wie es manchmal als die andere, die ungelebte Hälfte meines Lebens in mir aufbrennt? O nein. Dieses Bild ist eine Üblichkeit und eine neue Fessel – vielleicht in zwei Monaten schon eine Lüge, mit der ich mich abzufinden habe. Prinzessinnen : politisches Heiratsgut.

Wie läßt sich dies vereinigen: Kaiser sein – und einer Sehnsucht folgen? Habe ich eine Sehnsucht? Ich weiß es nicht. Ich habe eine Berufung, an die ich glaube. *Ihr* muß ich gehorchen. Dies ist das einzige, das ich von mir weiß. Werde ich jemals anderes wissen? Hat meine Mutter anderes gewußt? Schon sind zehn Jahre vergangen, seit ich sie nicht mehr sehen und ihre Hand mit den Smaragden des Tsimiskes nicht mehr küssen darf . . . Welches Geheimnis ist um ihr Herz geblieben... Sie hat es mitgenommen in ihr Sterben... Die „Fremde", wie sie sie noch heute nennen. Bin ich ihnen weniger fremd? Bin ich es nicht mir selber, wenn Nächte wie diese mich anfallen?

Plötzlich stand der Bischof Leo von Vercelli neben Ihnen, ein violetter Schatten, aus Schatten aufgetaucht.

– Darf ich Eure Majestät bitten, zu verzeihen, daß ich hier als unfreiwilliger Störer erscheine. Der Papst sendet mich. Man sucht Eure Majestät. Die Frage der dalmatinischen Bistümer soll durchgesprochen werden.

– Sagen Sie bitte dem Papst, ich gebe ihm Vollmacht, ohne mich zu verhandeln. Es möge jedoch nicht vergessen werden, daß der Doge Pier Orseolo als Herr von Dalmatien – zum mindesten fürs erste – wichtiger ist als alle Bistümer. Legen Sie mir morgen die gefaßten Beschlüsse vor. Ohne mein persönliches Ja oder Nein haben sie keine Gültigkeit.

– Der Befehl Eurer Majestät wird ausgeführt werden ... Darf meine Besorgnis darauf hinweisen, daß Eure Majestät ohne Mantel in dieser Nachtkühle stehen?

– Ich spüre sie nicht, Eminenz. Die Dinge sind nicht, was sie sind, sondern als was wir sie empfinden. Dies erlaubt uns, wenigstens manchmal, zu lachen.

– Welche bewundernswert klare und zündende Rede haben Eure Majestät heute abend gehalten ... Die Versammlung ist hingerissen.

– Desto besser ... Ich wäre Ihnen dankbar, Eminenz, wenn Sie veranlassen wollten, daß mich die Synode in dieser Nacht nicht mehr in Anspruch nimmt.

Nach einer tiefen Verbeugung verschwand der violette Schatten im Schatten.

Und Sie, Majestät, stützten wieder die Ellbogen auf das Geländer. Sie sahen vor sich den Ausschnitt der umbrischen Landschaft – Sie sahen, jenseits dieses Ausschnittes Ihr ganzes abendländisches Imperium. Sie sahen über dieses Imperium hinaus das unbegrenzte Imperium des Geistes, als dessen

Krone Sie Ihre Krone bis zum letzten Augenblick tragen würden. Denn wer vom Geiste ist, kann niemals nicht vom Geiste sein: und müßte er sich sein ganzes Leben lang mit den niedrigsten Händeln der Welt abquälen.

In diese Händel der Welt war Ihr Denken zurückgekehrt, als Tammo zu Ihnen trat. Er hatte sich um Ihre Abwesenheit gesorgt. Er hatte Sie gesucht und schließlich gefunden.

Sie schauten mit ihm durch das Dunkel in der Richtung auf Rom. Sie dachten an Ihren Palast auf dem Aventin, an die Tiberinsel, wo die Basilika Adalberts auf Ihre Rückkehr wartete. Sie dachten mit solcher Kraft an die geliebte Stadt, daß Sie vergaßen, wo Sie standen: Sie standen wirklich an der Balustrade Ihres aventinischen Palastgartens. Es war Frühling geworden. Die Grasstücke auf dem Aventin blühten von Veilchen, die Schafherden weideten gegen den Palatin hinauf, die Erde hauchte durch den Abend hin – –

Sie hörten Schritte hinter sich und wandten sich um. Es war noch einer gekommen, der sich um Sie gesorgt hatte: Otto von Niederlothringen. Sie gingen ihm entgegen, nahmen ihn an Ihre rechte Seite, so daß Sie zwischen dem sächsischen Pfalzgrafen und dem letzten Nachkommen Karls des Großen standen, Jugend zwischen Jugend, und dennoch: Zeit-ohne-Zeit zwischen Jahren, die einander entsprachen, wie verschieden ihre Strahlungen auch sein mochten.

Der letzte Blick dieser Nichtentsprechung aber gegen jene Roma, war das niedergehaltene Ahnen, daß die „Urbs Regia" ihren Herrn und Erneuerer vielleicht – vielleicht – niemals mehr auf der Via lata einziehen sehen werde.

DRITTER TEIL

PHILIA UND THANATOS
1002

ERSTES KAPITEL

Nicht lange, Majestät, sind Sie in Todi geblieben, Es galt, nach dem Ende der Synode, das Heer, mit dem Sie Rom zurückzuerobern gedachten, auf seine Aufgabe vorzubereiten. Sie wählten Paterno im Herzogtum Spoleto zu Ihrem Hauptquartier. Die dem Kastell vorgelagerten Grafschaften auf päpstlichem Gebiet waren in den Händen der Crescentier. Diese wußten natürlich, womit sie im Falle eines neuen kaiserlichen Sieges zu rechnen hatten. Und Sie, Majestät, wußten, wie Sie dieses Mal – gründlicher als durch Gewalttaten – mit ihnen fertigwerden würden. Die Vergeltung für den Verrat an Ihrer Idee, nicht an Ihrer Person, war der Ansporn zu Ihren Vorbereitungen geworden. Das hatten Sie schon vor Romuald in Ravenna ausgesprochen, und in diesem Punkte waren alle Ihre Freunde, die Bischöfe, die Heerführer und auch der Papst einig. Wo der betrogene Gedanke zum Vergelter wird, erhält er eine dämonische Gewalt. Und wer ihn verkörpert – auch wenn er keinen Wurm am Boden zertreten könnte – wird zum Schwerte Gottes.

Hatten die Crescentier Helfer? Auf Byzanz konnten sie dieses Mal keinesfalls zählen. Auch ein Gegenpapst hatte sich bis nun nicht gefunden. Ihre Anstrengungen waren also um so stärker als sie sich allein wußten. Glaubten ihnen die Römer, daß sie für die „römische Freiheit" kämpften? Wie Alberich vor sechzig Jahren? Hatte das *Volk* von Rom unter Ihrer Herrschaft, Majestät, gelitten? Dies konnte wohl niemand behaupten. Aber was bedeutet es, wenn das Wort

„Fremdherrschaft" in den Gemütern Wurzeln schlägt? Es genügte, daß die großen Feudalherren, welche für die Macht ihrer eignen Geschlechter kämpften, für sonst nichts, dieses Gespenst auf ihre Fahnen malten, und sie hatten das Volk für sich.

Es waren düstere Stunden, Majestät, welche Sie oftmals in diesem engen Kastell von Paterno durchwachten. Vielleicht sprachen Sie von ihnen nicht einmal zu Gott. Welcher Mensch hätte sich nicht in Stunden der Abrechnung mit Möglichkeiten vor Gott verschlossen, aus Furcht, es würde ihm auf sein Befragen nicht einmal eine Warnung erteilt?

Würde Heinrich von Bayern Truppen senden? Sie brauchten Armeen. Und die Sachsen? Sie hatten im Oktober 1001 eine Erhebung versucht. Aber ihr Plan war an dem Nein Heinrichs von Bayern gescheitert. Nun konnten sie, ohne ihre Soldaten zur Verfügung zu stellen, abwarten, wie das römische Abenteuer ausgehen werde. Heinrich von Bayern konnte das gleiche tun, auch wenn er, um das Gesicht zu wahren, eine begrenzte Truppenmacht schickte.

Warum, fragten Sie sich, ist gerade in diesem Augenblick der Markgraf Hugo von Tuskien gestorben, meine stärkste Stütze in Italien? Sie hatten ihn nicht geliebt. Er war Ihnen in seinen letzten Jahren ein unangenehmer Bevormunder gewesen. „Der Strick ist gerissen, und wir sind frei", hatten Sie an den Papst geschrieben, als er tot war. Nun mußten Sie sich eingestehen, daß es für Sie besser gewesen wäre, diesen Strick noch so lange als Fessel zu spüren, bis mit Hugos Hilfe Rom zurückerobert war. Welche Politik würde sein Nachfolger Bonifazius III. von Tuskien dem Reiche gegenüber verfolgen?

Immer wieder verglichen Sie die Jahre 997 und 1002. Immer deutlicher erkannten Sie, daß im Jahre 997 die Voraussetzungen für einen raschen, sicheren Sieg bedeutend günstiger gewesen waren. Auch Menschen, welche Sie nur wenig verstanden, waren damals durch die von Ihnen verfolgte Politik noch nicht kopfscheu geworden. Es hatte zwar schon einen

Adalbert in Ihrem Leben gegeben, aber noch keine Eremiten wie Nilus und Romuald. Es hatte noch nicht die Bußübungen mit Franko von Worms gegeben, über die man in Sachsen den Kopf schüttelte – und vor allem noch nicht die für das deutsche Fühlen unannehmbare Demütigung des kaiserlichen Namens in den Schilfhütten von Pereum.

Dies alles wirbelte – obwohl längst der Vergangenheit angehörend – in Ihnen auf und nieder. Dann aber – wie dies immer in den Nächten der Selbstzerquälung geschieht – versank es plötzlich in Nichts. Unsinn! rief laut die Gegenstimme, Spuk des Teufels!

Und Sie weckten Tammo, stürzten ein paar Gläser Falerner hinunter und ritten mit ihm in die winterliche Kühle hinaus, durch die der Schneeduft des Monte Soracte sprühte. Tammo saß schlank und blond zu Pferd, er lachte, erzählte Ihnen verfängliche Geschichten, die Ihnen Spaß machten, er ahmte die Jeremiaden des „Schilfkönigs" nach, der auch ihm eine Bußübung aufgeprellt hatte – wahrscheinlich „propter inlicitas carnis cupidines" –, und die schlechten Reimereien Leos von Vercelli, welche gerade gut genug waren, den ungebildeten Feudalen Regeln der politischen Grammatik rhythmisch ins Ohr zu hämmern . . . Und er lachte wieder, ein Lachen, so göttlich irdisch wie das heimliche Klingen der kristallenen Himmelslüfte über den Schlüften und Hügelfalten. Dann lachten Sie ebenfalls, Majestät, und sahen die Welt wieder von einer leichteren Seite. Sie sagten sich, daß Sie ja Zeit, viel Zeit vor sich hatten und daß das Glück noch immer auf der Seite der Starken gewesen sei.

Ein anderes Mal aber, wenn die Gespenster Sie nicht loslassen wollten, gingen Sie zu Otto von Niederlothringen hinüber, setzten sich auf den Rand des Feldbettes und ließen seine tiefe, ebenmäßige Stimme über sich hingehen. Was er sagte, gipfelte in den immer gleichen Ermahnungen:

– Ich weiß, daß du ein weiteres und geistigeres Ziel verfolgst als dein Großvater. Ich gehe mit dir durch dick und dünn für dieses Ziel, an das ich glaube. Du solltest nie vergessen, daß die größere Aufgabe die größeren Mittel erfordert. Es ist dir in deinen Anfängen alles verdammt leicht gelungen. Wer hat dir den Crescentius im Jahre 98 in ein paar Wochen vom Hals geschafft? Ekkehard von Meißen. Ein Sachse. Ich gebe zu: einer von jener Sorte, die uns beiden nicht besonders angenehm ist. Ein Draufgänger. Aber ohne ihn hätte Crescentius wohl noch lange im Castello Sant'Angelo gesessen. Rom wäre nicht zur Ruhe gekommen, und du hättest deine Abendempfänge auf dem Aventin etwas weniger ungestört veranstalten können. Ich maße mir nicht an, über sie zu urteilen, wie dies einige andere tun, die zwar um ihres eigenen Vorteiles willen zu dir halten, aber keinen Schimmer von deinem Wesen haben. Ich habe niemals zu deinem „engeren" Kreise gehören wollen, zu all diesen sehr gelehrten Kaplanen und Sekretären wie Leo von Vercelli. Ich bedarf eines solchen Kreises nicht, der von Trivium und Quadrivium redet, den Boëthius kommentiert, vor Marcus Tullius Cicero auf den Knien liegt und schon von einer zweiten Aeneis für das Imperium renovatum ihres Augustus Divus Otto Tertius schwärmt, ohne den zweiten Vergil bereit zu haben. Ich bin seit den Tagen meiner Kindheit durch mein Herz an dich gebunden. Ich habe dich das Leben der Tiere und der Pflanzen lieben gelehrt, weil ich selbst sie liebe. Ich bin sehr einfachen Geistes. Deshalb sehe ich manche Dinge etwas näher und natürlicher als diese junge sächsische Elite sie sieht. Ich bin ja gar kein Sachse, der sich von allerhand „rusticitates" freimachen muß. Ich bin – obwohl französischer Herkunft – der letzte Nachkomme Karls des Großen in Deutschland und – dank der Zuneigung deiner unvergeßlichen Mutter – der Herzog von Niederlothringen. Ich hätte allen Grund, den Sachsen und der Dynastie unfreundlich gegenüberzustehen und in mir *karo-*

lingische Hoffnungen auf eine „RENOVATIO IMPERII FRANCORUM“ zu nähren. Aber eine solche Hoffnung hat es nie in mir gegeben, gibt es nicht und wird es nie geben. Die Dynastien lösen sich ab: wie Gott es will. Du siehst ja, wie in Frankreich die Karolinger geendet sind: Lothar, Ludwig und mein eigner Vater. Der war nicht frei von überholten Ansprüchen. Er wollte deiner Dynastie, die fest im Sattel saß, trotzen. Wir wissen alle, wie er zwischen Hugo Kapet und deiner Mutter dank der überlegenen Diplomatie Gerberts von Aurillac, der heute als *dein* Papst Silvester II. die Seele der RENOVATIO-REFORMATIO IMPERII ROMANORUM ist, aufgerieben wurde. Man kann nicht zwei Herren zugleich dienen. Man kann nicht – als französischer Königssohn – von Kaisers Gnaden Herzog von Niederlothringen sein und gleichzeitig gegen den Willen des Imperiums auf eigene Faust karolingische Politik in Frankreich treiben . . . Warum ich dir das alles noch einmal vor Augen führe? Um dir nahezulegen, über einem noch so glänzenden weltweiten Ziel das *Nächste* genau so wenig zu vergessen wie ich es vergesse. Mir genügt mein deutsches Herzogtum Niederlothringen, das reichste und entwickeltste, das es im Bereiche deiner Dynastie gibt . . . das Land, in dem die einzige wirkliche Stadt liegt, welche Germanien kennt: *Aachen:* dein mit Recht geliebtes und Magdeburg vorgezogenes Aachen. Aber dieses Genügen heißt nicht, daß ich die Bedeutung *deines* Stammlandes, Sachsens, übersehe oder gar unterschätze. Dies zu tun bist du immer geneigt gewesen. Du mußt dich auf das *ganze* Sachsen stützen, so wie es nun einmal ist, nicht nur auf diesen Kreis um dich, der ganz gewiß eine geistige Elite darstellt, aber über keinerlei politische Macht verfügt. Du darfst nicht Menschen vor den Kopf stoßen, ohne deren Beistand dein Kaisertum auf schwachen Füßen steht, und also auch deine Renovatiopolitik. Mir liegt weit mehr am Herzen, daß zunächst die sächsische Feindschaft behoben wird, als daß wir schon im Februar oder März wieder im aventinischen Palast einziehen Diese Feindschaft zu beseitigen, ist gar nicht so schwer wie du vielleicht denkst. Heinrich von Bayern wird immer ein guter Vermittler sein. Verletze niemals wieder das Gefühl für kaiserliche Würde, wie es in jedem sächsischen Großen lebt. Deine *persönliche* Askese – solange sie unsichtbar bleibt, wie es sich gehört – wird dir nie mand verargen. Aber erscheine niemals mehr öffentlich als Büßer vor einem Romuald! Stütze Cluny, das sich die verrottete Pfaffenwirtschaft zur Zielscheibe seiner Bemühungen nimmt. Sage den Sachsen in unzweideutiger Sprache, daß du ihnen die Römer nicht vorziehst noch jemals vorziehen wirst. *Ich* weiß, daß du es nicht tust. Aber der Schein spricht gegen dich! Die Menschen urteilen nach dem Schein. Dies ist so lange gleichgültig, als es nicht politisch schädlich ist. Rufe auf sächsischem Boden die sächsischen Großen zusammen, mache ihnen verständlich, was deine persönlich gefärbte Politik will und was nicht. Residiere abwechselnd in Rom, in Aachen und in Magdeburg. Setze dich diesem unbeliebten Gisiler, den jeder durchschaut, vor die Nase. Glaube mir, der sicherlich kein Phantast ist, daß ein einziger Aufenthalt von wenigen Wochen in Magdeburg Wunder wirken und die Herzen dieser nur in Machtbegriffen denkenden Feudalen deinen Plänen gewinnen wird. Schenke auch Magdeburg Reliquien, nicht nur Aachen. Lasse für Magdeburg im Kloster Reichenau eine schöne Prunkschrift herstellen, vernachlässige die sächsischen Pfalzen nicht wie seither. Vor allem aber: mache den Sachsen klar, daß Rom für deine RENOVATIO, welche eine Weltrenovatio ist, nur den *symbolischen* städtischen Gegenwert von Byzanz darstellt. Überzeuge sie davon, daß einige neue Ämter und Titel, die du eingeführt hast, nur eine diplomatische Vereinfachung bedeuten, aber weder eine Romanisierung noch Byzantisierung. Mache die Leute lächerlich, welche glauben, dir zu Gefallen ihre deutschen Namen in griechischen Buchstaben schreiben zu müssen. Lasse die deutschen Lieder sammeln und in schönen

Handschriften herstellen. Es sind genug Klöster da. Und schließlich: erkläre, daß die RENOVATIO *dein* eigner Plan ist, nicht aber der Plan eines französischen Papstes, der dich gängelt! Tauche nicht in Rom unter, wie sehr du die Stadt auch als Stadt liebst. Gib nach unserer Rückkehr in die „urbs regia" den Römern zu verstehen – aber so unzweideutig, daß es die Sachsen und alle Deutschen wissen – *wie* sie dich nach der Perfidie vom 16. Februar 1001 umwerben müssen, ehe du sie wieder in deine Liebe zu ihrer Stadt einbeziehst. Behandle sie mit eiskalter Höflichkeit – und überlasse es dem Lateran, die Brücken sehr langsam zu schlagen. Strengstes Palastzeremoniell als Abwehr gegen jede voreilige Anbiederung Sei – aus politischen Gründen – Imperator Romanorum. Aber gib dich niemals römisch. Das hat auch dein Vorbild, Karl der Große, niemals getan. Er wußte, warum. Die Römer haben nicht mehr die Kraft, die Träger eines Imperium Romanorum zu sein. Mag man – der Form nach – Rom noch als ebenbürtiges Gegengewicht von Byzanz bezeichnen: dem Wesen nach ist dieses Gegengewicht schon lange *Aachen* geworden: Aachen, als Ausdruck *deutscher* Macht.

Sollte dir Silvester sterben, der schon lange anfällig ist, so ernenne Heribert von Köln zum Papst. Niemals jedoch Leo von Vercelli. Mache Tammo zum militärischen Oberbefehlshaber der Pentápolis, und den Grafen Ziazo zu demjenigen des Patrimoniums, einschließlich Rom. Lege sehr viel Militär zum Schutz des Papstes in die päpstlichen Gebiete, damit deine Titel „SERVUS CHRISTI" und „SERVUS APOSTOLORUM" einen „greifbaren" Hintergrund bekommen. Entwickle die Beziehungen zu Venedig, indem du seinen Handel auch nordwärts lenkst – und rühre niemals mehr an Frankreich. Es ist zu spät, dieses Land in das Imperium einzugliedern. Jeder derartige Versuch würde abermals, wie zu Zeiten deines Vaters, die lothringische Frage aufwerfen. Sie hat auch deiner Mutter nicht wenig zu schaffen gemacht.

Da ich den Namen deiner Mutter ausgesprochen habe: vergiß niemals, *wie* sie für dich gekämpft hat: gegen den Zänker, gegen den Karolinger, gegen den Kapetinger. Ist sie jemals verzagt gewesen trotz den übermenschlichen Lasten, die sie zu tragen und von sich abzuwälzen hatte? Vergiß nicht, was an Haltung du ihrem Andenken schuldig bist, wenn dich einmal Mutlosigkeit befällt – oder wenn die Rückkehr in den aventinischen Palast nicht so rasch möglich sein wird wie du es dir wünschst. Das *Wesentliche* bleibt, daß es in Sachsen zu keiner neuen Erhebung gegen dich kommt. Sie wäre das Signal für die schlimmsten Möglichkeiten. Lassen wir Heribert von Köln arbeiten. Er weiß, was er zu tun hat. Du selbst aber lasse die Sachsen in der nächsten Zeit so wenig wie möglich das Wort RENOVATIO hören. Man darf nicht denen mit einem noch so großen Gedanken kommen, die sich vorläufig noch als dessen Opfer fühlen. Meiner ganz auf die Dinge selbst gestellten Natur ist es immer unfaßlich gewesen, warum so viele Menschen – zu denen auch du gehörst – das, was sie erreichen wollen, der Welt als einen „Plan" vorlegen. Deshalb auch wollte es mir scheinen, daß der Sache der RENOVATIO weder die Verse Leos von Vercelli noch die dreimaligen, viel zu ostentativen Titeländerungen sehr günstig gewesen seien, zumal die von dir angenommenen Titel ja Selbstverständlichkeiten sind, die sich aus der Zweigewaltenlehre ergeben und – im Westreich sowohl als im Ostreich – von mehr als einem Herrscher gebraucht wurden. Ich glaube, daß weder jener durchtriebenste aller unserer Vasallen, der sich Boleslaw Chrobry von Polen nennt, noch der Ungarnkönig Waïc, oder Stefan I., der nicht unser Vasall ist, eine besondere Magie in diesen Titeln verspürt haben. Sie merkten sehr wohl, was gemeint war, und machten – „en attendant" – beide ein sehr gutes Geschäft. Es wird für das Imperium darauf ankommen, sie *dadurch* bei der Stange zu halten, daß man sie im Schoße der Christengemeinschaft, zu der sie nun gehören, weiterhin gute Geschäfte machen läßt. Dies ist für diese halben und ganzen Barbaren der Sinn der RENOVATIO IMPERII ROMANORUM. Die REFORMATIO muß ihnen natürlich deswegen ein Buch mit sieben Siegeln sein, weil sie selbst ja kaum an einer „FORMATIO" angelangt sind. Natürlich mußten Polen und Ungarn dem Westimperium gewonnen werden, ehe das unersättliche Byzanz zugreifen kann. Nun müssen sie ihm durch Mittel, welche sie verstehen, erhalten werden. Deswegen müssen wir eines Tages – unter welchen Vorzeichen immer – nach Rom zurück, das wir auch für den Kaiser als „caput mundi" erklärt haben. Eine Aufgabe wächst aus der anderen. An jeder müssen wir mitwachsen, sei es im Kleinen, sei es im Großen. Ich habe, selbst im begrenzten Bereich meines Herzogtums, nie ein Ende der Pflichten gesehen noch errechnen können. Es gibt kein irdisches Ende. Seit ich dieses ganz aus mir selbst weiß, aus den tausend Erfahrungen, die ein Herzog in einem einzigen Jahr macht, bin ich sehr ruhig. Ich tue meine Pflicht und diene Gott, indem ich sie tue.

Warum solltest du, der Kaiser, es nicht genau so halten?

So, Majestät, so mag der Herzog von Niederlothringen gesprochen, so mag er sich aus seinem Schweigen gelöst und von Herz zu Herz anheimgegeben haben.

Sie haben sich nicht rühren können vor dem Antlitz, das ohne äußere Schönheit war und dennoch eine Macht über Sie gewonnen hatte wie kein zweites – eine solche Macht, daß Sie in ihm erloschen schienen.

Spät erst, Majestät, konnten Sie in der Nacht, die diesem Aufruf an Ihre Einsicht folgte, den Schlaf finden. Sie ordneten Ihre Gedanken, den Blick im langsamen Niederbrennen einer Kerze ruhen lassend.

Ja, der Herzog von Niederlothringen hatte recht: die Erfolge waren Ihnen allzuleicht in den Schoß gefallen. Sie hatten vergessen, daß ein Herrschen, welches sich *gegen* die

Trägheit des Stoffes vollzieht, diesen Stoff nicht in sechs Jahren ausglühen, geschweige denn ihn vergeistigen kann. Sie hatten viele Imponderabilien übersehen, welche ein an die Erde gebundenes Herrschen beachten muß, sofern es nicht gerade an ihnen scheitern will. Mochte Ihre Zeit ganz gewiß in der gelasianisch-augustinischen Zweigewaltenlehre denken und die Ecclesia, die Christengemeinschaft, als den einzigen Ort aller menschlichen Erfüllungen anerkennen: über die Wege, welche in diese Erfüllungen führten, bestanden sehr verschiedene Meinungen. Im Schatten eines jeden „Zeitgeistes" wird menschliches, also auch politisches Handeln, von jenen unübersehbaren Teilmächten geformt, welche „Vorteile" heißen. Die Menschen bleiben an ihre Regungen gebunden, welche immer gegen die Bevormundung durch den Zeitgeist aufstehen, sobald diese Bevormundung Opfer an Macht oder Geltung verlangt. Hatten eben dieses nicht Ihr Vorbild Karl der Große und Ihr Großvater Otto I. immer wieder an sich erfahren müssen? Warum sollte Ihnen die gleiche Erfahrung erspart bleiben?

Schon im Jahre 998 – als Ihre RENOVATIO in den Verdacht kam, ein von Gerbert von Aurillac und Leo von Vercelli ausgeklügelter Plan zu sein – mußten in Ihrem Stammlande Sachsen die ersten Bedenken aufsteigen. Jeder weitere Schritt auf dem Wege der Renovatiopolitik mußte diese Bedenken steigern und schließlich in dem Aufstandsversuch, Oktober 1001, münden lassen. Die Absage Heinrichs von Bayern an die aufsässigen Sachsen – daran konnte kein Zweifel bestehen – hatte dem Imperium die Einheit und Ihnen die Krone gerettet. Wie aber dachte er vor seinem eigenen Gewissen über die „ROMA, CAPUT MUNDI"? Darüber Klarheit zu haben, würde uns helfen, das Dunkel zu lichten, welches über dem Jahre 1001 und über dem Januar des Jahres 1002 liegt.

Majestät: daß Heinrich nicht in die Fußstapfen seines

Vaters, des Zänkers, getreten war, konnte sehr viel anderes beweisen, als die Anständigkeit seiner Gesinnung Ihnen gegenüber. Sie müssen in Ihrem Nachsinnen lange an diesem Punkte geweilt haben, wie immer Ihre innere Beziehung zu diesem Vetter zweiten Grades gewesen sein mag. Wußte er so viel um Ihre Anlage und Ihr Daimonion, um Sie vielleicht doch noch eines Tages den Weg des Dogen Pier Orseolo I. beschreiten zu sehen?

Die Frage blieb für Sie nicht weniger unlösbar, als sie es für uns Heutige geblieben ist.

Hingegen mochte Ihnen die Haltung Clunys etwas klarer umrissen scheinen. Sie hatten oftmals Odilo um seine Meinung befragt. Da ihm bekannt war, daß es eine konstantinische Schenkung niemals gegeben hatte, mußte er ablehnen, daß „ROMA, CAPUT MUNDI" nichts anderes als der Sitz des Apostelfürsten sein dürfe. Cluny, das nur in der Allumfassung der Ecclesia, der Christengemeinschaft, dachte, verlangte von dem Kaiser, daß er die ihm von Gott zugewiesenen irdischen Pflichten als Diener Gottes erfülle. Warum sollte er dies nicht gemeinsam mit dem Papste von Rom aus tun? Rebellierende Sachsen hatten bestimmt nicht Cluny hinter sich, dessen Macht um das Jahr 1000 schon unantastbar geworden war. Odilo also würde Ihnen wahrscheinlich ein Helfer sein: auch gegen Romuald, falls dieser versuchen sollte, Sie als einen wortbrüchigen „rex iniquus", als Gott nicht wohlgefälligen Kaiser zu brandmarken. Eine solche Stigmatisierung konnte einem Imperator Romanorum gleichgültig sein, der sich nur auf die Macht des Schwertes stützte, nicht aber Ihnen, der sich als „SERVUS CHRISTI" und „SERVUS APOSTOLORUM" das unzweideutige Zeichen eines *geistigen* Kaisers gesetzt hatte.

Auch den Papst Silvester und den Bischof Leo von Vercelli werden Sie an Ihr Lager beschworen haben: nicht, damit sie Ihnen den Plan der RENOVATIO wiederholten, den Sie mit ihnen ausgearbeitet hatten, sondern damit sie sich darüber äußerten, wie man gemeinsam allen irdischen Hindernissen zu begegnen habe, die sich seiner Durchführung vielleicht auf Jahre hin entgegenstellen würden. Was konnte der Papst anderes tun als Ihnen folgen? Und mochte er auch fast schon ein ganzes Jahr lang seine pontifikale Macht so ausüben, als ob es nie eine Flucht aus Rom gegeben habe: würde er nicht nur noch der Schatten seiner selbst sein, wenn morgen oder übermorgen *Ihnen* ein Unwiderrufliches geschah?

Ja, haben Sie sich gesagt, er wird auf mich hören müssen. Dieser Mann ist an jeder Gefahr seines vielbewegten Lebens gewachsen. Dieser „*ἀνήρ πολυτρόπος*“ ist viel zu durchtrieben, um Notwendigkeiten nicht zu gehorchen. Die RENOVATIO wird bleiben. Die Mittel der Durchführung werden einige Änderungen erfahren. Vielleicht wird ihm die neue Spielregel zu einem besonderen Ansporn werden. Denn die Biegsamkeit seiner Natur kennt kaum eine Grenze . . . Und Leo von Vercelli?

Sie lächelten, indessen Sie die endliche Müdigkeit anfiel... Leo wird mit Tammos Hilfe einige Strophen auf Niedersächsisch schreiben und den Beweis erbringen, daß er seine Herkunft nicht verleugnet . . .

Als Sie schließlich einschliefen, ohne die Kerze gelöscht zu haben, die im Leuchter weiterbrannte, sah Sie aus dem goldnen Kreis um den Docht das schwermütige Antlitz des Herzogs von Niederlothringen an: regungslos. Und Sie wußten, daß Sie *diesem* Verharren Ihren Schlaf und alle Ihre kommenden Kämpfe anvertrauen würden.

Als Sie am nächsten Tage erwachten, erinnerte Sie die noch immer brennende Kerze daran, was in Ihnen vorgegangen war. Sie ließen durch Tammo den Papst aus seinem nahegelegenen Quartier zu einer Besprechung nach Paterno bitten.

Sie einigten sich rasch auf folgende Punkte: In Deutschland: Verschärfung der diplomatischen Abwehrarbeit gegen jede sächsische Opposition. In Italien: Gewissenhafte und geduldige Vorbereitung der militärischen Aktion. Das Erzbistum Ravenna, die päpstlichen Grafschaften der Pentápolis, das Herzogtum Spoleto und die Markgrafschaft Tuskien konnten beträchtliche Truppen stellen, die mit den deutschen Heeren, welche schon eingetroffen oder unterwegs waren, eine einheitlich geschulte Armee bilden würden. Der Bischof von Vercelli hatte den auf der Lauer liegenden Markgrafen Arduin von Ivrea weiterhin in Schach zu halten. Der Patricius Graf Ziazo blieb in seinen Stellungen vor Rom. In Rom: Der deutschen Partei mußte die Möglichkeit verschafft werden, den römischen Stadtherren – also den Crescentiern – in den Rücken zu fallen, sobald der Angriff begonnen hatte. An Geld fehlte es nicht. Es mußte in die richtigen Hände gespielt werden. In Tivoli: diese Urfeindin Roms, welche von Kaiser und Papst im Jahre 1001 trotz ihrer Revolte geschont und den Römern nicht preisgegeben worden war, konnte gegen Zusicherung ihrer städtischen Freiheiten der kaiserlichen Sache gewonnen werden. Mit den von den Crescentiern verdrängten Tusculanergrafen waren neue Verhandlungen einzuleiten.

Als sich der Papst zu seinen Sekretären begab, um die nötigen Schreiben, welche gemeinsam mit denen der kaiserlichen Kanzlei nach Deutschland zu gehen hatten, ausfertigen zu lassen, war Ihnen bewußt geworden, Majestät, daß Sie *nun* erst das entscheidende Spiel Ihres Kaisertumes zu spielen haben würden.

Sie mögen sich des Wortes erinnert haben, das Ihnen Romuald vor Ihrer Abreise aus Ravenna nach Todi gesagt hatte: „Wenn Sie noch einmal nach Rom gehen, werden Sie nicht mehr nach Ravenna zurückkehren."

– Wußte dieser Mann vielleicht schon, was die Sachsen *nach* dem Scheitern ihres ersten Revolteversuches im Schilde führen? fragten Sie.

Tammo erwiderte, indessen Otto von Niederlothringen zustimmend nickte:

– Wer den Nihilismus „organisiert", wer Anachoreten zu Verbänden zusammenschließt, auf die er sich stützen kann, wer irdisches Wollen, das seinen Plänen im Wege steht, zu lähmen versucht, ist zu vielem fähig. Wissen wir, welche Fäden dieser Mann spinnt? Also Schluß mit dem Einbruch dieser nihilistischen Anarchie in die Sphäre des Hofes. Es ist keineswegs zu spät für die RENOVATIO, sofern wir kaltes Blut bewahren, Maß halten und furchtlos bleiben. Rom ist ein Symbol. *Die wahre kaiserliche Residenz aber ist die Person des Kaisers selbst.* Der Gegenpol von Byzanz ist das *gesamte Westimperium.* Als der Kaiser Konstantin aus politischen, wirtschaftlichen und militärischen Gründen die Hauptstadt nach Byzanz verlegen mußte, hat er Rom innerhalb der Grenzen seines Imperiums behalten. Aber er hat sich nicht selbst gewissermaßen aus Rom verbannt, um dem Apostelfürsten den Platz zu räumen. So dumm war Konstantin nicht. Er war der letzte, der etwas aus der Hand gegeben hätte, das ihm gehörte. Heute sind Ost- und Westimperium geschieden. Gut. Rom gehört – da es eine konstantinische Schenkung niemals gegeben hat – zum Westimperium. Aber kein westlicher Kaiser braucht dort dauernd zu residieren, um die gelasianisch-augustinische Zweigewaltenlehre gemeinsam mit dem Papst durch die RENOVATIO-REFORMATIO in Wirkung treten zu lassen. Die Stadt darf ihm natürlich nicht verschlossen sein, wenn kaiserliche Notwendigkeiten ihm römische Aufenthalte zur Pflicht machen. Ich konnte nicht früher sprechen. Überzeugungen reifen oftmals sehr langsam und sehr mühevoll in das Wort. Ich habe dieses Wort nun gesagt. Es ist in mir gewachsen, ohne daß ich mich mit irgend jemandem besprochen hätte. Auch nicht mit meinem Bruder Bernward. Aber ich weiß, daß er nicht anders denken kann als ich.

Sie haben nicht geantwortet, Majestät, als die klare, sichere Stimme Tammos schwieg.

Auch Otto von Lothringen hat nicht gesprochen...

Als Sie sich erhoben, um in die abendliche Lohe hinauszuschauen, die an grünen Vorfrühlingshimmeln aufgeflogen war, wurde Ihnen gemeldet, daß der Bischof Heinrich von Würzburg als Vertreter seines Bruders Heribert von Köln mit vielen Truppen zwanzig Meilen vor Paterno angelangt sei. Das Heer werde in den Quartieren von Rieti bleiben, er selbst aber mit einigen Offizieren am frühen Nachmittag des nächsten Tages im kaiserlichen Hauptquartier eintreffen.

Das Wetter war hell. Ein Föhn strich von Süden her gegen den gezackten Gipfel des Sorakte und löste den Schnee der Hügelfalten. Bäche begannen zu rieseln, in jeder Stunde lauter und näher, eine Musik, halb Wehen blauer Lüfte, halb Quirlen sich überholender Wellen auf Steingeröll. Die Erde des Burggartens hauchte gegen die Wände, deren Gestein schon von der Sonne durchwärmt war.

Tammo und Otto von Niederlothringen hatten Ihnen vorgeschlagen, Majestät, dem Bischof Heinrich von Würzburg entgegenzureiten. Aber Sie wollten heute nicht reiten. Sie wollten im Tauwind dieses ersten Frühlingstages ruhen ... untertauchen ...

Sie ließen sich Ihren Pelzmantel bringen und einen Liegestuhl gegen die Mauer rücken, so, daß Ihr Blick gegen Westen gerichtet stand, gegen die noch unerreichbare, gegen die bald wieder erreichbare „Urbs regia" ... Sie dachten an das Meer bei Anzio und Nettuno, auf das Sie so oft hinausgefahren waren, an die gelben Ginsterbüsche, die ihr Duften der Barke nachsandten ... Sie verloren sich an das Bildnis Adalberts, das Ihr Erinnern beherrschte und Ihnen den Frieden schenkte, so oft es aus den Ungewißheiten aufstieg, zwischen denen sich Ihr Leben nun schon ein Jahr lang hinzog.

Sie hörten kaum noch den Hufschlag der Pferde, die durch das Burgtor über die niedergelassene Zugbrücke davontrabten. Sie sahen lange in das Licht:

– Ist mir nicht schon alles gegeben worden, das einer menschlichen Seele gegeben werden kann? Gewiß: vielleicht ist das Leben nichts anderes als die Wiederholung des ewig Gleichen. Aber wenn dem meinen diese Wiederholungen erspart blieben – was hätte ich verloren?

Sie fühlten sich von unsichtbaren Händen fortgetragen und Sie fragten nicht einmal, wohin ...

Gott will, daß wir ihn als eine Verkettung von Rätseln begreifen, aber er verbietet uns, an die Rätsel selbst zu rühren, in deren Verschlossenheit er uns das Leben ertragen läßt. Die nach uns kommen werden, behaupten, uns an unseren „Früchten" deuten zu können. Sie irren. Denn sie setzen unsere Erfüllungen den ungelösten Dunkelheiten unseres Wesens gleich. Nein, Majestät: wir sind niemals *ganz*, was unsere Erfüllungen sind. Wir liegen als ewiges Halbdunkel über ihnen, und sie öffnen nicht den kleinsten Pfad in dieses unverschließbare Grau. Wer mehr als „Ahnen" sagt, hat nie um Gott gewußt. Denn Gott ist nur das Ahnen, das Raunen aus dem Ungefähr ... die Musik, welche unversehens in unserem Wesen anhebt: und wir vermöchten keinem zu sagen, warum in diesem Augenblick und zu welchem Ende.

Dieses war Ihnen Gott in Ihrem Hindämmern durch das Licht des umbrischen Frühlingstages – wie mir, vor vielen ausgelöschten Jahren in den Feldern meiner Stadt an einem Pfingstmorgen:

„Ich glaube wohl, es wird bald Zeit, zu schlafen.
Mitten im Tag befällt mich Müdigkeit ...
Wie dünkt mich endlos lang die Fahrt zum Hafen,
Wie mühsam – und das Ziel wie weit ...

Warum auch schließlich noch an soviel Küsten
Vorübersegeln, bis die Dämmerung sinkt?
Kann unsre Seele denn so sehr gelüsten
Zu schaun, wie rings die Welt in Nacht ertrinkt?

Und womit lohnen all die Jahre
Um dieses Lebens abendliche Schau
Den Sonntagszauber einer jungen Bahre,
Den Flug durch Blüten und durch Blau?"

Sie merkten nicht, wie die Sonne langsam abwärts tauchte, wie die Schatten den Fuß des Burghügels ergriffen und den Gesang der Bergwasser lauter gegen die goldgefüllten Mulden der Gefilde drängten . . . Sie waren so eins mit sich selbst geworden, daß Ihnen das Leben, das Ihrer wartete, leicht schien wie der Flaum einer Wolke, die dahinzieht, angestrahlt von Aufgang oder Untergang – –

Und Sie standen erst auf, als Ihnen eine Kühle über die Schultern rieselte und ein Hornruf aus dem Tal das Niederlassen der Zugbrücke befahl.

ZWEITES KAPITEL

Der Bischof Heinrich von Würzburg war an dem entscheidenden Punkte seiner Eröffnungen angelangt:

– . . . und als dann noch im Juni 1001 die Romualdaffäre vom März des gleichen Jahres in einer schamlosen Verfälschung durch ganz Sachsen herumerzählt wurde, war bei den Großen das Urteil über „diesen" Kaiser und seine Politik gesprochen. Es galt nur noch, den geeigneten Augenblick abzuwarten, um es vollstrecken zu können. Dieser Augenblick wurde auf der Frankfurter Synode vom August 1001 im geheimen festgesetzt. Schon die Wahl des Ortes wurde von Gisilers Agenten gegen Sie ausgespielt. „Natürlich, hieß es, ohne diese ‚Franken-Furt', die den Großen Karl im letzten Augenblick noch vor den Sachsen gerettet hat, geht es nicht ab. Hier, in der Stadt, wo Karl seine erste Synode im Jahre 794 abgehalten hat, muß sein admirator und imitator nach über zweihundert Jahren auch eine abhalten. Als ob mittlerweile gar nichts geschehen wäre! Immer das fragwürdige Symbol anstatt der unfragwürdigen Wirklichkeit." Unter diesen und ähnlichen, weit schlimmeren Schlagworten wurden die Fäden des Aufruhrs gesponnen bis zu dem Versuche, dem Herzog Heinrich von Bayern die Durchführung der Resolution in die Hand zu geben. Daß dieser ablehnte, ohne sich auch nur eine Sekunde lang zu besinnen, war die vernichtendste Niederlage, welche politisch und persönlich der Erzbischof Gisiler sowie seine Trabanten erleiden konnten. Ich darf Ihnen, Majestät, die Versicherung geben, daß Sie sich um die Sachsen für lange Zeit nicht mehr zu sorgen brauchen. Die nichtsächsischen Herzogtümer, als deren Sprecher ich hier im Auftrag meines Bruders Heribert stehe, haben die Gefährlichkeit der verspätet umgehenden Widukindgespenster schon vor dem kritischen Augenblick begriffen und schon im Mai 1001 begonnen, sich auf den politischen Plan zu einigen, den ich Ihnen heute vorzutragen habe. Für uns West- und Süddeutsche ist – trotz der großen Taten Ihres Großvaters Otto I. – der *Franke* Karl das Sinnbild deutscher Macht geblieben. Wir empfinden *karolingisch*, aber nicht ottonisch. Hier mag begründet liegen, warum eine Erscheinung wie die Ihre, Majestät, von uns besser verstanden wird als von Ihren eigenen Stammesgenossen. Aber was heißt bei Ihnen schon „Stammesgenossen"? Ihre Mutter Theophano war Byzantinerin, deren Mutter, Sofia Phokas, ebenfalls, beide aus ältesten kleinasiatischen Familien. Sofias Gatte, Konstantinos Skleros, war mütterlicherseits ein Kurkúas, also aus armenischem Uradel. Ihre Großmutter Adelheid war burgundischer Herkunft und hatte schwäbisch-welfische Blutmischung. Was also bleibt Ihnen selbst an sächsischem Blut? Noch nicht einmal ein Viertel, wenn Sie bedenken, daß in den Adern Ihrer Urgroßmutter, der Königin Mathilde, sogar dänisches Blut umging ...

Lassen Sie mich Ihnen – nach dieser Feststellung – nun die Botschaft meines Bruders Heribert übermitteln: Die Herzogtümer Niederlothringen, Oberlothringen, Franken, Schwaben, Bayern, Kärnten sowie die Mark Österreich folgen Ihrer Renovatiopolitik in allen Punkten außer in zweien. Sie bekennen sich nicht: erstens: zur Ablehnung der Pacta, und zweitens: zur Wahl Roms als kaiserliche *Dauer*residenz.

Die Ablehnung der beschworenen Pacta Pippins, Karls des Großen, Ludwigs des Frommen sowie Ihres Großvaters und Vaters kann *spätere* Päpste in das Lager der Gegner des Imperiums treiben, was äußerst gefährliche Folgen für Deutschland nach sich ziehen müßte. Die Welt ist ein beständiges Werden, das sich aus einer als Grundlage für Ihre Politik gewählten, aber sehr dehnbaren Zweigewaltenlehre nicht errechnen läßt. Denn Gott ist mächtiger als seine Interpreten.

Die Folgerichtigkeit Ihres Denkens erregt, angesichts Ihrer großen Jugend, nicht nur Erstaunen, sondern Bewunderung. Aber der Wink der Wirklichkeiten ist Ihnen ja schon erteilt worden. Sollten Sie sich ihm verschließen wollen? Das wäre unlebendiges Erstarren und nicht vereinbar mit der Dynamis Ihres Wesens, welche immer in das Zukünftige drängt.

Die Herzöge und die Bischöfe *bitten* Sie um zwei *formale* Zugeständnisse. Um nicht mehr. Das erste ist erklärt. Die Erläuterung des zweiten verlangt etwas mehr Ausführlichkeit.

Die *Art*, wie Sie die *Stadt* Rom (also nicht das Symbol „urbs regia“ oder „Roma, caput mundi“) und deren Bewohner, die *Stadtrömer* in Ihren Renovatioplan einbezogen haben, erscheint als anfechtbar. Dies ist die Meinung Ihrer Freunde, also der überwiegenden Mehrheit der Deutschen, gegen welche eine sächsische Revolte niemals aufkommen kann. Wir wären von einer großen Sorge befreit und könnten uns mit verdoppelten Kräften für Ihren konföderativen Renovatioplan einsetzen, wenn wir Ihre Zusicherung hätten, daß Sie sich nicht darauf versteifen, *dauernd* in Rom residieren zu wollen. Sie könnten erwidern: „Wenn ich das *Herz* aus dem Leibe schneide, stirbt der Körper, dem es Leben gibt". Wir würden sagen: „Ein Herz, das aus seinem natürlichen Blutkreislauf gerissen und einem anderen, ihm ungemäßen Körper eingepflanzt wird, kann unmöglich ‚Leben' schenken. Das Herz wird erkranken, und an ihm auch der fremde Körper."

Majestät: ich brauche nicht *Ihnen* das Wesen dieser Römer zu schildern, die nicht leben können, wenn man ihnen nicht die *Illusion* ihrer Besonderheit und Einmaligkeit läßt. Diese Illusion ist für sie eine unantastbare Wirklichkeit. In Ihrem Renovatioplan ist diesem Punkt – aus ideologischen Gründen – überhaupt nicht Rechnung getragen. Man ist in Deutschland der Ansicht, daß dieser psychologische Mangel weit mehr Leo von Vercelli und dem Papst Silvester zuzuschreiben ist als Ihnen. Ich werde bestimmt nicht behaupten, daß der Papst ein eigensüchtiges Spiel getrieben habe, indem er Ihnen den Gedanken der kaiserlich-päpstlichen *Doppel*residenz in Rom als des über die ganze Welt hin strahlenden Wahrzeichens der augustinischen Ecclesia, der Christengemeinschaft, eingab. Der Papst ist ein viel zu kluger Mann, um nicht zu wissen, daß er selbst – als Ihr persönliches Geschöpf – durch jede Schwächung der kaiserlichen Stellung in seiner pontifikalen Stellung ebenfalls geschwächt wird. Er hat ja im Februar 1001 gerade diese Erfahrung gemacht. Er hätte es vielleicht mit seinem Leben bezahlt, wenn er damals in Rom geblieben wäre. Als geborener Römer, als Angehöriger einer alten Adelsfamilie, wäre er – nach dem Abzug der Deutschen – der Stadt auf dem Stuhle Petri natürlich doppelt willkommen gewesen. Die *jeweils* in Rom herrschenden Familien hätten ihn für ihre Zwecke, ich meine: für ihre stadtrömische Parteipolitik, ausgenützt. Er hätte sich von Ihnen, von dem Kaiser, dem er die Tiara verdankt, trennen müssen. Er hätte Ihnen hinreißende Briefe geschrieben – heimlich natürlich – und Ihnen versichert, daß er in Rom geblieben sei, um diplomatisch Ihre Rückkehr vorzubereiten. Er hätte geschrieben, er erwarte Sie „ferventissime, sicut Ioannes in desertis exspectavit dilectissimum suum dominum, mundi salvatorem, ut iterum floreat communiter excogitata Renovatio Reformatioque S. Augustini Civitatis Dei sive Sacrae Ecclesiae". Aber Silvester ist kein Römer. Er ist ein Franzose obskurer Herkunft, er hat 991 das Protokoll der romfeindlichen Synode von S. Basle verfaßt, Hugo Kapet, dem Gegenspieler der ottonischen Dynastie, gedient, es nach seiner Verjagung vom Reimser Erzbischofsstuhl verstanden, sich die Gunst des dritten ottonischen Kaisers zu gewinnen, und zwar in solchem Maße, daß dieser ihn in Rom inthronisierte. Was also blieb ihm übrig, als bei diesem Kaiser auszuharren, dem die Tusculanergrafen den Aufenthalt in Rom für einige Zeit unmöglich gemacht hatten? Wie sollte er je nach Rom zurückkehren, wenn ihm der Kaiser selbst, der ihn geschaffen hat, nicht den Weg dahin wieder öffnete?

Wie aber sollte der Kaiser – angesichts der augenblicklichen Lage – dies zustandebringen?

Hier, Majestät, sind wir im Kern der kaiserlich-päpstlichen Renovatio-Reformatiopolitik angelangt und sogleich am Ende dessen, was ich gebeten worden bin, Ihnen zu übermitteln.

Sie hielten dem Bischof Heinrich einen Teller hin, auf dem getrocknete Früchte lagen, schoben, als er zugegriffen hatte, langsam eine Feige zwischen die Lippen, stellten noch langsamer den Teller auf den Tisch zurück, schlugen das rechte Bein über das linke, kreuzten die Hände hinter dem Nacken, legten den Hinterkopf auf den Rand des Sessels und schauten dem Berichterstatter, der sich unerwartet im Fluß seiner Worte unterbrochen sah, in die überlebendigen Augen ... so lange, bis er eine Röte in seine Wangen fliegen fühlte und etwas verwirrt fragte:

– Ich beginne zu fürchten, Majestät, ich habe Sie durch den allzugroßen Eifer meines Sprechens ermüdet ...

– Aber keineswegs, liebe Eminenz. Sie ahnen gar nicht, mit

welcher Unersättlichkeit ich Ihre Worte verschlinge. Es ist nicht häufig, daß man mit so bezaubernder fränkischer Unverblümtheit zu mir spricht. Eigentlich spreche ich nur selbst so zu mir, wenn ich mir Rechenschaft ablege. Sie haben es meisterhaft verstanden, sich meinen eignen Akzenten und Rhythmen anzupassen, auch wenn natürlich gewisse *stoffliche* Nuancen bleiben, vor allem in Ihrem etwas improvisierten Exkurs über meinen Freund Silvester. Ich möchte sagen: Sie haben – dank Ihrem gesunden Temperament – den kölnischen Rheinwein in Würzburger Steinwein verwandelt. Da ich beide Weine sehr gut kenne und liebe, ist es meinem geistigen Gaumen nicht allzuschwer, nachzuschmecken, wie etwa Ihr Bruder Heribert mir die gleichen Dinge serviert hätte, die Ihre etwas stürmische Jugend mir etwas stürmisch zu schlucken gibt. Deswegen konnte es nichts schaden, ein paar trockene Feigen zu zerkauen. Es hätte sonst vielleicht die Gefahr bestanden, daß ich mich à la fleur de votre vin de Franconie berausche. Und das wäre nicht das Richtige gewesen. Denn wir bedürfen gerade heute morgen und so weiter der größten Nüchternheit, die wir aufzubringen vermögen. Wie groß diese Nüchternheit des Denkens sowohl hier in meinem Hauptquartier als auch in dem ebenfalls nach Umbrien verlegten Lateran ist, das werden Sie mit einigem Erstaunen feststellen und nach Deutschland berichten können. Sie werden sehen, daß wir noch weiter vorausgedacht haben als die nichtsächsischen deutschen Herzöge und also in der Lage sind, mit diesen auf einer sehr klaren Grundlage über alle Fragen der Renovatiopolitik zu *verhandeln.* Dies entspricht – auf Deutschland angewandt – dem *konföderativen* Charakter, welchen der Papst und ich dem Westimperium zu geben gedenken. Was für das Ganze gilt, muß auch für den Teil gelten. Was mir die Herzöge vorschlagen, ist nicht ganz so einfach durchzuführen, wie sie glauben. Sie werden mir also sehr genaue Vorschläge über die *Art* der Durchführung machen müssen. Es wird unerläßlich sein, daß Heribert in Person hier erscheint. Ich werde ihn noch heute hierher bitten lassen. Wollen Sie darin kein Mißtrauen sehen, sondern nur eine diplomatische Selbstverständlichkeit. Ich habe nicht die geringste Eile, wie Sie feststellen können. Ich will äußerste Gründlichkeit in der Vorbereitung aller Dinge, die in diesem oder dem nächsten Jahr zu geschehen haben, und ich *wünsche* – indem ich das Gleichgewicht zwischen herzoglichen und kaiserlichen Ansprüchen herstelle –, daß die Herzöge nicht nur „Bitten" äußern, sondern sich auch bereit erklären, *Verantwortungen* gemeinsam mit dem Papst und mir zu tragen. Da sie sich – wie Sie mir mitteilen – zur RENOVATIO bekennen, werden sie sich glücklich schätzen, zu verantworten, was sie vertreten. Sie sehen, daß die Krise des letzten Jahres schon Früchte gezeitigt hat. Wir haben hier nicht geschlafen, noch uns der ottonischen Tradition der Unbeugsamkeit unwürdig erwiesen. Und Sie haben wohl auch nicht den Eindruck gewonnen, daß ich weniger fest *alle* Fäden der westimperialen Politik in der Hand halte als in der Zeit der großen Erfolge. Ich darf Ihnen sagen, daß ich sie noch viel fester halte, und der Papst ebenfalls. Wir sind über das, was zu geschehen hat, einiger als je. Der Papst ist durchaus auf der Höhe unserer gemeinsamen Aufgabe, und Kommentare seiner Person wie die von Ihnen vorgetragenen sind überholt: ganz abgesehen davon, daß sie zu allen Zeiten unangebracht waren. Ein Mann wie Silvester II. steht jenseits psychologischer Spekulationen, auch wenn diese sich als „Weisheiten" gebärden.

Ich habe Ihnen absichtlich etwas – sagen wir – radikal geantwortet, weil ich wünsche, daß Sie mir den Schluß Ihres Berichtes in einer kühleren und weniger persönlichen Form vortragen. Die beiden wichtigsten Wünsche der Herzöge haben Sie mir genannt. Wollen Sie mir nun sagen, welches die noch nicht genannten sind.

– Wollen Sie verzeihen, Majestät, daß mir mein Temperament durchgegangen ist. Sie wissen, da Sie mich seit langem kennen, daß dies immer nur dann zu geschehen pflegt, wenn mein Wort nicht nur meiner Überzeugung entspricht, sondern mein *Glaube* selbst ist. Da ich miterlebt habe, was sich seit einem Jahr in Deutschland ereignet hat, weiß ich auch, worum es geht. Was ich nicht wissen konnte, ist, daß ich bei Ihnen auf so viel Bereitwilligkeit stoßen würde, die Wünsche der Herzöge in Einklang mit Ihrem eignen Wollen zu bringen. Man ist in Deutschland über das Maß, in dem Sie die Krise des letzten Jahres nicht nur überwunden, sondern schon fruchtbar gemacht haben, sehr mangelhaft unterrichtet.

– Desto besser. Man wird also um so größere Überraschungen erleben.

– Ich bin glücklich, die unerwartetste schon erlebt zu haben. Ich darf Ihnen also sagen: Weitere Wünsche oder gar Forderungen der Herzöge habe ich nicht zu übermitteln. *Meinungen*, welche in der Frage der Dauerresidenz geäußert worden sind, lassen sich etwa dahin zusammenfassen: Da die Römer angesichts der täglich drohender werdenden Sarazenengefahr von Sizilien her auf ein gutes Verhältnis zu dem Kaiser des Westimperiums angewiesen sind, wird ein kaiserlicher Palast in Rom kaum zu einem Stein des Anstoßes werden, sofern er kein deutscher Regierungspalast ist, sondern nur das *Sinnbild* der RENOVATIO-REFORMATIO: also auch nur der *zeitweilige* Aufenthalt des RESTITUTORS. Auch die Deutschen würden über eine solche Lösung glücklich sein, die sie von einem wahren Alpdrucke befreite. Ihr Kaiser würde nicht in Rom und unter Römern verschwinden, sondern als *Schirmherr* der Renovatio-Reformatio, je nach den Notwendigkeiten, oder auch als Privatmann, den eine tiefe Neigung an die Schönheit und geschichtliche Größe der Stadt bindet, in seinem Palast begrenzte Aufenthalte nehmen. Seine *politische* Residenz würde das von ihm ebenfalls geliebte und zu einer machtvollen Stadt auszubauende *Aachen* sein. Die bösen Mäuler würden nicht mehr über einen Deutschland „zurücksetzenden“ deutschen Kaiser zu maulen haben – mit einem Wort: es würde im *Maße des menschlich Möglichen* ein Gleichgewicht hergestellt sein, das es dem Imperium des Westens erlaubte, zu atmen und seine konföderativen Kräfte für Aufgaben frei zu halten, welche ihm jeden Tag von ungefähr zufallen können.

Die anderen Meinungen betreffen die bis nun nach Italien gesandten und im Laufe der kommenden Wochen noch zu sendenden deutschen Truppen. Die Herzöge bitten Sie, diese Truppen nicht zu einer verfrühten Rückeroberung von Rom einzusetzen, sondern für Ihren persönlichen Schutz und die Sicherung der Lombardei in Bereitschaft zu halten. Es droht immer noch von seiten Arduins von Ivrea die Gefahr einer italischen Erhebung im Nordwesten, und auch der Markgraf Bonifazius III. von Tuskien bietet nicht die gleiche Gewähr der Zuverlässigkeit wie sein für uns zu früh gestorbener Vorgänger Hugo.

– Sehr richtige, sehr gescheite Erwägungen, Bischof Heinrich, in denen ich meinen unvergleichlichen Heribert erkenne.

– Die Ehrlichkeit, Majestät, verlangt, daß ich widerspreche. Es ist der Markgraf Ekkehard von Meißen, der als erster auf diese beiden Punkte hingewiesen hat. Er denkt als Militär und hat mit den Machenschaften Gisilers gar nichts zu tun.

– Ich werde nicht versäumen, ihm persönlich zu danken.

– Das wäre ein Schachzug, der das gesamte sächsische Spiel ändern könnte. Ekkehard denkt nur machtpolitisch, hart, scharf und ohne Voreingenommenheit. Er ist unerhört brutal, aber er haßt alle Winkelzüge. Er versteht die „subtilitas graecisca“ Ihrer Natur überhaupt nicht – aber er läßt jede Wesenheit gelten, die er als „in sich ehrlich“ empfindet.

– Das alte Lied, Bischof Heinrich: mit einem *großzügigen* Militär läßt sich tausendmal besser Weltpolitik machen als mit einem aufgeblasenen Diplomaten, der die Balken einer Kanzleischule für die Pfeiler der Welt hält.

– Das hat fast wörtlich der Herzog von Schwaben zu mir gesagt, einer Ihrer sachlichsten Anhänger und der unversöhnliche Feind jeder sächsischen Stammes-Suprematie. Er auch war es, der mir auf die Seele gebunden hat, Ihnen in aller Form noch eine letzte Mitteilung zu machen, die ich zwar für überflüssig halte, weil mir ihr Inhalt unverständlich erscheint, aber – um des gegebenen Versprechens willen – nicht unterschlagen möchte: Die Herzöge, Majestät, lassen Ihnen kein Ultimatum überbringen. Ich kann Ihnen versichern, daß niemand auf dieses Wort auch nur angespielt hat. Jeder Mensch von Rang in Deutschland bewundert die Geschlossenheit Ihrer Idee, die Zähigkeit, mit der Sie sie in ihren großen Linien verfolgen, die Höhe Ihrer Bildung und die Natürlichkeit Ihres Wesens. Die Schwere der Verantwortung, welche auf Ihnen liegt, flößt sogar den sächsischen Feinden Ihrer politischen Taktik Ehrfurcht ein. Sie sind für alle ein Kaiser, der *will* und sich nicht treiben läßt. Auch Ihr Zusammenbruch im Februar 1001 wurde zur Zeit meiner Abreise aus Deutschland schon von vielen als die natürliche Folge einer sechs Jahre lang währenden Überanspannung Ihrer Willenskräfte gedeutet. Was man von einem noch nicht zweiundzwanzigjährigen Kaiser Ihrer ungewöhnlichen Anlagen erwarten zu dürfen glaubt, ist nur, daß er sich in Zeiten der Rückschläge *noch kaiserlicher* bewähre als in Zeiten der Erfolge.

An Erfolgen – und welchen – hat es Ihnen gewiß nicht gefehlt. Aber es hat Sie niemals jemand übermütig oder überheblich gesehen. Viele haben miterlebt, wie Sie leiden und sich quälen können. Das Reifen Ihres Körpers wird im Spiel Ihrer seelischen Kräfte das notwendige Gleichgewicht schaffen. Sie sind zart, aber ungeheuer zäh. Das hat vor allem Ihre polnische Reise bewiesen: vierzig Tage lang – im wüstesten Winter- und Tauwetter – vierzig Meilen täglich zu Pferd! „Wer das kann", hatte Ekkehard von Meißen zu mir gesagt, „den läßt man nicht um dieser Magdeburger ‚Kreuzspinne' willen im Stich, auch wenn man einmal mit seiner Missionspolitik nicht einverstanden ist. So oder so: der Boleslaw Chrobry wird immer gefährlich sein. Jedenfalls ist er als ‚Patricius' *fürs erste weniger* gefährlich. Und da wir nicht genug Truppen haben, können wir mit Boleslaw nur von ‚Fall zu Fall' Politik machen. Immer hat der Kaiser, wie seine ewig zu bewundernde Mutter, der Pflicht den Vorrang vor seinen persönlichen Neigungen, also das Beispiel der Majestät gegeben. Das genügt. Der Rest geht diese ewigen Giftspritzer einen Dreck an."

Dies sind die Worte Ekkehards.

Majestät: es wäre der Wunsch der deutschen Herzöge und Bischöfe, daß Sie im Frühjahr einen Hoftag in das südliche Kärnten oder die Mark Verona einberiefen, um sich mit ihnen über die Fragen der Pacta und der römischen Residenz zu besprechen.

Ich persönlich möchte mir erlauben, Ihnen noch einen Vorschlag zu unterbreiten: Da die Prinzessin Zoë in aller Kürze hier eintreffen wird: gäbe es wohl für Sie eine bessere Gelegenheit, Deutschland, Italien, Burgund, Polen, Ungarn, Venedig, Byzanz in ihren vornehmsten Vertretern um sich zu scharen — ich denke sogar an die Könige von Frankreich und Dänemark — als indem Sie Ihre Hochzeit in Aachen feierten, das Hochamt von Papst Silvester zelebrieren lassen und dann mit der Kaiserin einige Zeit in der *deutschen „Νέα Ῥώμα"* residierten? Später würden Sie ihr das Westimperium zeigen: die sächsischen Pfalzen, das Land um den Harz, um den Rhein, um den Main, die bayrischen Alpen, den Bodensee, den Züricher See. Und Sie könnten über Hochburgund, über die Rhoneländer, über Marseille und Toulon die ligurische Küste erreichen, die Kaiserin in Pavia residieren lassen, wo ja sicher auch der Papst seinen Sitz nehmen wird, und in Ihr Hauptquartier zurückkehren, wo Sie mittlerweile — dessen könnten Sie gewiß sein — andere Heere für die Regelung der römischen

Frage vorfänden als in den Jahren 998, 1001 und in diesem Monat. Jeder, der nachdenken kann, kommt zu dem gleichen Schlusse wie die Herzöge, die Bischöfe, der Kanzler und ich: es ist *nicht* zu spät, der RENOVATIO ihre einzig mögliche Form zu geben, wenn diejenigen Probleme maßvoll und gerecht gelöst werden, welche sowohl in Deutschland als auch in Rom in ihrem heutigen Stand als ungelöst und daher gefährlich erscheinen.

Der Bischof Heinrich hatte, mehr und mehr bewegt durch seine eignen Worte, zu Ende gesprochen.

Sie hatten ihm bis zur letzten Silbe in unverminderter Aufmerksamkeit zugehört. Nun hoben Sie den Kopf. Keine Spur von Müdigkeit stand in Ihren Zügen. Sie hielten Heinrich von Würzburg die Hand hin:

– Ich danke Ihnen aufrichtig und herzlich. Sie haben es sich nicht leicht gemacht. Sie haben in großer Klarheit und Umsicht gesprochen, sobald der richtige Ton getroffen war. Ich bitte Sie, sich nun so rasch wie möglich unter vier Augen mit dem Papste zu besprechen. Der Graf Tammo wird Sie in das schöne Haus an der Straße nach Avezzano bringen, zehn Minuten von hier entfernt. Sie wohnen bei Silvester, wo Sie es bequemer haben als in dieser überfüllten Burg. Ich selbst werde Sie leider erst am 17. Januar wiedersehen. Bis dahin werde ich auch alles, was Sie mir sagten, noch einmal gründlich überdacht haben, so daß wir beide mit dem Papst die Texte abfassen können, welche an Heribert, die Herzöge und die Bischöfe abgehen müssen. Vielleicht werden ihnen schon die Einladungen zu einem Hoftage nach *Ravenna* beiliegen. Weiter nordwärts möchte ich jetzt nicht gehen.

Von heute abend an bin ich mit dem Herzog von Niederlothringen für einige Tage abwesend. Das ist eher gut als schlecht. „Distantia format."

Es wäre, als Sie in Ihr Schlafzimmer hinübergingen, um sich ankleiden zu lassen, dem Bischof Heinrich nicht möglich gewesen, zu sagen, ob seine Worte Sie überzeugt oder zum Gegenangriff angestachelt haben. Er wußte, daß Sie ein sehr hartnäckiger, ja verschlagener Verhandlungsgegner waren und nicht einen Zoll Bodens preisgaben, solange die Preisgabe nicht eine „conditio sine qua non“ geworden war.

Er aß eine Feige nach der anderen, sann nach, machte mit Kreide auf eine doppelte Schiefertafel, die er immer in einer Mappe bei sich trug, Anmerkungen für seine Besprechung mit dem Papst und merkte gar nicht, wie die Zeit verging. Er schaute aus seinem Versunkensein erst auf, als Sie, Majestät, mit dem Herzog von Niederlothringen noch einmal das Wohnzimmer betraten.

– Bischof Heinrich, der Papst erwartet Sie um acht Uhr zur Abendtafel. Ihr Zimmer in seinem Haus ist zu jeder Minute bereit. Machen Sie gute Arbeit für die gute Sache. Auf Wiedersehen in wenig Tagen.

Der Herzog Otto verabschiedete sich mit einem sehr herzlichen Händedruck. Aber seine Züge verrieten nichts, gar nichts darüber, ob Sie, Majestät, ihm schon angedeutet hatten, wohin Ihre Absichten nun zielten.

Der Bischof schaute Ihren beiden, in knappes, pelzgefüttertes Schwarz gekleideten Gestalten nach, die so verschieden waren und ihm plötzlich die von Brüdern zu sein schienen in der Schlankheit der Nackenlinien, dem Schwarz der Haare und dem verschlossenen Dunkel der Augen.

Er war glücklich, als er in dem langen Steinkorridor das näherkommende Pfeifen des Grafen Tammo hörte. Er kannte die Melodie. Ein südfranzösisches Bänkelsängerlied:

„Rien n’est plus beau que ton sourire,
Il me rend triste, mais je l’aime“ . . .

– Freuen Sie sich auf das Essen heute abend, sagte Tammo im Eintreten. Auch ich werde es mir nicht entgehen lassen. Aber um zehn Uhr lasse ich Sie allein mit Papà Silvester. Auf höheren Befehl. Und außerdem . . . na, Sie wissen ja. Der

Kaiser nennt mich den „verlängerten Frühling". Aber das stimmt nicht mehr. Es fängt an, Sommer zu werden. Die Blumen wechseln. Man merkt es plötzlich – und man ist entzückt . . . Ich denke, es ist einem Manne Ihrer jonathanischen Schönheit ähnlich gegangen? Verzeihen Sie, sechsunddreißigjährige Eminenz, meinen achtundzwanzigjährigen Übermut. Je schlimmer die Zeiten, um so frecher das Maulwerk. Sie merken doch, daß ich im „esprit" von Hildesheim mache? Lesen Sie Juvenal. Ich versichere Ihnen: ein „pozzo d'oblio", wie die Leute hier sagen, ein „Brunnen des Vergessens". Ein tiefer Gedanke, nicht wahr, Freude und Vergessen gleichzusetzen? „Pozzo d'oblio." Hübsch, nicht wahr? Hübscher als die Verse Leos von Vercelli? Sind Sie bereit? Schön machen können Sie sich drüben. Es ist alles vorhanden, was ein eleganter Mann braucht. Monsieur Gerbert d'Aurillac, comte de Bobbio, exarchevèque de Reims, exarchevèque de Ravenne, Sa Sainteté Silvestre II versteht jede Schwierigkeit durch die Statik der angenehmen Imponderabilien zu besiegen. Außerdem schwimmt er in polnisch-ungarischer Bekehrungsseligkeit. Die „fallax" Roma wird sich, wie er meint, bald wieder durch die gottgewollte Gegenseitigkeit der feudalen Abwürgungsbedürfnisse zur „URBS REGIA" zurückerhöhen. Ich glaube, Eugenius Vulgarius Leo von Vercelli hat den Hymnus schon bereit:

„Fallax Roma revenit in aureum nostrum velamen."

Man war ja nicht vergebens in der Hildesheimer Domschule, auch wenn der Hexameter nicht einwandfrei ist.

Und er summte wieder:

„Rien n'est plus beau que ton sourire,
Il me rend triste, mais je l'aime" . . .

Sind Sie bereit, vir eminentissime? Also, mettons-nous en marche! Auf deutsch: Zu Pferd, zu Pferd, da ist kein Stern, der leuchtet!

DRITTES KAPITEL

Nachdem Sie, Majestät, der siebzigjährige Graf Rieti, dessen Landhaus nur wenige Meilen westlich von Paterno lag, an der Schwelle der Aufgangstreppe empfangen und in die hellerleuchtete Vorhalle geleitet hatte, sagten Sie zu ihm, seine Hand in Ihren beiden Händen haltend:

– Sie wissen, mehr als verehrter Freund, daß nur Ihre mir oft bewiesene Güte mich wagen ließ, mich vor noch nicht zwei Stunden bei Ihnen anzusagen. Vielleicht habe ich niemals so sehr einer Zuflucht bedurft wie in diesem Augenblick, der mir eine Absonderung von allem auferlegt, was in Paterno stündlich an mich herandrängt.

Darf ich Ihnen den Freund meiner Knabenjahre vorstellen, den Herzog Otto von Niederlothringen, mit dem ich einige Gespräche zu führen habe, welche in dem von Offizieren und Diplomaten überlaufenen Kastell vielleicht nicht so gedeihen könnten wie unter Ihrem Dache? Er ist glücklich, Ihr Gast sein zu dürfen. Ich habe ihm viel von Ihren langen Aufenthalten bei den Verwandten meiner Mutter und am Hofe des Kaisers Tsimiskes, von Ihrer Liebe zu Byzanz und zur griechischen Sprache erzählt, deren Feinheiten Sie weit besser kennen als ich selbst, der halbe Byzantiner, welcher bis zum heutigen Tag seine zweite Heimat noch nicht sehen durfte. Ein Kaiser ist mehr als jeder andere Mensch der Gefangene seiner selbst. Er muß jeden Augenblick mit politischen Überraschungen rechnen, welche sich erbarmungslos seiner ganzen Person bemächtigen. Ich habe das Gewicht dieser Wahrheit schon zweimal an mir erfahren müssen, und ganz besonders seit den römischen Ereignissen des Jahres 1001. Ich trage die Schwere des Geschehens so wie es sich geziemt. Nein, nein, Graf Rieti, sagen Sie mir keine allzu freundlichen Dinge. Ich weiß, daß Sie mich verstehen. Der unvergeßliche Brief, den Sie mir im April 1001 geschrieben haben, ist oft von mir wiedergelesen worden. Damals, als alle über mich herfielen, welche nicht begriffen, was die Abwürgung eines *Glaubens* bedeutet, aus dem ein noch sehr junger Kaiser lebt und handelt, waren Sie der einzige Mann von Welterfahrung, der mir bestätigte, daß die Seele unverwundbar ist, mag sie auch sich noch verwundet fühlen ... Graf Rieti: ich bin unverwundbarer als je: und es ist gerade heute eine Kraft in mich gekommen, wie ich sie seither nicht gekannt habe. Ich werde Sie an einem der nächsten Tage von allem unterrichten, was geschehen ist ... Ich möchte Ihnen mit einer Bitte ins Haus fallen. Sie werden sehen, daß ich Ihre unendliche Güte mißbrauche: würden Sie der zukünftigen Kaiserin, welche jeden Augenblick in Bari eintreffen kann, einen Ihrer beiden Paläste in Rieti solange zur Verfügung stellen, bis über Zeit und Ort der Heirat Beschlüsse gefaßt werden konnten?

– Sie fragen, Majestät? Sie beleidigen mich. Verfügen Sie, bitte. Ich habe nie geglaubt, daß das Schicksal meinem Lebensabend noch eine solche Freude vorbehalten werde.

– Ich danke Ihnen von Herzen. Ich werde bis Ende März im Hauptquartiere Paterno bleiben. Ich will, daß die Prinzessin Zoë mitten in die Wirklichkeit der augenblicklichen Lage gestellt wird. Eine byzantinische Prinzessin, welche – wie meine Mutter – im Gynaikeion der Magnaura erzogen worden ist, erträgt alles, aber keine Beschönigung ...

Es waren Diener mit Samos und salzbestreuten Buccellae in die Halle gekommen. Sie verschwanden sofort wieder, als die Gläser gefüllt waren und der Graf Rieti zum Sitzen um einen runden Tisch eingeladen hatte. Er wandte sich an den Herzog von Niederlothringen:

– Sie werden mir offen heraussagen, Herzog, ob Seine Majestät mit Ihnen allein zu speisen wünscht.

Sie lachten so herzlich und jugendlich, wie Sie zu lachen verstanden:

– Aber verehrter Freund, was denken Sie! Wir haben ganze

Nächte zum Sprechen vor uns. Wie sollten wir uns der Freude berauben, einem Manne wie Ihnen bei den Mahlzeiten und zu jeder Tagesstunde, die er für uns übrig hat, zuzuhören! Ich weiß, daß Sie vormittags unsichtbar bleiben. Für mich gilt das gleiche. Der Herzog dagegen pflegt morgens auszureiten oder spazierenzugehen, sofern ich ihn nicht in Anspruch nehme. Das werde ich hier bestimmt nicht tun. Denn ich habe allerlei Texte für Deutschland, für den Papst und für den Bischof von Vercelli aufzusetzen.

– Darf ich also mittags um zwei und abends um neun servieren lassen? fragte der Graf Rieti.

– Ausgezeichnet. Woher wissen Sie die Stunden meiner Mutter, deren spätes Essen die Kaiserin Adelheid so entsetzt hat?

– Es sind meine gewohnten Stunden, Majestät, und nicht erst seit ich in Byzanz war, wo man abends noch später speist und mittags nur im Stehen eine Kleinigkeit zu sich nimmt.

– Die Byzantiner wissen, daß „plenus venter non studet libenter". Habe ich es dir nicht oft gesagt, Otto?

– Ich habe niemals widersprochen. Aber ich bin keiner „von den Büchern", Graf Rieti. Ich bin eigentlich ein Bauer. Ich esse in meinem Herzogtum oft in Dorfwirtshäusern, wo man mir sehr einfache, aber ausgezeichnete Speisen zubereitet, die meinem sehr gesunden Appetit entsprechen.

– Deswegen hat dich ja das Volk so gern! Nur – die Kanzlisten nicht.

– Die soll der Teufel holen ...

– Das wird er nicht tun. Er hat sie ja auf uns losgelassen.

– Der Teufel weiß, wie sehr man ihn braucht, sagte der Graf Rieti.

– Es scheint so, erwiderten Sie, indem Sie Ihr drittes Glas leerten. Aber wenn man die Sendboten des Teufels gut behandelt, ist er eigentlich ganz freundlich. Und die Sendboten noch mehr. Nur daß man ihnen auf die Finger sieht, vertragen sie schlecht.

– Auf die Klauen, meinst du.

– Wie du willst. Die niederlothringische Sprache ist etwas unmittelbar, Graf.

– Dann wird es wohl auch das Herz sein, Majestät?

– Nicht immer, Graf.

– Nur, wenn es ihm erlaubt wird, ergänzte der Herzog, ohne den Blick von seinen Händen zu heben.

Sie sahen zu ihm hinüber:

– Wie schwermütig dieser Kopf sein kann, dachten Sie bei sich. Und welche Sprache diese Hände sprechen ... Brauchen denn die Augen des Herzens eine so lange Lehrzeit, um eine *innere* Schönheit zu spüren? Oder zeigt das Blut der Karolinger erst unter Samos, wie es durch die Haut leuchten kann?

Dann, unvermittelt, und zu dem Grafen Rieti gewendet:

– Sie kennen die Prinzessin Zoë?

– Ja, Majestät. Ich bin ihr im Jahre 995 bei Hofe vorgestellt worden, als sie ein sehr lebendiges, sehr elegantes junges Mädchen von etwa fünfzehn Jahren war. Ich habe sie bei meinem letzten, nur kurzen Aufenthalte in Byzanz im Jahre 1000 in der Villa ihrer Tante, der Großfürstin Anna von Kiew, wiedergesehen. Damals bemühte sich ein Russe um ihre Gunst, ein Prinz Perejaslaw, wenn ich nicht irre. Aber sie war keine Liebhaberin von melancholischen Mandelaugen, auch nicht von Balalaikageklirr, das ein kleines Orchester zum besten gab. Sie war abwesend. Es schien ihr etwas über die Leber gelaufen zu sein. Es herrschte in Byzanz damals eine gereizte Stimmung. Der Kaiser Basileios hatte in Syrien Schwierigkeiten mit den Fatimiden. Seine schon erwartete Rückkehr mußte abermals hinausgeschoben werden, als sein Eingreifen auch im Kaukasus nötig wurde.

Sie schwiegen, Majestät. Der Graf Rieti hatte Ihnen eine nicht unwichtige Mitteilung gemacht. Im Jahr 1000 war die zweite deutsche Gesandtschaft, welche um die Prinzessin warb, immer noch unverrichteter Dinge in Byzanz, da sie den abwesenden Kaiser nicht erreichen konnte. Zoës Vater, der Mitkaiser Konstantinos VIII., konnte ohne seinen älteren Bruder über eine Staatsheirat keine Entscheidung fällen. So war also dieses Wartenmüssen vielleicht die Ursache der Mißstimmung Zoës.

– Der Doge Pier Orseolo, sagten Sie gerade heraus, befürwortet diese Heirat aus politischen Gründen. Er hat dem Bischof Arnulf von Mailand, welcher im Frühjahr 1001 der zweiten Gesandtschaft nachgereist ist, ein persönliches Schreiben an den Basileus mitgegeben. Aber er verbarg mir nicht, daß Zoë sehr von ihren Launen abhänge. Ich hoffe, daß sie Geist und Willenskraft genug besitzt, mir eine Freundin zu werden.

– Und das würde Ihnen genügen, Majestät?

– Was heißt „genügen", wenn es sich um Staatsheiraten dreht? Man konnte sich ja nicht einmal kennenlernen. Man wird seine Pflicht tun.

Sie sahen vor sich hin. Niemand erwiderte. Schließlich fuhren Sie fort, leise, aber eindringlich:

– Haben Sie niemals überdacht, daß es in einem *Wahlreiche* wie Deutschland doch eigentlich ein Unfug ist, um jeden Preis eine „Dynastie" fortsetzen zu wollen? Weiß ich etwa, was mein Sohn sein wird, sofern mir meine Gattin einen schenkt, und kann sich das Imperium nicht damit begnügen, daß ich zu seinem Wohle meine Pflicht erfülle? Könnte nicht gerade mein eigener Sohn das Gegenteil eines fähigen Herrschers werden und mein Werk zerstören?

Wieder Schweigen. Dann langsam, traurig, die Stimme des Herzogs:

– Warum zerquälst du dich wieder um diese Dinge? Wir wissen doch alle – sofern wir im Geiste unsere Pflicht erfüllen und ein Herz haben, das aus sich selber lebt –, daß es auf etwas ganz anderes ankommt. Oder – wüßtest gerade DU dies nicht?

Der Graf Rieti, dem seine drei Söhne schon lange gestorben waren und seine Frau kurz nach den Söhnen und seine zweite Frau wenige Monate nach der Vermählung, sah den Herzog an. Ihre Blicke, Majestät, nahmen den gleichen Weg.

– Ja, Herzog, Sie haben recht. Es kommt auf etwas ganz anderes an. Aber – woher können Sie dies mit siebenundzwanzig Jahren schon wissen?

Es wollte sich kein Gespräch mehr formen.

Sie gingen mit dem Herzog in die oberen Zimmer, wo die Diener warteten.

Schneerosenbüsche leuchteten aus Glasschalen.

Es ging auf Mitternacht, Majestät, als Sie sich mit dem Herzog Otto vor dem Kamin Ihres Wohngemaches niedergelassen hatten. Auf dem Tische vor Ihnen standen Veroneser Weißwein und dünngeschnittene Roggenbrotscheiben, die mit Hirschleber belegt waren. Auf dem eisernen Rost brannten nur wenige Scheite, über welche Sandelöl gegossen war. Aber der Raum war von einer lauen, gleichmäßigen Wärme durchströmt, welche nicht diejenige des Kamines sein konnte.

– Wahrhaftig, sagte Otto von Niederlothringen, die Fußböden sind unter den Teppichen auf altrömische Art geheizt.

– Wie es die Wohnräume meiner Mutter in Ingelheim waren, ergänzten Sie. *Νέα Ρῶμα* . . .

– Renovatio, lächelte Otto von Niederlothringen.

– Ja, gaben Sie zurück. Aber nur calefactionis, während Sie den Kopf an die Seite des Sessels lehnten.

Stille – und Wandern sich suchender, die Straße noch nicht findender Gedanken durch die Milde des Raumes, dessen Wandbehänge im Scheine hoher Kerzen wie die Hintergründe der Ikonen aufdämmerten.

Wer jetzt unversehens eingetreten wäre, hätte ein Bild des Friedens wahrgenommen: Gold und Kupfer die Luft, in dieser

Luft, zu Elfenbein herabgedämpft, die Schneerosenblüte in den Glasschalen, schwarzes Grün der Pinienzweige in Terrakottavasen, ein schwacher Feuerschein aus dem Kamin über den Gestalten zweier junger Menschen, die sich in den kirschroten Sesseln zurückgelehnt hatten und gegeneinander zu träumen schienen. Beide in kurze Tuniken aus weißem Atlas gekleidet, beide schwarze Haare tragend und schwarze Augen unter langen Wimpern. Der eine mit bräunlichem Pigment in makelloser Haut, sehr schmalem Gesicht und überempfindsamen Händen, die sich über der Spange eines goldnen Hüftgürtels schlossen, oder manchmal in den Ringen der Ottonen-Kette schlossen: der noch nicht zweiundzwanzigjährige Kaiser des deutsch-römischen Imperiums. Der andere von sehr blasser Hautfarbe, mit breiterem, hartem Gesicht, klargegliederten, starken, fast gewaltsamen Händen, welche auf dem Knie des übergeschlagenen Beines gekreuzt waren und einen rotgolnen Ring trugen, in dessen Turmalin das Doppelkreuz unter der karolingischen Krone eingegraben war: der siebenundzwanzigjährige Herzog Otto von Niederlothringen, der letzte Nachkomme Karls des Großen.

Und jener unversehens Eingetretene hätte gespürt, daß in der Luft zwischen diesen beiden Menschen Spannungen liefen, aus denen ein Nichts den Funken aufschlagen lassen konnte.

Er schlug empor, als Sie, Majestät, der in sich versunkene Kaiser, fühlten, daß Ihr Gesicht von einem fragenden Augenpaar aus allen Spiegelungen Ihres Denkens in die Stunde zurückgeholt und in die Achse dieser Pupillen gezwungen wurde.

Sie mußten der Frage gehorchen, sie annehmen – und zum Tor werden lassen, durch das Sie auf die letzte Ihrer irdischen Straßen eintraten.

Sie erhoben sich, gingen zu dem Sitzenbleibenden hinüber und sagten so leise, als ob die innere Schwere Ihrer Worte den äußeren Ton gelöscht hätte:

– Weißt du den wahren Grund, warum ich mit DIR diese Flucht aus meinem Kaisertum angetreten habe?

Die ehernen, unwiderstehlichen Arme eines Soldaten, für den seine Offiziere und Mannschaften mit einem Lächeln starben, zwangen Sie auf die breite Seitenlehne des Sessels nieder, zwei aus den Abgründen durchwarteter Jahre emportauchende Augen halfen diesen Armen, halfen deren Helfern, den erwachten Händen, und eine Stimme, um Oktaven dunkler als die Ihre, sagte so ruhig, als ob gar nichts geschehen wäre:

– Hätte ich es nicht gewußt, so wäre ich nicht mitgekommen. Wenn der Kaiser in den *Menschen* hinabsteigt, der er immer gewesen ist, und wenn der Mensch über diesen Kaiser hinaus *ruft*, dann *muß* der Mensch Otto von Niederlothringen folgen: und sollte dieses Folgen der Tod sein.

– Es wird *unser Leben* werden, unser Leben, das wir uns... das wir uns – –

– . . . *erlitten* haben.

– Er-lit-ten haben, bestätigten die harten Lippen, die nun das Siegel von sich herunter gebrochen hatten, damit endlich auf ihnen die Silben wohnen dürften, um welche *nur* das unentäußerte Herz des männlichsten Mannes weiß.

Sie hatten sich in Ihren Sessel zurückgesetzt, Majestät, und sagten:

– Die deutschen Herzöge haben mir heute durch den Bischof von Würzburg ein Ultimatum stellen lassen, ohne ihm die äußere Form des Ultimatums zu geben. Dies war nur möglich, indem sie die ewig aufbegehrenden Sachsen, also vor allem jene Kanaille, die sich Gisiler von Magdeburg nennt, nicht nur ausgeschaltet, sondern als Feinde einer auf weite Sicht eingestellten Politik des Westimperiums, wie der Papst und ich sie anstreben, gebrandmarkt haben. Ein Meisterstück der diplomatischen Kunst Heriberts von Köln. Sie haben mich – den Sachsen malgré moi – mit einem genialen Schachzug, der mich entzückt hat, von dem sächsischen Alpdruck befreit und mich ganz zu ihrem Kaiser gemacht. Sie haben dem sächsischen Stammesdünkel und politischen Starrsinn eine Koalition der Aufgeschlossenheit und Denkweite gegenübergestellt, die diesen ewigen Widukindern jedes Tanzen aus der Reihe unmöglich machen wird. Sie haben mir dadurch – für die Zukunft – viele schlaflose Nächte erspart, mir erlaubt, mich ganz auf sie zu stützen und – auf sie zu hören . . . außerdem aber, sie allmählich dem Gedanken *meiner* Renovatio zu gewinnen, deren Durchführung auch in gemilderteren Formen geschehen kann. Sie haben mir nahegelegt, Aachen zur politischen Hauptresidenz auszubauen, zu einer Art westimperialer *Νέα Ῥώμα*: Aachen, die Stadt *deines* Herzogtums und die Stadt deines großen Vorfahren, dem es gelungen war, nach Jahrhunderten europäischer Barbarei eine europäische Ordnung zu schaffen. Aber sie haben mir auch die Möglichkeit gelassen, Rom als Sinnbild meiner RENOVATIO beizubehalten. An die REFORMATIO, an die Voraussetzung der RENOVATIO, haben sie überhaupt nicht gerührt. Das ist, so wie sich die Dinge nun einmal entwickelt haben, viel, sogar sehr viel. Wenn *ich* von einem Ultimatum spreche, so heißt dies in ihrem Sinn: sie *erwarten*, sie fordern nicht, von mir, daß ich mich nicht auf den Gedanken festlege, im heutigen Augenblick in Rom einen Zwang auszuüben, der zu keinem machtpolitischen Ergebnis führen könne, weil die Römer selbst unfähig sind, in Gemeinschaft mit Kaiser und Papst Träger eines westimperialen Gedankens zu werden.

Ich bin kein Kind, und man braucht mir nicht mit dem Scheunentor zu winken. Es liegt also für mich auf der Hand, daß sich auch die nichtsächsischen Herzöge von mir lossagen würden, wenn ich hartnäckig bliebe. Hier ist der nicht in Worte gekleidete Druck, den sie ausüben. Ich werde meinen Gegnern in Sachsen nicht den Gefallen erweisen und meinen Anhängern in Sachsen nicht das Unrecht antun, hartnäckig zu sein. Man könnte mir mit Recht vorwerfen, daß die Weltweite, welche die byzantinische Hälfte meines Blutes mir geschenkt hat, vor dem sächsischen Anspruch auf den politischen Primat nicht standhält. Ich werde mich einem solchen Vorwurf niemals aussetzen. Aber ich werde auch ebensowenig vergessen, daß auch mein Großvater das politische Denken meines Urgroßvaters weit hinter sich gelassen hat. Seine Weite ist ihm von der gleichen Sorte, die mich nicht verstehen will, nicht eben gedankt worden. Die Früchte seiner Politik – einen nie geträumten Zuwachs an Macht – hat man selbstverständlich gründlich ausgebeutet und, in einer schamlosen Verfälschung der Tatsachen, als Früchte der „sächsischen Stammestüchtigkeit" hingestellt. Sie sind in Wirklichkeit die Erfolge einer außergewöhnlichen Herrschernatur, die sich sogar gegen den eignen Bruder und Sohn mit dem Schwert durchsetzen mußte: gegen Sachsen reinsten Wassers! Besteht nicht heute noch dieser gefühlvolle Liudolf-Mythos? Was ist er jedoch anderes als die Ausgeburt eines persönlichen „ressentiment"? Und die Ursache der Rebellionen des Bayernherzogs Heinrich I.? Unberechtigter und zurückgewiesener Anspruch! Verlor sich nicht die Königin Mathilde, jene gefährliche Ursächsin, soweit in der Verworrenheit ihres Denkens, daß sie die Nachfolge in der Regierung nicht dem „Erstgeborenen" der *Familie*, sondern – incredibile dictu für germanisch Begriffe – dem ersten im „Königspurpur", also nach der Wahl ihres Gatten zum König, Geborenen gesichert sehen wollte: eben jenem ihrem Lieblingssohne Heinrich, der zweimal Landesverrat geübt hat? So sieht – wenigstens in den Fällen Liudolf und Heinrich – die „sächsische Stammestüchtigkeit" aus! Du weißt, mit welcher Unerbittlichkeit ich immer sächsische Überheblichkeit und ihre konservativen Befürworter zurückgewiesen habe. Ich hatte ja Augen zum Sehen und Ohren zum Hören! Was wir jungen Menschen in Sachsen heute noch an „rusticitas" bei den Feudalen um uns her gewahren, das wird wohl nur noch von der „polissonnerie“ französischer Feudaler übertroffen. Denke nur an Foulques Nerra de Chartres, an Eudes de Blois, an Herbert de Troyes . . . Aber – ich werde die Anregungen, die du mir neulich in Paterno gabst, nicht vergessen – persönliche Abneigung ist eine Sache, und Politik ist eine andere: wie schwer es mir auch fallen mag, gerade im Falle Sachsen den Trennungstrich zu ziehen und gute Miene zum bösen Spiel zu machen, soweit es sich um diese Widukinder handelt.

In den Mitteilungen, die mir Heinrich von Würzburg im Auftrage des Kanzlers Heribert überbrachte, war auch gefordert, daß ich auf meine Ablehnung der karolingischen Pacta verzichten solle. Das werde ich nicht tun. Ich werde verlangen, daß über diese Frage als über eine Grundfrage der REFORMATIO mit der Geistlichkeit verhandelt wird. Ich glaube nicht, daß es mir sehr schwer sein wird, meine Pactapolitik zu rechtfertigen und auf einer durchaus neuen Basis zu dem von mir angestrebten Ziel zu führen. Diese Politik ist ja noch gar nicht in Angriff genommen. Sie ist derjenige Punkt meiner RENOVATIO, der sich erst *nach* vollzogener REFORMATIO im richtigen Lichte darstellt. Man lasse mir Zeit. Ich bin kein Hexenmeister und habe niemals einer sein wollen. Und sollte mir „mein“ Papst – Silvester de Ottone, wie die Spottvögel sagen – unerwartet sterben, so wird unter allen Umständen ein Mann der RENOVATIO sein Nachfolger werden: gleichgültig welcher Nation: Rom ausgeschlossen. In dieser Frage wird Odilo von Cluny zum mindesten zu *hören* sein: auch wenn es natürlich dahingestellt bleibt, welches Gewicht man seiner Stimme beimißt. Gewicht über allen Gewichten bleibt die gelasianisch-augustinische Zweigewaltenlehre. In ihrem Schutz erreicht eine *folgerichtige* westimperiale Politik, wenn ihr die *Zeit* gelassen wird, die sie braucht, alles, was sie nach menschlichem Ermessen erreichen kann.

Langes Schweigen. Dann fragte Otto von Niederlothringen,

während er das Spiegeln der Deckenkerzen im Oval seiner Fingernägel betrachtete:

– Hast du den gleichen Kommentar Heinrich von Würzburg gegeben?

– Aber was denkst du! Ich habe ihn an den Papst verwiesen, dem Papst aber gleichzeitig ein Kennwort unseres persönlichen Geheimkodex, den noch nicht einmal Heribert von Köln oder Leo von Vercelli kennen, zugehen lassen. Und dieses Wort bedeutet: „mit größtem Wohlwollen anhören, sich zu rascher Überprüfung bereit erklären und dann durch Aufwerfen immer neuer Einzelfragen so lange hinziehen, bis ich selbst mit den Herzögen ins Gespräch gekommen bin." Während wir hier sprechen, mag es in der Villa Silvesters etwas lebhafter zugehen.

– Und was gedenkst du selbst als nächstes zu tun?

– Heribert zu schreiben, daß die Vorschläge der Herzöge eine ausgezeichnete Basis für eine offene Aussprache mit ihnen bilden, und einen Hoftag nach Ravenna für April einzuberufen.

– Nach Ravenna. Im April?

Otto von Niederlothringen schaute Sie sehr lange und sehr zweifelnd an.

Sie aber, Majestät, hielten diesem Blick stand, ehe Sie sich erhoben, Wein tranken, eine Schnitte Brot aßen und sich wieder auf die Seitenlehne des Sessels zu Otto setzten. Er sah zu Ihnen auf, noch nicht ganz verstehend . . . Dann fragte er:

– Aber ein Mensch wie du kann doch nicht in wenigen Stunden . . . wie soll ich sagen? . . . eine solche Umstellung in sich vornehmen . . .

– Ganz gewiß nicht, erwiderten Sie, während Sie ein wenig in seine besorgten Augen lächelten Es handelt sich nicht um „Umstellung". Es handelt sich um – Politik. Du hast mich – aus innerer Überreizung und Überwindung – einmal in meinen *Nerven*, nicht in meinem Wollen, zusammenbrechen sehen. Hast du mich jemals *wirklich* kapitulieren sehen? ... Ich habe dich – fern von dem politischen, militärischen und menschlichen Gemeinplatz, welcher sich „Hauptquartier" nennt – den Inhalt der diplomatischen Verbalnote Heinrichs von Würzburg und meine ungefähre Antwort auf sie wissen lassen. Spürst du nicht, was diese Antwort ist? Warum erschrickst du? Du spürst es! Aber du brauchst nicht zu erschrecken. Du siehst doch, wie ruhig ich bin, wie heiter, ja, lasse mich sagen: wie glücklich. Ich will dich nicht hinhalten – wir haben noch von sehr anderem zu sprechen als von dieser Verbalnote und den süddeutschen Herzögen. Meine Antwort ist nichts anderes als meine – Abdankung.

Otto von Niederlothringen wollte aus dem Stuhle auffahren – aber Sie drängten ihn mit einer weiten Armbewegung, der er gehorchte, auf seinen Platz zurück:

– Diese Abdankung, nicht im Geiste, und nicht im Wollen, nicht in der Seele, aber im HERZEN, ist die *um meiner selbst willen* notwendige Zurückverlegung der RENOVATIO, an der mein Herz im Begriffe war, zu verkommen, in die Grenzen der Nur-noch-Pflichterfüllung. Ich habe mich also – aus freien Stücken – ganz genau auf den Platz gestellt, auf dem du selber innerhalb des Imperiums stehst. Über deiner und meiner Pflichterfüllung beginnt nun für uns beide ein gemeinsames Leben in allen unseren Möglichkeiten. Die Seele hat mich Adalbert gelehrt, und aus der Seele heraus hat er dich „sein Vermächtnis an mich" genannt. Aber dieses Vermächtnis ist mehr als die „Seele": es ist der karolingische Mensch Otto von Niederlothringen. Die Frauen, Otto, sind uns beiden das gleiche, über das wir uns nichts zu erzählen brauchen: Schönheit, ein Spiel der Sinne, Stillung, Ausgleich. Wir sind weder Verliebte, noch Liebhaber. Wir werden es niemals werden können. Wir tragen beide zu bewußt die Schwere dessen, was die Römer „Fatum" und die Hellenen „Moira" nennen. *Wir*, DU und ICH, dürfen diese Wörter aussprechen. Gott weiß, daß wir nur ihn selber meinen. Was ER uns *über* unseren getrennten, in ihrem Umkreis verschiedenen,in ihrem Wesen gleichen Pflichten gegeben hat, ist eines der größten Geschenke, welche Sterblichen verliehen werden können. Es gibt keinen deutschen Namen dafür. Die Hellenen, deren Erbteil ich in mir trage und deren SEIN ich erst seit meiner Absage an Romuald aus ihrer Dichtung zu ahnen beginne, nennen dieses Geschenk „φιλία", „Philia". Es bedeutet: das Verbundensein in dem, was göttlich in uns ist, aber die menschliche Form, in der es wohnt, einbezieht. Du hast es – als ein ewig Schweigender – eine ganze Jugend lang für mich gelebt, ohne zu wissen, was es war. Nun werde ich es für dich leben. Und damit werden wir es füreinander leben. Es wird uns die – HEIMAT sein. Denn wir sind beide seither einsame Menschen gewesen: ein jeder auf seine Art. Wir haben das „Letzte" unseren Kopfkissen gesagt. Dies ist *nun* nicht mehr nötig. Die „Philia" bedarf nur weniger Zeichen. Sie kann – durch Wochen – ein kurzes, unbemerktes Einanderzulächeln über die Köpfe der Gleichgültigen hin sein. Glaubst du, daß menschlichen Herzen *mehr* verliehen werden könne?

Der Herzog von Niederlothringen hatte die Hände vor das Gesicht gelegt.

Sie aber, Majestät, wanderten auf den Teppichen hin und her, ihn lange seiner Versunkenheit überlassend.

Als er schließlich aufschaute, füllten Sie die Gläser und reichten ihm das seine, das er in einem Zuge leerte. Sie füllten es wieder und sagten:

– Ich weiß, daß du nun denkst: die Kaiserin. Ich sage dir: die Kaiserin hat mit alledem gar nichts zu schaffen. Sie ist der geringste Teil meiner kaiserlichen Pflichterfüllung. Sie kann mehr werden. Vielleicht eine Helferin. Aber auch dieses Mehr hätte nichts mit uns zu tun. Es haben sich schon früh – wie du weißt – Frauen an mich herangemacht. Ich habe zugegriffen. Vielleicht Familienerbteil. Mein Großvater Otto hatte mit sechzehn Jahren einen Sohn von einer slawischen Fürstentochter, den späteren Mainzer Erzbischof Wilhelm. Lassen wir den Frauen, was ihnen zukommt. Daß sie ein Sein wie das deine, wie das meine, nicht *entfalten* können, wissen wir. Wie habe ich oft mit Tammo gelacht, wenn ich das Hofgewäsch über meine Liebschaften hörte! Bald handelte es sich um eine Stefania, die schon meine Großmutter hätte sein können, bald um eine andere Stefania, mit der ich Ehebruch trieb, bald um „Sünden des Fleisches", die mit Frauen ohne Namen begangen wurden. Ich wehrte nicht ab, ich „stellte nicht richtig". Wozu? Auch die Schrunzen wollen ihr Vergnügen haben und den Schranzen zu verstehen geben, daß sie etwas mehr um kaiserliche Geheimnisse wissen ... Natürlich: ich hatte meine Stundenfreuden. Aber hinter ihnen hielten die Sorgen der Jahre eine sehr eifersüchtige Wacht. Ich wußte außerdem, daß die Sünden im Gewissen liegen – und um dieser Sünden willen habe ich meine Bußübungen gemacht: damit das Gewissen im Gleichgewicht sei. Wenn das Fleisch nicht an das Wesen rührt, lohnt es sich nicht, von ihm zu sprechen. Und wenn es Wesen ist, dann ist es nicht mehr Fleisch. Groß ist das Christuswort über die Ehebrecherin. Aber kein tieferes ist aus seinem Munde gegangen als jenes: „Wer da Racha sagt zu seinem Bruder" ... Hast du dir nie überlegt, warum weder das eine noch das andere von den Menschen begriffen und anerkannt wird? Nein, du hast es nicht nötig, es dir zu überlegen. Denn DU wirst niemals einen ersten Stein werfen – und DU wirst niemals „Racha" sagen ... Herzen wie das deine sind bis zum Rande gefüllt mit dem Gott, der aus Einsamkeiten wächst. Ich habe vieles an dir gutzumachen. Ich sah dich lange – und ich sehe dich jetzt erst ganz. Verzeihe mir, daß ich erst so spät – zu dir komme. Ein Mensch, der mit noch nicht sechzehn Jahren Kaiser wird, geht auf vielen Umwegen, ehe er das Herz schlagen hört, in dem er „vor sich selber auslöschen kann". Bleibe mir der Frieden – und nimm es an, daß ich der deine sei. Dann ist meine „Abdankung“ uns beiden – dem Karolinger und dem Ottonen – die „renovatio“.

Der Herzog von Niederlothringen stand mit dem Rücken gegen denKamin, in dem die Scheite verglommen. Er hatte die Lider gesenkt und schien ein Schlafender im Stehn.

Sie sahen ihn lange an, sehr lange: aus wachen, unumschatteten Augen.

Dann schlugen Sie die ledergefütterten Samtvorhänge vor dem südlichen Bogenfenster zurück.

Die Tauluft quoll zwischen den Säulenpfeilern in den Raum. Otto von Niederlothringen trat neben Sie. Der Orion senkte sich gegen grün zerfließende Hügelsäume.

– Wollen wir in diese Nacht hinausreiten? fragten Sie. Wir werden den Grafen Rieti nicht aufwecken. Er sagte mir, daß er jede Nacht bis gegen drei Uhr in seiner Bibliothek arbeitet. Er schreibt einen Kommentar zu den „Denkwürdigkeiten“ des Mark Aurel ...

– Ich kann nicht. Ich muß in mir verharren. Du weißt, wie schwer mir das Blut in den Adern fließt. Du hast es angefüllt mit Dingen, die es noch schwerer fließen lassen.

– Ich verstehe dich. Möchtest du allein bleiben?

– Nein.

– Sage, was du möchtest.

– Genau das, was ist. Und daß du nie vergäßest, wie hilflos Menschen meiner Art in ihren Erfüllungen sind.

Als Sie, Majestät, am Nachmittag des 17. Januar noch nicht nach Paterno zurückgekehrt waren, erschien gegen sechs Uhr Tammo in der Villa Velino. Er fand Sie mit Otto von Niederlothringen in der Bibliothek, wo Ihnen der Graf Rieti aus seinem Kommentar zum Neunten Buche der Denkwürdigkeiten Mark Aurels vorlas. Sie hoben den Kopf wie ein Mensch, der sich nicht mehr recht erinnert. Dann standen Sie – in einem Gefühl innerer Scham – rasch auf und nahmen beide Hände Tammos, dessen Züge sich entspannten.

– Was ist, Tammo?

– Ich sage es dir sogleich, wenn wir allein sind.

Sie stellten vor.

– Sie essen natürlich mit uns zu Abend? fragte der Graf Rieti.

– Ich danke Ihnen herzlich, Graf. Die Entscheidung steht bei dem Kaiser.

Sie gingen mit Tammo in Ihr Zimmer.

– Was ist, Tammo?

– Aber fühlst du es denn nicht?

Ja, Sie fühlten es.

– Schimpfe mich aus, wenn du willst. Nenne mein Kommen einen ungezogenen Übergriff in deinen Wunsch, allein zu sein – – es ist gar nichts, als daß ich seit deiner unerwarteten Abreise vor Sorge um dich vergehe. Ich weiß nicht, *warum*. Ich weiß nur, daß es so ist, wie ich dir sage. Du solltest heute vormittag zurück sein. Als du um vier Uhr noch nicht da warst, befiel mich eine Angst, wie ich sie noch nie in meinem Leben gekannt habe. Ich wittere eine Gefahr um dich – ich weiß nicht, welche. Schwöre mir, daß du dich gesund fühlst, daß du im Einklang mit dir bist, daß du die Kraft in dir spürst, die Lage zu meistern.

Sie legten Tammo beide Arme um die Schultern:

– Ich schäme mich vor deiner Besorgnis, Tammo. Sie rührt mich und ergreift mich mehr als ich dir sagen kann. Ich will nicht lügen: ich hatte dich und Paterno wirklich ein paar Tage lang vergessen. Unsere Freundschaft hat damit nichts zu tun. Nein, Tammo mio, du brauchst dich weniger denn je um mich zu sorgen. Ich weiß, was ich will, und ich weiß, was ich darf. Das Jahr der Qual ist vorübergegangen, und das Jahr 1002 unter schöneren Sternen heraufgezogen.

– Du hast mich beruhigt, und ich werde heute abend bleiben. Man ist in Paterno daran gewöhnt, daß ich manchmal erst um die Morgenröte nach Hause komme. Meine Soldaten weben Legenden um die „Abenteuer“ ihres Befehlshabers, ohne zu wissen, daß sie mir nur ihre eigenen Sehnsuchten andichten. Dieser Nimbus ist meine stärkste Macht über sie.

– Sorge dafür, daß er erhalten bleibt. Wir werden ihn vielleicht rascher brauchen, als manche Leute ahnen. Der Papst hat mir heute vormittag mitteilen lassen, daß sich die Tusculanergrafen gemeldet haben.

– Und?

– *Ich* habe Zeit. Sie werden sich daran gewöhnen müssen, daß sie diesmal ein Abkommen mit dem Kaiser etwas mehr kostet als im Jahr 998. Und wenn es nicht mit ihnen geht, wird es auch ohne sie gehen, sobald *uns* der rechte Zeitpunkt gekommen scheint. Die Angst in Rom soll so groß sein wie nie. Und Angst oder Ungewißheit, ad libitum hingezogen und gesteigert, zermürbt. Warum es nicht einmal auf diese Weise versuchen? Jeder Versuch, einen Gegenpapst zu finden, scheitert. Wer will sich lächerlich machen? Eine stadtrömische Papstpuppe gegen den Weltpapst der RENOVATIO? Nochmals eine Philagathos-Komödie? Ich bin sehr guter Dinge, Tammo. Ich werde dir heute abend noch vieles zu sagen haben. Nimm jetzt ein Bad, und kleide dich um. Ich lasse dir Wäsche zurechtlegen. Mittlerweile werde ich die Vorlesung des Grafen Rieti zu Ende hören. Ich werde ihn bitten, das Abendessen etwas früher anzusetzen, damit du vor Mitternacht in Paterno zurück sein kannst, was mein Wunsch ist. Otto hat sich in die Handschriften der Bibliothek verliebt. Während wir beide nach Tisch zusammen sprechen, wird er sich einige Randmalereien erklären lassen . . . Damit ich es nicht vergesse: ich werde erst am 22. Januar nach Paterno zurückkehren. Du kannst ja, um die ungeduldigen Warter zu vertrösten, durch irgendeinen Schwätzer verbreiten lassen, ich verhandle mit Häusermaklern über den Ankauf einer Adriaresidenz für die zukünftige Kaiserin, welche gerne den Blick gegen Byzanz behalten möchte. Oder auch, ich trage mich mit dem Gedanken, Ancona zu einer *Νέα Ρῶμα* für die Päpste der RENOVATIO ausbauen zu lassen. Dann haben wir noch zwei Gegenstücke zu dem Gewäsch über meinen „Byzantinismus" und meinen „Römischen Hofstaat". Man muß die Menschen in Atem halten, und zwiefach in unerfreulichen Zeiten.

– Nun sehe ich allerdings, daß ich mich nicht um dich zu sorgen brauche. Ich schlage dir vor, den zweiten Teil „unseres" Abends unter dem gleichen Zeichen der „entstofflichenden Ironie" stehen zu lassen, um mit meinem erlauchten Bruder Bernward zu reden. Dann wird mir der vor Mitternacht befohlene Aufbruch leichter. Denn ich werde dich ja vor Ende des Monats nicht wiedersehen.

– Wieso?

– Befehl des Generalissimus Patricius Graf Ziazo, übermorgen vormittag mit ihm auf eine Reise zur Besichtigung der Kastelle Rieti, Narni, Terni, Spoleto, Camerino und Assissi zu gehen.

– Gegenbefehl des Kaisers: du gehst nur bis Terni. Ich verlange, daß deine Abwesenheit von Paterno niemals die Dauer einer Woche überschreitet. Und selbstverständlich bleibst du heute, solange du willst, bei uns.

– Ich neige mich dankend vor deiner augustalen Güte – und beeile mich nun, Paterno von mir zu waschen – um mich danach in kaiserlichen Linnen deiner Göttlichkeit besonders nahe zu fühlen.

Nun hoben Sie den Arm, Majestät . . . Es hätte nicht viel gefehlt, und Sie hätten sich mit diesem unverbesserlichen enfant terrible, der hinter seinen Lausbubereien ein Herz von Gold verbarg, wie ein Knabe herumgebalgt.

Aber als Sie der Lufthauch, der durch den nur halbverdeckten Fensterbogen in das Zimmer strich, den Kopf wenden ließ, sahen Sie dicht über dem Rande eines verschneiten

Grates den Orion aufsteigen – – und Sie sagten mit plötzlich verwandelter Stimme:

– Tammo mio, wir wollen die Worte dieser Nacht lieber dem Sternbild anvertrauen, das dort heraufzieht. Denn diese Worte werden ja nicht über den Kasernengewölben von Paterno gesprochen werden, sondern an einem Orte, der über den Orten ist.

Während Sie dieses sagten, hatten sich auch Ihre Züge verwandelt. Sie waren sich selbst vorausgeeilt, und Ihre Haut war so durchsichtig geworden, daß Tammo Sie anstarrte, als ob er Sie niemals gesehen hätte.

– Otto . . .

– Nichts, Tammo. Oder – wenn du das Wort annehmen willst – Besinnung über mich selbst hinaus.

– Besinnung über dich selbst hinaus?

Sie antworteten nicht, Majestät. Sie schauten in die Schatten, welche die Kerzen an die Wand malten – und hörten nicht mehr, wie Tammo langsam, sich im Rahmen der Tür noch einmal umwendend und Ihr Profil betrachtend, das Zimmer verließ.

Es war während eines Spazierganges, den Sie mit Otto von Niederlothringen am Nachmittag des 21. Januar durch die aufgeblühten Krokuswiesen am Saltoflusse machten, als Sie plötzlich eine bleierne Müdigkeit überfiel. Ihre Schritte wurden schwer, und Sie erreichten nur langsam die Stelle, wo die Reitknechte mit den Pferden warteten. Auch das Reiten wurde Ihnen zu einer Qual.

– Ich habe mich erkältet, sagten Sie. Ich habe zu viel in der Sonne gelegen. Vielleicht war die Luft noch zu feucht. Ich werde zu Bett gehen und mich an Glühwein betrinken. Dann bin ich in zwei Tagen in Ordnung.

Kurz vor Mitternacht wachten Sie unter Schüttelfrösten aus einem durchfieberten Schlafe auf. Sie fühlten ein Stechen in beiden Schulterblättern und ein Würgen in der Luftröhre, das von den Lungen heraufzukommen schien. Ihr Atem quälte sich durch die Lippen. Sie tasteten nach dem Pulse: er war unregelmäßig, aber nicht übermäßig beschleunigt. Sie wollten rufen ... Doch die Stimme gehorchte nicht. Sie griffen nach der Schelle, welche durch die Stille gellte. Ihr Diener Immo, der vor der Schwelle des Vorzimmers schlief, schreckte auf und rannte an Ihr Bett. Im selben Augenblick stand Otto von Niederlothringen in der Türöffnung. Er neigte sich über Sie:

– Was hast du? Wie siehst du aus? Immo, schließe die Fenstervorhänge dicht.

– Nein ... Luft ...

Immo riß die Vorhänge auf. Von neuem überfielen Sie die Schüttelfröste. Die Füße des Bettes zitterten.

– Hole den Arzt des Grafen, rief Otto von Niederlothringen. Er legte Ihnen ein nasses Taschentuch auf die glühende Stirn. Die Fröste wurden noch heftiger. Sie warfen in einem Krampf die Arme um Ottos Hals, klammerten sich an seine Schultern:

– Ich ersticke ...

So fand Sie der Arzt, ein Benediktiner salernitanischer Schulung. Ein einziger Blick, und er ging rasch davon, dem Herzog ein Zeichen machend, daß er sofort wiederkehre. Im Türrahmen stieß er fast gegen den Grafen Rieti, welcher sich, ohne nur mit einer Geste sein Erschrecken zu verraten, über Sie beugte. Zum dritten Male fuhren die Schüttelfröste durch Ihren Körper, nun so stark, daß selbst die Arme des Herzogs, welche ein einziger Muskel waren, zuckten. Er sah in das Gesicht des Grafen, das fahl und feucht geworden war. Er schrie aus seinen verstörten Augen die stumme Frage an dieses Gesicht:

– Reden Sie doch ... Um aller Heiligen willen, sagen Sie mir doch unter vier Augen, was das ist. Ich sehe Ihnen an, daß Sie es wissen. Haben Sie doch Mitleid mit meiner Qual ...

Der Arzt kam zurück, von zwei Dienern begleitet, welche

Leuchter trugen. Er untersuchte lange. Dann gab er Ihnen zwei starke Pulver in Weißwein und ließ Ihre eiskalten Füße in glühend heiße Tücher wickeln. Das Zimmer wurde in Kamillendämpfe gelegt. Sie merkten von alledem nichts, Majestät. Sie sahen auch nicht den Grafen Rieti die Stirne gegen einen Wandteppich lehnen, als ob er seinen Gedanken eine Stütze geben müßte: so, genau so, hatte es bei seiner ersten Gattin und seinem Lieblingssohne begonnen ... Sie merkten auch nicht mehr, Majestät, wie sich der Graf und der Herzog mit dem Arzte in die entfernteste Fensternische zurückzogen. Sie waren in ein großes Dämmern gesunken, das bald in Schlaf übergehen mußte.

– Es ist meine Pflicht, sagte der Arzt, Ihnen die Wahrheit mitzuteilen. Der Kaiser hat eine doppelseitige Lungenentzündung, welche sich in eine allgemeine Sepsis zu verwandeln scheint. Es wird nur darauf ankommen, das Herz stark zu halten. Aber dieses Herz ist überanstrengt. Kein Wunder nach allem, was es in sechs Jahren übermenschlicher Arbeit und Erregung aushalten mußte. Es ist stark nach links erweitert und hat auffallend unreine Töne. Mit einem Wort: der Kaiser ist in unmittelbarer Lebensgefahr.

Der Herzog Otto riß sich zusammen:

– Dies darf vor keinem einzigen menschlichen Ohre wiederholt werden. Geben Sie mir Ihr Wort.

– Nehmen Sie es mit dieser meiner Hand.

Der Herzog Otto hätte niemals sagen können, wie und zu welcher Stunde der Nacht er in sein Zimmer gelangt war. Dort, Majestät, blieb er wie ein Schlafwandler stehen, als ihn von seinem Nachttische herüber die Ikone der Theotokos grüßte, welche ihm Ihre Mutter vor zwölf Jahren geschenkt hatte. Es war die gleiche, vor der sie selbst an jenem 28. Februar 984 auf den Knieen gelegen hatte, als ihr die Nachricht überbracht worden war, daß der Erzbischof Warin von Köln ihren dreijährigen, soeben in Aachen zum deutschen König gekrönten Sohn an den Hochverräter Herzog Heinrich II. von Bayern, den „Zänker“, ausgeliefert hatte.

Gegen diese Ikone nun, Majestät, an der die Qualen eines mütterlichen Herzens haften geblieben waren, drängte der hilflose Schmerz des Menschen, dem Sie soeben die Tore des Lebens geöffnet hatten.

Mit welchen Stürmen des unverbrauchten, sich aufbäumenden Gefühles er in dieser verzweifelten Stunde seines siebenundzwanzigjährigen Lebens für *Ihr* Leben kämpfte, das hätte Sie als ein Erschauern durchfahren, wenn Sie hätten sehen können, wie er plötzlich in die Knie brach, die sich niemals beugten, das Bild der Theotokos in die Hände nahm und zu dem leidenden Antlitz die Worte hindachte:

– Ewige Mutter, schmerzlichste von allen, welche je den Namen Mutter trugen: ich kann in dieser Stunde nicht zu Gott beten und nicht zu dem, der am Kreuze für die zerquälte Menschheit starb. Ich komme zu dir, du Allumfangende, die mir noch niemals in ihrer irdischen Schwester begegnet ist, ich schreie zu dir eine Angst hinüber, die ich noch nie gefühlt habe, denn ich wußte bis zu dieser Nacht nicht, daß es *diese* Angst der menschlichen Kreatur gibt. Nimm noch nicht in deinen Schoß das einzige Leuchten, das mir die Erde geschenkt hat, und stoße mich nicht zurück in das Graue, in dem ich verkommen müßte, nachdem mir offenbart wurde, mit welchem Glanze Gott sich durch ein menschliches Wesen hingießen kann. Bürde mir auf an Schmerzen, was dir nötig dünkt, damit ich Gottes ungeheure Schwere begreife, aber lasse die Flamme nicht auslöschen, welche mir die einzige Fährte in der unsäglichen Wüste zeigt. Ich bin nicht als ein in mir selbst Erfüllter, ich bin nur als ein Dienender für den Zweiten geboren. Mutter, die ihren Sohn am Kreuze der Krönung verbluten sah: erspare es mir, daß ich mich in die Nacht verblute, ohne in der Hingabe an den Zweiten, der für Gott die Krone der Welt trägt, in mir selber fruchtbar geworden zu sein. Lasse es nicht geschehen, daß er sein Leuchten nicht vollende und mich in ihm. Theotokos: es ist mein Dienenwollen, das dich anruft: in ihm bin ich ein Ganzes, und ohne es bin ich ein Nichts.

Um das Tagesgrauen des 23. Januar erklärte der Arzt, daß sich die Krankheit nach innen gewendet habe.

Still, Majestät, abwesenden Auges, lagen Sie in den Kissen. Niemand hätte auch nur erraten können, wie weit die Sepsis schon vorgeschritten war.

Der Graf Rieti hatte am Vormittag den Papst Silvester aufgesucht, um die Überführung nach Paterno vorzubereiten und dem Grafen Tammo Eilboten nachsenden zu lassen. Den Dienern des Hauses war mitgeteilt worden, daß es Ihnen schon wieder gut genug gehe, um Sie nach Paterno zu überführen. Das warme Frühlingswetter lasse einen Rückfall nicht mehr befürchten ... Offiziere und Soldaten der Leibgarde trafen um sieben Uhr abends mit der Tragbahre ein. Auch der Bischof von Würzburg war gekommen, um den Zug zu leiten. Der Herzog von Niederlothringen war schon um sechs Uhr vorausgeritten, um die Herrichtung des Zimmers zu beaufsichtigen, das Vorzimmer für den Arzt räumen zu lassen und die Bewachung des Kastelles zu verschärfen.

Bei windstillem, leichtbedecktem Himmel erfolgte die Heimkehr des Zuges gegen die neunte Abendstunde. Sie lagen schlafend unter den Pelzdecken und sahen nicht mehr, wie sich da und dort ein grüner Stern aus dem langsam wallenden Gewölk löste und wieder untertauchte. Sie spürten auch nichts von dem Dufte der Kalykanthussträucher, die zu blühen begannen.

Sie spürten ihn erst, als man Sie in Ihr Schlafzimmer trug. Der Graf Rieti hatte einige Zweige dieser ersten Verkünder des Frühlings in Vasen stellen lassen. Auch Schneerosen fehlten nicht, so daß es Ihnen scheinen konnte, Sie hätten in der Villa Velino nur Ihr Zimmer mit einem anderen vertauscht. Erst als der Papst an das Kopfende Ihres Bettes trat und sich über Sie neigte, begriffen Sie, daß Sie eine Reise zurückgelegt hatten.

Der Ordnungsdienst war mit außergewöhnlicher Strenge geregelt worden. In einer Ecke des Zimmers hatte man ein Feldbett für den Herzog von Niederlothringen aufgeschlagen. Die Sorge um die beiden Kamine war Soldaten seiner Garde anvertraut.

Sie waren sehr wach geworden, Majestät, und sahen, ohne zu sprechen, ein wenig erstaunt allem zu, was um Sie her geschah.

– Bin ich denn so krank? fragten Sie plötzlich den Papst.

– Sie haben einen schweren Anfall gehabt, Majestät. Man muß sich oft um eine Genesung mehr bemühen als um eine Krankheit. Sie haben in der letzten Zeit oft im Freien gelegen. Das war unvorsichtig um diese Jahreszeit, auch wenn die Sonne schon sehr warm vom Himmel schien und es an Pelzdecken gewiß nicht gefehlt hat. In Frankreich sagt man im Vorfrühling: „Méfiez-vous, il y a du crû dans l'air".

– Ja, ja, Papst Silvester, ich war unvorsichtig. Aber es ist so langweilig, ewig vorsichtig zu sein, und besonders, wenn...

Dann besannen Sie sich, lächelten – und sahen sich die Menschen an, welche gegen die Wand hin standen . . .

– Sagen Sie, was gibt es Neues? Es scheint mir so lange her, seit ich zuletzt hier war . . . Was sagen Sie da, Bischof Heinrich? Die Prinzessin Zoë ist in Bari gelandet? Dann müssen wir eine Gesandtschaft schicken . . . Sie wird zunächst im Palaste des Grafen Rieti in Rieti wohnen . . . Papst Silvester, Sie werden mir dies alles besorgen. Besprechen Sie sich mit dem Grafen Rieti. Er war lange in Byzanz und weiß, womit man den Byzantinern Freude macht . . . Lassen Sie alles sehr kaiserlich sein . . .

Otto von Niederlothringen kam aus dem Vorzimmer raschen Schrittes an Ihr Bett.

– Du sollst nicht sprechen, Otto. Schone dich für uns alle. Hörst du?

– Es strengt mich nicht an . . . Also, meine Herren, was gibt es sonst noch Neues? Nichts? Das ist ja herrlich. Endlich gibt es einmal nichts Neues . . . Was soll dieses Feldbett da an der Wand?

– Darin werde ich so lange schlafen, bis du diesen Anfall völlig – hörst du, völlig? – überwunden hast.

– Du bist wirklich die Selbstverleugnung, Otto. Ich danke dir und nehme an. Aber – wie lange wird denn dieses „völlig" dauern?

– Solange, bis du dieses Bett nicht mehr siehst.

– Bist du bei dem Urkundengenie in die Schule gegangen?

Sie wollten herauslachen, Majestät. Aber Sie fühlten ein Messer in den Lungen und ließen, erschöpft von dem jähen Schmerz, den Kopf an die Hüfte des Herzogs gleiten. Ihr Gesicht war sehr blaß geworden.

Der Arzt kam.

– Darf ich Sie bitten, meine Herren, den Kaiser zu verlassen . . . Ich verbiete jede Unterhaltung. Es darf hier so lange überhaupt keine Besuche mehr geben, bis ich die Erlaubnis dazu erteile. Wenn meine Anordnung nicht sofort befolgt wird, erachte ich mich meiner Aufgabe für entbunden.

– Ich danke Ihnen, Bruder Anastasius, sagte Otto von Niederlothringen.

Und er bettete mit seinen beiden Händen, die sich leicht wie Flaum gemacht hatten, Ihren Kopf von seiner Hüfte in die Kissen zurück. Da sagten Sie mit der Stimme eines anderen Lebens:

– Lasse doch meinen Kopf, wo er ist. Warum muß den dieser Kopf immer wieder zurück in die Kissen? . . . Können wir nicht fortreisen, Otto? Ich will niemanden mehr sehen – –

Dann, ganz leise, in sich hinein:

– Das hat ja alles gar keinen Sinn mehr . . . Nein, nein, nicht die Kalykanthus forttragen, die ich so sehr liebe . . . O Roma mea, wenn die Kalykanthus blühen . . . Bitte, bitte, tragt sie nicht hinaus in diesen feuchten, schwarzen Korridor. – – Das hat ja alles gar keinen Sinn mehr . . .

Ihre Lider hatten sich geschlossen. Ihre Lippen vermochten noch zu sagen:

– Es ist gut, Otto, daß du das Feldbett hierhin stellen ließest. Schlafe, schlafe. Du mußt ja noch viel müder sein als ich mit aller Last, die ich auf dich lege . . . Viel, viel müder . . .

Dann sanken Sie zusammen. Es war die letzte Ihrer Ohnmachten.

Sie dauerte bis in die Abenddämmerung des 24. Januar. Sie war ein Abwärtsgleiten . . . unsäglich langsam . . . unsäglich lautlos. In dieses Sinken hinein erteilte Ihnen der Papst, nur noch ein Schatten von Sorge und Gram, die Sterbesakramente.

Der Arzt und der Herzog von Niederlothringen teilten sich in die Wachen durch die Nacht und durch den Tag.

Noch einmal, gegen fünf Uhr abends, Majestät, versuchten Sie zu sprechen. Aber die Worte formten sich nicht mehr. Auch als Sie – nach dem vergeblichen Versuch – die Augen öffneten, klare, um sich selbst wissende Spiegel, blieb Ihnen das Wort in diesen Spiegeln versunken.

Sie sahen nicht mehr, was um Sie war, Majestät. Sie sahen nicht mehr den offnen Fensterbogen, durch den das Grau der mond- und sternenlosen Luft auf Ihre Lippen floß: Sie sahen nur den einen einzigen Menschen, der die Kraft in sich getragen hatte, Ihnen das *Bild der Erde* zu werden.

Und Sie starben aus den Spiegeln Ihrer Augen zwei Stunden lang in dieses Bild hinüber.

Dieses „Hinüber“, Majestät, war die verschwenderischste Milde, die Ihnen Ihr Leben geschenkt hatte. Ich weiß jeden

Gedanken, der durch Ihr Entschlummern abwärts wanderte, ich weiß jedes Lächeln, auf dem Ihr leicht gewordenes Herz ihm nachzog.

– War denn wirklich alles eine solche Schwere? fragten Sie sich. War nicht alles genau so, wie es sein mußte? Warum wollen wir mehr als den Furchenzug unserer Träume ahnen lassen? Ist es nicht genug, daß ich das Licht angezündet habe, das Gott mir auftrug anzuzünden? Was alles reden die Menschen von Vollendung und Nichtvollendung? Ist Gott denn die Sättigung der Menschen auf dieser und jener Stufe? Ist Gott nicht das Sein-in-Gott, das an keinerlei Stufe gebunden ist und als ein Übergeordnetes geschieht, ohne jemals zu „geschehen"? Warum habe ich Adalbert in Otto erreichen können? Jenem habe ich Kirchen und Altäre bauen müssen, damals, als ich mich noch um Gott *bemühte*. Diesen aber brauche ich nur anzuschauen, um zu wissen, daß in solchem Anschauen selbst Gott „geschieht". Wie gütig ist Gott, daß er die Last von mir genommen hat, für ihn noch „handeln" zu müssen. Ich wußte nicht, wie tief ich schon in der Erfüllung stand. Gott ging in dem Herzen, in dessen Wachen ich hinübersterbe, als die Treue durch mein Leben. Aber Gott hat sich erst spät als die Flamme der Treue enthüllt. Was denke ich da? Spät? Gibt es denn früh und spät vor Gott? Sind ihm Äonen nicht ein Augenblick – und ist ihm ein Augenblick nicht Äonen? Nein: Gott enthüllt sich nicht früh und nicht spät. Gott enthüllt sich nur nach SEINER Zeit – –

Es waren uns Ewigkeiten des Friedens in der Villa Velino gegeben, und wir sind in sie eingegangen.

Was heißt es, du Wachender, der als Bruder des Erzengels Michael vor meinem Abschiede steht, daß du mir nicht folgen kannst in diesem Abwärtsgleiten aus den Formen? Du wirst nicht allein in den Wüsten des Geschehens zurückbleiben. Du hast das Lächeln Gottes übernommen. Ich sehe es auf deinen Zügen. Hüte es: mir zum Gedächtnis und dir zu meiner

Gegenwart in deinem Dich-gedulden-Müssen. DU: Pflicht. DU: Opfer. DU: Treue – – Wem, der nicht ein GEHEILIGTER ist, dürften auslöschende Lippen solche Worte sagen?

Furchtsam fast, Majestät, legte der Arzt einen Kalykanthuszweig in Ihre Hände, ehe er die Lider über Ihren Augen schloß.

Der Herzog Otto von Niederlothringen hatte sich langsam aus seinem Sessel erhoben. Er war mit Ihnen gestorben.

Nun stand er aufrecht, reglos, vor Ihren gefalteten Händen, eine schweigende Abwehr gegen alle in seinem Rücken, welche durch die Tür des Vorzimmers an Ihr Lager drängten: gegen den Papst, gegen die Bischöfe, gegen die Offiziere, gegen die Wachsoldaten und gegen einige Diener, welche gefordert hatten, das Antlitz ihres Herrn zum letzten Male sehen zu dürfen.

ENDE

ANMERKUNGEN

I

DIE GELASIANISCH-AUGUSTINISCHE ZWEIGEWALTEN-LEHRE
ECCLESIA = REGNUM + SACERDOTIUM

Ecclesia bedeutet nicht – im heutigen Sinne – „Kirche", sondern „*Christengemeinschaft*".

Regnum ist die weltliche, sacerdotium die geistliche Herrschaft im Bereich der Christengemeinschaft.

Herr des regnum ist der rex, der weltliche Herrscher, der König. Herr des sacerdotium ist der sacerdos, der geistliche Herrscher, der Papst.

Statt regnum kann verwendet werden imperium: die kaiserliche Herrschaft. Statt rex: imperator, der Kaiser. Statt sacerdotium kann verwendet werden pontificatus: die päpstliche Herrschaft. Statt sacerdos: pontifex, der Papst.

Der Papst Gelasius, welcher zweiundsechzig Jahre nach dem Tode Augustins († 430 in Bône) sein Amt auszuüben begann (492–496), nennt die weltliche Macht des rex: regalis potestas, die geistliche Macht des pontifex: auctoritas sacrata pontificum (pontificum ist Genitiv pluralis von pontifex), die geheiligte Autorität der Päpste.

Zu dem Worte pontifex gehört das Adjektiv pontificalis: pontifikal. Zu dem Worte sacerdos das Adjektiv sacerdotalis: sacerdotal.

Die päpstliche Verwaltungs- und Regierungsorganisation heißt curia: die Kurie. Die zugehörigen Adjektive sind curialis und kurial.

Es bedeuten also im Texte – unter Beibehaltung der entsprechenden Nuancierungen – im Grunde das gleiche:

regnum, imperium, regalis potestas: Königtum, Kaisertum, weltliche Herrschaft,

rex, imperator: König, Kaiser, weltlicher Herrscher.

Sacerdotium, pontificatus, curia, auctoritas sacrata pontificum: Papsttum, geistliche Herrschaft,

sacerdos, pontifex: Papst, geistlicher Herrscher.

Da Christus, als Herr des Himmels und der Erde, selbstverständlich der Herr der Christengemeinschaft ist (ecclesia), ist er auch der Herr des regnum und des sacerdotium, des rex und des sacerdos, des Königs und des Papstes. Rex und sacerdos wirken auf Erden als seine Stellvertreter. Aber nicht unmittelbar, sondern mittelbar über den von Christus selbst (Matth. XVI, 18 und Joh. XXI, 17) zu seinem obersten Statthalter ernannten Apostel Petrus. Es ergibt sich also die leicht übersehbare Reihe:

CHRISTUS
|
PETRUS
|
ECCLESIA

REGNUM (REX) — SACERDOTIUM (SACERDOS)

REGNUM und SACERDOTIUM sind nicht antithetische (gegensätzliche) sondern synthetische (sich ergänzende) Bestandteile der ECCLESIA (Christengemeinschaft). Niemals bedeutet in dem Buche „Der Kaiser Otto III.“ das Wort ecclesia „Kirche“ als Gegengewicht des „Staates“. Ein solches antithetisches Denken gab es nicht im zehnten Jahrhundert. Es war keine Kirche ohne Staat und kein Staat ohne Kirche denkbar. Es waren nur denkbar (und vorhanden) die natürlichen Divergenzen, welche zwischen kaiserlicher und päpstlicher Regierungspraxis von Fall zu Fall entstehen konnten. Aber es gab kein prinzipielles Gegeneinanderspielen von regnum und sacerdotium, etwa mit dem geheimen Ziel, die „Gegen“-Macht zu beseitigen.

Der Umstand, daß seit Otto I. (962) die Päpste von den Kaisern ernannt wurden und – gerade unter Otto III. – die Kaiserperson ein faktisches Übergewicht über die Papstperson besaß, bedeutet keineswegs ein Rühren an die unantastbare gelasianisch-augustinische Zweigewaltenlehre.

Es wäre also ein gefährlicher Irrtum, an das Buch „Der Kaiser Otto III.“ etwa Maßstäbe anzulegen, welche den Zeiten Heinrichs IV. und Gregors VII. oder Friedrichs II. und Innozenz' IV. entnommen wären. Drei Jahre lang – von 999 bis 1002 – haben der Kaiser Otto III. und der Papst Silvester II. als gleichgeordnete MÄCHTE aus gleicher Erkenntnis eines Notwendigen und im gleichen Geiste für die gleiche Sache zusammengearbeitet. Dies ist das einmalige Wunder der Jahrtausendwende.

II.

DAS WORT „REICH“

Das Wort „REICH“, dessen dichterische Verwendung in den Kaiserinnenbüchern zur Ursache grotesker politischer Mißverständnisse wurde, wird in dem vorliegenden Buche nicht mehr verwendet. Es ist – völlig zu Unrecht – gerade in den letzten hundert Jahren, ganz zu schweigen von der allerjüngsten Vergangenheit, mit einem Schimmer billiger Romantik umkleidet worden, der ihm nicht zukommt. Die Politik Ottos III. war geistig-universal, nicht aber gefühlsmäßig-phantastisch. So also steht statt „REICH“ immer nur „IMPERIUM“ oder „WESTIMPERIUM“: in Gemäßheit mit dem Plane des Kaisers: „RENOVATIO IMPERII ROMANORUM“.

III.

„NATIONAL“ und „DEUTSCH“

Einen Begriff „national“ im heutigen Sinne gab es nicht zu Zeiten Ottos III. Einen Begriff „deutsch“ als politischen Sammelbegriff ebensowenig.

IV.

ERLÄUTERUNG EINIGER BEGRIFFE (AUS DEM TEXTE)

Anachoret:	asketischer Einsiedler (Eremit). Anachoreten sind oftmals zu Verbänden zusammengeschlossen.
Eschaton:	siehe griechisch *ἜΣΧΑΤΟΝ*.
kanonisch:	dem geistlichen (kirchlichen) Recht entsprechend.
Kommunionismus:	Lebensform des Teilhabens („in Christo“) aller Angehörigen der Christengemeinschaft an allem, bis zu den intimsten Dingen der Liebe.
Pentapolis:	Land um Ancona.
Sigma:	Name für das S des griechischen Alphabetes. Als Schriftzeichen: C (klassisch griechisch Σ).
Themen:	Die zu Byzanz gehörenden süditalischen Provinzen.

Imperium: groß geschrieben und als deutsches Substantiv dekliniert, wird immer da verwendet, wo es sich nicht im Sinne des „regnum“ unmittelbar auf die gelasianisch-augustinische Zweigewaltenlehre bezieht.

V.

GRIECHISCHE WÖRTER

ΑΓΓΕΛΟΣ ΘΕΩΥ	gesprochen: angelos theú:
ἄγγελος ϑεοῦ	Sendbote Gottes
ΕΣΧΑΤΟΝ	gesprochen: Éskaton: die letzten Dinge betreffend
Καϑ' ὅλον	gesprochen: kathólu: die Allumfassung
Καιρός	gesprochen: Kairós: der von der Vorsehung bestimmte Augenblick
πνεῦμα	gesprochen: pneúma, das heilige Wehen, der heilige Atem, der heilige Geist

VI.

LATEINISCHE WÖRTER UND SÄTZE IN ÜBERTRAGUNG

(nach Textseiten aufgereiht)

Seite 25 :	de jure: von Rechtes wegen.
Seite 28 :	amatissimus, dilectissimus: geliebtester dulcissimus: (wörtlich) süßester, (bildlich) dem Herzen besonders nahestehender
Seite 62 :	rex par inter pares: der König als Gleicher unter Gleichen
Seite 67 :	pro domo: (wörtlich) für das eigene Haus, (bildlich) im eigenen Interesse
Seite 68 :	rebus sic stantibus: so wie die Dinge nun einmal liegen
Seite 71 :	realiter: in Wirklichkeit
Seite 72 :	Die von Gerbert zitierte Stelle aus der Rede des Bischofs Arnulf von Orleans: „Wir entscheiden uns dahin, daß der römisch-katholischen Kirche um des Andenkens des Hei-

ligen Petrus willen immer in Verehrung zu begegnen sei, und sind immer darauf bedacht, den Beschlüssen der Römischen Päpste entgegenzukommen."

Seite 90: Principiis obsta! usw.:
– Lehne dich schon gegen die Anfänge auf!
– Mögen sich die Anfänge nicht gegen dich auflehnen!
– Ich werde Sieger bleiben!

Seite 101: captationes benevolentiae: Bemühungen um Wohlwollen

Seite 104: medicamenta purgatoria: Abführmittel
capacitas colligationis: Fähigkeit, (die Materie) zu binden

Seite 117: presente rege: bei persönlicher Gegenwärtigkeit des Königs

Seite 136: honeste vivere: ehrenhaft, anständig, gottwohlgefällig, gentlemenlike leben.

Seite 138: Do ut des: Ich gebe, damit du gibst.

Seite 146: in medias res: in den Kernpunkt einer Sache (gehen)

Seite 190: Stimme des Gewissens:
Vae victis usw.: „Wehe den Besiegten, tausendmal wehe dem Kaiser, der nicht gesiegt, sondern – den Feind schändend – durch eigene Schuld den Ruf seines geweihten Namens geschändet hat. Wehe, tausendmal wehe!"

Seite 243: Festina lente: Eile mit Weile.

Seite 319: Fingierter Papstbrief: (er erwarte Sie) „sehnsüchtigst, so wie Johannes der Täufer in der Wüste seinen geliebtesten Herrn, den Retter der Welt erwartete, damit wieder aufblühe die gemeinsam ausgedachte RENOVATIO – REFORMATIO des Gottesstaates, will heißen der Heiligen Christengemeinschaft des Heiligen Augustinus".

Seite 328: Tammos Hexameter: „Roma, die falsche, kehrt heim in unsren vergoldeten Schleier".

VII.

MITTELALTERLICHE GOTTVERBUNDENHEIT

Die leidenschaftliche Gottverbundenheit der mittelalterlichen Menschen war – mutatis mutandis – genau das gleiche wie die Götterverbundenheit der antikischen. Man lese Homer und denke an

Delphi. Es wäre an der Zeit, daß die so lange mißdeutete „Irdischkeit“ der Hellenen auf die dauernde Erdnähe göttlicher Urbilder zurückbezogen würde. Dann würde – gerade von Hellas her – der mittelalterliche Gläubige besser verstanden werden als vom Heute her. Das hellenische *Καθ' ὅλου* hat im Mittelalter in veränderter Form eine leidenschaftliche Auferstehung erlebt. Je geistiger ein Mensch war, um so unbedingter fühlte er sich in jeder erhöhten Regung seines Wesens an Gott gebunden und Gott verpflichtet. Er war de natura „fromm“, in einem Sinne, den das Heute kaum noch wittert.

VIII.

UNZULÄNGLICHE BEWERTUNGEN

Man hat von Otto III. als von einem „Frühvollendeten“ gesprochen. Ich weiß nicht mehr genau, wann dieses unglückliche Wort zu einem stehenden Begriff der deutschen Sprache geworden ist. Ich entsinne mich dunkel, daß einmal – vor Jahrzehnten – ein kleines Versbuch Aufsehen erregte, das unter dem Titel: „Gedichte einer Frühvollendeten“ erschien. Was heißt in der Unendlichkeit des äußeren und inneren Geschehens „vollendet“ – und was „frühvollendet“? Gar nichts. Denn es gibt weder dieses noch jenes. Beide Wörter stellen in dem Sinn, den man ihnen beilegt, eine Hybris dar. Eine solche Hybris war dem Wesen Ottos III. durchaus fremd.

Otto III. war auch nicht – zweiter unglücklicher Begriff – „frühreif“. Woher nimmt wer den Maßstab für ein solches Urteil?

Otto III. war genial. Das Genie hat seine eignen Zeitgesetze. Es bemißt sich auch niemals nach „Taten“, welche von einer Vielheit als Phainómena wahrgenommen und als genial empfunden werden. Es bemißt sich einzig nach der Potenz seiner Anlagen und nach der Dynamís, mit welcher das Bewußtsein seiner Berufung in ihm wirksam ist.

Potenz und Dynamís hatten in Otto III. die Grade der eingeborenen Genialität. Er kann an keiner einzigen, sogenannten „Norm“ gemessen werden, sondern nur an seinem eigenen „Nómos“, vor dem alle „Normen“ für ihn inexistent werden. Dies allein ist die Voraussetzung, unter der das vorliegende Buch vorbereitet und geformt werden konnte.

Der dem seinen angleichbare (ergänzende) Nómos ist der Nómos des karolingischen Lebensgefühles, das sich in dem Herzog Otto von Niederlothringen verkörpert.

IX.

BRUN VON QUERFURT

Den Urteilen des Asketen Brun von Querfurt (welcher der kaiserlichen Familie entfernt verwandt war) über den Kaiser Otto III. ist – obwohl sie nicht einiger Feinheiten entbehren – mit Vorsicht zu begegnen. Es scheint unglaubhaft, daß ein Geist wie Brun das weltweite Wesen Ottos auch nur habe erahnen können. Brun hat es – obwohl er niemals als wahrhaft gütiger Mensch erscheint – sicherlich nicht schlecht gemeint.

Nach 997 kann zwischen ihm und dem Kaiser keine innere Beziehung mehr bestanden haben. Seine Bücher sind als Dokumente des Asketismus, aber nicht als Dokumente der politischen Geschichte des zehnten Jahrhunderts zu bewerten. Sie haben nicht wenig dazu beigetragen, das Bild Ottos III. zu verfälschen.

X.

„GESCHICHTE"?

„We see the facts, we never see the dreams
Around what happens. History is a grave
Of unknown things. Let silence be our guide,
When we descend the steps – and never wonder
What we may find. There will be many tears
Which never reached the iris of an eye".

Wem aber „Geschichte" ein anderes ist, der soll dieses andere aufzeichnen. Denn auch das Gegenwendigste kann belehren.

Lago di Como, 29. August 1946

INHALT

DRITTES BUCH

KRISIS UND KATHARSIS

Das Buch

Kaiserin Theophano, die Mutter Ottos III., hat acht Jahre lang für den unmündigen Sohn die Regentschaft geführt, bevor sie 991 starb. Fünf Jahre später nimmt der nun Volljährige aus den Händen des soeben als Papst inthronisierten Gregor V. in Rom die deutsch-römische Kaiserkrone entgegen – als letzter der sächsisch-ottonischen Dynastie. Denn bei seinem Tod im Jahre 1002 hinterläßt er keinen Erben. Henry Benrath versucht in diesem historischen Roman Wesen und Wirken des jung verstorbenen Kaisers zu ergründen. »Schon die Form«, schreibt er, »in der sich das Buch darbietet, zeigt, daß es mit den Kaiserinnenbüchern ›Galla Placidia‹, ›Theophano‹, ›Konstanze‹ nicht verglichen, noch an ihnen gemessen werden kann. Es ist nicht, wie diese, die Darstellung politischer Ereignisse, welche um eine außergewöhnliche Person kreisen, sondern die geistig-seelische Vision eines jugendlichen Herrscherlebens, das den großartigsten Gedanken des frühen Mittelalters schöpferisch verkörpert. Die Ereignisse haben also nur insofern Bedeutung, als sie den Hintergrund enthüllen, auf dem sich das Bildnis des Kaisers Otto III. abhebt.«

Der Autor

Henry Benrath (eig. Albert H. Rausch), am 5. Mai 1882 in Friedberg/Hessen geboren, studierte Geschichte und Philologie und schrieb seit 1932 unter dem Pseudonym H. B. Er unternahm ausgedehnte Reisen, veröffentlichte Gedichte, Romane, Erzählungen, Reisebücher und Essays. Benrath starb am 11. Oktober 1949 in Magreglio/Italien.